中國稅法

龍　敏　主　編
薛宇佳　副主編

前 言

稅法是現行法律體系的一個特殊領域，專業性很強。稅法保障下的稅收既是國家宏觀調控的重要手段，又可以促進實現其社會職能，所以依法治稅極其重要。近幾年來，隨著中國市場經濟的發展，稅收法律制度也發生了很大的變化，為市場服務的稅收法律法規不斷完善。基於此，我們編寫了這本《稅法》教材。

本書緊跟中國立法進程，反應最新的稅收立法內容（內容涉及 2016 年中國全部「營改增」），突出時效性、實用性、通俗性。在本書的編寫上，力圖體現經濟管理類專業高等教育人才培養目標定位的要求，堅持突出重點，強調實體法的基礎作用，對有關稅種進行了取捨和選擇。結合多年的教學實踐和實務的要求，本教材的知識結構和內容體系能夠使學員掌握重要的流轉稅和所得稅知識，同時也不忽略對其他稅種重要內容的掌握。本教材主要內容包括實體法和程序法兩部分，重點在實體法部分，最核心的內容為在實務工作中經常用到的流轉稅和所得稅。同時，在每章後配有相應的練習題，以檢測學員對稅法的掌握情況和運用能力。

本教材是為高等院校經濟管理專業的課程教學需要而編寫的，也可以作為其他相關專業學習稅法的教材，又可以作為稅法理論研究的參考書籍，還可以作為稅收業務幹部、司法幹部和經濟管理幹部的業務用書。

本書由龍敏任主編，薛宇佳任副主編，具體分工如下：第 1、2、3、5、6、7、9、12 章由龍敏執筆；第 4、10 章由薛宇佳執筆；第 8 章由龍昕怡執筆；第 11 章由王建忠執筆；第 13 章由張德執筆。

本書在編寫過程中參考了大量文獻資料和網路資料，借鑑了同行大量著作、教材以及眾多學者的研究成果，吸收了很多理論精華，在此深表感謝。

由於編者水平有限，加之中國稅法仍在不斷改革和完善之中，本書不足和缺點在所難免，懇請讀者和專家批評指正。

編者

目 錄

第一章 稅法基礎理論 …………………………………………………………（1）
    第一節　稅法概述 ……………………………………………………………（1）
    第二節　稅收法律關係 ………………………………………………………（10）
    第三節　稅收實體法要素 ……………………………………………………（12）
    第四節　稅收立法與中國現行稅法體系 ……………………………………（19）
    第五節　稅收執法 ……………………………………………………………（24）
    本章練習題 ……………………………………………………………………（28）

第二章 增值稅 …………………………………………………………………（31）
    第一節　增值稅概述 …………………………………………………………（31）
    第二節　增值稅納稅人和扣繳義務人 ………………………………………（36）
    第三節　增值稅的徵稅範圍、稅率、徵收率 ………………………………（40）
    第四節　增值稅的計稅方法 …………………………………………………（49）
    第五節　一般計稅方法下應納稅額的計算 …………………………………（49）
    第六節　簡易計稅方法下應納稅額的計算 …………………………………（61）
    第七節　進口貨物應納稅額的計算 …………………………………………（65）
    第八節　出口貨物或者勞務和服務增值稅的退（免）稅 …………………（66）
    第九節　增值稅的減稅、免稅 ………………………………………………（73）
    第十節　增值稅徵收管理 ……………………………………………………（78）
    第十一節　增值稅專用發票的使用和管理 …………………………………（80）
    本章練習題 ……………………………………………………………………（86）

第三章 消費稅 …………………………………………………………………（91）
    第一節　消費稅概述 …………………………………………………………（91）
    第二節　消費稅納稅義務人與徵稅範圍 ……………………………………（92）

第三節　消費稅稅目與稅率 ………………………………………… (93)

　　第四節　消費稅的計稅依據 ………………………………………… (99)

　　第五節　消費稅應納稅額的計算 …………………………………… (101)

　　第六節　消費稅徵收管理 …………………………………………… (109)

　　本章練習題 …………………………………………………………… (111)

第四章　城市維護建設稅、教育費附加與菸葉稅 ……………………… (114)

　　第一節　城市維護建設稅 …………………………………………… (114)

　　第二節　教育費附加 ………………………………………………… (117)

　　第三節　菸葉稅 ……………………………………………………… (117)

　　本章練習題 …………………………………………………………… (119)

第五章　關稅 ………………………………………………………………… (121)

　　第一節　關稅概述 …………………………………………………… (121)

　　第二節　關稅的徵稅對象與納稅義務人 …………………………… (124)

　　第三節　關稅稅率的適用 …………………………………………… (124)

　　第四節　關稅完稅價格與應納稅額的計算 ………………………… (126)

　　第五節　關稅的減免 ………………………………………………… (130)

　　第六節　關稅的徵收管理 …………………………………………… (132)

　　本章練習題 …………………………………………………………… (134)

第六章　資源稅 ……………………………………………………………… (137)

　　第一節　資源稅概述 ………………………………………………… (137)

　　第二節　資源稅的納稅義務人、稅目與稅率 ……………………… (139)

　　第三節　資源稅計稅依據與應納稅額的計算 ……………………… (141)

　　第四節　稅收優惠及徵收管理 ……………………………………… (144)

　　本章練習題 …………………………………………………………… (146)

第七章　土地增值稅 （149）
第一節　土地增值稅概述 （149）
第二節　土地增值稅徵稅範圍、納稅人和稅率 （151）
第三節　轉讓房地產增值額的確定 （155）
第四節　土地增值稅應納稅額的計算 （158）
第五節　稅收優惠及徵收管理 （160）
本章練習題 （162）

第八章　城鎮土地使用稅和耕地占用稅 （165）
第一節　城鎮土地使用稅 （165）
第二節　耕地占用稅 （170）
本章練習題 （173）

第九章　房產稅、車船稅和契稅 （176）
第一節　房產稅 （176）
第二節　車船稅 （181）
第三節　契稅 （185）
本章練習題 （189）

第十章　印花稅和車輛購置稅 （192）
第一節　印花稅 （192）
第二節　車輛購置稅 （199）
本章練習題 （205）

第十一章　企業所得稅 （208）
第一節　企業所得稅概述 （208）
第二節　企業所得稅納稅人、徵稅對象和稅率 （209）
第三節　應納稅所得額的計算 （211）

第四節　資產的稅務處理 …………………………………………（224）
   第五節　資產損失稅前扣除的所得稅處理 ………………………（230）
   第六節　企業重組的所得稅處理 …………………………………（233）
   第七節　稅收優惠 …………………………………………………（237）
   第八節　應納稅額的計算 …………………………………………（241）
   第九節　徵收管理 …………………………………………………（245）
   本章練習題 …………………………………………………………（247）

第十二章　個人所得稅 …………………………………………………（252）
   第一節　個人所得稅概述 …………………………………………（252）
   第二節　個人所得稅納稅人和徵稅範圍 …………………………（254）
   第三節　個人所得稅稅率與應納稅所得額的確定 ………………（260）
   第四節　應納稅額的計算 …………………………………………（265）
   第五節　稅收優惠與徵收管理 ……………………………………（282）
   本章練習題 …………………………………………………………（284）

第十三章　稅收徵收管理法 ……………………………………………（289）
   第一節　稅收徵收管理法概述 ……………………………………（289）
   第二節　稅務管理 …………………………………………………（290）
   第三節　稅款徵收與實務檢查 ……………………………………（294）
   第四節　法律責任 …………………………………………………（300）
   本章練習題 …………………………………………………………（305）

參考文獻 ……………………………………………………………………（308）

第一章　稅法基礎理論

教學目標：

1. 理解稅收的基本含義。
2. 理解稅法的基本原則與適用原則，理解中國稅收執法。
3. 熟悉中國稅收立法及現行稅法體系。
4. 掌握稅法的構成要素。

重難點：

稅法的基本原則與適用原則的內涵及其運用。

第一節　稅法概述

一、稅收的內涵

(一) 稅收的概念

稅收是國家為滿足社會公共需要而憑藉其政治權力，依照法律規定，強制、無償地參與國民收入分配，以取得財政收入的一種形式。稅收是經濟學概念，對於稅收的基本內涵，人們的認識不盡相同，但就稅收的概念而言，至少包括以下幾個共同點：

1. 稅收是國家取得財政收入的主要形式

稅收是人類社會發展到一定歷史階段的產物。馬克思指出：賦稅是國家機器的經濟基礎，而不是其他任何東西。捐稅體現著表現在經濟上的國家存在，這說明，只有在國家出現後，才會產生國家稅收。然而，國家的存在以及其職能的實現，離不開一定的物質基礎，歷史上的國家財政收入有稅收收入、官產收入、債務收入、專賣收入、國有資產經營收益、政府收費等多種形式，但在這些財政收入形式中，產生最早、運用最為普遍、籌集財政資金最有效的形式首推稅收，說明稅收一直扮演最主要的收入角色。在中國，自1994年稅制改革以來，稅收收入占財政收入的比重基本維持在90%以上。

2. 國家徵稅的依據是政治權力

在現代社會中，國家可以憑藉兩種權力參與社會財富的分配進而取得財政收入，即財產權力和政治權力。財產權力是國家以資產所有者的身分參與社會財富的分配，它是基於自願、有償基礎上的權力行使；而政治權力是國家權力，它凌駕於財產權力

之上,強制、無償地參與社會財富的分配。沒有國家政治權力作為依託,徵稅就無法實現。

3. 徵稅的基本目的是滿足社會公共需要

社會需要分為個人需要和公共需要。滿足個人需要的主要是私人物品(如手機、服裝、水果等),可以由市場提供,個人根據自身的需求,依據等價交換的原則,通過支付貨幣購買獲取;滿足公共需求的主要是公共產品(如安全、燈塔、道路等),這些公共產品在消費中存在非排他性和非競爭性,因此這些產品使其提供者很難通過市場交易方式實現其成本上的補償,所以,經濟組織或個人常因無利可圖而不願為之,或因為投資過大而無力為之,只能由國家出面提供。而國家本身不從事生產活動,它提供公共產品所需要的大量而穩定的物質基礎只有通過稅收來取得。

4. 稅收是用法律建立起來的分配關係

首先,稅收體現的是一種分配關係,其分配主體是國家,分配的客體是剩餘產品。「國家徵稅,納稅人納稅」表現為一部分社會產品價值從社會成員向國家轉移,結果是國家對社會產品的價值的佔有由無到有,納稅人對社會產品價值的佔有由多到少,導致不同階層和不同經濟部門佔有和支配社會產品價值的比例和份額發生變化。其次,稅收必須借助於法律形式進行。國家徵稅的主要目的是滿足社會公共需要,那麼國家憑藉政治權力,強制、無償地向經濟單位和社會成員徵稅也必須在一定的法律規範之內進行。只有通過法律形式,才能合法地進行,才能規範和協調徵納雙方的權利與義務關係,使徵稅主體依法治稅,不多徵、濫徵和少徵,使納稅主體依法納稅,不多繳也不少繳,使稅收取之有度,各種稅收關係協調有序。

(二) 稅收的形式特徵

稅收的形式特徵,是指稅收分配形式區別於其他分配形式的質的規定性。稅收形式特徵通常被概括為稅收「三性」,即無償性、強制性和固定性。

(1) 稅收的無償性,是指國家徵稅以後對其具體納稅人既不需要直接償還,也不需要支付任何直接形式的報酬,納稅人從政府支出所獲得的利益通常與其支付的稅款不完全成一一對應的比例關係。無償性是稅收的核心特徵,它使稅收明顯地區別於財政收入的其他形式,決定了稅收是國家籌集財政收入的主要手段,並成為調節經濟和矯正社會分配不公的有力工具。

(2) 稅收的強制性,是指國家憑藉其政治權力,通過法律形式對社會產品進行強制性分配,而非納稅人的一種自願繳納。一旦納稅人發生納稅義務,就必須依法納稅,否則就會受到法律的嚴厲制裁。強制性是國家權力在稅收上的法律體現,是國家取得稅收收入的根本前提。正因為稅收具有無償性,才需要通過稅收法律形式規定徵納雙方的權利和義務。對納稅人而言,依法納稅既是一種權利,更是一種義務。

(3) 稅收的固定性,是指國家徵稅以法律形式預先規定徵收的範圍和徵收的比例,便於徵納雙方共同遵守。這種固定性主要表現在國家通過法律,把對什麼徵稅、對誰徵稅和徵多少稅,在徵稅之前就固定下來,一般不頻繁變動,具有相對的穩定性。稅收固定性對於國家和納稅人都十分重要。對於國家而言,可以保證財政收入的及時、

穩定和可靠，可防止國家不顧客觀經濟條件和納稅人的負擔能力，濫用徵收權力；對納稅人而言，可以保護其合法權益不受侵犯，增強其依法納稅的法律意識，同時也有利於納稅人通過稅收籌劃選擇合理的經營方式、經營結構和經營規模，降低經營成本。

稅收「三性」是一個完整的統一體，它們相輔相成、缺一不可。稅收的無償性是核心，必然要求徵稅方式的強制性；稅收的強制性又是無償性和固定性得以實現的保證；稅收的固定性，是稅收強制性的必然結果。

(三) 稅收的職能

稅收的職能是指其本身所固有的功能，它是稅收本質的體現。一般來講，在現代社會裡，稅收具有三種職能，即財政職能、經濟職能和監督職能。

(1) 財政職能，是指稅收具有為國家組織財政收入的職能，它是稅收最基本的職能。即國家依據法律規定通過稅收參與社會財富的分配，能夠把分散在各部門、各企業以及個人手中的一部分社會財富集中到國家手中，形成國家財政收入，以滿足國家的需要。稅收的財政職能的特點主要表現在稅收的適用範圍具有廣泛性、稅收取得財政收入具有及時性、稅收徵收數額具有穩定性。

(2) 經濟職能，是指稅收具有調節經濟的功能。國家在徵稅過程中必然會改變國民收入在各部門、各地區、各納稅人等之間的分配比例，進而改變利益分配格局從而對經濟產生影響。這種影響可能是積極的也可能是消極的；可能是有意識的也可能是無意識的。稅收的經濟職能主要表現在穩定經濟、資源配置和財富分配方面。稅收的穩定經濟職能是指稅收對社會總需求與總供給的調節利用稅收的內在穩定機制和相機抉擇機制來發揮作用；稅收的資源配置職能是指稅收對資源配置的調節，是通過對投資產生的影響而實現的；稅收的財富分配職能是指國家運用稅收手段宏觀調控來緩解社會貧富懸殊，使分配趨於公平。

(3) 監督職能，是指稅收對整個社會經濟生活進行有效監督和管理的職能。國家要把稅收徵收過來，必然要進行稅收管理、納稅檢查、稅務審計、稅源預測和調查等一系列工作。這些工作一方面能夠反應有關經濟動態，為國家進行經濟管理提供依據；另一方面也能夠對納稅人的經濟活動進行有效的監督。因此，稅收成為國家監督社會經濟活動的強有力工具。稅收監督社會經濟活動的廣泛性與深入性，是隨著商品經濟的發展和國家干預社會經濟生活的程度而發展的。一般來講，商品經濟越發達，經濟生活越複雜，國家干預或調節社會經濟生活的必要性就越強烈，稅收監督也就越廣泛而深入。

(四) 稅收的分類

稅收的分類是指按照一定的標準將性質相同或相近的稅種劃歸一類，以便同其他稅種相區分。科學合理的稅收分類，有助於研究各類稅種的性質、特點、作用和它們之間的內部聯繫；有助於發揮稅收的槓桿作用；有助於分析稅源的分佈和稅收負擔的狀況。

1. 按照徵稅對象的性質分類

按照徵稅對象的不同，可以將稅種劃分為流轉稅、所得稅、資源稅、財產稅和行

為稅五大類。這是一種最基本的分類方法。

（1）流轉稅，是指以貨物、勞務和服務的流轉額為徵稅對象的稅種。流轉稅以商品交換、提供勞務和提供服務為前提，它主要以商品的流轉額和營業額為計稅依據。中國現行稅制中的增值稅、消費稅和關稅屬於流轉稅系。

（2）所得稅，是指以所得額為徵稅對象的稅種，是國家調節企業所得和居民個人所得的重要手段。所得稅是世界各國普遍開徵的稅種，也是許多國家特別是發達國家的主要財政收入來源，中國現行稅制中的企業所得稅、個人所得稅屬於所得稅系。

（3）資源稅，是指以資源絕對收益和級差收益為徵稅對象的稅種。前者以納稅人擁有某種國有資源的開發和利用權為徵稅對象；後者以納稅人占用資源的數量和質量的差額所形成的級差收入為徵稅對象，徵稅的目的在於調節資源的級差收入。中國現行稅制中的資源稅、城鎮土地使用稅、土地增值稅和耕地占用稅屬於資源稅系。

（4）財產稅，是指以納稅人所擁有或支配的財產為徵稅對象的稅種。作為徵稅對象的財產包括不動產和動產兩類。不動產指的是不能移動或移動后會損失其經濟價值的財產，如土地和土地上的附著物；動產是指除不動產以外的各種可以移動的財產，包括有形動產和無形動產。有形動產如車輛、船舶等；無形動產如股票、債券等。從世界各國的稅收實踐看，主要以不動產徵稅為主。中國現行稅制中的房產稅、契稅和車船稅屬於財產稅系。

（5）行為稅，是指以某些特定行為為徵稅對象的稅種。開徵行為稅一是為了加強對某些特定行為的監督、限制、管理，或是對某些特定行為的認可，從而實現國家政治上、經濟上的某種特定目的或管理上的某種需要。二是為了開闢財源，增加財政收入。從世界範圍看，各國開徵的行為稅名目繁多，如賭博稅、彩票稅、狩獵稅等。中國現行稅制中的車輛購置稅、印花稅和城市維護建設稅屬於行為稅系。

2. 按照稅收的計量標準分類

按稅收計量標準的不同，可以將稅收分為從價稅、從量稅和複合稅。從價稅是以徵稅對象的價值或價格為計稅依據徵收的一種稅，如增值稅、企業所得稅等；從量稅是以徵稅對象的重量、體積、面積等實物數量為計稅依據的一種稅，如城鎮土地使用稅、耕地占用稅等；複合稅是指對徵稅對象採取從量和從價相結合的計稅方式徵收的一種稅，如對白酒、卷菸開徵的消費稅。

3. 按照稅收與價格的組成關係分類

以計稅價格中是否包括稅款為依據，可以將從價計徵的稅種分為價內稅和價外稅。凡稅金是計稅價格的組成部分的稅種稱為價內稅，如消費稅；凡稅金獨立於計稅價格的，即不構成計稅依據的稅種稱為價外稅，如增值稅。

4. 按照稅負是否可轉嫁分類

稅負轉嫁是指稅法上規定的納稅人將自己所繳納的稅款通過各種途徑轉嫁給他人負擔的過程。以稅收負擔是否可轉嫁為標準，稅收可以分為直接稅和間接稅。直接稅是指納稅人負擔稅負的各種稅收，對於納稅人而言，由於稅負不能轉嫁，納稅人就是負稅人，如所得稅、財產稅和社會保險稅等；間接稅是指納稅人能將稅收負擔轉嫁給他人負擔的各種稅收，此時納稅人並不是負稅人，如消費稅、關稅等。

5. 按照稅收管理和收益權限分類

按照稅收管理和收益權限的不同，可以將稅收劃分為中央稅、地方稅和中央與地方共享稅。中央稅是指收入歸中央政府支配和使用的稅種，如中國現行稅制中的消費稅、車輛購置稅、關稅等；地方稅是指收入歸地方政府支配和使用的稅種，如中國現行稅制中的契稅、房產稅、耕地占用稅、城鎮土地使用稅等；中央與地方共享稅是指收入由中央和地方政府按比例共同分享的稅收，如中國現行稅制中的增值稅、企業所得稅、個人所得稅等。

二、稅法的概念與特點

（一）稅法的概念

稅法是指有權的國家機關制定的有關調整稅收分配過程中形成的權利與義務關係的法律規範的總和。稅收是經濟學概念，側重解決分配關係。稅法則是法學概念，側重解決權利與義務關係。對稅法的理解應當把握住以下幾方面：

（1）稅收立法機關是指有權的國家機關。所謂有權的國家機關，是指國家的最高權力機關，在中國即為全國人民代表大會及其常務委員會、擁有一定的立法權的地方立法機關和獲得授權制定某些稅法的行政機關。

（2）稅法調整的對象是稅收分配過程中形成的權利與義務關係。從經濟角度講，稅收分配關係是國家參與社會剩餘產品分配所形成的一種經濟利益關係，它包括國家與納稅人之間的稅收分配關係和各級政府間的稅收利益分配關係兩個方面。這種經濟利益關係是借助於法的形式來規定國家與納稅人可以怎樣做、應當怎樣做和不應當怎樣做，即通過設定稅收權利與義務來實現。如果說實現稅收分配是目標，從法律上設定稅收權利與義務則是實現目標的手段。所以說稅法調整的是稅收權利與義務關係，而不是直接調整分配關係。

（3）稅法可以有廣義和狹義之分。廣義的稅法是指各種稅收法律規範的總和，即由國家立法機關、政府及有關部門制定的稅收法律、法規、規章、制度等。狹義的稅法指的是經國家最高權力機關正式立法的稅收法律，如中國的稅收徵收管理法、個人所得稅法等。

（二）稅法的特點

稅法的特點是：

（1）從立法過程看，稅法屬於制定法，而不屬於習慣法。現代國家的稅法都是通過一定的立法程序制定出來的，即稅法是由國家制定而不是認可的。這表明稅法屬於制定法而不是習慣法。稅法屬於制定法，而不屬於習慣法，其根本原因在於國家徵稅權凌駕於生產資料所有權之上，是對納稅人收入的再分配。稅法屬於侵權規範。徵納雙方在利益上的矛盾與對立是極其明顯的，離開法律約束的納稅習慣其實並不存在，由納稅習慣演化成習慣法只是空談。同時，為確保稅收收入的穩定實現，需要提高其可預測性，這也促使稅收採用制定法的形式。

（2）從法律性質看，稅法屬於義務性法規，而不屬於授權性法規。義務性法規是

相對於授權性而言的，即直接規定人們某種義務的法規。義務性法規的一個顯著特點是具有強制性。稅法屬於義務性法規的道理在於：稅收是納稅人的經濟利益向國家無償讓渡；權利與義務對等是一個基本的法律原則，但從稅法的角度看，納稅人以盡義務為主；納稅人的權利是建立在其納稅義務基礎上的，是從屬性的，這些權利從總體上看不是納稅的實體權利，而是納稅人的程序性權利。

（3）從內容看，稅法屬於綜合法，而不屬於單一法。稅法是由實體法、程序法、爭訟法等構成的綜合法律體系，其內容涉及面極其廣泛，包括課稅的基本原則、徵納雙方權利與義務、稅收管理規則、法律責任、解決稅務爭議的法律規範等，也包括稅收立法、稅收行政執法、稅收司法等各方面。稅法的綜合性，是保證國家正確行使課稅權力、有效實施稅務管理、保障納稅人合法權利、建立良好的稅收徵納關係的需要，也表明了稅法在國家法律體系中的重要地位。

三、稅法的分類

稅法的分類是指按照一定的標準將性質相同或相近的稅法劃歸一類，以便同其他稅法相區分。在稅法體系中，按照不同的標準可以分成不同類型的稅法：

（一）按稅法的內容和功能標準分類

按稅法的內容和功能標準的不同，可將稅法分為稅收基本法、稅收實體法、稅收程序法。

（1）稅收基本法。稅收基本法是指規定稅收性質、立法、種類、體制和稅務機構設置以及徵納雙方權利與義務等內容的法律規範，是稅法體系的主體和核心，在稅法體系中起著母法的作用。

目前，中國還沒有制定統一的稅收基本法，但隨著中國社會主義市場經濟的發展和稅收法制的不斷完善，研究並出抬稅收基本法已經為時不遠了。

（2）稅收實體法。稅收實體法是規定稅種及其徵稅對象、納稅人、稅目稅率、計稅依據、納稅地點等要素內容的法律規範。如《中華人民共和國增值稅暫行條例》《中華人民共和國個人所得稅法》《中華人民共和國企業所得稅法》等。

（3）稅收程序法。稅收程序法是規定稅收管理工作的步驟和方法等方面的法律規範。它主要包括稅務管理法、納稅程序法、發票管理法、稅務處罰法和稅務爭議處理法等。如《中華人民共和國稅收徵收管理法》《稅務行政復議規則》等。

（二）按法律效力分類

按法律效力的不同，可將稅法分為稅收法律、法規、規章。

（1）稅收法律。稅收法律是指享有國家立法權的國家最高權力機關依照法律程序制定的規範性稅收文件。在中國，稅收法律是由全國人民代表大會及其常務委員會制定的，其法律地位和法律效力僅次於憲法而高於稅收法規、規章。中國現行稅法體系中，《中華人民共和國企業所得稅法》《中華人民共和國個人所得稅法》《中華人民共和國稅收徵收管理法》就屬於稅收法律。

（2）稅收法規。稅收法規是指國家最高行政機關、地方立法機關根據其職權或國

家最高權力機關的授權，依照憲法和稅收法律，通過一定的法律程序制定的規範性稅收文件。在中國，由國務院制定稅收行政法規、由地方立法機關制定地方稅收法規，其具體形式主要是「條例」或「暫行條例」。稅收法規的效力低於憲法、稅收法律，高於稅收規章。

（3）稅收規章。稅收規章是指國家稅務管理職能部門、地方政府根據其職權和國家最高行政機關的授權，依照有關法律、法規制定的規範性稅收文件。在中國，具體是指財政部、國家稅務總局、海關總署以及地方人民政府在其權限範圍內制定的有關稅收的「辦法」「規則」「細則」「規定」，如《稅務行政復議規則》《稅務代理試行辦法》等。稅收規章可以增強稅法的靈活性和可操作性，是稅法的必要組成部分，但法律效力較低。一般情況下，稅收規章不作為稅收司法的直接依據，而只具有參考的效力。

（三）按徵稅對象標準分類

按照稅法規定的徵稅對象的不同，稅法可以分為流轉稅法、所得稅法、資源稅法、財產稅法、行為目的稅法。

（1）流轉稅法。流轉稅法是對納稅人的流轉額徵稅的法律規範，如增值稅、消費稅、關稅等稅法，其特點是與商品生產、流通、消費以及勞務、服務有著密切的聯繫，不受成本費用的影響，對商品經濟活動都有直接的影響，有利於國家發揮對經濟的宏觀調控作用。

（2）所得稅法。所得稅法是對納稅人所得額（或收入額）徵稅的法律規範，如企業所得稅法、個人所得稅法等。其特點是可以直接調節納稅人的收入水平，發揮稅收公平稅負和調整分配關係的作用。

（3）資源稅法。資源稅法是指對納稅人利用各種自然資源所獲得的收入徵稅的法律規範，包括資源稅、城鎮土地稅等稅法。其特點是可以調節因自然資源或客觀原因所形成的級差收入，避免資源浪費，保證合理使用國家自然資源。

（4）財產稅法。財產稅法是指對納稅人所擁有的財產的價值或數量徵稅的法律規範。如房產稅、車船使用稅、契稅等稅法。其特點是避免利用財產投機取巧和財產閒置浪費，以促進財產節約和合理使用為根本目的。

（5）行為目的稅法。行為目的稅法是指對納稅人特定行為徵稅的法律規範。如印花稅、車輛購置稅、城市維護建設稅等稅法。其特點是可選擇面較大，有利於國家引導和限制某些特定行為而達到預期的目的。

（四）按稅收管轄權分類

按照主權國家行使稅收管轄權的不同，可以將稅法分為國內稅法、國際稅法。

（1）國內稅法。國內稅法是指一個國家在其稅收管轄權範圍內調整稅收分配過程中形成的權利與義務關係的法律規範的總稱。一般是按照屬人或屬地原則，規定一個國家的內部稅法律、法規、規章等規範性文件。

（2）國際稅法。國際稅法是指調整國家與國家之間稅收權益分配的法律規範的總稱。它主要包括政府間雙邊或多邊國家間的稅收協定、條約和國際慣例等。國際稅法

效力高於國內稅法。

四、稅法的原則

稅法的原則反應稅收活動的根本屬性，是稅收法律制度建立的基礎。稅法原則可以分為稅法基本原則和稅法適用原則兩個層次。

(一) 稅法基本原則

稅法基本原則是統領所有稅收規範的根本準則，在稅收立法、執法、司法等一切稅收活動都必須遵守。從法理學角度講，稅法基本原則可以概括為稅收法定原則、稅法公平原則、稅收合作信賴原則和實質課稅原則。

1. 稅收法定原則

稅收法定原則又稱為稅收法律主義原則，是指稅法主體的權利與義務必須由法律加以規定，稅法的各類構成要素必須且只能由法律予以明確規定。稅收法定原則貫穿於稅收立法和執法的全部領域，其目的偏重於保持稅法的穩定性和可預測性。其內容包括：課稅要素必須由法律規定；課稅要素的規定必須盡量明確而不出現歧義、矛盾，在基本內容上不出現漏洞；稅務行政機關必須嚴格依據法律的規定稽核徵收，無權變更法定課稅要素和法定徵收程序。

2. 稅收公平原則

稅法公平原則包括橫向公平原則和縱向公平原則。一般認為，稅收公平原則最基本的含義是：稅收負擔必須根據納稅人的負擔能力分配，即負擔能力相等，稅負相同；負擔能力不等，稅負不同。納稅人既可以要求實體利益上的稅收公平也可以要求程序上的稅收公平。

3. 稅收合作信賴原則

稅收合作信賴原則在很大程度上吸取了民法「誠實守信」原則的合理思想，認為稅收徵納雙方的關係就其主流來看是相互信賴的、相互合作的，而不是對抗性的。一方面，納稅人應按照稅務機關的決定及時繳納稅款，稅務機關有責任向納稅人提供完整的稅收信息資料，徵納雙方應建立密切的信息聯繫和溝通渠道；另一方面，沒有充分的依據，稅務機關不能對納稅人是否依法納稅有所懷疑，納稅人有權利要求稅務機關予以信任，納稅人也應信賴稅務機關的決定是公正和正確的。

4. 實質課稅原則

實質課稅原則應根據客觀事實確定是否符合課稅要件，並根據納稅人的真實負擔能力決定納稅人的稅負，而不能僅考慮相關外觀和形式。也就是說，判斷某個具體人是否滿足課稅要件，是否應當承擔納稅義務，不能受其外在形式的蒙蔽，而要深入探求其實質，如果實質條件滿足課稅要件，就應按實質條件的指向確認納稅義務。

(二) 稅法適用原則

稅收適用原則是指稅收行政機關和司法機關運用稅收法律規範解決具體問題所必須遵守的準則，其作用在於在使稅收法律規定具體化的過程中，提供方向性指導，保障稅法順利實施。稅法適用原則並不違背稅法基本原則，而且在一定程度上體現著稅

法的基本原則。但與稅法基本原則相比，稅法適用原則含有更多的法律技術性準則，更加具體化。

1. 法律優位原則

法律優位原則的基本含義是法律的效力高於行政法規的效力。法律優位原則在稅法中的作用主要體現在處理不同等級稅法的關係上，即明確了稅收法律效力高於稅收行政法規的效力，稅收行政法規的效力優於稅收行政規章的效力。在效力低的稅法與效力高的稅法發生衝突時，效力低的稅法是無效的。

2. 法律不溯及既往原則

法律不溯及既往原則的基本含義是：一部新法實施後，對新法實施之前人們的行為不得適用新法，而只能繼續使用舊法。其目的在於維護稅法的穩定性和可預測性，使納稅人能在知道納稅結果的前提下做出相應的經濟決策，使稅收的調節作用更加有效。

3. 新法優於舊法原則

新法優於舊法原則的基本含義是：新法、舊法對同一事項有不同規定時，新法效力優於舊法。其目的在於避免因法律修訂帶來新法、舊法對同一事項有不同的規定而給法律的適用帶來麻煩和混亂，為法律的更新與完善提供法律適用上的保證。新法優於舊法原則的適用，以新法生效實施日期為標誌。但是當新法與舊法處於普通法與特別法的關係時，以及某些程序性稅法引用「實體從舊，程序從新原則」時，可以例外。

4. 特別法優於普通法的原則

特別法優於普通法的原則的基本含義是：對同一事項，兩部法律分別訂有一般和特別規定時，特別規定的效力高於一般規定的效力。當某些稅收問題需要做出特殊規定，但是又不便於普遍修改稅法時，就可以通過特別法的形式加以規定。凡是特別法中做出規定的，即排除普通法的適用。不過這種排斥僅就特別法中的具體規定而言，並不是說隨著特別法的出現，原有居於普通法地位的稅法即告廢止。特別法優於普通法原則打破了稅法效力等級的限制，即居於特別法地位的級別較低的稅法，其效力也可以高於作為普通法的級別較高的稅法。

5. 實體從舊、程序從新原則

實體從舊、程序從新原則的基本含義是：實體法不具備溯及力，而程序法在特定條件下具備一定溯及力。即對於一項新稅法公布實施前發生的納稅義務，在新稅法公布實施後進入稅款徵收程序的，原則上新稅法具有約束力。比如稅務機關在稅務檢查過程中發現某企業在新所得稅法實施前的某項偷稅行為，在計算該企業應當補繳的稅金時按原稅法執行，該處理就遵循了實體從舊、程序從新的稅法原則。

6. 程序優於實體原則

程序優於實體原則是關於稅收爭訟方面適用性的原則，其基本含義是：在稅收爭訟發生時，程序法優於實體法適用。即納稅人即使對具體行政行為不服，也要先繳稅，然後再通過訴訟解決，以保證稅款及時、足額入庫。

第二節　稅收法律關係

一、稅收法律關係的概念、構成與特點

(一) 稅收法律關係的概念

稅收法律關係是稅法所確認和調整的、國家與納稅人之間、國家與國家之間以及各級政府之間在稅收分配過程中形成的權利與義務關係。國家徵稅與納稅人納稅形式上表現為利益分配關係，但經過法律明確其雙方的權利與義務后，這種關係實際上已上升為一種特定的法律關係。

從稅法性質看，稅收法律關係是一種國家意志關係，對什麼徵稅、對誰徵稅、徵多少稅、在什麼時候徵稅，都由國家以法律形式加以規定，反應的是國家意志而不是納稅人的意志；從稅法的經濟內容看，稅收法律關係是一種財產所有權（或支配權）單向轉移的關係，表現為社會財富從社會各階層、單位、個人手中無償地轉移到國家手中。

(二) 稅收法律關係的構成

稅收法律關係在總體上與其他法律關係一樣，都是由權利主體、客體和法律關係內容三方面構成的，但在三方面的具體內涵上，稅收法律關係有其特殊性。

1. 權利主體

法律關係的主體是指法律關係的參與者。稅收法律關係的主體是指參與稅收法律關係而享有權利和承擔義務的當事人。在中國稅收法律關係中，權利主體一方是代表國家行使徵收職責的國家行政機關（又稱為徵收主體），它包括國家各級稅務機關、海關等，另一方則是納稅人（又稱為納稅主體），包括自然人、法人和其他組織。對於納稅主體的確定，中國採用的是屬地兼屬人原則。

2. 權利客體

權利客體就是稅收法律關係主體的權利、義務所共同指向的對象，也就是徵稅對象。例如所得稅法律關係的客體就是生產經營所得和其他所得，財產稅法律關係的客體就是財產，流轉稅法律關係的客體就是貨物的流轉額或勞務、服務的營業額。稅收法律關係客體是國家利用稅收槓桿調整和控制的目標，國家在一定時期根據客觀經濟發展的需要，通過擴大或縮小徵稅範圍來調整徵稅對象，以達到限制或鼓勵國民經濟中的某些行業、產業發展的目的。

3. 稅收法律關係的內容

稅收法律關係的內容就是權利與義務主體所享受的權利和所承擔的義務，這是稅收法律關係最本質的東西，同時也是稅法的靈魂。它規定了稅法主體什麼可以為、什麼不可以為，以及違反了這些規定須承擔的相應法律責任。

稅務機關的權利表現為稅務管理權、稅收徵收權、稅收檢查權、稅務違反法處理

權、稅收違反處理權、稅收行政立法權、代位權和撤銷權等；稅務機關的義務主要表現為依法辦理登記、開具完稅證明、為納稅人保密、多徵稅款的返還、依法解決稅務爭議過程中應履行的義務、依法受理、限期復議、舉證的義務等。

納稅人的權利表現為申請延期納稅權、申請減免稅權、多繳稅款申請退還權、委託代理權、要求稅務機關承擔賠償權、申請復議和提起訴訟權等；納稅人的主要義務主要表現為依法辦理稅務登記、變更稅務登記、重新登記、依法設置帳簿、合理使用有關憑證、按規定定期向主管稅務機關報送納稅申請報表、及時足額繳納稅款、主動接受稅務機關的檢查、違反稅法規定的納稅人應按規定繳納滯納金和罰款並接受其他處理等。

二、稅收法律關係的特點

稅法法律關係的特點有：

（1）主體的一方只能是國家。在稅收法律關係中，國家不僅以立法者和執法者的姿態參與稅收法律關係的運行與調節，而且直接以稅收法律關係主體的身分出現。這樣，構成稅收法律關係主體的一方可以是任何負有納稅義務的法人和自然人，但是另一方只能是國家。因為稅收分配的主體是國家，沒有國家參與的分配，就不稱其為稅收分配。所以，沒有國家的參與，在自然人和法人之間就不可能產生稅收法律關係。因此，固定一方主體為國家，成為稅收法律關係的特點之一。

（2）體現國家單方面意志。稅收法律關係只體現國家單方面的意志，不體現納稅人一方主體的意志。稅收法律關係的成立、變更、消滅不以主體雙方意思表示一致為要件。這是因為稅收以無償佔有納稅人的財產或收入為目標，從根本上講，雙方不可能意思表示一致。一旦納稅人發生了應稅行為，就產生了稅收法律關係，其納稅事宜不能由稅務機關與納稅人協商，即稅收法律關係的成立不以雙方意思表示一致為要件。

（3）權利與義務關係具有不對等性。納稅人和國家的法律地位是平等的，但在權利與義務方面具有不對等性。在稅收法律關係中，國家享有較多的權利，承擔較少的義務；納稅人則相反，承擔較多的義務，享有較少的權利。

這種權利與義務上的不對等性，根源在於稅收是國家無償佔有納稅人的財產或收益，必須採用強制手段才能達到目的。稅收法律關係不對等性不僅表現在稅法總體上，而且表現在各單行稅法、法規中；不僅表現為實體利益上的不對等，而且表現為法律程序上的不對等。

（4）具有財產所有權或支配權單向轉移的性質。在稅收法律關係中，納稅人履行納稅義務、繳納稅款，就意味著將自己擁有的或支配的一部分財產，無償地轉移給國家，成為政府的財政收入，國家不直接給予納稅人任何回報。所以，稅收法律關係中涉及的財產轉移，具有無償、單向、連續等特點。只要納稅人不中斷稅法規定的應稅行為，稅法不發生變更，稅收法律關係就將一直延續下去。

三、稅收法律關係的產生、變更、消失

稅收法律關係與其他社會關係一樣，處在不斷的發展與變化之中，這一變化過程

可以概括為稅收法律關係的產生、變更、消失。

(一) 稅收法律關係的產生

通俗地講，稅收法律關係的產生是指在稅收法律關係主體之間形成權利與義務關係。由於稅法是義務性法規，稅收法律關係的產生應以引起義務成立的法律事實為基礎和標誌。納稅義務產生的標誌應當是納稅主體發生稅法規定的應稅行為，如個人所得稅稅收法律關係的產生是因為納稅人取得了個人所得這一法律事實，車輛購置稅稅收法律關係的產生是因為納稅人發生了購置車輛這一行為，所以稅收法律關係的產生只能以納稅主體的應稅行為的出現為標誌。

(二) 稅收法律關係的變更

稅收法律關係的變更是指由於某一法律事實的發生，使稅收法律關係的主體、客體發生變化。引起稅收法律關係變更的原因很多，歸納起來，主要有：①納稅人自身的組織狀況發生變化；②納稅人的經營或財產情況發生變化；③稅務機關組織結構或管理方式發生變化；④稅法的修訂或調整；⑤因不可抗拒力造成的破壞。

(三) 稅收法律關係的消失

稅收法律關係的消失是指這一稅收法律關係的終止，即稅收法律關係主體之間的權利與義務關係終止。導致稅收法律關係消失的原因很多，歸納起來，主要有：①納稅人履行納稅義務；②納稅義務因超過期限而消失；③納稅義務的免除；④某些稅法的廢止；⑤納稅主體的消失。

第三節　稅收實體法要素

稅收實體法是規定稅收法律關係的實體權利、義務的法律規範的總稱。其主要內容包括納稅主體、徵稅客體、計稅依據、稅目、稅率、減稅、免稅等，是國家向納稅人行使徵稅權利和納稅人負擔納稅義務的要件。只有具備這些要件後，國家才能向納稅人徵稅，納稅人才負有納稅義務。稅收實體法直接影響到國家與納稅人之間權利與義務的分配，是稅法的核心部分。沒有稅收實體法，稅收法律關係就不能成立。

一、納稅義務人

納稅義務人或納稅人又叫納稅主體，是稅法規定的直接負有納稅義務的單位和個人。任何一個稅種，首先要解決的就是國家對誰徵稅的問題。如中國個人所得稅、增值稅、消費稅、營業稅、資源稅以及印花稅等暫行條例的第一條規定的都是該稅種的納稅義務人。納稅義務人一般分為自然人和法人兩種。

自然人是基於自然規律而出生的，有民事權利和義務的主體，包括本國公民、外國人和無國籍人。法人是基於法律規定享有權利能力和行為能力，具有獨立的財產和經費，依法獨立承擔民事責任的社會組織。中國的法人主要有四種：機關法人、事業

法人、企業法人和社團法人。

在實際納稅過程中，與納稅義務人相關的一些概念如下：

（1）負稅人。負稅人是指實際負擔稅款的單位和個人。納稅人與負稅人有時一致，有時不一致。納稅人與負稅人不一致的主要原因，是由於價格與價值背離，引起稅負轉移或轉嫁。

（2）代扣代繳義務人。代扣代繳義務人是指有義務從持有的納稅人收入中扣除其應納稅款並代為繳納的企業、單位或個人。代扣代繳義務人在向納稅人支付款項時，代扣代繳稅款（如個人所得稅），其目的是保證國家稅款及時入庫。

（3）代收代繳義務人。代收代繳義務人是指有義務借助與納稅人的經濟交往而向納稅人收取應納稅款並代為繳納的單位。在向納稅人收取款項時，代收代繳稅款（如消費稅的委託加工）。

（4）代徵代繳義務人。代徵代繳義務人是指因稅法規定，受稅務機關委託而代徵稅款的單位和個人。通過代徵代繳義務人代徵稅款，不僅方便納稅人稅款的繳納，有效保障了稅款徵收的實現，同時，對於強化稅收徵管，有效地杜絕和防止稅款流失，也有明顯作用。

二、徵稅對象

徵稅對象又叫課稅對象、徵稅客體，指稅法規定對什麼徵稅，是徵納稅雙方權利與義務共同指向的客體或標的物，是區別一種稅與另一種稅的重要標誌。如消費稅的徵稅對象是消費稅條例所列舉的應稅消費品，房產稅的徵稅對象是房屋等。徵稅對象是稅法最基本的要素，因為它體現著徵稅的最基本界限，決定著某一種稅的基本徵稅範圍，同時，徵稅對象也決定了各個不同稅種的名稱。如消費稅、土地增值稅、個人所得稅等，這些稅種因徵稅對象不同、性質不同，稅名也就不同。

與徵稅對象相關的一些概念：

（1）稅目。稅目是課稅對象的具體化，反應具體的徵稅範圍，代表徵稅的廣度。並不是所有稅種都規定了稅目，比如有些稅種徵稅對象比較簡單，就不必設置稅目（如房產稅），但大多數稅種，都規定了稅目。規定稅目的好處：使徵稅對象具體化，凡列入該稅目的就徵該稅；同時，有利於國家針對不同稅目規定不同稅率，體現國家產業政策。

（2）計稅依據。計稅依據是指稅法中規定的據以計算各種應徵稅款的依據和標準，或認為是徵稅對象（課稅對象）的計量單位或徵收標準。它主要解決稅款的計算問題。計稅依據在表現形態上一般有兩種：一種是價值形態，即以徵稅對象的價值作為計稅依據。在這種情況下，課稅對象和計稅依據一般是一致的，例如所得稅的所得額。另一種是實物形態，即以徵稅對象的數量、重量、容積、面積等作為計稅依據。在這種情況下，課稅對象和計稅依據一般是不一致的，例如車船稅的課稅對象是各種車輛、船舶，而計稅依據則是車船的噸位。課稅對象與計稅依據的關係：課稅對象是指徵稅的目的物，計稅依據則是在徵稅對象已經確定的前提下，對徵稅對象計算稅款的依據或標準；課稅對象是從質的方面對徵稅所做的規定，而計稅依據則是從量的方面對徵

稅所做的規定，是課稅對象量的表現。

（3）稅源。稅源是指稅款的最終來源，或者說稅收負擔的最終歸宿。稅源的大小體現了納稅人的負擔能力。納稅人繳納稅款的直接來源是一定的貨幣收入，而一切貨幣收入都是由社會產品價值派生出來的。因此，從社會產品價值層面看，能夠成為稅源的只能是國民收入中形成的各種收入，如工資、獎金、利潤、利息等。當某種稅以國民收入分配中形成的各種收入為課稅對象時，稅源與徵稅對象是一致的，如各種所得稅。但是，很多稅種的徵稅對象不是國民收入分配中形成的各種收入（如房產稅、消費稅等），在這種情況下，課稅對象與稅源不一致。

三、稅率

稅率是對徵稅對象的徵收比例或徵收額度。稅率是計算稅額的尺度，代表徵稅深度，也是衡量稅負輕重的重要標誌。中國現行的稅率主要有：

（一）比例稅率

比例稅率即對同一徵稅對象，不分數額大小，規定相同的徵收比例。中國的增值稅、城市維護建設稅、企業所得稅等採用的是比例稅率。比例稅率在適用中又可分為三種具體形式：

（1）產品比例稅率，即一種（或一類）產品採用一個稅率。如中國現行的消費稅、增值稅等都採用這種稅率。分類、分級、分檔比例稅率是產品比例稅率的特殊形式，是按課稅對象的性質、用途、質量、設備、生產能力等規定不同的稅率。如消費稅中，酒是按類設計的稅率，卷菸是按級設計稅率，小汽車排氣量分檔設計稅率。

（2）行業比例稅率，即對不同行業分別適用不同的比例稅率，而同一行業採用同一比例稅率，如增值稅中的服務業、建築業、金融業適用的增值稅稅率是按行業不同設計的。

（3）地區差別比例稅率，即區分不同的地區分別適用不同的比例稅率，而同一地區採用同一比例稅率，如中國城市維護建設稅等。

（4）幅度比例稅率，是指對同一徵稅對象，稅法只規定最低稅率和最高稅率，各地區在該幅度內確定具體的適用稅率。

比例稅率具有計算簡單、稅負透明度高、有利於保證財政收入、有利於納稅人公平競爭、不妨礙商品流轉額或非商品營業額擴大等優點，符合稅收效率原則。但比例稅率不能針對不同的收入水平實施不同的稅收負擔，在調節納稅人的收入水平方面難以體現稅收的公平原則。

（二）累進稅率

累進稅率是指隨著徵稅對象數量增大而隨之提高的稅率，即按徵稅對象數額的大小劃分為若干等級，不同等級的課稅數額分別適用不同的稅率，一般來說，課稅數額越大，適用稅率越高。累進稅率一般在所得課稅中使用，可以充分體現對納稅人收入多的多徵、收入少的少徵、無收入的不徵的稅收原則，從而有效地調節納稅人的收入，正確處理稅收負擔的縱向公平問題。累進稅率分為「額累」和「率累」兩種。額累是

按照徵稅對象數量的絕對額分級累進，如所得稅一般按所得額的大小分級累進。率累是按與徵稅對象有關的某一比率分級累進，如中國目前開徵的土地增值稅就是按照增值額與扣除項目金額的比率實行四級超率累進稅率。額累和率累按照累進依據的構成分為「全累」和「超累」，因此額累分為全額累進和超額累進；率累分為全率累進和超率累進。

1. 全額累進稅率

全額累進稅率是把徵稅對象的數額劃分為若干等級，對每個等級分別規定相應稅率，當徵稅對象超過某個級距時，課稅對象的全部數額都按提高後級距的相應稅率徵稅。如表1-1所示。

表1-1　　　　　　　　　　某三級全額累進稅率表

級數	全月應納稅所得（元）	稅率（％）
1	3,000以下	5
2	3,000~10,000（含）	10
3	10,000以上	20

運用全額累進稅率的關鍵是查找每一納稅人應稅收入在稅率表中所屬的級次，找到收入級次，與其對應的稅率便是該納稅人所適用的稅率，全部稅基乘以適用稅率即可計算出應繳稅額。例如：某納稅人某月應納稅所得額為5,000元，按表1-1所列稅率，適用第二級次，其應納稅額為5,000×10％=500（元）。

全額累進稅率計算比較簡單，但在累進分界點上稅負呈跳躍式遞增，不夠合理，不利於鼓勵納稅人增加收入。

2. 超額累進稅率

超額累進稅率是把徵稅對象按數額的大小分成若干等級，每一等級規定一個稅率，稅率依次提高，但每一納稅人的徵稅對象則依所屬等級同時適用幾個稅率分別計算，將計算結果相加後得出應納稅款。表1-2為一個三級超額累進稅率表。

表1-2　　　　　　　　　　某三級超額累進稅率表

級數	全月應納稅所得（元）	稅率（％）
1	3,000以下	5
2	3,000~10,000（含）	10
3	10,000以上	20

如某納稅人某月應納稅所得額為5,000元，按表1-2所列稅率，其應納稅額可以分步計算：

第一級3,000元適用5％的稅率，應納稅額=3,000×5％=150（元）。
第二級2,000元適用10％的稅率，應納稅額=2,000×10％=200（元）。
所以，該納稅人當月應納稅額=150+200=350（元）。

超額累進稅率計算比較複雜，但稅收負擔較為合理。目前中國採用這種稅率的稅種有個人所得稅。

在級數較多的情況下，為了簡化計算，也可採用速算扣除數法。速算扣除數法的原理是基於全額累進計算的方法比較簡單，可將超額累進計算的方法轉化為全額累進計算的方法。對於同樣的課稅對象數量，按全額累進方法計算出的稅額比按超額累進方法計算出的稅額多，即有重複計算的部分。這個多徵的常數就叫速算扣除數。用公式表示為：

速算扣除數＝按全額累進方法計算的稅額－按超額累進方法計算的稅額

公式移項得：

按超額累進方法計算的稅額＝按全額累進方法計算的稅額－速算扣除數

採用速算扣除數法計算應納稅款同分級分段計算稅款的計算結果完全一樣，但方法簡便得多。通常將速算扣除數事先計算出來后附在稅率表中，並與稅率一同頒布。

3. 超率累進稅率

超率累進稅率即以徵稅對象數額的相對率劃分若幹級距，分別規定相應的差別稅率，相對率每超過一個級距的，對超過的部分就按高一級的稅率計算徵稅。目前中國稅收體系中採這種稅率的稅種是土地增值稅。

(三) 定額稅率

定額稅率又稱「固定稅額」「單位稅額」，它是對徵稅對象計量單位直接規定固定的徵稅數額的稅率。定額稅率又分為地區差別定額稅率和分類分項定額稅率。

(1) 地區差別定額稅率，即對同一對象按照不同地區分別規定不同的徵稅數額。它具有調節地區之間級差收入的作用。中國現行稅制的城鎮土地使用稅和耕地占用稅等使用的稅率就屬於這種稅率。

(2) 分類分項定額稅率，即首先按照某種標誌把課稅對象分為幾類，每一類再按一定標誌分為若幹項，然后對每一項分別規定不同的徵稅數額。中國現行稅制中車船使用稅等使用的稅率就屬於這種稅率。

定額稅率的特點：稅率與課稅對象的價值量脫離了聯繫，不受課稅對象價值量變化的影響。適用於對價格穩定、質量等級和品種規格單一的大宗產品徵稅的稅種。定額稅率的優點是：計算簡便，有利於提高產品的質量。其缺點是：由於產品價格變動的總趨勢是上升的，因此，產品的稅負就會呈現累退性，有失公平，將無法保障財政收入穩定增長。

(四) 其他形式的稅率

1. 邊際稅率與平均稅率

邊際稅率是指在增加一部分徵稅對象時，增加這部分數額應納稅額同增加徵稅對象數額之間的比例。平均稅率是相對於邊際稅率而言的，它是指全部稅額與全部徵稅對象數額的比例。在比例稅率的條件下，邊際稅率等於平均稅率；在累進稅率的條件下，邊際稅率往往大於平均稅率。邊際稅率的提高還會帶動平均稅率的上升，邊際稅率上升幅度越大，平均稅率提高得就越多。

2. 名義稅率與實際稅率

名義稅率就是稅法規定的稅率，即應納稅額與徵稅對象的比例；實際稅率為實納稅額與實際徵稅對象的比例，反應納稅人的實際稅收負擔。實務中，由於存在各種稅收優惠，導致了實際稅率與名義稅率不一致，名義稅率往往高於實際稅率。

四、納稅環節

納稅環節主要指稅法規定的徵稅對象在生產到消費的流轉過程中應當繳納稅款的環節。如流轉稅在生產和流通環節納稅、所得稅在分配環節納稅等。納稅環節有廣義和狹義之分。廣義的納稅環節指全部課稅對象在再生產中的分佈情況。如資源稅分佈在資源生產環節，商品稅分佈在生產或流通環節，所得稅分佈在分配環節等。狹義的納稅環節特指應稅商品在流轉過程中應納稅的環節。商品從生產到消費要經歷諸多流轉環節，各環節都存在銷售額，都可能成為納稅環節。但考慮到稅收對經濟的影響、財政收入的需要以及稅收徵管的能力等因素，國家常常對商品流轉過程中所徵稅種規定不同的納稅環節。按照某種稅徵稅環節的多少，可以將稅種劃分為一次課徵制或多次課徵制。合理選擇納稅環節，對加強稅收徵管，有效控制稅源，保證國家財政收入的及時、穩定、可靠，方便納稅人生產經營活動和財務核算，靈活機動地發揮稅收調節經濟的作用，具有十分重要的理論價值和實踐意義。

五、納稅期限

納稅期限是指稅法規定的關於稅款繳納時間方面的限定。稅法關於納稅時限的規定，有三個概念：一是納稅義務發生時間。納稅義務發生時間，是指應稅行為發生的時間。如增值稅條例規定採取預收貨款方式銷售貨物的，其納稅義務發生時間為貨物發出的當天。二是納稅期限，納稅人每次發生納稅義務後，不可能立即去繳納稅款。稅法規定了每種稅的納稅期限，即每隔固定時間匯總一次納稅義務的時間。如增值稅條例規定，增值稅的具體納稅期限分別為 1 日、3 日、5 日、10 日、15 日、1 個月或者 1 個季度。納稅人的具體納稅期限，由主管稅務機關根據納稅人應納稅額的大小分別核定；不能按照固定期限納稅的，可以按次納稅。三是繳庫期限，即稅法規定的納稅期滿后，納稅人將應納稅款繳入國庫的期限。如增值稅暫行條例規定，納稅人以 1 個月或者 1 個季度為 1 個納稅期的，自期滿之日起 15 日內申報納稅；以 1 日、3 日、5 日、10 日或者 15 日為 1 個納稅期的，自期滿之日起 5 日內預繳稅款，於次月 1 日起 15 日內申報納稅並結清上月應納稅款。

六、納稅地點

納稅地點主要是指根據各個稅種納稅對象的納稅環節和有利於對稅款的源泉控制而規定納稅人（包括代徵、代繳、抵扣義務人）的具體納稅地點。

七、減稅、免稅

減稅、免稅是對某些納稅人或徵稅對象的鼓勵或照顧措施。減稅是從應徵稅款中

減徵部分稅款；免稅是免徵全部稅款。減稅、免稅規定是為了解決按稅制規定的稅率徵稅時所不能解決的具體問題而採取的一種措施，是在一定時期內給予納稅人的一種稅收優惠，同時也是稅收的統一性和靈活性相結合的具體體現。

(一) 減免稅的基本形式

(1) 稅基式減免，即通過直接縮小計稅依據的方式實現的減稅、免稅。它具體包括起徵點、免徵額、項目扣除以及跨期結轉等。其中，起徵點是徵稅對象達到一定數額開始徵稅的起點，免徵額是在徵稅對象的全部數額中免予徵稅的數額。起徵點與免徵額同為徵稅與否的界限，對納稅人來說，在其徵稅對象沒有達到起徵點或沒有超過免徵額的情況下，都不徵稅，兩者是一樣的。但是，它們又有明顯的區別：一方面，當納稅人收入達到或超過起徵點時，就其徵稅對象全額徵稅；而當納稅人徵稅對象超過免徵額時，則只就超過的部分徵稅。另一方面，當納稅人的徵稅對象恰好達到起徵點時，就要按其徵稅對象全額徵稅；而當納稅人徵稅對象恰好與免徵額相同時，則免予徵稅。兩者相比，享受免徵額的納稅人就要比享受同額起徵點的納稅人稅負輕。此外，起徵點只能照顧一部分納稅人，而免徵稅額則可以照顧適用範圍內的所有納稅人。項目扣除是指在課稅對象中扣除一定項目的數額，以其餘額作為依據計算稅額。跨期結轉是指將以前納稅年度的經營虧損等在本納稅年度經營利潤中扣除，也等於直接縮小了稅基。

(2) 稅率式減免，即通過直接降低稅率的方式實行的減稅、免稅。它具體包括重新確定稅率、選用其他稅率、零稅率等形式。

(3) 稅額式減免，即通過直接減少應納稅額的方式實行的減稅、免稅。它具體包括全部免徵、減半徵收、核定減免率、抵免稅額以及另定減徵稅額等。

在上述三種形式的減稅、免稅中，稅基式減免使用範圍最廣泛，從原則上說它適用於所有生產經營情況；稅率式減免比較適合於對某個行業或某種產品這種「線」上的減免，所以流轉稅中運用最多；稅額式減免適用範圍最窄，它一般僅限於解決「點」上的個別問題，往往僅在特殊情況下使用。

(二) 減免稅的分類

(1) 法定減免，凡是由各種稅的基本法規定的減稅、免稅都稱為法定減免。它體現了該種稅減免的基本原則規定，具有長期的適用性。法定減免必須在基本法規中明確列舉減免稅項目、減免稅的範圍和時間。如《中華人民共和國增值稅暫行條例》明確規定：農業生產者銷售的自產農業產品、避孕用品等免稅。

(2) 臨時減免，又稱「困難減免」，是指除法定減免和特定減免以外的其他臨時性減稅、免稅，主要是為了照顧納稅人的某些特殊的暫時的困難，而臨時批准的一些減稅、免稅。它通常是定期的減免稅或一次性的減免稅。

(3) 特定減免，是根據社會經濟情況發展變化和發揮稅收調節作用的需要，而規定的減稅、免稅。特定減免可分為無限期的和有限期的兩種。大多數特定減免都是有限期的，減免稅到了規定的期限，就應該按規定恢復徵稅。

國家之所以要在稅法中規定減稅、免稅，是因為各稅種的稅收負擔是根據經濟發

展的一般情況的社會平均負擔能力來考慮的。稅率基本上是按平均銷售利潤率來確定的，而在實際經濟生活中，不同的納稅人之間或同一納稅人在不同時期，由於受各種主觀、客觀因素的影響，在負擔能力上會出現一些差別，在有些情況下這些差別比較懸殊，因此，在統一稅法的基礎上，需要有某種與這些差別相適應的靈活的調節手段，即減稅、免稅政策來加以補充，以解決一般規定所不能解決的問題，照顧經濟生活中的某些特殊情況，從而達到調節經濟和促進生產發展的目的。

(三) 稅收附加與加成

減稅、免稅是減輕稅負的措施。與之相對應，稅收附加和稅收加成是加重納稅人負擔的措施。

稅收附加也稱為地方附加，是地方政府按照國家規定的比例隨同正稅一起徵收的列入地方預算外收入的一種款項。正稅是指國家正式開徵並納入預算內收入的各種稅收。稅收附加由地方財政單獨管理並按規定的範圍使用，不得自行變更。例如，教育費附加只能用於發展地方教育事業。稅收附加的計算方法是以正稅稅款為依據，按規定的附加率計算附加額。

稅收加成是指根據稅制規定的稅率徵稅以後，再以應納稅額為依據加徵一定成數和稅額。加徵一成相當於納稅額的10%，加徵成數一般規定在一成到十成之間。稅收加成實際上是稅率的延伸，但因這種措施只是針對個別情況，所以沒有採取提高稅率的辦法，而是以已徵稅款為基礎再加徵一定的稅款。例如，中國個人所得稅法規定，對勞務報酬所得畸高的，可以實行加成徵收，具體辦法由國務院規定。

無論是稅收附加還是稅收加成，都增加了納稅人的負擔。但這兩種加稅措施的目的是不同的。實行地方附加是為了給地方政府籌措一定的機動財力，用於發展地方建設事業；實行稅收加成則是為了調節和限制某些納稅人獲取的過多的收入或者是對納稅人違章行為進行的處罰措施。

第四節　稅收立法與中國現行稅法體系

一、稅收立法

(一) 稅收立法的概念

稅收立法是指國家機關依照其職權範圍，通過一定程序制定（包括修改和廢止）稅收法律規範的活動，即特定的國家機關就稅收問題所進行的立法活動。稅收立法是國家整個立法活動的組成部分，具有一般立法的共性，可以從廣義上和狹義上加以理解。廣義的稅收立法指國家機關依據法定權限和程序，制定、修改、廢止稅收法律規範的活動；狹義的稅收立法則是指國家最高權力機關制定稅收法律規範的活動。按照立法法的規定，通常所說的立法活動包括制定法律、行政法規、行政規章等，體現出廣義立法的範疇。

(二) 稅收立法權的劃分

稅收立法權是制定、修改、解釋或廢止稅收法律、法規、規章和規範性文件的權力。它包括兩方面的內容：一是什麼機關具有有稅收立法權；二是各級機關的稅收立法權是如何劃分的。

1. 稅收立法權劃分的種類

稅收立法權的明確有利於保證國家稅法的統一制定和貫徹執行，充分、準確地發揮各級有權機關管理稅收的職能作用，防止各種越權自定章法、隨意減免稅收現象的發生。稅收立法權的劃分可按以下不同的方式進行：

第一，可以按照稅種類型的不同來劃分。如按商品和勞務稅類、所得稅類、地方稅類來劃分。有關特定稅收領域的稅收立法權通常全部給予特定一級的政府。

第二，可以根據稅種的基本要素劃分。任何稅種都是由納稅人、徵稅對象、稅率、稅目、納稅環節等要素構成的。理論上，可以將稅種的某一要素的立法權授予某級政府。但在實踐中，這種做法並不多見。

第三，可以根據稅收執法的級次來劃分。立法權可以授予某級政府，行政上的執行權給予另一級，這是一種傳統的劃分方法，能適用於任何類型的立法權。根據這種模式，有關納稅主體、稅基和稅率的基本法規的立法權放在中央政府，更具體的稅收實施規定的立法權給予較低級次政府或政府機構。因此，需要指定某級政府或政府機構制定不同級次的法規。中國的稅收立法權的劃分就屬於此種類型。

2. 中國稅收立法權劃分的現狀

第一，中央稅、中央與地方共享稅以及全國統一實行的地方稅的立法權集中在中央，以保證中央政令統一，維護全國統一市場和企業平等競爭。其中，中央稅是指維護國家權益、實施宏觀調控所必需的稅種，具體包括消費稅、關稅、車輛購置稅等。中央和地方共享稅是指同經濟發展直接相關的主要稅種，具體包括增值稅、企業所得稅、個人所得稅、證券交易印花稅。地方稅具體包括資源稅、土地增值稅、印花稅、城市維護建設稅、土地使用稅、房產稅、車船稅等。

第二，依法賦予地方適當的地方稅收立法權。中國地區間經濟發展水平很不平衡，經濟資源包括稅源都存在著較大差異，這種狀況給全國統一制定稅收法律帶來了一定的難度。因此，隨著分稅制改革的進行，有前提地、適當地向地方下放一些稅收立法權，使地方可以根據自己特有的稅源開徵新的稅種，促進地方經濟的發展。這樣，既有利於地方因地制宜地發揮當地的經濟優勢，同時也便於同國際稅收慣例對接。

具體地說，中國稅收立法權劃分的層次是這樣的：

（1）全國性稅種的立法權，即包括全部中央稅、中央與地方共享稅和在全國範圍內徵收的地方稅稅法的制定、公布和稅種的開徵權、停徵權，屬於全國人民代表大會及其常務委員會。

（2）經全國人民代表大會及其常務委員會授權，全國性稅種可先由國務院以「條例」或「暫行條例」的形式發布施行。一段時期後，再行修訂並通過立法程序，由全國人民代表大會及其常務委員會正式立法。

(3) 經全國人民代表大會及其常務委員會授權，國務院有制定稅法實施細則、增減稅目和調整稅率的權力。

(4) 經全國人民代表大會及其常務委員會授權，國務院有稅法的解釋權；經國務院授權，國家稅務主管部門（財政部和國家稅務總局）有稅收條例的解釋權和制定稅收條例實施細則的權力。

(5) 省級人民代表大會及其常務委員會有根據本地區經濟發展的具體情況和實際需要，在不違背國家統一稅法、不影響中央的財政收入、不妨礙中國統一市場的前提下，有開徵全國性稅種以外的地方稅種的稅收立法權。稅法的公布、稅種的開徵、停徵，由省級人民代表大會及其常務委員會統一規定，所立稅法在公布實施前須報全國人民代表大會常務委員會備案。

(6) 經省級人民代表大會及其常務委員會授權，省級人民政府有本地區地方稅法的解釋權和制定稅法實施細則及調整稅目、稅率的權力，也可在上述規定的前提下，制定一些稅收徵收辦法，還可以在全國性地方稅條例規定的幅度內，確定本地區適用的稅率或稅額。上述權力除稅法解釋權外，在行使後和發布實施前須報國務院備案。

地區性地方稅收的立法權應只限於省級立法機關或經省級立法機關授權的同級政府，不能層層下放。所立稅法可在全省（自治區、直轄市）範圍內執行，也可只在部分地區執行。

(三) 稅收立法機關

根據《中華人民共和國憲法》《中華人民共和國全國人民代表大會組織法》《中華人民共和國國務院組織法》以及《中華人民共和國地方各級人民代表大會和地方各級人民政府組織法》的規定，中國的立法體制是：全國人民代表大會及其常務委員會行使立法權，制定法律；國務院及其所屬各部委，有權根據憲法和法律制定行政法規和規章；地方人民代表大會及其常務委員會，在不與憲法、法律、行政法規抵觸的前提下，有權制定地方性法規，但要報全國人民代表大會常務委員會和國務院備案；民族自治地方的人民代表大會有權依照當地民族政治、經濟和文化的特點，制定自治條例和單行條例。

1. 全國人民代表大會和全國人民代表大會常務委員會制定的稅收法律

《中華人民共和國憲法》第五十八條規定：「全國人民代表大會和全國人民代表大會常務委員會行使國家立法權。」上述規定確定了中國稅收法律的立法權由全國人民代表大會及其常務委員會行使，其他任何機關都沒有制定稅收法律的權力。在國家稅收中，凡是基本的、全局性的問題，例如，國家稅收的性質，稅收法律關係中徵納雙方權利與義務的確定，稅種的設置，稅目、稅率的確定等，都需要由全國人民代表大會及其常務委員會以稅收法律的形式制定實施，並且在全國範圍內，無論國內納稅人還是涉外納稅人都普遍適用。在現行稅法中，如《企業所得稅法》《個人所得稅法》《稅收徵收管理法》等都是稅收法律。除憲法外，在稅法體系中，稅收法律具有最高的法律效力，是其他有權機關制定稅收法規、規章的法律依據，其他各級有權機關制定的稅收法規、規章，都不得與憲法和稅收法律抵觸。

2. 全國人民代表大會或人民代表大會常務委員會授權立法

授權立法是指全國人民代表大會及其常務委員會根據需要授權國務院制定某些具有法律效力的暫行規定或者條例。授權立法與制定行政法規不同。國務院經授權立法所制定的規定或條例等,具有國家法律的性質和地位,它的法律效力高於行政法規,在立法程序上還需報全國人民代表大會常務委員會備案。授權立法,在一定程度上解決了中國經濟體制改革和對外開放工作急需法律保障的當務之急,也為全國人民代表大會及其常務委員會立法工作提供了有益的經驗和條件,為將這些條例在條件成熟時上升為法律做好了準備。

3. 國務院制定的稅收行政法規

中國憲法規定,國務院可「根據憲法和法律,規定行政措施,制定行政法規,發布決定和命令」。行政法規作為一種法律形式,在中國法律形式中處於低於憲法、法律和高於地方法規、部門規章、地方規章的地位,也是在全國範圍內普遍適用的。行政法規的立法目的在於保證憲法和法律的實施,行政法規不得與憲法、法律抵觸,否則無效。國務院發布的《企業所得稅法實施條例》《稅收徵收管理法實施細則》等,都是稅收行政法規。

4. 地方人民代表大會及其常務委員會制定的稅收地方性法規

根據《中華人民共和國地方各級人民代表大會和地方各級人民政府組織法》的規定,省、自治區、直轄市的人民代表大會以及省、自治區的人民政府所在地的市和經國務院批准的較大的市的人民代表大會有制定地方性法規的權力。由於中國在稅收立法上堅持「統一稅法」的原則,因此地方權力機關制定稅收地方法規不是無限制的,而是要嚴格按照稅收法律的授權行事。目前,除了海南省、民族自治地區按照全國人民代表大會授權立法的規定,在遵循憲法、法律和行政法規的原則基礎上,可以制定有關稅收的地方性法規外,其他省、市一般無權自定稅收地方性法規。

5. 國務院稅務主管部門制定的稅收部門規章

《中華人民共和國憲法》第九十條規定:「國務院各部、各委員會根據法律和國務院的行政法規、決定、命令,在本部門的權限內,發布命令、指示和規章。」有權制定稅收部門規章的稅務主管機關是財政部、國家稅務總局及海關總署。其制定規章的範圍包括對有關稅收法律、法規的具體解釋,稅收徵收管理的具體規定、辦法等。稅收部門規章在全國範圍內具有普遍適用效力,但不得與稅收法律、行政法規抵觸。例如,財政部頒發的《增值稅暫行條例實施細則》、國家稅務總局頒發的《稅務代理試行辦法》等都屬於稅收部門規章。

6. 地方政府制定的稅收地方規章

《中華人民共和國地方各級人民代表大會和地方各級人民政府組織法》規定:「省、自治區、直轄市以及省、自治區的人民政府所在地的市和國務院批准的較大的市的人民政府,可以根據法律和國務院的行政法規,制定規章。」按照「統一稅法」的原則,上述地方政府制定稅收規章,都必須在稅收法律、法規明確授權的前提下進行,並且不得與稅收法律、行政法規抵觸。沒有稅收法律、法規的授權,地方政府是無權自定稅收規章的,凡是越權自定的稅收規章都沒有法律效力。例如,國務院發布實施的城

市維護建設稅、車船稅、房產稅等地方性稅種暫行條例，都規定省、自治區、直轄市人民政府可根據條例制定實施細則。

(四) 稅收立法、修訂、廢止的程序

稅收立法程序是指有權的機關，在制定、認可、修改、補充、廢止等稅收立法活動中，必須遵循的法定步驟和方法。目前中國稅收立法程序主要包括以下幾個階段：

(1) 提議階段。無論是稅法的制定，還是稅法的修改、補充和廢止，一般都由國務院授權其稅務主管部門（財政部或國家稅務總局）負責立法的調查研究等準備工作，並提出立法方案或稅法草案，上報國務院。

(2) 審議階段。稅收法規由國務院負責審議。稅收法律在經國務院審議通過後，以議案的形式提交全國人民代表大會常務委員會的有關工作部門。在廣泛徵求意見並做修改後，提交全國人民代表大會或其常務委員會審議通過。

(3) 通過和公布階段。稅收行政法規由國務院審議通過後，以國務院總理的名義發布實施。稅收法律，在全國人民代表大會或其常務委員會開會期間，先聽取國務院關於制定稅法議案的說明，然後經過討論，以表決的方式通過後，以國家主席的名義發布實施。

二、中國稅法體系

稅法內容十分豐富，涉及範圍也極為廣泛，各單行稅收法律法規結合起來，形成了完整配套的稅法體系，共同規範和制約稅收分配的全過程，是實現依法治稅的前提和保證。從法律角度來講，一個國家在一定時期內、一定體制下以法定形式規定的各種稅收法律、法規的總和，被稱為稅法體系。但從稅收工作的角度來講，所謂稅法體系往往被稱為稅收制度。一個國家的稅收制度是指在既定的管理體制下設置的稅種以及與這些稅種的徵收、管理有關的，具有法律效力的各級成文法律、行政法規、部門規章等的總和。換句話說，稅法體系就是通常所說的稅收制度（簡稱稅制）。一個國家的稅收制度，可按照構成方法和形式分為簡單型稅制及複合型稅制。簡單型稅制主要是指稅種單一、結構簡單的稅收制度；複合型稅制主要是指由多個稅種構成的稅收制度。在現代社會中，世界各國一般都採用多種稅並存的複合型稅制稅收制度。

(一) 實體稅法體系

中國的現行稅制就其實體法而言，是新中國成立后經過幾次較大的改革逐步形成的，主要經過1994年的稅制改革和2016年「營改增」後形成，按徵稅對象可以分為以下五類：

(1) 商品（貨物）和勞務類，包括增值稅、消費稅和關稅，主要在生產、流通、服務業中發揮稅收調節作用。

(2) 所得稅類，包括企業所得稅、個人所得稅，主要是在國民收入形成後，對經營者的利潤和個人的純收入發揮稅收調節作用。

(3) 財產和行為稅類，包括房產稅、車船稅、印花稅、契稅，主要是對某些財產和行為發揮調節作用。

23

（4）資源稅類，包括資源稅、土地增值稅和城鎮土地使用稅，主要是對因開發和利用自然資源差異而形成的級差收入發揮稅收調節作用。

（5）特定目的稅類，包括城市維護建設稅、車輛購置稅、耕地占用稅、船舶噸稅和菸葉稅，主要是為了達到特定目的，對特定對象和特定行為發揮稅收調節作用。

上述稅種一共17個，其中的關稅和船舶噸稅由海關負責徵收管理，其他稅種由稅務機關負責徵收管理。現行稅種中，除企業所得稅、個人所得稅、車船稅是以國家法律的形式發布實施外，其他各稅種都是經全國人民代表大會授權立法，由國務院以暫行條例的形式發布實施的。這些法律法規共同組成了中國的稅收實體法體系。

(二) 稅收程序法體系

除了稅收實體法以外，中國對稅收徵收管理適用的法律制度，是按照稅務管理機關的不同而分別規定的：

（1）由稅務機關負責徵收的稅種的徵收管理，按照《中華人民共和國稅收徵收管理法》及其各實體法中的徵管規定執行。

（2）由海關負責徵收的稅種的徵收管理，按照《海關法》及其《進出口關稅條例》等有關規定執行。

上述稅收實體法和稅收徵收管理的程序法共同構成中國現行稅法體系。

第五節 稅收執法

稅法的實施即稅法的執行。它包括稅收執法和守法兩個方面：一方面要求稅務機關和稅務人員正確運用稅收法律，並對違法者實施制裁；另一方面要求稅務機關、稅務人員、公民、法人、社會團體及其他組織嚴格遵守稅收法律。

由於稅法具有多層次的特點，因此，在稅收執法過程中，對其適用性或法律效力的判斷，一般按以下原則掌握：一是層次高的法律優於層次低的法律；二是同一層次的法律中，特別法優於普通法；三是國際法優於國內法；四是實體法從舊，程序法從新。所謂遵守稅法，是指稅務機關、稅務人員都必須遵守稅法的規定，嚴格依法辦事。遵守稅法是保證稅法得以順利實施的重要條件。

稅收執法權和行政管理權是國家賦予稅務機關的基本權力，是稅務機關實施稅收管理和系統內部行政管理的法律手段。其中稅收執法權是指稅收機關依法徵收稅款，依法進行稅收行政管理。具體包括稅款徵收管理權、稅務檢查權、稅務稽查權、稅務行政復議裁決權等。

一、稅務機構的設置

根據中國經濟和社會發展以及實行分稅制財政管理體制的需要，現行稅務機構設置是：中央政府設立國家稅務總局（正部級），省及省以下稅務機構分為國家稅務局和地方稅務局兩個系統。國家稅務總局對國家稅務局系統實行機構、編制、幹部、經費

的垂直管理，協同省級人民政府對省級地方稅務局系統實行雙重領導。

國家稅務局系統包括省、自治區、直轄市國家稅務局，地區、地級市、自治州、盟國家稅務局，縣、縣級市、旗國家稅務局，徵收分局、稅務所。徵收分局、稅務所是縣級國家稅務局的派出機構，前者一般按照行政區劃、經濟區劃或者行業設置，后者一般按照經濟區劃或者行政區劃設置。

地方稅務局系統包括省、自治區、直轄市地方稅務局，地區、地級市、自治州、盟地方稅務局，縣、縣級市、旗地方稅務局，徵收分局、稅務所。省以下地方稅務局實行上級稅務機關和同級政府雙重領導、以上級稅務機關垂直領導為主的管理體制，即地區（市）、縣（市）地方稅務局的機構設置、幹部管理、人員編製和經費開支均由所在省（自治區、直轄市）地方稅務局垂直管理。

省級地方稅務局是省級人民政府所屬的主管本地區地方稅收工作的職能部門，實行地方政府和國家稅務總局雙重領導、以地方政府領導為主的管理體制。國家稅務總局對省級地方稅務局的領導，主要體現為稅收政策、業務的指導和協調，對國家統一的稅收制度、政策執行情況的監督，組織經驗交流等方面。省級地方稅務局的局長人選由地方政府徵求國家稅務總局意見之后任免。

二、稅款徵收管理權限劃分

根據《國務院關於實行財政分稅制有關問題的通知》及有關法律、法規的規定，中國現行稅制下稅收執法管理權限的劃分大致如下：

首先根據國務院關於實行分稅制財政管理體制的決定，按稅種劃分中央和地方的收入。對中央稅，其稅收管理權由國務院及其稅務主管部門（財政部和國家稅務總局）掌握，由中央稅務機構負責徵收；對地方稅，其管理權由地方人民政府及其稅務主管部門掌握，由地方稅務機構負責徵收；對中央與地方共享稅，原則上由中央稅務機構負責徵收，共享稅中地方分享的部分，由中央稅務機構直接劃入地方金庫。

地方自行立法的地區性稅種，其管理權由省級人民政府及其主管稅務部門掌握。

屬於地方的稅收管理權限，在省級及以下的地區如何劃分，由省級人民代表大會或省級人民政府決定。

除少數民族自治地區和經濟特區外，各地均不得擅自停徵全國性的地方稅種。

經全國人民代表大會及其常務委員會和國務院批准，民族自治地區可以擁有某些特殊的稅收管理權，如全國性地方稅種某些稅目稅率的調整權以及一般地方稅收管理權以外的其他一些管理權等。

經全國人民代表大會及其常務委員會和國務院批准，經濟特區也可以在享有一般地方稅收管理權之外，擁有一些特殊的稅收管理權。

上述地方（包括少數民族自治地區和經濟特區）的稅收管理權的行使，必須以不影響國家宏觀調控和中央財政收入為前提。

涉外稅收必須執行國家的統一稅法，涉外稅收政策的調整權集中在全國人民代表大會常務委員會和國務院，各地一律不得自行制定涉外稅收的優惠措施。

根據國務院的有關規定，在稅法規定之外，一律不得減稅免稅，也不得採取先徵

后返的形式變相減免稅。

三、稅收徵收管理範圍劃分

目前，中國的稅收分別由財政、稅務、海關等系統負責徵收管理。

國家稅務總局系統負責徵收和管理的稅種有：增值稅、消費稅、車輛購置稅、鐵道部門、各銀行總行、各保險總公司集中繳納的所得稅，城市維護建設稅、中央企業繳納的所得稅、中央與地方所屬企業、事業單位組成的聯營企業、股份制企業繳納的所得稅，地方銀行、非銀行金融企業繳納的所得稅、海洋石油企業繳納的所得稅、資源稅，部分企業的企業所得稅，證券交易稅（開徵之前為對證券交易徵收的印花稅）。

地方稅務局系統負責徵收和管理的稅種有：城市維護建設稅（不包括上述由國家稅務總局系統負責徵收管理的部分）、部分企業所得稅、個人所得稅、資源稅、城鎮土地使用稅、耕地占用稅、土地增值稅、房產稅、車船稅、印花稅、契稅。

海關系統負責徵收和管理的項目有關稅、船舶噸稅，同時負責代徵進出口環節的增值稅和消費稅。

四、稅收收入劃分

根據國務院關於實行分稅制財政管理體制的規定，中國的稅收收入分為中央政府固定收入、地方政府固定收入和中央政府與地方政府共享收入。

中央政府固定收入包括消費稅（含進口環節海關代徵的部分）、車輛購置稅、關稅、海關代徵的進口環節增值稅等。

地方政府固定收入包括城鎮土地使用稅、耕地占用稅、土地增值稅、房產稅、車船稅、契稅。

中央政府與地方政府共享收入包括：

（1）增值稅（不含進口環節由海關代徵的部分）：中央政府分享75%，地方政府分享25%。

（2）企業所得稅：中國鐵路總公司（原鐵道部）、各銀行總行及海洋石油企業繳納的部分歸中央政府，其餘部分中央與地方政府按60%與40%的比例分享。

（3）個人所得稅：除儲蓄存款利息所得的個人所得稅外，其餘部分的分享比例與企業所得稅相同。

（4）資源稅：海洋石油企業繳納的部分歸中央政府，其餘部分歸地方政府。

（5）城市維護建設稅：鐵道部、各銀行總行、各保險總公司集中繳納的部分歸中央政府，其餘部分歸地方政府。

（6）印花稅：證券交易印花稅收入的97%歸中央政府，其餘3%和其他印花稅收入歸地方政府。

（7）營業稅改徵增值稅試點期間保持現行財政體制基本穩定，原歸屬試點地區的營業稅收入，改徵增值稅後收入仍歸屬試點地區，稅款分別入庫。因試點產生的財政減收，按現行財政體制由中央和地方分別負擔。

五、稅務檢查權

稅務檢查是稅務機關依據國家的稅收法律、法規對納稅人等管理相對人履行法定義務的情況進行審查、監督的執法活動。稅務檢查包括兩類：

（1）稅務機關為取得確定稅額所需資料，證實納稅人納稅申報的真實性與準確性而進行的經常性檢查。

（2）為打擊稅收違法犯罪而進行的特別調查，它可以分為行政性調查和刑事調查兩個階段。行政性調查屬於稅務檢查權範圍之內。從原則上講，在納稅人有違反稅法的刑事犯罪嫌疑的情況下，即調查的刑事性質確定後，案件應開始適用刑事調查程序。

六、稅務稽查權

稅務稽查是稅務機關依法對納稅人、扣繳義務人履行納稅義務、扣繳義務情況所進行的稅務檢查和處理工作的總稱。稅務稽查權是稅收執法權的一個重要組成部分，也是整個國家行政監督體系中的一種特殊的監督權行使形式。

稅務稽查的基本任務是：依照國家稅收法律、法規，查處稅收違法行為、保障稅收收入、維護稅收秩序、促進依法納稅、保證稅法的實施。稅務稽查必須以事實為根據，以稅收法律、法規、規章為準繩，依靠人民群眾，加強與司法機關及其他有關部門的聯繫和配合。各級稅務機關設立的稅務稽查機構應按照各自的稅收管轄範圍行使稅務稽查職能。

七、稅務行政復議裁決權

根據《中華人民共和國行政復議法》《中華人民共和國稅收徵收管理法》和其他有關規定，為了防止和糾正稅務機關違法或者不當的具體行政行為，保護納稅人及其他當事人的合法權益，保障和監督稅務機關依法行使職權，納稅人及其他當事人認為稅務機關的具體行政行為侵犯其合法權益的，可依法向稅務行政復議機關申請行政復議；稅務行政復議機關受理行政復議申請，做出行政復議決定。稅務行政復議機關，是指依法受理行政復議申請，對具體行政行為進行審查並做出行政復議決定的稅務機關。

在稅務行政復議裁決權的行使過程中，稅務行政復議機關中負責稅收法制工作的機構具體辦理行政復議事項，履行下列職責：

（1）受理行政復議申請；
（2）向有關組織和人員調查取證，查閱文件和資料；
（3）審查申請行政復議的具體行政行為是否合法與適當，擬定行政復議決定；
（4）處理或者轉送有關規定的審查申請；
（5）對被申請人違反行政復議法的行為，依照規定的權限和程序提出處理建議；
（6）辦理因不服行政復議決定提起行政訴訟的應訴事項；
（7）對下級稅務機關的行政復議工作進行檢查和監督；
（8）辦理行政復議案件的賠償事項；

(9) 辦理行政復議、訴訟、賠償等案件的統計、報告和歸檔工作。

行政復議活動應當遵循合法、公正、公開、及時、便民的原則。納稅人及其他當事人對行政復議決定不服的，可以依照行政訴訟法的規定向人民法院提起行政訴訟。

八、其他稅收執法權

除上述稅收執法權的幾個方面之外，根據法律規定，稅務機關還享有其他相關稅收執法權。其中主要的有稅務行政處罰權等。

稅務行政處罰權是指稅務機關依法對納稅主體違反稅法尚未構成犯罪，但應承擔相應法律責任的行為實施制裁措施的權力。稅務行政處罰是行政處罰的基本組成部分，稅務行政處罰權的行使對於保證國家稅收利益，督促納稅人依法納稅有重要作用。稅務行政處罰權的法律依據是行政處罰法和稅收徵管法等法律法規。根據《中華人民共和國稅收徵收管理法》的相關規定，稅務行政處罰的種類應當有警告（責令限期改正）、罰款、停止出口退稅權、沒收違法所得、收繳發票或者停止發售發票、提請吊銷營業執照、通知出境管理機關阻止其出境等。

本章練習題

一、單項選擇題

1. 以下對稅收概念的相關理解不正確的是（　　）。
   A. 稅收的本質是一種分配關係
   B. 稅收分配是以國家為主體的分配，徵稅依據的是財產權力
   C. 徵稅的目的是滿足社會公共需要
   D. 稅收「三性」是區別稅與非稅的外在尺度和標誌
2. 稅收是國家與納稅人之間形成的以國家為主體的（　　）。
   A. 社會剩餘產品分配關係　　B. 社會剩餘產品分配活動
   C. 社會產品分配關係　　　　D. 社會產品分配活動
3. 在稅收分配活動中，稅法的調整對象是（　　）。
   A. 稅收分配關係　　　　　　B. 經濟利益關係
   C. 稅收權利與義務關係　　　D. 稅收徵納關係
4. 下列有關稅收法律主義原則的表述中，錯誤的是（　　）。
   A. 稅收法律主義的功能側重於保持稅法的穩定性
   B. 課稅要素明確原則更多地是從立法技術角度保證稅收分配關係的確定性
   C. 課稅要素必須由法律直接規定
   D. 依法稽徵原則的含義包括稅務機關有選擇稅種開徵和停徵的權力
5. 下列對特別法優於普通法原則的陳述錯誤的是（　　）。
   A. 凡是特別法中做出規定的，即排除普通法的適用
   B. 隨著特別法的規定，原有居於普通法地位的稅法即告廢止

C. 特別法優於普通法原則打破了稅法效力等級的限制

D. 居於特別法地位級別較低的稅法，其效力可以高於作為普通法的級別較高的稅法

6. 納稅人必須在繳納有爭議的稅款後，稅務行政復議機關才能受理納稅人的復議申請，這體現了稅法適用原則中的（　　）。

 A. 新法優於舊法原則   B. 特別法優於普通法原則

 C. 程序優於實體原則   D. 實體從舊、程序從新原則

7. 下列關於稅收法律關係的表述中，正確的有（　　）。

 A. 稅收法律關係的主體只能是國家

 B. 稅收法律關係中權利與義務具有對等性

 C. 稅收法律關係的成立不以徵納雙方意思表示一致為要件

 D. 徵稅權雖是國家法律授予的，但是可以放棄或轉讓

8. 對稅收實體法要素中有關課稅對象的表述，下列說法中正確的是（　　）。

 A. 課稅對象是國家據以徵稅的依據

 B. 稅目是一種稅區別於另一種稅的最主要標誌

 C. 從實物形態分析，課稅對象與計稅依據是一致的

 D. 從個人所得稅來看，其課稅對象與稅源是不一致的

9. 下列各項中，屬於減免稅基本形式中的稅額式減免的是（　　）。

 A. 零稅率   B. 起徵點

 C. 全部免徵   D. 項目扣除

10. 下列有關稅收法律立法程序的表述中，正確的是（　　）。

 A. 必須經財政部向全國人民代表大會及其常務委員會提出稅收法律案

 B. 交由國務院審議

 C. 稅收法律案的通過採取表決方式進行

 D. 由全國人民代表大會常務委員會委員長簽署公布

二、多項選擇題

1. 下列關於稅收實體法要素的說法中，正確的是（　　）。

 A. 納稅人就是負稅人

 B. 計稅依據是從量的方面對徵稅所做的規定，是課稅對象量的表現

 C. 稅目課稅對象的具體化，反應徵稅的範圍，代表徵稅的廣度

 D. 稅率反應了徵稅的深度

 E. 國家開徵的每一種稅都有納稅期限的規定

2. 下列關於稅法原則的表述中，正確的是（　　）。

 A. 新法優於舊法原則屬於稅法的適用原則

 B. 稅法主體的權利與義務必須由法律加以規定，這體現了稅收法定原則

 C. 稅法的原則反應稅收活動的根本屬性，包括稅法基本原則和稅法適用原則

 D. 稅法適用原則中的法律優位原則明確了稅收法律的效力高於稅收行政法規

的效力

E. 稅收公平原則屬於稅法適用原則

3. 稅收法律關係的特點有（　　）。

A. 體現國家單方面的意志

B. 權利與義務關係具有不對等性

C. 主體的一方可以是納稅人，另一方只能是公益部門

D. 具有財產所有權或支配權單向轉移的性質

E. 納稅人享有的權利多於納稅人應盡的義務

4. 下列情形中能引起稅收法律關係消滅的有（　　）。

A. 納稅義務的免除

B. 納稅人履行了納稅義務

C. 稅務機關組織結構發生變化

D. 納稅人自身組織結構發生變化

E. 某稅法的廢止

5. 下列關於中國稅收法律級次的表述中，正確的有（　　）。

A. 《中華人民共和國稅收徵收管理法實施細則》屬於稅收規章

B. 《中華人民共和國企業所得稅法實施條例》屬於稅收行政法規

C. 《中華人民共和國企業所得稅法》屬於全國人民代表大會制定的稅收法律

D. 《中華人民共和國增值稅暫行條例》屬於全國人民代表大會常務委員會制定的稅收法律

E. 《中華人民共和國個人所得稅實施細則》屬於稅收法規

三、思考題

1. 如何理解稅收的特點？
2. 如何理解稅法的特點？
3. 如何理解稅法的適用原則？
4. 如何理解稅法的基本原則？
5. 如何理解稅收法律關係？
6. 如何理解稅收立法、執法？

第二章　增值稅

教學目標：

1. 理解增值稅的含義、特點、類型、計稅原理。
2. 熟悉增值稅徵收管理辦法及專用發票管理。
3. 熟悉增值稅的減稅、免稅的規定。
4. 掌握增值稅納稅人的劃分、徵稅範圍以及應納稅額的計算。

重難點：

1. 視同銷售貨物收入的確認以及特殊銷售方式下收入的確認。
2. 增值稅一般納稅人的計算以及出口退稅中的「免抵退」的計算方法。

第一節　增值稅概述

一、增值稅的含義

增值稅是以納稅人生產經營過程中取得的增值額為課稅對象徵收的一種稅。

(一) 關於增值額問題

從理論上講，增值額是納稅人在生產經營過程中新創造的那部分價值，即貨物或勞務價值中的 V+M 部分，在中國相當於淨產值或國民收入部分。現實經濟生活中，對增值額這一概念可以從以下兩個方面理解：第一，從一個生產經營單位來看，增值額是指該單位銷售貨物或提供勞務的收入額扣除為生產經營這種貨物（包括勞務、下同）而外購的那部分貨物價款后的餘額；第二，從一項貨物來看，增值額是該貨物經歷的生產和流通的各個環節所創造的增值額之和，也就是該項貨物的最終銷售價值。

實行增值稅的國家、據以徵稅的增值額都是一種法定增值額，並非理論上的增值額。所謂法定增值額，是指各國政府根據各自的國情、政策要求，在增值稅制度中人為地確定的增值額。法定增值額可以等於理論上的增值額，也可以大於或小於理論上的增值額。造成法定增值額與理論增值額不一致的一個重要原因，是各國在規定扣除範圍時，對外購固定資產的處理辦法不同。一般來說，各國在確定徵稅的增值額時，對外購流動資產價款都允許從貨物總價值中扣除。但是，對外購固定資產價款，各國處理辦法則有所不同，有些國家允許扣除，有些國家不允許扣除。而在允許扣除的國家，扣除情況也不一樣。

實行增值稅的國家之所以都在本國稅制中規定法定增值額，其原因有兩個：第一，開徵任何一種稅都是為政府的經濟政策和財政政策服務的，增值稅也不例外，因此，各國徵稅的增值額可以由政府根據政策的需要來確定。例如，有些國家為鼓勵擴大投資、加速固定資產更新，對外購固定資產價款允許在納稅期內一次扣除；有些國家考慮到財政收入的需要，規定外購固定資產的價款一律不準扣除，從而使增值額相應擴大。第二，只有規定法定增值額，才能保證增值稅計算的一致性，從而保證增值稅稅負的公平合理。

(二) 增值稅一般不直接以增值額作為計稅依據

從以上對增值額這一概念的分析來看，純理論的增值額對計算增值稅並沒有實際意義，而僅僅是對增值稅本質的一種理論抽象，因此各國都是根據法定增值額計算增值稅的。但是，實施增值稅的國家無論以哪種法定增值額作為課稅基數，在實際計算增值稅稅款時都不是直接以增值額作為計稅依據的。也就是說，各國計算增值稅時都不是先求出各生產經營環節的增值額，然後再據此計算增值稅，而是採取從銷售總額的應納稅款中扣除外購項目已納稅款的稅款抵扣法。可見，增值額這一概念只有從理論角度看才具有現實意義，在實際計稅中並不直接發揮作用。不直接通過增值額計算增值稅的原因是，確定增值額在實際工作中是一件很困難的事，甚至難以做到。

二、增值稅的類型

增值稅按對外購固定資產處理方式的不同，可劃分為生產型增值稅、收入型增值稅和消費型增值稅。

(一) 生產型增值稅

生產型增值稅是指計算增值稅時，不允許扣除任何外購固定資產的價款。作為課稅基數的法定增值額，除包括納稅人新創造價值外，還包括當期計入成本的外購固定資產價款部分，即法定增值額相當於當期工資、利息、租金、利潤等理論增值額和折舊額之和。從整個國民經濟來看，這一課稅基數大體相當於國民生產總值的統計口徑，故稱為生產型增值稅。在此種類型的增值稅下，法定增值額大於理論增值額，對固定資產存在重複徵稅。這種類型的增值稅雖然不利於鼓勵投資，但可以保證財政收入。

(二) 收入型增值稅

收入型增值稅是指計算增值稅時，對外購固定資產價款只允許扣除當期計入產品價值的折舊費部分，作為課稅基數的法定增值額相當於當期工資、利息、租金和利潤等各增值額之和。從整個國民經濟來看，這一課稅基數相當於國民收入部分，故稱為收入型增值稅。此種類型的增值稅從理論上講是一種標準的增值稅，即法定增值額等於理論增值額，但由於外購固定資產價款是以計提折舊的方式分期轉入產品價值的，且轉入部分沒有逐筆對應的外購憑證，故給憑發票扣稅的計算方法帶來了困難，從而影響了這種方法的廣泛採用。

(三) 消費型增值稅

　　消費型增值稅是指計算增值稅時，允許將當期購入的固定資產價款一次全部扣除，作為課稅基數的法定增值額相當於納稅人當期全部銷售額扣除外購的全部生產資料價款后的餘額。從整個國民經濟來看，這一課稅基數僅限於消費資料價值的部分，故稱為消費型增值稅。在此種類型的增值稅下，法定增值額小於理論增值額。但在購進固定資產的當期因扣除額大大增加，會減少財政收入。這種方法最宜於規範憑發票扣稅的計算方法，因為憑固定資產的外購發票可以一次將其已納稅款全部扣除，既便於操作，也便於管理，所以是三種類型中最簡便、最能體現增值稅優越性的一種類型。目前，中國實施的就是消費型增值稅。

三、增值稅的性質及其計稅原理

(一) 增值稅的性質

　　增值稅以增值額為課稅對象，以銷售額為計稅依據，同時實行稅款抵扣的計稅方式。這一計稅方式決定了增值稅是屬於流轉稅性質的稅種。作為流轉稅，增值稅同一般銷售稅以及對特定消費品徵收的消費稅有著很多共同的方面。

　　(1) 都是以全部流轉額為計稅銷售額。實行增值稅的國家無論採取哪種類型的增值稅，在計稅方法上都是以貨物或勞務的全部銷售額為計稅依據，這同消費稅是一樣的。所不同的只是增值稅還同時實行稅款抵扣制度，是一種只就未稅流轉額徵稅的新型流轉稅。

　　(2) 稅負具有轉嫁性。增值稅實行價外徵稅，經營者出售商品時，稅款附加在價格之外轉嫁給購買者，隨著商品流通環節的延伸，稅款最終由消費者承擔。

　　(3) 按產品或行業實行比例稅率，而不能採取累進稅率。這一點與其他流轉稅一樣，但與所得稅則完全不同。增值稅的主要作用在於廣泛徵集財政收入，而非調節收入差距，因此不必也不應採用累進稅率。

(二) 增值稅計稅原理

　　增值稅的計稅原理是通過增值稅的計稅方法體現出來的。增值稅的計稅方法是以每一生產經營環節上發生的貨物或勞務的銷售額為計稅依據，然後按規定稅率計算出貨物或勞務的整體稅負，同時通過稅款抵扣方式將外購項目在以前環節已納的稅款予以扣除，從而完全避免了重複徵稅。該原理具體體現在以下幾個方面：

　　(1) 按全部銷售額計算稅款，但其本質是對貨物、勞務或服務價值中新增價值部分徵稅；

　　(2) 實行稅款抵扣制度，對以前環節已納稅款予以扣除；

　　(3) 稅款隨著貨物的銷售逐環節轉移，最終消費者是全部稅款的承擔者。但政府並不直接向消費者徵稅，而是在生產經營的各個環節分段徵收，各環節的納稅人其實並不承擔增值稅稅款。

四、增值稅的計稅方法

增值稅的計稅方法分為直接計算法和間接計算法兩種類型。

(一) 直接計算法

直接計算法，是指首先計算出應稅貨物或勞務的增值額，然後用增值額乘以適用稅率求出應納稅額。直接計算法按計算增值額的方法不同，又可分為加法和減法。

(1) 加法，即是把企業在計算期內實現的各項增值項目一一相加，求出全部增值額，然後再依率計算增值稅。增值項目包括工資、獎金、利潤、利息、租金以及其他增值項目。這種加法只是一種理論意義上的方法，實際應用的可能性很小，甚至不可能。這是因為：①由於企業實行的財務會計制度不同，致使確定增值項目與非增值項目的標準也不盡相同，在實際工作中容易造成爭執，難以執行。②增值額本身就是一個比較模糊的概念，很難準確計算。如企業支付的各種罰款、沒收的財物或接受的捐贈等是否屬於增值額有時難以確定。

(2) 減法，即是以企業在計算期內實現的應稅貨物或勞務的全部銷售額減去規定的外購項目金額以後的餘額作為增值額，然後再依率計算增值稅。這種方法又叫扣額法。當採取購進扣額法時，該計算方法同下述扣稅法沒有什麼區別，但必須有一個前提條件，即只有在採用一檔稅率的情況下，這種計算方法才具有實際意義。如要實行多檔稅率的增值稅制度，則不能採用這種方法計稅。

(二) 間接計算法

間接計算法，是指不直接根據增值額計算增值稅，而是首先計算出應稅貨物的整體稅負，然後從整體稅負中扣除法定的外購項目已納稅款。由於這種方法以外購項目的實際已納稅額為依據，所以又叫購進扣稅法或發票扣稅法。這種方法簡便易行，計算準確，既適用於單一稅率，又適用於多檔稅率，因此是實行增值稅的國家廣泛採用的計稅方法。

五、增值稅的特點

增值稅雖然屬於流轉稅，但因特殊的徵稅方式而使其具有自身的特點。

(一) 不重複徵稅，具有中性稅收的特徵

所謂中性稅收，是指稅收對經濟行為包括企業生產決策、生產組織形式等，不產生影響，由市場對資源配置發揮基礎性、主導性作用。政府在建立稅制時，以不干擾經營者的投資決策和消費者的消費選擇為原則。增值額具有中性稅收的特徵，是因為增值稅只對貨物或勞務銷售額中沒有徵過稅的那部分增值額徵稅，對銷售額中屬於轉移過來的、以前環節已徵過稅的那部分銷售額則不再徵稅，從而有效地排除了重複徵稅因素。此外，增值稅稅率檔次少，一些國家只採取一檔稅率，即使採取二檔或三檔稅率的，其絕大部分貨物一般也都是按一個統一的基本稅率徵稅。這不僅使得絕大部分貨物的稅負是一樣的，而且同一貨物在經歷的所有生產和流通的各環節的整體稅負

也是一樣的。這種情況使增值稅對生產經營活動以及消費行為基本不發生影響，從而使增值稅具有了中性稅收的特徵。

(二) 逐環節徵稅，逐環節扣稅，最終消費者是全部稅款的承擔者

作為一種新型的流轉稅，增值稅保留了傳統間接稅按流轉額全值計稅和道道徵稅的特點，同時還實行稅款抵扣制度。即在逐環節徵稅的同時，還實行逐環節扣稅。在這裡，各環節的經營者作為納稅人只是把從買方收取的稅款抵扣自己支付給賣方的稅款後的餘額繳給政府，而經營者本身實際上並沒有承擔增值稅稅款。這樣，隨著各環節交易活動的進行，經營者在出售貨物的同時也出售了該貨物所承擔的增值稅稅款，直到貨物賣給最終消費者時，貨物在以前環節已納的稅款連同本環節的稅款也一同轉嫁給了最終消費者。可見，增值稅稅負具有逐環節向前推移的特點，作為納稅人的生產經營者並不是增值稅的真正負擔者，只有最終消費者才是全部稅款的負擔者。

(三) 稅基廣闊，具有徵收的普遍性和連續性

無論是從橫向還是從縱向來看，增值稅都有著廣闊的稅基。從生產經營的橫向關係看，無論工業、商業或者勞務服務活動，只要有增值收入就要納稅；從生產經營的縱向關係看，每一貨物無論經過多少生產經營環節，都要按各道環節上發生的增值額逐次徵稅。

(四) 價外計徵

增值稅實行價稅分離，以不含稅的價格（或收入）作為計稅依據，稅收負擔明確。這一點與以含稅價格為計稅依據的其他流轉稅稅種是不一樣的。因此，納稅人在計算繳納增值稅所使用的價格（或收入）必須為不含增值稅的價格（或收入）。如果計稅價格（或收入）含了增值稅，就必須首先要將含稅價格（或收入）換算成不含稅的價格（或收入）。

六、中國增值稅的建立和發展

1954年法國成功地推行增值稅後，對世界各國都產生了重大影響，特別是對當時的歐洲共同體國家的影響更大。在隨後的十幾年裡，歐共體成員國相繼實行了增值稅，歐洲其他一些國家以及非洲和拉丁美洲的一些國家為改善自己在國際貿易中的競爭條件也實行了增值稅，亞洲國家自20世紀70年代後期開始推行增值稅。到2016年，世界上已有190多個國家和地區實行了增值稅。從增值稅在國際上的廣泛應用可以看出，增值稅作為一個國際性稅種，是適應商品經濟的高度發展應運而生的。

(一) 中國增值稅制度的發展歷程

中國於1979年引進增值稅，並在部分城市試行。1982年財政部制定了《增值稅暫行辦法》，自1983年1月1日開始在全國試行。1984年第二步利改稅和全面工商稅制改革時，在總結經驗的基礎上，國務院發布了《中華人民共和國增值稅條例（草案）》，並於當年10月試行。1993年稅制改革，增值稅成為改革的重點。國務院於1993年12月發布了《中華人民共和國增值稅暫行條例》，並於1994年1月1日起在全

國範圍內全面推行增值稅。此時的增值稅屬於生產型增值稅。為了進一步完善稅收制度，國家決定實行增值稅轉型試點，並於 2004 年 7 月 1 日開始在東北、中部等部分地區試行。試點工作運行順利，達到了預期目標。為此，國務院決定全面實施增值稅轉型改革，修訂了《中華人民共和國增值稅暫行條例》，2008 年 11 月經國務院第 34 次常務會議審議通過，於 2009 年 1 月 1 日起在全國範圍內實行消費型增值稅。

(二)「營改增」試點

為促進第三產業發展，從 2012 年 1 月 1 日起，在部分地區和行業開展深化增值稅制度改革試點，到 2016 年 5 月 1 日，徵收營業稅的行業全部改為徵收增值稅。

1. 試點地區

營業稅改徵增值稅涉及面較廣，為保證改革順利實施，在部分地區和部分行業開展試點十分必要。綜合考慮服務業發展狀況、財政承受能力、徵管基礎條件等因素，先期選擇經濟輻射效應明顯、改革示範作用較強的地區開展試點。上海市服務業門類齊全、輻射作用明顯，選擇上海市先行試點，有利於為全面實施改革累積經驗。

2. 試點行業

試點地區先在交通運輸業、部分現代服務業等生產性服務業開展試點，逐步推廣至其他行業。條件成熟時，可選擇部分行業在全國範圍內進行全行業試點。

3. 試點進程

2012 年 1 月 1 日起，在上海試點，將交通運輸業和部分現代服務業由徵營業稅改徵增值稅。

2012 年 9 月 1 日起，試點地區擴大到北京市、天津市、江蘇省、安徽省、浙江省（含寧波市）、福建省（含廈門市）、湖北省、廣東省（含深圳市）8 個省市。

2013 年 8 月 1 日，「營改增」試點在全國範圍內推開，並將廣播影視作品的製作、播映、發行納入試點行業。

2014 年 1 月 1 日起，鐵路運輸業和郵政業在全國範圍內實施「營改增」試點。同時，交通運輸業全部納入試點範圍。

2014 年 6 月 1 日起，電信業納入「營改增」試點範圍，實行差異化稅率，基礎電信服務和增值服務分別適用 11% 和 6% 的稅率，為境外單位提供電信業服務免徵增值稅。

2016 年 5 月 1 日起，在全國範圍內全面推開「營改增」試點，建築業、房地產業、金融業、生活服務業納入試點範圍。至此，營業稅全部改徵增值稅。

第二節 增值稅納稅人和扣繳義務人

一、增值稅納稅人與扣繳義務人的基本規定

(一) 納稅人

根據《中華人民共和國增值稅暫行條例》以及《營業稅改徵增值稅試點實施辦

法》（財稅〔2016〕36號）的規定，凡在中華人民共和國境內銷售貨物或者提供加工、修理修配勞務，銷售服務、無形資產或不動產，以及進口貨物的單位和個人，為增值稅的納稅人。

單位是指一切從事銷售或進口貨物，提供應稅勞務，銷售應稅服務、無形資產或不動產的單位，包括企業、行政單位、事業單位、軍事單位、社會團體及其他單位。

個人是指從事銷售或進口貨物，提供應稅勞務，銷售應稅服務、無形資產或不動產的個人，包括個體工商戶和其他個人。

單位租賃或承包給其他單位或者個人經營的，以承租人或承包人為納稅人。

對報關進口的貨物，以進口貨物的收貨人或辦理報關手續的單位和個人為進口貨物的納稅人。對代理進口貨物，以海關開具的完稅憑證上的納稅人為增值稅納稅人。即對報關進口貨物，凡是海關的完稅憑證開具給委託方的，對代理方不徵增值稅；凡是海關的完稅憑證開具給代理方的，對代理方應按規定徵收增值稅。

（二）扣繳義務人

境外的單位或個人在境內提供應稅勞務，在境內未設有經營機構的，其應納稅款以境內代理人為扣繳義務人；在境內沒有代理人的，以購買者為扣繳義務人。

中華人民共和國境外（以下稱境外）單位或者個人在境內銷售服務、無形資產或不動產，在境內未設有經營機構的，以購買方為增值稅扣繳義務人。財政部和國家稅務總局另有規定的除外。

在中華人民共和國境內（以下簡稱境內）銷售貨物或提供加工、修理修配勞務是指銷售貨物的起運地或所在地在境內；提供的應稅勞務發生地在境內。

在境內銷售服務、無形資產或不動產，是指：

（1）服務（租賃不動產除外）或無形資產（自然資源使用權除外）的銷售方或者購買方在境內；

（2）所銷售或者租賃的不動產在境內；

（3）所銷售自然資源的使用權在境內；

（4）財政部和國家稅務總局規定的其他情形。

（三）合併納稅

兩個或者兩個以上的納稅人，經財政部和國家稅務總局批准可以視為一個納稅人合併納稅。具體辦法由財政部和國家稅務總局另行規定。

二、增值稅納稅人的分類

（一）增值稅納稅人分類的依據

根據《中華人民共和國增值稅暫行條例》及其實施細則的規定，劃分一般納稅人和小規模納稅人的基本依據是納稅人的會計核算是否健全以及企業規模的大小。衡量企業規模的大小一般以年銷售額為依據，因此，現行增值稅制度是以納稅人年應稅銷售額的大小為基本依據，會計核算健全是指能夠按照國家統一的會計制度規定設置帳

簿，根據合法、有效憑證核算。

(二) 劃分一般納稅人與小規模納稅人的目的

對增值稅納稅人進行分類，主要是為了適應納稅人經營管理規模差異大、財務核算水平不一的實際情況。分類管理有利於稅務機關加強重點稅源管理，簡化小型企業的計算繳納程序，也有利於正確使用專用發票與落實安全管理要求。

這兩類納稅人在稅款計算方法、適用稅率以及管理辦法上都有所不同。對一般納稅人實行憑發票扣稅的計稅方法，對小規模納稅人則規定簡便易行的計稅方法和徵收管理辦法。

三、小規模納稅人的管理

(一) 小規模納稅人的標準

小規模納稅人是指年銷售額在規定標準以下，並且會計核算不健全，不能按規定報送有關稅務資料的增值稅納稅人。會計核算不健全是指不能正確核算增值稅的銷項稅額、進項稅額和應納稅額。

根據《中華人民共和國增值稅暫行條例》及其實施細則和「營改增」相關文件的規定，小規模納稅人的認定標準是：

1. 一般規定

（1）從事貨物生產或提供應稅勞務的納稅人，以及以從事貨物生產或提供應稅勞務為主，並兼營貨物批發或零售的納稅人，年應稅銷售額在 50 萬元（含）以下的。

（2）其他納稅人，年應稅銷售額在 80 萬元（含）以下的。

以從事貨物生產或者提供應稅勞務為主，是指納稅人的年貨物生產或者提供應稅勞務的銷售額占年應稅銷售額的比重在 50% 以上。

（3）營業稅改徵增值稅，應稅行為年銷售額標準為 500 萬元（含）以下的。

2. 特殊規定

年應稅銷售額超過小規模納稅人標準的其他個人按小規模納稅人納稅；年應稅銷售額超過規定標準但不經常發生應稅行為的單位和個體工商戶，以及非企業性單位、不經常發生應稅行為的企業，可選擇按小規模納稅人納稅。

旅店業和飲食業納稅人銷售非現場消費的食品，屬於不經常發生增值稅應稅行為，可選擇按小規模納稅人繳納增值稅。該政策自 2013 年 5 月 1 日起施行。

兼有銷售貨物、提供加工修理修配勞務以及應稅服務，且不經常發生應稅行為的單位和個體工商戶可選擇按小規模納稅人納稅。

(二) 小規模納稅人的管理

小規模納稅人實行簡易辦法徵收增值稅，一般不得使用增值稅專用發票。

四、一般納稅人登記及管理

(一) 一般納稅人登記範圍

根據《國務院關於取消和調整一批行政審批項目等事項的決定》（國發〔2015〕11號）的規定，國家稅務總局對增值稅一般納稅人管理有關事項進行了調整。增值稅一般納稅人實行登記制，登記事項由增值稅納稅人向其主管稅務機關辦理。

增值稅納稅人，年應稅銷售額超過財政部、國家稅務總局規定的小規模納稅人標準的，除另有規定外，應當向主管稅務機關申請一般納稅人資格登記。

上述所稱年應稅銷售額，是指納稅人在連續不超過12個月的經營期內累計應徵增值稅銷售額，包括納稅申報銷售額、稽查查補銷售額、納稅評估調整銷售額、稅務機關代開發票銷售額和免稅銷售額。

經營期是指在納稅人存續期內的連續經營期間，含未取得銷售收入的月份。

「營改增」試點納稅人一般納稅人的認定辦法：

1. 一般規定

除試點實施前已取得增值稅一般納稅人資格並兼有應稅服務的試點納稅人外，「營改增」試點實施前（以下簡稱試點實施前）應稅服務年銷售額超過500萬元的試點納稅人，應向主管稅務機關申請辦理增值稅一般納稅人資格登記。

試點納稅人試點實施前的應稅服務年銷售額按以下公式換算：

應稅服務年銷售額＝連續不超過12個月應稅服務營業額合計÷（1+3%）

按照現行營業稅規定差額徵收營業稅的試點納稅人，其應稅服務營業額按未扣除之前的營業額計算。

試點實施后，試點納稅人應按照相關規定，辦理增值稅一般納稅人資格登記。按「營改增」有關規定，在確定銷售額時可以差額扣除的試點納稅人，其應稅服務年銷售額按未扣除之前的銷售額計算。

2. 例外規定

應稅服務年銷售額超過規定標準的其他個人不屬於一般納稅人；不經常提供應稅服務的非企業性單位、企業和個體工商戶可選擇按照小規模納稅人納稅。

年應稅銷售額未超過規定標準的納稅人，會計核算健全，能夠提供準確稅務資料的，可以向主管稅務機關申請一般納稅人資格登記，成為一般納稅人。

除國家稅務總局另有規定外，一經登記為一般納稅人，不得轉為小規模納稅人。

3. 特殊規定

兼有銷售貨物、提供加工修理修配勞務以及應稅服務的納稅人，應稅貨物及勞務銷售額與應稅服務銷售額分別計算，分別適用增值稅一般納稅人資格認定標準。

4. 其他規定

年應稅銷售額未超過財政部、國家稅務總局規定的小規模納稅人標準以及新開業的納稅人，可以向主管稅務機關申請一般納稅人資格認定。

5. 不得辦理一般納稅人登記的情形

（1）個體工商戶以外的其他個人。其他個人指自然人。

（2）選擇按照小規模納稅人納稅的非企業性單位。非企業性單位是指行政單位、事業單位、軍事單位、社會團體和其他單位。

（3）選擇按照小規模納稅人納稅的不經常發生應稅行為的企業。不經常發生應稅行為的企業是指非增值稅納稅人；不經常發生應稅行為是指其偶然發生增值稅應稅行為。

（二）一般納稅人登記的程序

一般納稅人登記的程序是：

（1）向主管稅務機關填報「增值稅一般納稅人資格登記表」，並提供稅務登記證件，包括納稅人領取的由工商行政管理部門核發的加載法人和其他組織統一社會信用代碼的營業執照。

（2）納稅人填報內容與「稅務登記證」信息一致，主管稅務機關當場登記。

（3）納稅人填報內容與「稅務登記證」信息不一致，或者不符合填列要求，稅務機關應當場告知納稅人需要補正的內容。

（三）一般納稅人計稅方法的選擇

除財政部、國家稅務總局另有規定外，納稅人自其選擇的一般納稅人資格生效之日起，按照增值稅一般計稅方法計算應納稅款，並按規定領用增值稅專用發票。

第三節　增值稅的徵稅範圍、稅率、徵收率

根據《中華人民共和國增值稅暫行條例》和《營業稅改徵增值稅試點實施辦法》（財稅〔2016〕36號）的規定，凡在中華人民共和國境內銷售貨物或者提供加工、修理修配勞務、銷售服務、無形資產或不動產，以及進口貨物的單位和個人，為增值稅的納稅人。納稅人應當依照《中華人民共和國增值稅暫行條例》和「營改增」的相關規定繳納增值稅。增值稅的徵稅範圍包括在境內銷售貨物、提供應稅勞務、銷售服務、無形資產、不動產以及進口貨物。增值稅的徵稅範圍覆蓋了中國第一產業、第二產業和第三產業。境內是指銷售貨物的起運地或者所在地在境內、提供的應稅勞務發生在境內以及銷售服務或無形資產提供方或者接受方在境內。

一、徵稅範圍

（一）徵稅範圍的一般規定

1. 銷售貨物

「貨物」是指有形動產，包括電力、熱力和氣體在內。銷售貨物是指有償轉讓貨物的所有權。「有償」不僅指從購買方取得貨幣，還包括取得貨物或其他經濟利益。

2. 提供加工和修理修配勞務

「加工」是指接收來料承做貨物，加工后的貨物所有權仍屬於委託者的業務，即通常所說的委託加工業務。「委託加工業務」是指由委託方提供原料及主要材料，受託方按照委託方的要求製造貨物並收取加工費的業務。「修理修配」是指受託對損傷和喪失功能的貨物進行修復，使其恢復原狀和功能的業務。這裡的「提供加工和修理修配勞務」都是指有償提供加工和修理修配勞務。

3. 銷售服務

銷售服務，是指提供交通運輸服務、郵政服務、電信服務、建築服務、金融服務、現代服務業、生活服務。

交通運輸業，是指使用運輸工具將貨物或者旅客送達目的地，使其空間位置得到轉移的業務活動。它包括陸路運輸服務、水路運輸服務、航空運輸服務和管道運輸服務。

郵政服務，是指中國郵政集團公司及其所屬郵政企業提供郵件寄遞、郵政匯兌、機要通信和郵政代理等郵政基本服務的業務活動。它包括郵政普遍服務、郵政特殊服務和其他郵政服務。

電信服務，是指利用有線、無線的電磁系統或者光電系統等各種通信網路資源，提供語音通話服務，傳送、發射、接收或者應用圖像、短信等電子數據和信息的業務活動。它包括基礎電信服務和增值電信服務。

建築服務，是指各類建築物、構築物及其附屬設施的建造、修繕、裝飾、線路、管道、設備、設施等的安裝以及其他工程作業的業務活動。它包括工程服務、安裝服務、修繕服務、裝飾服務和其他建築服務。

金融服務，是指經營金融保險的業務活動。它包括貸款服務、保險服務和金融商品轉讓。

現代服務，是指圍繞製造業、文化產業、現代物流產業等提供技術性、知識性服務的業務活動。它包括研發和技術服務、信息技術服務、文化創意服務、物流輔助服務、租賃服務、鑒證諮詢服務、廣播影視服務、商務輔助服務和其他現代服務。

生活服務，是指為了滿足城鄉居民日常生活需求的各類服務活動。它包括文化體育服務、教育醫療服務、旅遊娛樂服務、餐飲住宿服務、居民日常服務和其他生活服務。

4. 銷售無形資產

銷售無形資產，是指有償轉讓無形資產，是轉讓無形資產所有權或者使用權的業務活動。無形資產是指不具有實物形態，但能帶來經濟利益的資產，包括技術、商標、著作權、商譽、自然資源使用權和其他權益性無形資產。

5. 銷售不動產

銷售不動產，是指有償轉讓不動產，是轉讓不動產所有權的業務活動。不動產，是指不能移動或者移動后會引起性質、形狀改變的財產，包括建築物、構築物等。建築物包括住宅、商業營業用房、辦公樓等可供居住、工作或進行其他活動的建築物。構築物，包括道路、橋樑、隧道、水壩等構築物。

6. 進口貨物

進口貨物是指申報進入中國海關境內的貨物。確定一項貨物是否屬於進口貨物，必須看其是否辦理了報關進口手續。通常，境外產品要輸入境內，必須向中國海關申報進口，並辦理有關報關手續。只要是報關進口的應稅貨物，均屬於增值稅徵稅範圍，在進口環節繳納增值稅（享受免稅政策的貨物除外）。

7. 相關政策

（1）非營業活動的界定

銷售服務、無形資產或者不動產，是指有償提供服務、有償轉讓無形資產或不動產，但屬下列非經營活動的情形除外：

①行政單位收取的同時滿足以下條件的政府性基金或者行政事業收費：

由國務院或者財政部批准設立的政府性基金，由國務院或者省級人民政府及其財政、價格主管部門批准設立的行政事業性收費；收取時開具省級以上（含省級）財政部門監（印）制的財政票據；所收取的款項全額上繳財政。

②單位或者個體工商戶聘用的員工為本單位或者雇主提供取得工資的服務。

③單位或者個體工商戶為員工提供的應稅服務。

④財政部和國家稅務總局規定的其他情形。

（2）境內銷售服務或無形資產的界定

在境內銷售服務或無形資產，是指銷售服務或無形資產的提供方或者接受方在境內。

下列情形不屬於在境內提供銷售服務或無形資產：

①境外單位或者個人向境內單位或者個人銷售完全在境外發生的服務。

②境外單位或者個人向境內單位或者個人銷售完全在境外使用的無形資產。

③境外單位或者個人向境內單位或者個人出租完全在境外使用的有形動產。

④財政部和國家稅務總局規定的其他情形。

（二）對視同銷售貨物行為或提供應稅行為徵稅的規定

單位或者個體工商戶的下列行為，視同銷售貨物或提供應稅服務：

（1）將貨物交付其他單位或者個人代銷。

（2）銷售代銷貨物。

（3）設有兩個以上機構並實行統一核算的納稅人，將貨物從一個機構移送其他機構用於銷售，但相關機構設在同一縣（市）的除外。

用於銷售，是指售貨機構發生以下情形之一的經營行為：

①向購貨方開具發票；

②向購貨方收取貨款。

售貨機構的貨物移送行為有上述兩項情形之一的，應當向所在地稅務機關繳納增值稅；未發生上述兩項情形的，則應由總機構統一繳納增值稅。

如果售貨機構只就部分貨物向購買方開具發票或收取貨款，則應當區別不同情況計算並分別向總機構所在地或分支機構所在地稅務機關繳納稅款。

（4）將自產或委託加工的貨物用於非增值稅應稅項目。
（5）將自產、委託加工的貨物用於集體福利或個人消費。
（6）將自產、委託加工或購進的貨物作為投資，提供給其他單位或個體工商戶。
（7）將自產、委託加工或購進的貨物分配給股東或投資者。
（8）將自產、委託加工或購進的貨物無償贈送給其他單位或者個人。
（9）單位或個體工商戶向其他單位或者個人無償提供應稅服務，但以公益活動為目的或者以社會公眾為對象的除外。
（10）財政部和國家稅務總局規定的其他情形。

(三) 對混合銷售行為徵稅的規定

2016年「營改增」后，保留了混合銷售和兼營行為，同時賦予了其新的內涵，但混業經營不復存在。

一項銷售行為如果既涉及貨物又涉及服務，為混合銷售。混合銷售的納稅主要原則是按「經營主業」劃分，分別按照「銷售貨物」或者「銷售服務」徵收增值稅，即從事貨物的生產、批發或者零售的單位和個體工商戶的混合銷售行為，按照銷售貨物繳納增值稅；其他單位和個體工商戶的混合銷售行為，按照銷售服務繳納增值稅。

上述從事貨物的生產、批發或者零售的單位和個體工商戶，包括以從事貨物的生產、批發或者零售為主，並兼營銷售服務的單位和個體工商戶。

(四) 對兼營徵稅的規定

兼營是指納稅人的經營範圍既包括銷售貨物和加工修理修配勞務又涉及銷售服務、無形資產或者不動產，但是，銷售貨物、提供加工修理修配勞務，銷售服務、無形資產或者不動產不同時發生在同一銷售行為中。

根據《中華人民共和國增值稅暫行條例實施細則》和《營業稅改徵增值稅試點實施辦法》（財稅〔2016〕36號）的規定，納稅人銷售貨物，提供加工修理修配勞務，銷售服務、無形資產或者不動產適用不同稅率或徵收率的，應分別核算適用不同稅率或者徵收率的銷售額。為分別核算的，按照以下方法適用稅率或者徵收率：

兼有不同稅率的銷售貨物，提供加工修理修配勞務，銷售服務、無形資產或不動產，從高適用稅率。

兼有不同徵收率的銷售貨物，提供加工修理修配勞務，銷售服務、無形資產或者不動產，從高適用徵收率。

兼有不同稅率和徵收率的銷售貨物，提供加工修理修配勞務，銷售服務、無形資產或者不動產，從高適用稅率。

(五) 徵稅範圍的具體規定

1. 貨物期貨

貨物期貨（包括商品期貨和貴金屬期貨），應當徵收增值稅。納稅人應在期貨的實物交割環節納稅，其中：

交割時由期貨交易所開具發票的，以期貨交易所為納稅人。期貨交易所繳納的增

值稅按次計算，其進項稅額為該貨物交割時供貨會員單位開具的增值稅專用發票上註明的銷項稅額，期貨交易所本身發生的各種進項不得抵扣。

交割時由供貨的會員單位直接將發票開給購貨會員單位的，以供貨會員單位為納稅人。

2. 執罰部門和單位查處的商品

執罰部門和單位查處屬於一般商業部門經營的商品，具備拍賣條件的，由執罰部門商同級財政部門同意后，公開拍賣。其拍賣收入作為罰沒收入由執罰部門和單位如數上繳財政，不予徵稅。對經營單位購入拍賣物品再銷售的，應照章徵收增值稅。

3. 電力系統的有關收費

（1）電力公司向發電企業收取的過網費，應當徵收增值稅。

（2）供電企業利用自身輸變電設備對並入電網的企業自備電廠生產的電力產品進行電壓調節，屬於提供加工勞務。根據《中華人民共和國增值稅暫行條例》的有關規定，對上述供電企業進行電力調壓並按照電量向電廠收取的並網服務費，應當徵收增值稅。

4. 印刷企業增值稅的規定

印刷企業接受出版單位委託，自行購買紙張，印刷有統一刊號（CN）以及採用國際標準書號編序的圖書、報紙和雜誌，按貨物銷售徵收增值稅。

（六）不徵收增值稅的項目

（1）基本建設單位和從事建築安裝業務的企業附設工廠、車間在建築現場製造的預制構件，凡直接用於本單位或本企業建築工程的。

（2）供應或開採未經加工的天然水（如水庫供應農業灌溉用水，工廠自採地下水用於生產），不徵收增值稅。

（3）對國家管理部門為行使其管理職能而發放執照、牌照和有關證書等取得的工本費收入，不徵收增值稅。

（4）對體育彩票的發行收入不徵收增值稅。

（5）對增值稅納稅人收取的會員費收入不徵收增值稅。

（6）代購貨物行為，凡同時具備以下條件的，不徵收增值稅：

①受託方不墊付資金；

②銷貨方將發票開具給委託方，並由受託方將該項發票轉交給委託方；

③受託方按銷售方實際收取的銷售額和銷項稅額（如系代理進口貨物，則為海關代徵的增值稅額）與委託方結算貨款，並另外收取手續費。

（7）納稅人銷售軟件產品並隨同銷售一併收取的軟件安裝費、維護費、培訓費等收入，應按照增值稅混合銷售的有關規定徵收增值稅，並可享受軟件產品增值稅即徵即退政策。

（8）自2011年3月1日起，納稅人在資產重組過程中，通過合併、分立、出售、置換等方式，將全部或者部分實物資產以及與其相關聯的債權，經多次轉讓后，最終的受讓方與勞動力接收方為同一單位和個人的，不屬於增值稅的徵稅範圍，其中貨物

的多次轉讓，不徵收增值稅。資產的出讓方需將資產重組方案等文件資料報其主管稅務機關。

上述規定自2013年12月1日起執行。納稅人此前已發生並處理的事項，不再調整；未處理的，按上述規定執行。

（9）自2013年2月1日起，納稅人取得的中央財政補貼，不屬於增值稅應稅收入，不徵收增值稅。

（10）試點納稅人根據國家指令無償提供的鐵路運輸服務、航空運輸服務，屬於《營業稅改增值稅試點實施辦法》第十四條規定的以公益活動為目的的服務，不徵收增值稅。

（11）存款利息。

（12）被保險人獲得的保險賠款。

（13）房地產主管部門或者指定機構、公積金管理中心、開發企業以及物業管理單位代收的住宅專項維修資金。

二、稅率與徵收率

中國增值稅採用比例稅率形式。為了發揮增值稅的中性作用，原則上增值稅的稅率應該對不同行業不同企業實行單一稅率，稱為基本稅率。實踐中，為照顧一些特殊行業或產品而增設了低稅率檔次，對出口產品實行零稅率。為了適應增值稅納稅人分成兩類的情況，故對這兩類不同的納稅人又採用了不同的稅率和徵收率。

（一）基本稅率

納稅人銷售或者進口貨物，除列舉的外，稅率均為17%；提供加工、修理修配勞務和應稅服務，除適用低稅率範圍外，稅率也為17%。這一稅率就是通常所說的基本稅率。

（二）低稅率

（1）增值稅一般納稅人銷售或進口下列貨物，按照低稅率13%計徵增值稅
①農業產品（初級）、食用植物油、食用鹽。
②自來水、暖氣、冷氣、熱水、煤氣、石油液化氣、天然氣、沼氣、居民用煤炭製品。
③圖書、報紙、雜誌。
④飼料、化肥、農藥、農機、農膜。
⑤音像製品、電子出版物、二甲醚。

（2）提供交通運輸服務、郵政、基礎電信、建築、不動產租賃服務、銷售不動產，轉讓土地使用權，稅率為11%。

（3）提供現代服務業服務（不動產租賃除外）、增值電信服務、金融業、生活服務業、銷售無形資產（轉讓土地使用權除外），稅率為6%。

（三）零稅率

納稅人出口貨物和財政部、國家稅務總局規定的應稅服務，稅率為零；但是，國

務院另有規定的除外。

根據「營改增」的規定，中華人民共和境內（以下稱境內）的單位和個人銷售的下列服務和無形資產，適用增值稅零稅率。

1. 零稅率適用範圍

（1）國際運輸服務。

國際運輸服務是指：

①在境內載運旅客或者貨物出境；

②在境外載運旅客或者貨物入境；

③在境外載運旅客或者貨物。

（2）航天運輸服務。

（3）向境外單位提供的完全在境外消費的下列服務：

①研發服務；

②合同能源管理服務；

③設計服務；

④廣播影視節目（作品）的製作和發行；

⑤軟件服務；電路設計及測試服務；

⑥信息系統服務；

⑦業務流程管理服務；

⑧離岸服務外業務；

⑨轉讓技術。

（4）按照國家有關規定應取得相關資質的國際運輸服務項目，納稅人取得相關資質的，適用增值稅零稅率；未取得的，適用增值稅免稅政策。

（5）程租業務，是指運輸企業為承租人完成某一特定航次的運輸任務並收取租賃費的業務。境內的單位或個人提供程租服務，如果租賃工具用於國際運輸服務或港澳臺地區運輸服務，由出租方按規定申請適用增值稅零稅率。

（6）期租業務，是指運輸企業將配備有操作人員的船舶出租給他人使用一定期限，出租期內聽候承租方調遣，不論是否經營，均按天向承租方收取租賃費，發生的固定費用均由船東負擔的業務。濕租業務，是指航空運輸企業將配備有機組人員的飛機出租給他人使用一定期限，出租期內聽候承租方調遣，不論是否經營，均按一定標準向承租方收取租賃費，發生的固定費用均由承租方承擔的業務。

境內的單位或個人向境外單位和個人提供期租、濕租服務，如果承租方利用租賃的交通工具向其他單位和個人提供國際運輸服務或港澳臺運輸服務，由承租方按規定申請適用增值稅零稅率。

境內的單位或個人向境外單位或個人提供的期租、濕租服務，由出租方按規定申請適用增值稅零稅率。

境內的單位或個人以無運輸工具承運方式提供的國際運輸服務，由境內實際承運人按規定申請適用零稅率；無運輸工具承運業務的經營者按規定申請適用增值稅免稅政策。

(7) 境內單位和個人提供往返香港、澳門、臺灣地區的交通運輸服務以及在香港、澳門、臺灣地區提供交通運輸服務，適用增值稅零稅率。

2. 關於完全在境外消費的界定

完全在境外消費是指：

(1) 服務的實際接受方在境外，且與境內的貨物和不動產無關。

(2) 無形資產完全在境外使用，且與境內的貨物和不動產無關。

(3) 財政部和國家稅務總局規定的其他情形。

3. 放棄零稅率的規定

境內的單位和個人銷售適用增值稅零稅率的服務或無形資產，可以放棄適用增值稅零稅率，選擇免稅或者按規定繳納增值稅。放棄適用增值稅零稅率后，36個月內不得再申請適用增值稅零稅率。

(四) 徵收率

中國現行增值稅對小規模納稅人和一般納稅人在特殊情況下採用簡易計稅方法，採用徵收率計稅。

1. 對於小規模納稅人

由於小規模納稅人會計核算不健全，無法準確核算進項稅額和銷項稅額，因此，在增值稅徵收管理中，採用簡便方式，按照其銷售額與規定的徵收率計算繳納增值稅，不准許抵扣進項稅，也不允許自行開具增值稅專用發票。按照現行增值稅法有關規定，小規模納稅人銷售貨物、提供加工、修理修配勞務和發生應稅行為的增值稅徵收率為3%；按照簡易計稅方法計稅的銷售不動產、不動產經營租賃（除試點前開工的高速公路的車輛通行費外），徵收率5%。徵收率的調整，由國務院決定。

小規模納稅人（其他個人除外，下同）銷售自己使用過的固定資產和舊貨，減按2%的徵收率徵收增值稅；銷售自己使用過的除固定資產以外的物品，應按3%的徵收率徵收增值稅。舊貨是指進入二次流通的具有部分使用價值的貨物（含舊汽車、舊摩托車和舊遊艇），但不包括自己使用過的物品（下同）。

小規模納稅人銷售自己使用過的固定資產和舊貨，只能開具普通發票，不得由稅務機關代開增值稅專用發票。其銷售額和應納稅額按照以下公式計算：

銷售額＝含稅銷售額÷（1+3%）

應納稅額＝銷售額×2%

2. 對於一般納稅人

在一些特殊情況下，增值稅一般納稅人也適用簡易計稅方法採用徵收率計算繳納增值稅。

(1) 銷售自己使用過的物品

①一般納稅人銷售自己使用過的屬於稅法規定不得抵扣且未抵扣進項稅額的固定資產（不動產除外），按照4%徵收率減半徵收增值稅；自2014年7月1日起調整為按照簡易辦法依照3%徵收率減按2%徵收增值稅。對於此類業務，納稅人應開具普通發票，不得開具增值稅專用發票。

②一般納稅人銷售自己使用過的固定資產以外的物品，應當按照適用稅率（17%或13%）徵收增值稅。

(2) 銷售舊貨

一般納稅人銷售舊貨，按照簡易辦法依照4%徵收率減半徵收增值稅；自2014年7月1日起調整為按照簡易辦法依照3%徵收率減按2%徵收增值稅。對於此類業務，納稅人應開具普通發票，不得開具增值稅專用發票。

(3) 發生應稅行為

①公共交通運輸服務；

②經認定的動漫企業為開發動漫產品提供的動漫脚本編撰、形象設計、背景設計、動畫設計、分鏡、動畫製作、攝製、描線、上色、畫面合成、配音、配樂、音效合成、剪輯、字幕製作、壓縮轉碼（面向網路動漫、手機動漫格式適配）服務，以及在境內轉讓動漫版權（包括動漫品牌、形象或者內容的授權及再授權）；

③電影放映服務、倉儲服務、裝卸搬運服務、收派服務和文化體育服務；

④以納入「營改增」試點之前取得的有形動產為標的物提供的經營租賃服務；

⑤在納入「營改增」試點之前簽訂的尚未執行完畢的有形動產租賃合同；

⑥以清包工方式提供的建築服務；

⑦為甲供工程提供的建築服務；

⑧銷售2016年4月30日前取得的不動產；

⑨房地產開發企業銷售自行開發的房地產老項目；

⑩出租2016年4月30日前取得的不動產。

(4) 其他規定

①一般納稅人銷售自產的下列貨物，可選擇簡易辦法按照6%徵收率計算繳納增值稅；自2014年7月1日起調整為依照3%徵收率計算繳納增值稅。

A. 縣級及縣級以下小型水力發電單位生產的電力。小型水力發電單位是指各類投資主體建設的裝機容量5萬千瓦（含5萬千瓦）以下的小型水力發電單位。

B. 建築用和生產建築材料所用的砂、土、石料；

C. 以自己採掘的砂、土、石料或其他礦物連續生產的磚、瓦、石灰（不含黏土實心磚、瓦）；

D. 用微生物、微生物代謝產物、動物毒素、人或動物的血液或組織製成的生物製品；

E. 自來水；

F. 商品混凝土（僅限於以水泥為原料生產的水泥混凝土）。

②一般納稅人銷售貨物屬於下列情形之一的，暫按簡易方法依照4%徵收率計算繳納增值稅，自2014年7月1日起調整為依照3%徵收率計算繳納增值稅。

A. 寄售商店代銷寄售物品（包括居民個人寄售的物品在內）。

B. 典當業銷售典當物品。

③屬於一般納稅人的藥品經營企業銷售生物製品，可以選擇簡易方法按照生物製品銷售額以3%徵收率計算繳納增值稅。

④屬於一般納稅人的單採血漿站銷售非臨床用人體血液，可以按照簡易辦法依照6%徵收率計算應納稅額；自2014年7月1日起調整為依照3%徵收率計算繳納增值稅。

⑤對於拍賣行受託拍賣增值稅應稅貨物，向買方收取的全部價款和價外費，應當按照4%徵收率徵收增值稅；自2014年7月1日起調整為依照3%徵收率計算繳納增值稅。

⑥中外合作油（氣）田開採的原油、天然氣，按照5%徵收率徵收增值稅。

第四節　增值稅的計稅方法

增值稅的計稅方法，包括一般計稅方法、簡易計稅方法和扣繳計稅方法。

一、一般計稅方法

一般納稅人銷售貨物，提供加工修理修配勞務、銷售服務、無形資產或者不動產適用一般計稅方法計稅。其計算公式為：

當期應納增值稅額＝當期銷項稅額－當期進項稅額

一般納稅人提供財政部和國家稅務總局規定的特定應稅服務，可以選擇適用簡易計稅方法計稅，一旦選擇，36個月內不得變更。

二、簡易計稅方法

小規模納稅人銷售貨物，提供應稅勞務，提供應稅服務適用簡易計稅方法計稅。其計算公式為：

當期應納增值稅額＝當期銷售額(不含增值稅)×徵收率

三、扣繳計稅方法

境外單位或者個人在境內提供應稅服務，在境內未設有經營機構的，扣繳義務人按照下列公式計算應扣繳稅額：

應扣繳稅額＝接受方支付的價款÷(1+稅率)×稅率

第五節　一般計稅方法下應納稅額的計算

增值稅一般納稅人銷售貨物，提供勞務，銷售應稅服務、無形資產或者不動產採用一般計稅方法計算繳納增值稅，即採用國際上通行的購進扣稅法，當期應納增值稅額的大小取決於當期銷項稅額和當期進項稅額。其計算公式為：

當期應納增值稅額＝當期銷項稅額－當期進項稅額

當期銷項稅額小於當期進項稅額不足抵扣時，其不足部分可以結轉下期繼續抵扣。

一、銷項稅額的計算

銷項稅額是指納稅人銷售貨物，提供應稅勞務，銷售應稅服務、無形資產或者不動產按照銷售額與規定的稅率計算並向購買方收取的增值稅稅額。銷項稅額的計算公式為：

銷項稅額＝銷售額×適用稅率

(一) 一般銷售方式下的銷售額的確定

銷售額為納稅人銷售貨物、提供應稅勞務、銷售應稅服務、無形資產或者不動產向購買方收取的全部價款和價外費用，但是不包括收取的銷項稅額。具體來說，應稅銷售額包括以下內容：

(1) 銷售貨物，提供應稅勞務，銷售應稅服務、無形資產或者不動產向購買方收取的全部價款。

(2) 向購買方收取的各種價外費用。具體包括手續費、補貼、基金、集資費、返還利潤、獎勵費、違約金、延期付款利息、滯納金、賠償金、包裝費、包裝物租金、儲備費、優質費、運輸裝卸費、代收款項、代墊款項及其他各種性質的價外收費。上述價外費用無論其會計制度如何核算，都應並入銷售額計稅。但上述價外費用不包括以下費用：

①受託加工應徵消費稅的貨物，而由受託方向委託方代收代繳的消費稅。

②同時符合以下兩個條件的代墊運費：A. 承運部門的運費發票開具給購買方；B. 納稅人將該項發票轉交給購買方。

③同時符合以下條件代為收取的政府性基金或者行政事業性收費：A. 由國務院或者財政部批准設立的政府性基金，由國務院或者省級人民政府及其財政、價格主管部門批准設立的行政事業性收費；B. 收取時開具省級以上財政部門監（印）制的財政票據；C. 所收款項全額上繳財政。

④銷售貨物的同時代辦保險等而向購買方收取的保險費，以及向購買方收取的代購買方繳納的車輛購置稅、車輛牌照費。

應當注意，根據國家稅務總局的規定，增值稅納稅人向購買方收取的價外費，應視為含稅收入，在徵稅時換算成不含稅收入再並入銷售額。

(二) 特殊銷售方式下銷售額的確定

在市場競爭過程中，納稅人會採取某些特殊、靈活的銷售方式銷售貨物，以求擴大銷售、占領市場。這些特殊銷售方式及銷售額的確定方法是：

1. 採取折扣方式銷售貨物

折扣銷售是指銷售方在銷售貨物或提供應稅勞務和服務時，因購買方需求量大等原因而給予的價格方面的優惠。現行稅法規定：納稅人採取折扣方式銷售貨物，如果銷售額和折扣額在同一張發票上分別註明，可以按折扣後的銷售額徵收增值稅。銷售額和折扣額在同一張發票上分別註明是指銷售額和折扣額在同一張發票上的「金額」欄分別註明，未在同一張發票「金額」欄註明折扣額，而僅在發票的「備註」欄註明

折扣額的，折扣額不得從銷售額中減除。如果將折扣額另開發票，不論其在財務上如何處理，均不得從銷售額中減除折扣額。在這裡應該注意以下幾點：一是稅法中所指的折扣銷售有別於現金折扣。現金折扣通常是為了鼓勵購貨方及時償還貨款而給予的折扣優待。現金折扣發生在銷貨之後，而折扣銷售則是與實現銷售同時發生的，銷售折扣不得從銷售額中減除。二是銷售折扣與銷售折讓是不同的。銷售折讓通常是指由於貨物的品種或質量等原因引起銷售額的減少，即銷貨方給予購貨方未予退貨狀況下的價格折讓。銷售折讓可以通過開具紅字專用發票從銷售額中減除。未按規定開具紅字增值稅專用發票的，不得扣減銷項稅額或銷售額。

2. 採取以舊換新方式銷售貨物

以舊換新銷售，是納稅人在銷售過程中，折價收回同類舊貨物，並以折價款部分衝減貨物價款的一種銷售方式。稅法規定：納稅人採取以舊換新方式銷售貨物的（金銀首飾除外），應按新貨物的同期銷售價格確定銷售額。例如，某商場（小規模納稅人）2016年2月採取以舊換新方式銷售無氟電冰箱，開出普通發票25張，收到貨款8萬元，並註明已扣除舊貨折價3萬元，則本月計稅銷售額＝（80,000+30,000）÷（1+3%）＝106,796.11（元）。

3. 還本銷售方式銷售貨物

所謂還本銷售，是指銷貨方將貨物出售之後，按約定的時間，一次或分次將購貨款部分或全部退還給購貨方，退還的貨款即為還本支出。這種方式實際上是一種融資行為，是以貨物換取資金的使用價值，到期還本不付息的方式。納稅人採取還本銷售貨物的，不得從銷售額中減除還本支出。

4. 採取以物易物方式銷售

以物易物是一種較為特殊的購銷活動，是指購銷雙方不是以貨幣結算，而是以同等價款的貨物相互結算，實現貨物購銷的一種方式。在實際工作中，有的納稅人認為以物易物不是購銷行為：銷貨方收到購貨方抵頂貨物的貨物，認為自己不是購物；購貨方發出抵頂貨款的貨物，認為自己不是銷貨。但是這兩種認識都是錯誤的。正確的做法應當是：以物易物雙方都應做購銷處理，以各自發出的貨物核算銷售額並計算銷項稅額，以各自收到的貨物核算購貨額及進項稅額。需要強調的是，在以物易物活動中，雙方應各自開具合法的票據，必須計算銷項稅額。但如果收到貨物卻不能取得相應的增值稅專用發票或者其他增值稅扣稅憑證，不得抵扣進項稅額。

5. 直銷企業增值稅銷售額的確定

直銷企業的經營模式主要有兩種：一是直銷員按照批發價向直銷企業購買貨物，再按照零售價向消費者銷售貨物。二是直銷員僅起到居間介紹作用，直銷企業按照零售價向直銷員介紹的消費者銷售貨物，並另外向直銷員支付報酬。根據直銷企業的經營模式，直銷企業增值稅銷售額的確定分以下兩種：

第一，直銷企業先將貨物銷售給直銷員，直銷員再將貨物銷售給消費者的，直銷企業的銷售額為其向直銷員收取的全部價款和價外費用。直銷員將貨物銷售給消費者時，應按照現行規定繳納增值稅。

第二，直銷企業通過直銷員向消費者銷售貨物，直接向消費者收取貨款，直銷企

業的銷售額為其向消費者收取的全部價款和價外費用。

以上規定自 2013 年 3 月 1 日起執行。

6. 包裝物押金的計稅問題

包裝物是指納稅人包裝本單位貨物的各種物品。為了促使購貨方盡早退回包裝物以便週轉使用，一般情況下，銷貨方要向購貨方收取包裝物押金，待購貨方在規定的期間內返回包裝物，銷貨方再將收取的包裝物押金返還。根據稅法規定，納稅人為銷售貨物而出租出借包裝物所收取的押金，單獨記帳、時間在 1 年內、又未過期的，不並入銷售額徵稅；但對逾期未收回不再退還的包裝物押金，應按所包裝貨物的適用稅率計算納稅。這裡需要注意兩個問題：一是「逾期」的界定。「逾期」是以 1 年（12 個月）為期限。二是押金屬於含稅收入，應先將其換算為不含稅銷售額再並入銷售額徵稅。另外，包裝物押金與包裝物租金不能混淆。包裝物租金屬於價外費用，在收取時即並入銷售額徵稅。

對銷售除啤酒、黃酒以外的其他酒類產品收取的包裝物押金，無論是否返還以及會計上如何核算，均應並入當期銷售額徵稅。

7. 對視同銷售貨物行為或提供應稅行為的銷售額的確定

本章第三節「徵稅範圍」中已列明了單位或者個體工商戶的 10 種行為，應視同銷售貨物或提供應稅服務。其中對視同銷售貨物行為按照下列順序確定其銷售額：

（1）按納稅人最近時期同類貨物的平均銷售價格確定。

（2）按其他納稅人最近時期同類貨物的平均銷售價格確定。

（3）用以上兩種方法均不能確定其銷售額的情況下，可按組成計稅價格確定銷售額。其組成計稅價格公式為：

組成計稅價格＝成本×（1+成本利潤率）

徵收增值稅的貨物，同時又徵收消費稅的，其組成計稅價格中應加上消費稅稅額。其組成計稅價格公式為：

組成計稅價格＝成本×（1+成本利潤率）+消費稅稅額

或：組成計稅價格＝成本×（1+成本利潤率）÷（1-消費稅稅率）

或：組成計稅價格＝［成本×（1+成本利潤率）+課稅數量×消費稅定額稅率］÷（1-消費稅稅率）

公式中的成本是指：銷售自產貨物的為實際生產成本，銷售外購貨物的為實際採購成本。公式中的成本利潤率由國家稅務總局確定。

根據《營業稅改徵增值稅試點實施辦法》（財稅〔2016〕36 號）的規定，納稅人提供應稅服務的價格明顯偏低或者偏高且不具有合理商業目的的，或者發生本辦法第十一條所列視同提供應稅服務而無銷售額的，主管稅務機關有權按照下列順序確定銷售額：

（1）按照納稅人最近時期提供同類應稅服務的平均價格確定。

（2）按照其他納稅人最近時期提供同類應稅服務的平均價格確定。

（3）按照組成計稅價格確定。組成計稅價格的公式為：

組成計稅價格＝成本×（1+成本利潤率）

成本利潤率由國家稅務總局確定。

(三) 含稅銷售額的換算

現行增值稅實行價外稅，即納稅人向購買方銷售貨物或應稅勞務所收取的價款中不應包含增值稅稅款，價款和稅款在增值稅專用發票上分別註明。根據稅法的規定，有些一般納稅人，如商品零售企業或其他企業將貨物或應稅勞務出售給消費者或小規模納稅人，只能開具普通發票，而不開具增值稅專用發票。這樣，一部分納稅人（包括一般納稅人和小規模納稅人）在銷售貨物或提供應稅勞務時，就會將價款和稅款合併定價，發生銷售額和增值稅額合併收取的情況。

在這種情況下，就必須將開具在普通發票上的含稅銷售額換算成不含稅銷售額，作為增值稅的稅基。其換算公式如下：

不含稅的銷售額＝含稅銷售額÷（1+稅率或徵收率）

(四)「營改增」試點行業的銷售額的確定

「營改增」納稅人銷售服務、無形資產或者不動產的銷售額，是指納稅人發生應稅行為確定的全部價款和價外費，財政部另有規定的除外。

價外費是指價外收取的各種性質的收費，但不包括代為收取並符合《營業稅改徵增值稅試點實施辦法》第十條規定的政府性基金或者行政事業性收費和以委託方名義開具發票代委託方收取的款項。

「營改增」各項業務的銷售額按照以下規定確定：

(1) 貸款服務，以提供貸款服務取得的全部利息及利息性質的收入為銷售額。

(2) 直接收費金融服務，以提供直接收費金融服務收取的手續費、佣金、酬金、管理費、服務費、經手費、開戶費、過戶費、結算費、轉託管費等各類費用為銷售額。

(3) 金融商品轉讓，按照賣出價扣除買入價后的餘額為銷售額。

轉讓金融商品出現的正負差，按盈虧相抵后的餘額為銷售額。若相抵后出現負差，可結轉下一納稅期與下期轉讓金融商品銷售額相抵，但年末時仍出現負差的，不得轉入下一個會計年度。

金融商品的買入價，可以選擇按照加權平均法或者移動加權平均法進行核算，選擇后36個月內不得變更。金融商品轉讓，不得開具增值稅專用發票。

(4) 經紀代理服務，以取得的全部價款和價外費用，扣除向委託方收取並代為支付的政府性基金或者行政事業性收費后的餘額為銷售額。向委託方收取的政府性基金或者行政事業性收費，不得開具增值稅專用發票。

(5) 融資租賃和融資性售后回租業務。

①經中國人民銀行、銀監會或者商務部批准從事融資租賃業務的試點納稅人，提供融資租賃服務，以取得的全部價款和價外費用，扣除支付的借款利息（包括外匯借款和人民幣借款利息）、發行債券利息和車輛購置稅后的餘額為銷售額。

②經中國人民銀行、銀監會或者商務部批准從事融資租賃業務的試點納稅人，提供融資性售后回租服務，以取得的全部價款和價外費用（不含本金），扣除對外支付的借款利息（包括外匯借款和人民幣借款利息）、發行債券利息后的餘額作為銷售額。

③試點納稅人根據2016年4月30日前簽訂的有形動產融資性售後回租合同，在合同到期前提供的有形動產融資性售後回租服務，可繼續按照有形動產融資租賃服務繳納增值稅。

繼續按照有形動產融資租賃服務繳納增值稅的試點納稅人，經中國人民銀行、銀監會或者商務部批准從事融資租賃業務的，根據2016年4月30日前簽訂的有形動產融資性售後回租合同，在合同到期前提供的有形動產融資性售後回租服務，可以選擇以下方法之一計算銷售額：

A. 以向承租方收取的全部價款和價外費用，扣除向承租方收取的價款本金，以及對外支付的借款利息（包括外匯借款和人民幣借款利息）、發行債券利息後的餘額為銷售額。

納稅人提供有形動產融資性售後回租服務，計算當期銷售額時可以扣除的價款本金，為書面合同約定的當期應當收取的本金。無書面合同或者書面合同沒有約定的，為當期實際收取的本金。

試點納稅人提供有形動產融資性售後回租服務，向承租方收取的有形動產價款本金，不得開具增值稅專用發票，可以開具普通發票。

B. 以向承租方收取的全部價款和價外費用，扣除支付的借款利息（包括外匯借款和人民幣借款利息）、發行債券利息後的餘額為銷售額。

（6）航空運輸企業的銷售額，不包括代收的機場建設費和代售其他航空運輸企業客票而代收轉付的價款。

（7）試點納稅人中的一般納稅人（以下稱一般納稅人）提供客運場站服務，以其取得的全部價款和價外費用，扣除支付給承運方運費後的餘額為銷售額。

（8）試點納稅人提供旅遊服務，可以選擇以取得的全部價款和價外費用，扣除向旅遊服務購買方收取並支付給其他單位或者個人的住宿費、餐飲費、交通費、簽證費、門票費和支付給其他接團旅遊企業的旅遊費用后的餘額為銷售額。

選擇上述辦法計算銷售額的試點納稅人，向旅遊服務購買方收取並支付的上述費用，不得開具增值稅專用發票，可以開具普通發票。

（9）房地產開發企業中的一般納稅人銷售其開發的房地產項目（選擇簡易計稅方法的房地產老項目除外），以取得的全部價款和價外費用，扣除受讓土地時向政府部門支付的土地價款後的餘額為銷售額。

房地產老項目，是指「建築工程施工許可證」註明的合同開工日期在2016年4月30日前的房地產項目。

（10）試點納稅人按照上述（4）～（9）款的規定從全部價款和價外費用中扣除的價款，應當取得符合法律、行政法規和國家稅務總局規定的有效憑證。否則，不得扣除。上述憑證是指：

①支付給境內單位或者個人的款項，以發票為合法有效憑證。

②支付給境外單位或者個人的款項，以該單位或者個人的簽收單據為合法有效憑證，稅務機關對簽收單據有疑問的，可以要求其提供境外公證機構的確認證明。

③繳納的稅款，以完稅憑證為合法有效憑證。

④扣除的政府性基金、行政事業性收費或者向政府支付的土地價款，以省級以上（含省級）財政部門監（印）制的財政票據為合法有效憑證。

⑤國家稅務總局規定的其他憑證。

納稅人取得的上述憑證屬於增值稅扣稅憑證的，其進項稅額不得從銷項稅額中抵扣。

（11）一般納稅人跨縣（市）提供建築服務，適用一般計稅方法計稅的，應以取得的全部價款和價外費用為銷售額計算應納稅額。納稅人應以取得的全部價款和價外費用扣除支付的分包款后的餘額，按照2%的預徵率在建築服務發生地預繳稅款后，向機構所在地主管稅務機關進行納稅申報。

（12）一般納稅人銷售其2016年5月1日后取得（不含自建）的不動產，應適用一般計稅方法，以取得的全部價款和價外費用為銷售額計算應納稅額。納稅人應以取得的全部價款和價外費用減去該項不動產購置原價或者取得不動產時的作價后的餘額，按照5%的預徵率在不動產所在地預繳稅款后，向機構所在地主管稅務機關進行納稅申報。

（13）一般納稅人銷售其2016年5月1日后自建的不動產，應適用一般計稅方法，以取得的全部價款和價外費用為銷售額計算應納稅額。納稅人應以取得的全部價款和價外費用，按照5%的預徵率在不動產所在地預繳稅款后，向機構所在地主管稅務機關進行納稅申報。

（14）一般納稅人出租其2016年5月1日后取得的、與機構所在地不在同一縣（市）的不動產，應按照3%的預徵率在不動產所在地預繳稅款后，向機構所在地主管稅務機關進行納稅申報。

（15）一般納稅人銷售其2016年4月30日前取得的不動產（不含自建），適用一般計稅方法計稅的，以取得的全部價款和價外費用為銷售額計算應納稅額。上述納稅人應以取得的全部價款和價外費用減去該項不動產購置原價或者取得不動產時的作價后的餘額，按照5%的預徵率在不動產所在地預繳稅款后，向機構所在地主管稅務機關進行納稅申報。

（16）房地產開發企業中的一般納稅人銷售房地產老項目，以及一般納稅人出租其2016年4月30日前取得的不動產，適用一般計稅方法計稅的，應以取得的全部價款和價外費用，按照3%的預徵率在不動產所在地預繳稅款后，向機構所在地主管稅務機關進行納稅申報。

（17）一般納稅人銷售其2016年4月30日前自建的不動產，適用一般計稅方法計稅的，應以取得的全部價款和價外費用為銷售額計算應納稅額。納稅人應以取得的全部價款和價外費用，按照5%的預徵率在不動產所在地預繳稅款后，向機構所在地主管稅務機關進行納稅申報。

二、進項稅額的計算

納稅人購進貨物或者接受應稅勞務、加工修理修配勞務、服務、無形資產或者不動產支付或者負擔的增值稅額，為進項稅額。進項稅額是與銷項稅額相對應的另一個

概念。在開具增值稅專用發票的情況下，它們之間的對應關係是：銷售方收取的銷項稅額，就是購買方支付的進項稅額。對於任何一個一般納稅人而言，由於其在經營活動中，既會發生銷售貨物或提供應稅勞務和應稅服務，又會發生購進貨物或接受應稅勞務和應稅服務，因此，每一個一般納稅人都會有收取的銷項稅額和支付的進項稅額。增值稅的核心就是用納稅人收取的銷項稅額抵扣其支付的進項稅額，其餘額為納稅人實際應繳納的增值稅稅額。這樣，進項稅額作為可抵扣的部分，對於納稅人實際納稅多少就產生了舉足輕重的作用。

然而，需要注意的是，並不是納稅人支付的所有進項稅額都可以從銷項稅額中抵扣。為體現增值稅的配比原則，即購進項目金額與銷售產品銷售額之間應有配比性，當納稅人購進的貨物或接受的應稅勞務和應稅服務不是用於增值稅應稅項目，而是用於非應稅項目、免稅項目或用於集體福利、個人消費等情況時，其支付的進項稅額就不能從銷項稅額中抵扣。稅法對不能抵扣進項稅額的項目做了嚴格的規定。如果違反稅法的規定，隨意抵扣進項稅額，就將以偷稅論處。因此，嚴格把握哪些進項稅額可以抵扣、哪些進項稅額不能抵扣是十分重要的。這些方面也是納稅人在繳納增值稅實務中差錯出現最多的地方。為此，《中華人民共和國增值稅暫行條例》及其實施細則以及《營業稅改增值稅試點實施辦法》對進項稅額的抵扣範圍、條件、數額及方法做了專門規定。

(一) 準予從銷項稅額中抵扣的進項稅額

(1) 從銷售方或提供方取得的增值稅專用發票上註明的增值稅額（含稅控機動車銷售統一發票，下同）。

(2) 從海關取得的海關進口增值稅專用繳款書上註明的增值稅額。

上述兩款規定是指增值稅一般納稅人在購進或進口貨物接受應稅勞務、服務、無形資產或者不動產時，取得對方的增值稅專用發票或海關進口增值稅專用繳款書上已註明規定稅率或徵收率計算的增值稅稅額，不需要納稅人計算。但要注意其增值稅專用發票及海關進口增值稅專用繳款書的合法性，對不符合規定的扣稅憑證一律不準抵扣。

(3) 購進農產品，除取得增值稅專用發票或者海關進口增值稅專用繳款書外，按照農產品收購發票或者銷售發票上註明的農產品買價和13%的扣除率計算進項稅額。其計算公式為：

進項稅額＝買價×扣除率

買價包括納稅人購進農產品在農產品收購發票或者銷售發票上註明的價款和按規定繳納的菸葉稅。

菸葉收購單位收購菸葉時按照國家有關規定以現金形式直接補貼菸農的生產投入補貼（以下簡稱價外補貼），屬於農產品買價，為價款的一部分。菸葉收購單位應將價外補貼與菸葉收購價格在同一張農產品收購發票或者銷售發票上分別註明，否則，價外補貼不得計算增值稅進項稅額進行抵扣。其抵扣進項稅計算公式如下：

菸葉收購金額＝菸葉收購價款×（1+10%）

菸葉稅應納稅額＝菸葉收購金額×稅率（20%）

準予抵扣的進項稅額＝（菸葉收購金額+菸葉稅應納稅額）×扣除率

（4）不動產進項稅的抵扣。

①適用一般計稅方法的試點納稅人，2016年5月1日后取得並在會計制度上按固定資產核算的不動產或者2016年5月1日后取得的不動產在建工程，其進項稅額應自取得之日起分2年從銷項稅額中抵扣，第一年抵扣比例為60%，第二年抵扣比例為40%。

取得不動產，包括以直接購買、接受捐贈、接受投資入股、自建以及抵債等各種形式取得不動產，不包括房地產開發企業自行開發的房地產項目。

融資租入的不動產以及在施工現場修建的臨時建築物、構築物，其進項稅額不適用上述分2年抵扣的規定。

②按照《營業稅改增值稅試點實施辦法》第二十七條第（一）項規定不得抵扣且未抵扣進項稅額的固定資產、無形資產、不動產，發生用途改變，用於允許抵扣進項稅額的應稅項目，可在用途改變的次月按照下列公式計算可以抵扣的進項稅額：

可以抵扣的進項稅額＝固定資產、無形資產、不動產淨值/（1+適用稅率）×適用稅率

上述可以抵扣的進項稅額應取得合法有效的增值稅扣稅憑證。

③納稅人接受貸款服務向貸款方支付的與該筆貸款直接相關的投融資顧問費、手續費、諮詢費等費用，其進項稅額不得從銷項稅額中抵扣。

（5）從境外單位或者個人購進服務、無形資產或者不動產，按照規定應當扣繳增值稅的，準予從銷項稅額中抵扣的進項稅為自稅務機關或者扣繳義務人取得的解繳稅款的完稅憑證上註明的增值稅。

（6）增值稅一般納稅人（以下稱「原納稅人」）在資產重組過程中，將全部資產、負債和勞動力一併轉讓給其他增值稅一般納稅人（以下稱「新納稅人」），並按規定辦理註銷稅務登記，在辦理註銷稅務登記前尚未抵扣的進項稅可結轉至新納稅人處繼續抵扣。

（7）「營改增」后原增值稅納稅人準予抵扣的進項稅。

原增值稅納稅人是指按照《中華人民共和國增值稅暫行條例》繳納增值稅的納稅人。其準予抵扣的進項稅按照以下規定執行：

①原增值稅一般納稅人購進服務、無形資產或者不動產，取得的增值稅專用發票上註明的增值稅額為進項稅，準予從銷項稅額中抵扣。

②原增值稅一般納稅人自用的應徵消費稅的摩托車、汽車、遊艇，其進項稅額準予從銷項稅額中抵扣。

③原增值稅一般納稅人從境外單位或者個人購進服務、無形資產或者不動產，按照規定應當扣繳增值稅的，準予從銷項稅額中抵扣的進項稅為自稅務機關或者扣繳義務人取得的解繳稅款的完稅憑證上註明的增值稅。

④原增值稅一般納稅人購進貨物或應稅勞務，用於《銷售服務、無形資產或者不動產註釋》所列項目的，不屬於《中華人民共和國增值稅暫行條例》第十條所稱的用

於非增值稅應稅項目，其進項稅額準予從銷項稅額中抵扣。

(二) 不得從銷項稅額中抵扣的進項稅額

納稅人購進貨物或者接受應稅勞務和應稅服務，取得的增值稅扣稅憑證不符合法律、行政法規或者國務院稅務主管部門有關規定的，其進項稅額不得從銷項稅額中抵扣。所稱「增值稅扣稅憑證」，是指增值稅專用發票、海關進口增值稅專用繳款書、農產品收購發票和農產品銷售發票以及從稅務機關或者境內代理人取得的解繳稅款的稅收繳款憑證。

按《中華人民共和國增值稅暫行條例》和「營改增」的規定，下列項目的進項稅額不得從銷項稅額中抵扣：

(1) 用於簡易計稅方法計稅項目、非增值稅應稅項目、免徵增值稅項目、集體福利或者個人消費的購進貨物、加工修理修配勞務、服務、無形資產和不動產。

納稅人的交際應酬消費屬於個人消費。

(2) 非正常損失的購進貨物以及相關的加工修理修配勞務和交通運輸服務。

(3) 非正常損失的在產品、產成品所耗用的購進貨物（不包括固定資產）、加工修理修配勞務和交通運輸服務。

(4) 非正常損失的不動產以及該不動產所耗用的購進貨物、設計服務和建築服務。

(5) 非正常損失的不動產在建工程所耗用的購進貨物、設計服務和建築服務。

納稅人新建、改建、擴建、修繕、裝飾不動產，均屬於不動產在建工程。

(6) 購進的旅客運輸服務、貸款服務、餐飲服務、居民日常服務和娛樂服務。

(7) 財政部和國家稅務總局規定的其他情形。

(8) 適用一般計稅方法的納稅人，兼營簡易計稅方法計稅項目、免徵增值稅項目且無法劃分不得抵扣的進項稅額的，按照下列公式計算不得抵扣的進項稅：

$$\text{不得抵扣的進項稅} = \text{當期無法劃分的全部進項稅} \times \frac{\text{當期簡易計稅方法計稅項目銷售額} + \text{免徵增值稅項目銷售額}}{\text{當期全部銷售額}}$$

(9) 原增值稅一般納稅人購進服務、無形資產或者不動產，下列項目的進項稅額不得從銷項稅額中扣除：

①用於簡易計稅方法計稅項目、非增值稅應稅項目、免徵增值稅項目、集體福利或者個人消費的購進貨物、加工修理修配勞務、服務、無形資產和不動產。

納稅人交際應酬消費屬於個人消費。

②非正常損失的購進貨物以及相關的加工修理修配勞務和交通運輸服務。

③非正常損失的在產品、產成品所耗用的購進貨物（不包括固定資產）、加工修理修配勞務和交通運輸服務。

④非正常損失的不動產以及該不動產所耗用的購進貨物、設計服務和建築服務。

⑤非正常損失的不動產在建工程所耗用的購進貨物、設計服務和建築服務。

納稅人新建、改建、擴建、修繕、裝飾不動產，均屬於不動產在建工程。

⑥購進的旅客運輸服務、貸款服務、餐飲服務、居民日常服務和娛樂服務。

⑦財政部和國家稅務總局規定的其他情形。

上述第④點、第⑤點所稱的貨物，是指構成不動產實體的材料和設備。

(三) 扣減當期進項稅額的規定

由於增值稅實行以當期銷項稅抵扣當期進項稅額的「購進扣稅法」，當期購進貨物、應稅勞務和應稅服務如果事先並未確定將用於非生產經營項目，其進項稅額會在當期銷項稅額中扣除。但如果已抵扣進項稅額的購進貨物或接受應稅勞務和應稅服務事後改變用途，用於簡易計稅方法計稅項目、非增值稅應稅項目、用於免徵增值稅項目、用於集體福利或者個人消費、購進貨物發生非正常損失，在產品或產成品發生非正常損失，將如何處理？根據《中華人民共和國增值稅暫行條例》及其實施細則和「營改增」的規定，應當將該項購進貨物或者應稅勞務和應稅服務的進項稅額從當期的進項稅額中扣減；無法確定該項進項稅額的，按當期實際成本計算應扣減的進項稅額。

這裡需要注意的是，所稱「從當期發生的進項稅額中扣減」，是指已抵扣進項稅額的購進貨物或接受應稅勞務和應稅服務是在哪一個時期發生上述情況的，就從這個發生期內納稅人的進項稅額中扣減，而無須追溯到這些購進貨物或接受應稅勞務和應稅服務抵扣進項稅額的那個時期。另外，對無法準確確定該項進項稅額的，「按當期實際成本計算應扣減的進項稅額」。該做法是指其扣減進項稅額的計算依據不是按該貨物或應稅勞務和應稅服務的原進價，而是按發生上述情況的當期該貨物或應稅勞務和應稅服務的「實際成本」按徵稅時該貨物或應稅勞務和應稅服務適用的稅率計算應扣減的進項稅額。實際成本的計算公式是：

實際成本＝進價+運費+保險費+其他有關費用

前述實際成本的計算公式，如果屬於進口貨物則是完全適用的；如果是國內購進的貨物，則主要包括進價和運費兩大部分。

納稅人已經抵扣進項稅的固定資產、無形資產或者不動產用於不得從銷項稅額中抵扣進項稅額項目的，應當在當月按照下列公式計算不得抵扣進項稅額。

不得抵扣的進項稅額＝固定資產、無形資產或者不動產淨值×適用稅率

有以下情形應當按照銷售額和增值稅稅率計算應納稅額，不得抵扣進項稅額，也不得使用增值稅專用發票：一般納稅人會計核算不健全，或者不能夠提供準確稅務資料的。

如已抵扣進項稅額的購進貨物或接受應稅勞務和應稅服務事後改變用途，用於簡易計稅辦法計稅項目、非增值稅應稅項目、免徵增值稅應稅項目的，應按銷售額比例劃分作為進項稅額轉出處理。

(四) 進項稅額不足抵扣的稅務處理

納稅人在計算應納稅額時，當期銷項稅額小於當期進項稅額不足抵扣的部分，可以結轉下期繼續抵扣。

原增值稅一般納稅人兼有應稅服務的，截止到本地區試點實施之日前的增值稅期末留抵稅額，不得從應稅服務的銷項稅額中抵扣。

（五）一般納稅人註銷時存貨及留抵稅額問題的處理

一般納稅人註銷或被取消輔導期一般納稅人資格，轉為小規模納稅人時，其存貨不作為進項稅額轉出處理，其留抵稅額也不予以退稅。

（六）納稅人既欠繳增值稅、又有增值稅留抵稅額問題的稅務處理

為了加強增值稅管理，及時追繳欠稅，解決增值稅一般納稅人既欠繳增值稅、又有增值稅留抵稅額的問題，稅法規定，對納稅人因銷項稅額小於進項稅額而產生期末留抵稅額的，應以期末留抵稅額抵減增值稅欠稅。

（七）一般納稅人應納稅額計算實例

【例2-1】A電子設備生產企業（本題下稱A企業）與B商貿公司（本題下稱B公司）均為增值稅一般納稅人，2016年2月有關經營業務如下：

(1) A企業從B公司購進生產用原材料和零部件，取得B公司開具的增值稅專用發票，註明貨款180萬元、增值稅30.6萬元。

(2) B公司從A企業購進電腦600臺，每臺不含稅單價0.45萬元，取得A企業開具的增值稅專用發票，註明貨款270萬元、增值稅45.9萬元。B公司以銷貨款抵頂應付A企業的貨款和稅款后，實付購貨款90萬元、增值稅15.3萬元。

(3) A企業為B公司製作大型電子顯示屏，開具了普通發票，取得含稅銷售額9.36萬元、調試費收入2.34萬元。製作過程中委託C公司進行專業加工，支付加工費2萬元、增值稅0.34萬元，取得C公司增值稅專用發票。

(4) B公司從農民手中購進免稅農產品，收購憑證上註明支付收購貨款30萬元、支付運輸公司運輸費3萬元，取得普通發票。入庫后，將收購的農產品的40%作為職工福利消費，60%零售給消費者並取得含稅收入35.03萬元。

(5) B公司銷售電腦和其他物品取得含稅銷售額298.35萬元，均開具普通發票。

要求：

(1) 計算A企業2月應繳納的增值稅。

(2) 計算B公司2月應繳納的增值稅（本月取得的相關票據均在本月認證並抵扣）。

【答案】

(1) A企業：

①銷售電腦銷項稅額＝600×0.45×17%＝45.9（萬元）

②製作顯示屏銷項稅額＝（9.36+2.34）／（1+17%）×17%＝1.7（萬元）

③當期應扣除進項稅額＝30.6+0.34＝30.94（萬元）

④應繳納增值稅＝5.9+1.7-30.94＝16.66（萬元）

(2) B公司：

①銷售材料銷項稅額＝180×17%＝30.6（萬元）

②銷售農產品銷項稅額＝35.03／（1+13%）×13%＝4.03（萬元）

③銷售電腦銷項稅額＝298.35／（1+17%）×17%＝43.35（萬元）

銷項稅額合計＝30.6+4.03+43.35=77.98（萬元）
④購電腦進項稅額＝600×0.45×17%=45.9（萬元）
⑤購農產品進項稅額＝30×13%×60%=2.34（萬元）
應扣除進項稅額合計＝45.9+2.34=48.24（萬元）
⑥應繳納增值稅＝77.98-48.24=29.74（萬元）

第六節　簡易計稅方法下應納稅額的計算

一、應納稅額的計算公式

根據《增值稅暫行條例》和「營改增」的規定，小規模納稅人銷售貨物或提供應稅勞務和服務，按簡易方法計算，即按銷售額和規定徵收率計算應納稅額，不得抵扣進項稅額，同時，銷售貨物或提供應稅勞務和服務也不得自行開具增值稅專用發票。其應納稅額的計算公式為：

應納稅額＝銷售額×徵收率

公式中銷售額與增值稅一般納稅人計算應納增值稅的銷售額規定內容一致，是銷售貨物或提供應稅勞務向購買方收取的全部價款和價外費用。

二、含稅銷售額的換算

由於小規模納稅人銷售貨物自行開具的發票是普通發票，發票上列示的是含稅銷售額，因此，在計稅時需要將其換算為不含稅銷售額。換算公式如下：

不含稅銷售額＝含稅銷售額÷（1+徵收率）

納稅人提供的適用簡易計稅方法計稅的應稅服務，因服務中止或者折讓而退還給接受方的銷售額，應當從當期銷售額中扣減。扣減當期銷售額后仍有餘額造成多繳的稅款，可以從以后的應納稅額中扣減。

三、主管稅務機關為小規模納稅人代開發票應納稅額的計算

小規模納稅人銷售貨物、提供應稅勞務、銷售服務、無形資產或不動產，可以申請由主管稅務機關代開發票。主管稅務機關為小規模納稅人（包括小規模納稅人中的企業、企業性單位及其他小規模納稅人，下同）代開專用發票，應在專用發票「單價」欄和「金額」欄分別填寫不含增值稅稅額的單價和銷售額，因此，其應納稅額按銷售額乘以徵收率計算。

四、小規模納稅人購進稅控收款機的進項稅額抵扣

自2004年12月1日起，增值稅小規模納稅人購置稅控收款機，經主管稅務機關審核批准后，可憑購進稅控收款機取得的增值稅專用發票，按照發票上註明的增值稅額，抵免當期應納增值稅。或者按照購進稅控收款機取得的普通發票上註明的價款，依下

列公式計算可抵免的稅額：

可抵免的稅額＝價款÷（1+17%）×17%

當期應納稅額不足抵免的，未抵免的部分可在下期繼續抵免。

【例2-2】 某企業為增值稅小規模納稅人，主要從事汽車修理和裝潢業務。2016年9月提供汽車修理業務取得收入210,000萬元；銷售汽車裝飾用品取得收入150,000元；購進的修理用配件被盜，帳面成本6,000元；購進稅控收款機一臺，取得普通發票，發票上的金額為5,000元。計算該企業當月應納增值稅。

【答案】

應納增值稅＝（210,000+150,000）÷（1+3%）×3%-5,000÷（1+17%）×17%＝9,773.5（元）

五、小規模納稅人銷售自己使用過的固定資產

小規模納稅人（除其他個人外）銷售自己使用過的固定資產，減按2%徵收增值稅。即：

銷售額＝含稅銷售額/（1+3%）

應納稅額＝銷售額×2%

六、「營改增」試點小規模納稅人繳納增值稅相關政策

（1）試點納稅人中的小規模納稅人跨縣（市）提供建築服務，應以取得的全部價款和價外費扣除支付的分包款后的餘額為銷售額，按照3%的徵收率計算應納稅額。

（2）小規模納稅人銷售其取得（不含自建）的不動產（不含個體工商銷售購買的住房和其他個人銷售不動產），應以取得的全部價款和價外費減去該項不動產購置原價或者取得不動產時的作價后的餘額為銷售額，按照5%的徵收率計算應納稅額。

（3）小規模納稅人銷售其自建的不動產，應以取得的全部價款和價外費為銷售額，按照5%的徵收率計算應納稅額。

（4）房地產企業中的小規模納稅人，銷售自行開發的房地產項目，按照5%的徵收率計算應納稅額。

（5）其他個人銷售其取得（不含自建）的不動產（不含購買住房），應以取得的全部價款和價外費減去該項不動產購置原價或者取得不動產時的作價后的餘額為銷售額，按照5%的徵收率計算應納稅款。

（6）小規模納稅人出租其取得的不動產（不含個人出租住房），應按5%的徵收率計算應納稅額。

（7）其他個人出租其取得的不動產（不含住房），應按5%的徵收率計算應納稅額。

（8）個人出租住房，應按5%的徵收率減按1.5%計算應納稅額。

七、「營改增」后一般納稅人按簡易方法計稅的規定

「營改增」一般納稅人發生下列應稅行為可以選擇適用簡易計稅方法計稅：

(一) 應稅服務

（1）公共交通服務。包括輪客渡、公交客運、地鐵、城市輕軌、出租車、長途客車、班車。

（2）經認定的動漫企業為開發動漫產品提供的動漫腳本編撰、形象設計、背景設計、動畫設計、分鏡、動畫製作、攝製、描線、上色、畫面合成、配音、配樂、音效合成、剪輯、字幕製作、壓縮轉碼（面向網路動漫、手機動漫格式適配）服務，以及在境內轉讓動漫版權（包括動漫品牌、形象或者內容的授權及再授權）。

（3）電影放映服務、倉儲服務、裝卸搬運服務、收派服務和文化體育服務。

（4）以納入營改增試點之日前取得的有形動產為標的物提供的經營租賃服務。

（5）在納入營改增試點之日前簽訂的尚未執行完畢的有形動產租賃合同。

(二) 建築服務

試點納稅人提供建築服務適用簡易計稅方法的，以取得的全部價款和價外費用扣除支付的分包款后的餘額為銷售額。

（1）一般納稅人以清包工方式提供的建築服務，可以選擇適用簡易計稅方法計稅。

以清包工方式提供建築服務，是指施工方不採購建築工程所需的材料或只採購輔助材料，並收取人工費用、管理費用或者其他費用的建築服務。

（2）一般納稅人為甲供工程提供的建築服務，可以選擇適用簡易計稅方法計稅。

甲供工程，是指全部或部分設備、材料、動力由工程發包方自行採購的建築工程。

（3）一般納稅人為建築工程老項目提供的建築服務，可以選擇適用簡易計稅方法計稅。

（4）一般納稅人跨縣（市）提供建築服務，應以取得的全部價款和價外費扣除支付的分包款后的餘額為銷售額，按照3%的徵收率計算應納稅額。

(三) 銷售不動產

（1）一般納稅人銷售其2016年4月30日前取得（不含自建）的不動產，可以選擇適用簡易計稅方法計稅，應以取得的全部價款和價外費減去該項不動產購置原價或者取得不動產時的作價后的餘額為銷售額，按照5%的徵收率計算應納稅款。

（2）一般納稅人銷售其2016年4月30日前自建的不動產，可以選擇適用簡易計稅方法計稅，應以取得的全部價款和價外費為銷售額，按照5%的徵收率計算應納稅款。納稅人應按照上述計稅方法在不動產所在地預繳稅款后，向機構所在地主管稅務機關進行納稅申報。

（3）房地產企業中的一般納稅人，銷售自行開發的房地產老項目，可以選擇適用簡易計稅方法計稅，按照5%的徵收率計稅。

（4）房地產開發企業採用預收款方式銷售所開發的房地產項目，在收到預收款時按3%的預徵率預繳增值稅。

（5）個體工商銷售購買的住房，應按照《營業稅改增值稅試點過渡政策的規定》第五條的規定徵免增值稅。

(四) 不動產經營租賃服務

（1）一般納稅人出租其 2016 年 4 月 30 日前取得的不動產，可以選擇適用簡易計稅方法計稅，按照 5% 的徵收率計稅。納稅人出租其 2016 年 4 月 30 日前取得的與機構所在地不在同一縣（市）的不動產，納稅人應按照上述計稅方法在不動產所在地預繳稅款後，向機構所在地主管稅務機關進行納稅申報。

（2）公路經營企業中的一般納稅人收取試點前開工的高速公路的車輛通行費，可以選擇適用簡易計稅方法計稅，按照 3% 的徵收率計稅。

（3）納稅人出租其 2016 年 5 月 1 日前取得的與機構所在地不在同一縣（市）的不動產，按照 3% 的預徵率在不動產所在地預繳稅款。

試點中的一般納稅人提供的鐵路旅客運輸服務，不得選擇按簡易計稅方法計算繳納增值稅。

(五) 其他應稅行為及規定

（1）增值稅一般納稅人固定業戶臨時到外省、市銷售貨物的，必須向經營地稅務機關出示「外出經營活動稅收管理證明」並回原地納稅，需要向購貨方開具專用發票的，亦回原地補開。對未持「外出經營活動稅收管理證明」的，經營地稅務機關按 3% 的徵收率徵稅。

（2）一般納稅人銷售自產的下列貨物，可選擇按照簡易辦法依 3% 徵收率計算繳納增值稅：

①縣級及縣級以下小型水力發電單位生產的電力。小型水力發電單位，是指各類投資主體建設的裝機容量為 5 萬千瓦（含 5 萬千瓦）以下的小型水力發電單位。

②建築用和生產建築材料所用的砂、土、石料。

③以自己採掘的砂、土、石料或其他礦物連續生產的磚、瓦、石灰（不含黏土實心磚、瓦）。

④用微生物、微生物代謝產物、動物毒素、人或動物的血液或組織製成的生物製品。

⑤自來水。

⑥商品混凝土（僅限於以水泥為原料生產的水泥混凝土）。

（3）一般納稅人銷售貨物屬於下列情形之一的，暫按簡易辦法依照 3% 徵收率計算繳納增值稅。

①寄售商店代銷寄售物品（包括居民個人寄售的物品在內）；

②典當業銷售死當物品；

③經國務院或國務院授權機關批准的免稅商店零售的免稅品。

（4）對屬於一般納稅人的自來水公司銷售自來水按簡易辦法依照 3% 徵收率徵收增值稅，不得抵扣其購進自來水取得增值稅扣稅憑證上註明的增值稅稅款。

一般納稅人選擇簡易辦法計算繳納增值稅后，36 個月內不得變更。

（5）根據國家稅務總局公告 2015 年第 90 號規定，自 2016 年 2 月 1 日起，納稅人銷售自己使用過的固定資產，適用簡易辦法依照 3% 徵收率減按 2% 徵收增值稅政策的，

可以放棄減稅，按照簡易辦法依照 3% 徵收率繳納增值稅，並可以開具增值稅專用發票。

上述一般納稅人選擇簡易計稅方法計算繳納增值稅後，36 個月不得變更計稅方法。

八、納稅人銷售舊貨適用徵收率的規定

納稅人銷售舊貨，按照簡易辦法依照 3% 徵收率減按 2% 徵收增值稅。

所稱舊貨，是指進入二次流通的具有部分使用價值的貨物（含舊汽車、舊摩托車和舊遊艇），但不包括自己使用過的物品。

納稅人適用按照簡易辦法依 3% 徵收率減按 2% 徵收增值稅政策的，按下列公式確定銷售額和應納稅額：

銷售額＝含稅銷售額／（1+3%）

應納稅額＝銷售額×2%

上述規定自 2014 年 7 月 1 日起執行。

第七節　進口貨物應納稅額的計算

對進口貨物徵稅是國際慣例。根據《增值稅暫行條例》的規定，中華人民共和國境內進口貨物的單位和個人均應按規定繳納增值稅。

一、進口貨物的納稅人

根據《增值稅暫行條例》的規定，進口貨物增值稅的納稅義務人為進口貨物的收貨人或辦理報關手續的單位和個人，包括國內一切從事進口業務的企事業單位、機關團體和個人。

對於企業、單位和個人委託代理進口應徵增值稅的貨物，鑑於代理進口貨物的海關完稅憑證有的開具給委託方、有的開具給受託方的特殊性，對代理進口貨物以海關開具的完稅憑證上的納稅人為增值稅納稅人。

二、進口貨物徵稅範圍

根據《增值稅暫行條例》的規定，申報進入中華人民共和國海關境內的貨物，均應繳納增值稅。

確定一項貨物是否屬於進口貨物，看其是否有報關手續。只要是報關進境的應稅貨物，不論其用途如何，是自行採購用於貿易，還是自用；不論是購進，還是國外捐贈，均應按照規定繳納進口環節的增值稅（免稅進口的貨物除外）。

國家在規定對進口貨物徵稅的同時，對某些進口貨物制定了減免稅的特殊規定。如屬於「來料加工、進料加工」貿易方式進口國外的原材料、零部件等在國內加工後復出口的，對進口的料、件按規定給予免稅或減稅；但這些進口免、減稅的料、件若不能加工復出口，而是銷往國內的，就要補稅。

三、進口貨物的適用稅率

進口貨物增值稅稅率與增值稅一般納稅人在國內銷售同類貨物的稅率相同。

四、進口貨物應納稅額的計算

納稅人進口貨物,按照組成計稅價格和《增值稅暫行條例》規定的稅率計算應納稅款。

(一) 組成計稅價格的確定

進口貨物增值稅的組成計稅價格中包括已納關稅稅額。如果進口貨物屬於消費稅應稅消費品,其組成計稅價格中還要包括進口環節已納消費稅稅額。

按照《海關法》和《進出口關稅條例》的規定,一般貿易項下進口貨物的關稅完稅價格以海關審定的成交價格為基礎的到岸價格作為完稅價格。所謂成交價格是一般貿易項下進口貨物的買方為購買該項貨物向賣方實際支付或應當支付的價格;到岸價格是包括貨價加上貨物運抵中國關境內輸入地點起卸前的包裝費、運費、保險費和其他勞務費等費用構成的一種價格。

組成計稅價格的計算公式如下:

組成計稅價格=關稅完稅價格+關稅+消費稅

或:組成計稅價格=(關稅完稅價格+關稅)/(1−消費稅稅率)

(二) 進口貨物應納稅額的計算

納稅人進口貨物,按照組成計稅價格和適用的稅率計算應納稅額,不得抵扣任何稅額,即在計算進口環節的應納增值稅稅額時,不得抵扣發生在中國境外的各種稅金。

應納稅額=組成計稅價格×稅率

進口貨物在海關繳納的增值稅,符合抵扣範圍的,憑藉海關進口增值稅專用繳款書,可以從當期銷項稅額中抵扣。

【例2–3】某市日化廠為增值稅一般納稅人,當年8月進口一批香水精,買價85萬元,境外運費及保險費共計5萬元。海關於8月15日開具了進口增值稅專用繳款書。日化廠繳納進口環節稅金后海關放行。計算該日化廠進口環節應納增值稅(關稅稅率為50%,消費稅稅率為30%)。

【答案】

關稅完稅價格=85+5=90(萬元)

組成計稅價格=90×(1+50%)/(1−30%)=192.86(萬元)

進口環節繳納增值稅=192.86×17%=32.79(萬元)

第八節 出口貨物或者勞務和服務增值稅的退(免)稅

出口貨物或勞務退(免)稅是指在國際貿易業務中,對報關出口的貨物或者勞務

和服務退還其在國內各生產環節和流轉環節按稅法規定已繳納的增值稅，目的在於鼓勵各國出口貨物或勞務公平競爭的一種稅收措施。

一、適用增值稅退（免）稅政策的出口貨物勞務

對下列出口貨物勞務，除適用增值稅免稅政策和徵稅政策的出口貨物或勞務規定的以外，實行免徵和退還增值稅[以下稱增值稅退（免）稅]政策：

(一) 出口企業出口貨物

出口企業，是指依法辦理工商登記、稅務登記、對外貿易經營者備案登記，自營或委託出口貨物的單位或個體工商戶，以及依法辦理工商登記、稅務登記但未辦理對外貿易經營者備案登記，委託出口貨物的生產企業。

出口貨物，是指向海關報關後實際離境並銷售給境外單位或個人的貨物，分為自營出口貨物和委託出口貨物兩類。

生產企業，是指具有生產能力（包括加工修理修配能力）的單位或個體工商戶。

(二) 出口企業或其他單位視同出口貨物

（1）出口企業對外援助、對外承包、境外投資的出口貨物。

（2）出口企業經海關報關進入國家批准的出口加工區、保稅物流園區、保稅港區、綜合保稅區等並銷售給特殊區域內單位或境外單位、個人的貨物。

（3）免稅品經營企業銷售的貨物（國家規定不允許經營和限制出口的貨物、卷菸和超出免稅品經營企業《企業法人營業執照》規定經營範圍的貨物除外）。

（4）出口企業或其他單位銷售給用於國際金融組織或外國政府貸款國際招標建設項目的中標機電產品。上述中標機電產品，包括外國企業中標再分包給出口企業或其他單位的機電產品。

（5）生產企業向海上石油天然氣開採企業銷售的自產的海洋工程結構物。出口企業或其他單位銷售給國際運輸企業用於國際運輸工具上的貨物。

（6）出口企業或其他單位銷售給特殊區域內生產企業生產耗用且不向海關報關而輸入特殊區域的水（包括蒸汽）、電力、燃氣。

除另有規定外，視同出口貨物適用出口貨物的各項規定。

(三) 出口企業對外提供加工修理修配勞務

對外提供加工修理修配勞務，是指對進境復出口貨物或從事國際運輸的運輸工具進行的加工修理修配。

(四) 一般納稅人提供適用增值稅零稅率的應稅服務的退（免）稅辦法

（1）增值稅一般納稅人提供適用增值稅零稅率的應稅服務，實行增值稅退（免）稅辦法。該辦法於 2014 年 1 月 1 日起實行。

（2）根據財稅〔2016〕36 號的規定，自 2016 年 5 月 1 日起，跨境應稅行為適用零稅率。

（3）增值稅零稅率應稅服務提供者是指提供適用增值稅零稅率應稅服務，且認定

為增值稅一般納稅人，實行增值稅一般計稅方法的境內單位和個人。屬於匯總繳納增值稅的，為經財政部和國家稅務總局批准的匯總繳納增值稅的總機構。增值稅零稅率應稅服務適用範圍按財政部、國家稅務總局的規定執行。

（4）起點或終點在境外的運單、提單或客票所對應的各航段或路段的運輸服務，屬於國際運輸服務。

（5）增值稅零稅率應稅服務退（免）稅辦法包括免抵退稅辦法和免（退）稅辦法，具體辦法及計算公式按有關出口貨物或勞務退（免）稅的規定執行。

（6）實行免抵退稅辦法的增值稅零稅率應稅服務提供者如果同時出口貨物或勞務且未分別核算的，應一併計算免抵退稅。稅務機關在審批時，應按照增值稅零稅率應稅服務、出口貨物或勞務免抵退稅額的比例劃分其退稅額和免（抵）稅額。

二、增值稅退（免）稅辦法

適用增值稅退（免）稅政策的出口貨物勞務，按照下列規定實行增值稅免抵退稅或免退稅辦法：

（1）免抵退稅辦法：生產企業出口自產貨物和視同自產貨物及對外提供加工修理修配勞務，以及《財政部　國家稅務總局關於出口貨物勞務增值稅和消費稅政策的通知》（財稅〔2012〕39號）附件5列名生產企業出口非自產貨物，免徵增值稅，相應的進項稅額抵減應納增值稅額（不包括適用增值稅即徵即退、先徵後退政策的應納增值稅額），未抵減完的部分予以退還。

（2）免退稅辦法：不具有生產能力的出口企業或其他單位出口貨物或勞務，免徵增值稅，相應的進項稅額予以退還。

（3）境內的單位和個人提供適用增值稅零稅率的應稅服務，如果屬於適用簡易計稅方法的，實行免徵增值稅辦法。如果屬於適用增值稅一般計稅方法的，生產企業實行免抵退稅辦法，外貿企業外購研發服務和設計服務出口實行免退稅辦法，外貿企業自己開發的研發服務和設計服務出口，視同生產企業連同其出口貨物統一實行免抵退稅辦法。

（4）境內的單位和個人提供適用增值稅零稅率應稅服務的，可以放棄適用增值稅零稅率，選擇免稅或按規定繳納增值稅。放棄適用增值稅零稅率後，36個月內不得再申請適用增值稅零稅率。

（5）境內的單位和個人提供適用增值稅零稅率的應稅服務，按月向主管退稅的稅務機關申報辦理增值稅免抵退稅或免稅手續。具體管理辦法由國家稅務總局商財政部另行制定。

三、增值稅出口退稅率一般規定

（1）除財政部和國家稅務總局根據國務院決定而明確的增值稅出口退稅率（以下稱退稅率）外，出口貨物的退稅率為其適用稅率。

（2）應稅服務退稅率為應稅服務適用的增值稅稅率。即有形動產租賃服務退稅率為17%；交通運輸業服務、郵政業服務退稅率為11%；現代服務業服務（有形動產租

賃服務除外）退稅率為6%。

四、增值稅退（免）稅計稅依據

出口貨物、勞務、服務的增值稅退（免）稅的計稅依據，按出口貨物或勞務的出口發票（外銷發票）、其他普通發票或購進出口貨物勞務服務的增值稅專用發票、海關進口增值稅專用繳款書確定。

（1）生產企業出口貨物勞務（進料加工復出口貨物除外）增值稅退（免）稅的計稅依據，為出口貨物勞務的實際離岸價（FOB）。實際離岸價應以出口發票上的離岸價為準，但如果出口發票不能反應實際離岸價，主管稅務機關有權予以核定。

（2）生產企業進料加工復出口貨物增值稅退（免）稅的計稅依據，按出口貨物的離岸價（FOB）扣除出口貨物所含的海關保稅進口料件的金額后確定。

（3）生產企業國內購進無進項稅額且不計提進項稅額的免稅原材料加工后出口的貨物的計稅依據，按出口貨物的離岸價（FOB）扣除出口貨物所含的國內購進免稅原材料的金額后確定。

（4）外貿企業出口貨物（委託加工修理修配貨物除外）增值稅退（免）稅的計稅依據，為購進出口貨物的增值稅專用發票註明的金額或海關進口增值稅專用繳款書註明的完稅價格。

（5）外貿企業出口委託加工修理修配貨物增值稅退（免）稅的計稅依據，為加工修理修配費用增值稅專用發票註明的金額。外貿企業應將加工修理修配使用的原材料（進料加工海關保稅進口料件除外）作價銷售給受託加工修理修配的生產企業，受託加工修理修配的生產企業應將原材料成本並入加工修理修配費用開具發票。

（6）免稅品經營企業銷售的貨物增值稅退（免）稅的計稅依據，為購進貨物的增值稅專用發票註明的金額或海關進口增值稅專用繳款書註明的完稅價格。

（7）中標機電產品增值稅退（免）稅的計稅依據，生產企業為銷售機電產品的普通發票註明的金額，外貿企業為購進貨物的增值稅專用發票註明的金額或海關進口增值稅專用繳款書註明的完稅價格。

（8）生產企業向海上石油天然氣開採企業銷售的自產的海洋工程結構物增值稅退（免）稅的計稅依據，為銷售海洋工程結構物的普通發票註明的金額。

（9）輸入特殊區域的水電氣增值稅退（免）稅的計稅依據，為作為購買方的特殊區域內生產企業購進水（包括蒸汽）、電力、燃氣的增值稅專用發票註明的金額。

（10）增值稅零稅率應稅服務退（免）稅的計稅依據：
①實行免抵退稅辦法的退（免）稅計稅依據：

A. 以鐵路運輸方式載運旅客的，為按照鐵路合作組織清算規則清算後的實際運輸收入。

B. 以鐵路運輸方式載運貨物的，為按照鐵路運輸進款清算辦法，對「發站」或「到站（局）」名稱包含「境」字的貨票上註明的運輸費用以及直接相關的國際聯運雜費清算後的實際運輸收入。

C. 以航空運輸方式載運貨物或旅客的，如果國際運輸或港澳臺運輸各航段由多個

承運人承運的，為中國航空結算有限責任公司清算后的實際收入；如果國際運輸或港澳臺運輸各航段由一個承運人承運的，為提供航空運輸服務取得的收入。

D. 其他實行免抵退稅辦法的增值稅零稅率應稅服務，為提供增值稅零稅率應稅服務取得的收入。

②實行免退稅辦法的退（免）稅計稅依據：

實行免退稅辦法的退（免）稅計稅依據購進應稅服務的增值稅專用發票或解繳稅款的中華人民共和國稅收繳款憑證上註明的金額。

（11）實行退（免）稅辦法的研發服務和設計服務，如果主管稅務機關認定出口價格偏高的，有權按照核定的出口價格計算退（免）稅；核定的出口價格低於外貿企業購進價格的，低於部分對應的進項稅額不予退稅，轉入成本。

五、增值稅免抵退稅和免退稅的計算

（一）生產企業出口貨物勞務增值稅免、抵、退稅的計算

1. 當期應納稅額的計算

當期應納稅額＝當期銷項稅額－（當期進項稅額－當期不得免徵和抵扣稅額）

當期不得免徵和抵扣稅額＝當期出口貨物離岸價×外匯人民幣折合率×（出口貨物適用稅率－出口貨物退稅率）－當期不得免徵和抵扣稅額抵減額

當期不得免徵和抵扣稅額抵減額＝當期免稅購進原材料價格×（出口貨物適用稅率－出口貨物退稅率）

2. 當期免抵退稅額的計算

當期免抵退稅額＝當期出口貨物離岸價×外匯人民幣折合率×出口貨物退稅率－當期免抵退稅額抵減額

當期免抵退稅額抵減額＝當期免稅購進原材料價格×出口貨物退稅率

3. 當期應退稅額和免抵稅額的計算

（1）當期期末留抵稅額≤當期免抵退稅額，則：

當期應退稅額＝當期期末留抵稅額

當期免抵稅額＝當期免抵退稅額－當期應退稅額

（2）當期期末留抵稅額＞當期免抵退稅額，則：

當期應退稅額＝當期免抵退稅額

當期免抵稅額＝0

當期期末留抵稅額為當期增值稅納稅申報表中「期末留抵稅額」。

4. 當期免稅購進原材料價格

它包括當期國內購進的無進項稅額且不計提進項稅額的免稅原材料的價格和當期進料加工保稅進口料件的價格，其中當期進料加工保稅進口料件的價格為組成計稅價格：

進料加工出口貨物耗用的保稅進口料件金額＝進料加工出口貨物人民幣離岸價×進料加工計劃分配率

計劃分配率＝計劃進口總值÷計劃出口總值×100%

(二) 外貿企業出口貨物勞務服務增值稅免（退）稅的計算

1. 外貿企業出口委託加工修理修配貨物以外的貨物

增值稅應退稅額＝增值稅退（免）稅計稅依據×出口貨物退稅率

2. 外貿企業出口委託加工修理修配貨物

出口委託加工修理修配貨物的增值稅應退稅額＝委託加工修理修配的增值稅退（免）稅計稅依據×出口貨物退稅率

【例2-4】某自營出口生產企業是增值稅一般納稅人，出口貨物的徵稅稅率為17%，退稅率為13%。2002年3月購進原材料一批，取得的增值稅專用發票註明的價款200萬元，外購貨物準予抵扣進項稅款34萬元，貨已入庫。上期期末留抵稅額3萬元。當月內銷貨物銷售額100萬元，銷項稅額17萬元。本月出口貨物銷售折合人民幣200萬元。試計算該企業本期「免、抵、退」稅額、應退稅額、免抵稅額。

【答案】

當期免抵退稅不得免徵和抵扣稅額＝200×（17%－13%）＝8（萬元）

應納增值稅額＝100×17%－（34－8）－3＝－12（萬元）

出口貨物免、抵、退稅額＝200×13%＝26（萬元）

本例中，當期期末留抵稅額12萬元小於當期免抵退稅額26萬元，故當期應退稅額等於12萬元。

當期免抵稅額＝26－12＝14（萬元）

【例2-5】某自營出口的生產企業為增值稅一般納稅人，出口貨物的徵稅稅率為17%，退稅稅率為13%。2015年6月有關經營業務為：購原材料一批，取得的增值稅專用發票註明價款400萬元，外購貨物準予抵扣的進項稅額68萬元通過認證。上期末留抵稅款5萬元。本月內銷貨物不含稅銷售額100萬元，收款117萬元存入銀行。本月出口貨物的銷售額折合人民幣200萬元。試計算該企業當期的「免、抵、退」稅額。

【答案】

當期「免、抵、退」稅不得免徵和抵扣稅額＝200×（17%－13%）＝8（萬元）

當期應納稅額＝100×17%－（68－8）－5＝17－60－5＝－48（萬元）

出口貨物「免、抵、退」稅額＝200×13%＝26（萬元）

按規定，如當期期末留抵稅額＞當期「免、抵、退」稅額時：

當期應退稅額＝當期「免、抵、退」稅額，即該企業當期應退稅額＝26萬元

當期免抵稅額＝當期「免、抵、退」稅額－當期應退稅額，該企業當期免抵稅額＝26－26＝0

6月期末留抵結轉下期繼續抵扣稅額為22萬元（即48－26）。

【例2-6】某國際運輸公司已登記為一般納稅人，該企業實行「免、抵、退」稅管理辦法。該企業2014年3月實際發生如下業務：

該企業當月承接了3個國際運輸業務，取得確認的收入60萬元人民幣。

企業增值稅納稅申報時，期末留抵稅額為15萬元人民幣。

要求：計算該企業當月的退稅額。

【答案】

當期零稅率應稅服務「免、抵、退」稅額＝當期零稅率應稅服務「免、抵、退」稅計稅依據×外匯人民幣折合率×零稅率應稅服務增值稅退稅率＝60×11%＝6.6（萬元）

因為當期期末留抵稅額15萬元＞當期免抵退稅額6.6萬元，所以當期應退稅額＝當期「免、抵、退」稅額＝6.6萬元。退稅申報后，結轉下期留抵的稅額為8.4萬元。

六、適用增值稅免稅政策的出口貨物勞務服務或無形資產

1. 適用增值稅免稅政策的出口貨物勞務

（1）增值稅小規模納稅人出口的貨物。

（2）避孕藥品和用具、古舊圖書。

（3）軟件產品。其具體範圍是指海關稅則號前四位為「9803」的貨物。

（4）含黃金、鉑金成分的貨物、鑽石及其飾品。

（5）國家計劃內出口的卷菸。

（6）已使用過的設備。其具體範圍是指購進時未取得增值稅專用發票、海關進口增值稅專用繳款書但其他相關單證齊全的已使用過的設備。

（7）非出口企業委託出口的貨物。

（8）非列名生產企業出口的非視同自產貨物。

（9）農業生產者自產農產品〔農產品的具體範圍按照《農業產品徵稅範圍註釋》（財稅〔1995〕52號）的規定執行〕。

（10）油畫、花生果仁、黑大豆等財政部和國家稅務總局規定的出口免稅的貨物。

（11）外貿企業取得普通發票、廢舊物資收購憑證、農產品收購發票、政府非稅收入票據的貨物。

（12）來料加工復出口的貨物。

（13）特殊區域內的企業出口的特殊區域內的貨物。

（14）以人民幣現金作為結算方式的邊境地區出口企業從所在省（自治區）的邊境口岸出口到接壤國家的一般貿易和邊境小額貿易出口貨物。

（15）以旅遊購物貿易方式報關出口的貨物。

2.「營改增」的免稅規定

境內的單位和個人銷售的下列服務和無形資產免徵增值稅，但財政部和國家稅務總局規定適用增值稅零稅率的除外：

（1）下列服務：

工程項目在境外的建築服務。

工程項目在境外的工程監理服務。

工程、礦產資源在境外的工程勘察勘探服務。

會議展覽地點在境外的會議展覽服務。

儲存地點在境外的倉儲服務。

標的物在境外使用的有形動產租賃服務。

在境外提供的文化體育服務、教育醫療服務、旅遊服務。
（2）為出口貨物提供的郵政服務、收派服務、保險服務。
（3）向境外單位提供的完全在境外消費的下列服務和無形資產：
電信服務、知識產權服務、物流輔助服務（倉儲服務、收派服務除外）、鑒證諮詢服務、專業技術服務、商務輔助服務、廣告投放地在境外的廣告服務、無形資產。
（4）以無運輸工具承運方式提供的國際運輸服務。
（5）在境外單位之間的貨幣資金融通及其他金融業務提供的直接收費金融服務，且該服務於境內的貨物、無形資產和不動產無關。

第九節　增值稅的減稅、免稅

一、法定免稅項目

（1）農業生產者銷售的自產農產品：
農業生產者，包括從事農業生產的單位和個人。農業產品是指種植業、養殖業、林業、牧業、水產業生產的各類植物、動物的初級產品。對上述單位和個人銷售的外購農產品以及單位和個人外購農產品生產、加工后銷售的仍然屬於規定範圍的農業產品，不屬於免稅的範圍，應當按照規定的稅率徵收增值稅。

自2013年4月1日起，納稅人採取「公司+農戶」經營模式從事畜禽飼養，納稅人回收再銷售畜禽的，屬於農業生產者銷售自產農產品，免徵增值稅。「公司+農戶」經營模式銷售畜禽是指納稅人與農戶簽訂委託養殖合同，向農戶提供畜禽苗、飼料、獸藥及疫苗等（所有權屬於公司），農戶飼養畜禽苗至成品后交付納稅人回收，納稅人將回收的成品畜禽用於銷售。

（2）避孕藥品和用具。
（3）古舊圖書。古舊圖書是指向社會收購的古書和舊書。
（4）直接用於科學研究、科學試驗和教學的進口儀器、設備。
（5）外國政府、國際組織無償援助的進口物資和設備。
（6）由殘疾人的組織直接進口供殘疾人專用的物品。
（7）銷售的自己使用過的物品。自己使用過的物品是指其他個人使用過的物品。

除上述規定外，增值稅的免稅、減稅項目由國務院規定，任何地區、部門均不得規定免稅、減稅項目。

二、財政部、國家稅務總局規定的其他增值稅優惠政策

(一)資源綜合利用及其他產品的增值稅政策

納稅人銷售自產的資源綜合利用產品和提供資源綜合利用勞務，可以享受增值稅即徵即退政策。具體綜合利用的資源名稱、綜合利用產品和勞務名稱、技術標準和相關條件、退稅比例等按照《資源綜合利用產品和勞務增值稅優惠目錄》（財稅〔2015〕

78號）的相關規定執行。

(二) 醫療衛生的增值稅優惠政策

1. 關於非營利性醫療機構的稅收政策

對非營利性醫療機構自產自用的制劑免徵增值稅。

2. 關於營利性醫療機構的稅收政策

對營利性醫療機構取得的收入，按規定徵收各項稅收。為了支持營利性醫療機構的發展，對營利性醫療機構所取得收入直接用於改善醫療衛生條件的，自其取得營業登記之日起，3年內對其自產自用的制劑免徵增值稅。

3. 疾病控制機構和婦幼保健機構等的服務收入

疾病控制機構和婦幼保健機構等衛生機構按照國家規定的價格取得的衛生服務收入（含疫苗接種和調撥、銷售收入），免徵增值稅。

4. 血站

自1999年11月1日起，對血站供應給醫療機構的臨床用血免徵增值稅。

(三) 修理修配勞務的增值稅優惠

1. 飛機修理

自2000年1月1日起，對飛機維修勞務增值稅實際稅負超過6%的部分即徵即退。

2. 鐵路貨車修理

自2001年1月1日起，對鐵路系統內部單位為系統修理貨車的業務免徵增值稅。

3. 飛機修理企業的國外飛機維修業務

對承攬國內、國外航空公司飛機維修業務的企業所從事的國外航空公司飛機維修業務，實行免徵本環節增值稅應納稅額、直接退還相應增值稅進項稅額的辦法。

(四) 軟件產品的增值稅優惠

自2011年1月1日起，軟件產品執行以下增值稅政策（財稅〔2011〕100號）：

所稱軟件產品，是指信息處理程序及相關文檔和數據，包括計算機軟件產品、信息系統和嵌入式軟件產品。

（1）增值稅一般納稅人銷售其自行開發生產的軟件產品，按17%稅率徵收增值稅後，對其增值稅實際稅負超過3%的部分實行即徵即退政策。

（2）增值稅一般納稅人將進口軟件產品進行本地化改造後對外銷售，其銷售的軟件產品可享受第1款規定的增值稅即徵即退政策。本地化改造是指對進口軟件產品進行重新設計、改進、轉換等，單純對進口軟件產品進行漢字化處理的不包括在內。

(五) 供熱企業的增值稅優惠

對供熱企業向居民個人（以下稱居民）供熱而取得的採暖費收入繼續免徵增值稅。向居民供熱而取得的採暖費收入，包括供熱企業直接向居民收取的、通過其他單位向居民收取的和由單位代居民繳納的採暖費。

(六) 蔬菜流通環節增值稅免稅政策

自2012年1月1日起，免徵蔬菜流通環節增值稅。

（七）制種行業增值稅政策

制種企業在下列生產經營模式下生產種子，屬於農業生產者銷售自產農產品，免徵增值稅。

（1）制種企業利用自有土地或承租土地，雇傭農戶或雇工進行種子繁育，再經烘干、脫粒、風篩等深加工后銷售種子。

（2）制種企業提供親本種子委託農戶繁育並從農戶手中收回，再經烘干、脫粒、風篩等深加工后銷售種子。

三、營業稅改徵增值稅試點過渡政策的規定（〔2016〕36號）

（一）免徵增值稅的項目

（1）托兒所、幼兒園提供的保育和教育服務。
（2）養老機構提供的養老服務。
（3）殘疾人福利機構提供的育養服務。
（4）婚姻介紹服務。
（5）殯葬服務。
（6）殘疾人員本人提供的應稅服務。
（7）醫療機構提供的醫療服務。
（8）從事學歷教育的學校提供的教育服務。
（9）學生勤工儉學提供的服務。
（10）農業機耕、排灌、病蟲害防治、植物保護、農牧保險以及相關技術培訓業務，家禽、牲畜、水生動物的配種和疾病防治。
（11）紀念館、博物館、文化館、文物保護單位管理機構、美術館、展覽館、書畫院、圖書館在自己的場所提供文化體育服務取得的第一道門票收入。
（12）寺院、宮觀、清真寺和教堂舉辦文化、宗教活動。
（13）行政單位之外的其他單位收取的符合《營業稅改徵增值稅試點實施辦法》第十條規定條件的政府性基金和行政事業性收費。
（14）個人轉讓著作權。
（15）個人銷售自建自用住房。
（16）2018年12月31日前，公共租賃住房經營管理單位出租公共租賃住房。
（17）臺灣航運公司、航空公司從事海峽兩岸海上直航、空中直航業務在大陸取得的運輸收入。
（18）納稅人提供的符合條件的直接或者間接國際貨物運輸代理服務。
（19）以下利息收入。

①2016年12月31日前，金融機構農戶小額貸款。小額貸款，是指單筆且該農戶貸款餘額總額在10萬元（含本數）以下的貸款。

②國家助學貸款。

③國債、地方政府債。

④人民銀行對金融機構貸款。
⑤住房公積金管理中心用住房公積金在指定的委託銀行發放的個人住房貸款。
⑥外匯管理部門在從事國家外匯儲備經營過程中，委託金融機構發放的外匯貸款。
⑦統借統還業務中，企業集團或企業集團中的核心企業以及集團所屬財務公司按不高於支付給金融機構的借款利率水平或者支付的債券票面利率水平，向企業集團或者集團內下屬單位收取的利息。

（20）被撤銷金融機構以貨物、不動產、無形資產、有價證券、票據等財產清償債務。

（21）保險公司開辦的一年期以上人身保險產品取得的保費收入。

（22）下列金融商品轉讓收入：
①合格境外投資者（QFII）委託境內公司在中國從事證券買賣業務。
②香港市場投資者（包括單位和個人）通過滬港通買賣上海證券交易所上市A股。
③對香港市場投資者（包括單位和個人）通過基金互認買賣內地基金份額。
④證券投資基金（封閉式證券投資基金，開放式證券投資基金）管理人運用基金買賣股票、債券。
⑤個人從事金融商品轉讓業務。

（23）金融同業往來利息收入。

（24）國家商品儲備管理單位及其直屬企業承擔商品儲備任務，從中央或者地方財政取得的利息補貼收入和價差補貼收入。

（25）納稅人提供技術轉讓、技術開發和與之相關的技術諮詢、技術服務。

（26）2017年12月31日前，科普單位的門票收入以及縣級及以上黨政部門和科協開展科普活動的門票收入。

（27）政府舉辦的從事學歷教育的高等、中等和初等學校（不含下屬單位）舉辦進修班、培訓班取得的全部歸該學校所有的收入。

（28）政府舉辦的職業學校設立的主要為在校學生提供實習場所、並由學校出資自辦、由學校負責經營管理、經營收入歸學校所有的企業，從事《銷售服務、無形資產或者不動產註釋》中「現代服務」（不含融資租賃服務、廣告服務和其他現代服務）、「生活服務」（不含文化體育服務、其他生活服務和桑拿、氧吧）業務活動取得的收入。

（29）家政服務企業由員工制家政服務員提供家政服務取得的收入。

（30）福利彩票、體育彩票的發行收入。

（31）軍隊空餘房產租賃收入。

（32）為了配合國家住房制度改革，企業、行政事業單位按房改成本價、標準價出售住房取得的收入。

（33）將土地使用權轉讓給農業生產者用於農業生產。

（34）涉及家庭財產分割的個人無償轉讓不動產、土地使用權。

（35）土地所有者出讓土地使用權和土地使用者將土地使用權歸還給土地所有者。

（36）縣級以上地方人民政府或自然資源行政主管部門出讓、轉讓或收回自然資源使用權（不含土地使用權）。

(二) 增值稅即徵即退

（1）一般納稅人提供管道運輸服務，對其增值稅實際稅負超過3%的部分實行增值稅即徵即退政策。

（2）經中國人民銀行、銀監會或者商務部批准從事融資租賃業務的試點納稅人中的一般納稅人，提供有形動產融資租賃服務和有形動產融資性售後回租服務，對其增值稅實際稅負超過3%的部分實行增值稅即徵即退政策。商務部授權的省級商務主管部門和國家經濟技術開發區批准的從事融資租賃業務和融資性售後回租業務的試點納稅人中的一般納稅人，2016年5月1日後實收資本達到1.7億元的，從達到標準的當月起按照上述規定執行；2016年5月1日後實收資本未達到1.7億元但註冊資本達到1.7億元的，在2016年7月31日前仍可按照上述規定執行，2016年8月1日後開展的有形動產融資租賃業務和有形動產融資性售後回租業務不得按照上述規定執行。

上述規定所稱增值稅實際稅負，是指納稅人當期提供應稅服務實際繳納的增值稅額佔納稅人當期提供應稅服務取得的全部價款和價外費用的比例。

(三) 其他相關規定

（1）金融企業發放貸款後，自結息日起90天內發生的應收未收利息按現行規定繳納增值稅，自結息日起90天後發生的應收未收利息暫不繳納增值稅，待實際收到利息時按規定繳納增值稅。

（2）個人將購買不足2年的住房對外銷售的，按照5%的徵收率全額繳納增值稅；個人將購買2年（含2年）以上的住房對外銷售的，免徵增值稅。上述政策適用於北京市、上海市、廣州市和深圳市之外的地區。

個人將購買不足2年的住房對外銷售的，按照5%的徵收率全額繳納增值稅；個人將購買2年（含2年）以上的非普通住房對外銷售的，以銷售收入減去購買住房價款後的差額按照5%的徵收率繳納增值稅；個人將購買2年（含2年）以上的普通住房對外銷售的，免徵增值稅。上述政策僅適用於北京市、上海市、廣州市和深圳市。

四、起徵點

對個人銷售額未達到規定起徵點的，免徵增值稅。增值稅起徵點的適用範圍限於個人，不包括認定為一般納稅人的個體工商戶。

增值稅起徵點的幅度規定如下：

（1）銷售貨物的，為月銷售額5,000~20,000元。
（2）銷售應稅勞務的，為月營業額5,000~20,000元。
（3）按次納稅的，為每次（日）銷售額300~500元。
（4）「營改增」規定的應稅行為的起徵點：
①按期納稅的，為月銷售額5,000~20,000元（含本數）。
②按次納稅的，為每次（日）銷售額300~500元（含本數）。

起徵點的調整由財政部和國家稅務總局規定。省、自治區、直轄市財政廳（局）和國家稅務局應當在規定的幅度內，根據實際情況確定本地區適用的起徵點，並報財

政部和國家稅務總局備案。

第十節 增值稅徵收管理

一、增值稅納稅義務發生時間

(一) 基本規定

增值稅納稅義務發生時間，是指增值稅納稅義務人、扣繳義務人發生應稅、扣繳稅款行為應承擔納稅義務、扣繳義務的時間。《增值稅暫行條例》明確規定了增值稅納稅義務發生時間有以下兩個方面：銷售貨物或者應稅勞務，為收訖銷售款或者取得索取銷售款憑據的當天；先開具發票的，為開具發票的當天。進口貨物，為報關進口的當天。

(二) 具體規定

銷售貨物或者提供應稅勞務的納稅義務發生時間，按銷售結算方式的不同，具體為：

(1) 採取直接收款方式銷售貨物，不論貨物是否發出，均為收到銷售款或取得索取銷售款憑據的當天。

納稅人生產經營活動中採取直接收款方式銷售貨物，已將貨物移送對方並暫估銷售收入入帳，但既未取得銷售款或取得索取銷售款憑據也未開具銷售發票的，其增值稅納稅義務發生時間為取得銷售款或取得索取銷售款憑據的當天；先開具發票的，為開具發票的當天。

本規定自2011年8月1日起施行。納稅人此前對發生上述情況進行增值稅納稅申報的，可向主管稅務機關申請，按本規定做納稅調整。

(2) 採取托收承付和委託銀行收款方式銷售貨物，為發出貨物並辦妥托收手續的當天。

(3) 採取賒銷和分期收款方式銷售貨物，為書面合同約定收款日期的當天。無書面合同或者書面合同沒有約定收款日期的，為貨物發出的當天。

(4) 採取預收貨款方式銷售貨物，為貨物發出的當天。但生產銷售、生產工期超過12個月的大型機械設備、船舶、飛機等貨物，為收到預收款或者書面合同約定的收款日期的當天。

(5) 委託其他納稅人代銷貨物，為收到代銷單位銷售的代銷清單或者收到全部或者部分貨款的當天；未收到代銷清單及貨款的，其納稅義務發生時間為發出代銷貨物滿180日的當天。

(6) 銷售應稅勞務，為提供勞務同時收訖銷售款或取得索取銷售款的憑據的當天。

(7) 納稅人發生視同銷售貨物行為，為貨物移送的當天。

（三）「營改增」行業增值稅納稅義務、扣繳義務發生時間

（1）納稅人發生應稅行為並收訖銷售款項或者取得索取銷售款項憑據的當天；先開發票的，為開票的當天。

收訖銷售款項，是指納稅人銷售服務、無形資產、不動產過程中或者完成后收到款項。

取得索取銷售款項憑據的當天，是指書面合同確定的付款日期；未簽訂書面合同或者書面合同未確定付款日期的，為應稅服務完成的當天。

（2）納稅人提供有形動產租賃服務採取預收款方式的，其納稅義務發生時間為收到預收款的當天。

（3）納稅人從事金融商品轉讓的，為金融商品所有權轉移當天。

（4）納稅人發生視同銷售服務、無形資產或不動產情形的，其納稅義務發生時間為服務、無形資產轉讓完成的當天或者不動產權屬變更的當天。

（5）增值稅扣繳義務發生時間為納稅人增值稅納稅義務發生的當天。

二、納稅期限

(一) 增值稅納稅期限的規定

增值稅的納稅期限規定為 1 日、3 日、5 日、10 日、15 日、1 個月或者 1 個季度，以 1 個季度為納稅期限的規定適用於小規模納稅人以及財政部和國家稅務總局規定的其他納稅人。納稅人的具體納稅期限，由主管稅務機關根據納稅人應納稅額的大小分別核定；不能按照固定期限納稅的，可以按次納稅。

「營改增」行業以 1 個季度為納稅期限的規定適用於小規模納稅人、銀行、財務公司、信投投資公司、信用社，以及財政部和國家稅務總局規定的其他納稅人。不能按照固定期限納稅的，可以按次納稅。

(二) 增值稅報繳稅款期限的規定

（1）納稅人以 1 個月或者 1 個季度為納稅期的，自期滿之日起 15 日內申報納稅；以 1 日、3 日、5 日、10 日或者 15 日為一期納稅的，自期滿之日起 5 日內預繳稅款，於次月 1 日起 15 日內申報納稅並結清上月應納稅款。

扣繳義務人解繳稅款的期限，按照上述規定執行。

（2）納稅人進口貨物，應當自海關填發海關進口增值稅專用繳款書之日起 15 日內繳納稅款。

三、納稅地點

（1）固定業戶的納稅地點：

①固定業戶應當向其機構所在地主管稅務機關申報納稅。總機構和分支機構不在同一縣（市）的，應當分別向各自所在地主管稅務機關申報納稅；經國務院財政、稅務主管部門或者其授權的財政、稅務機關批准，可以由總機構匯總向總機構所在地主

管稅務機關申報納稅。

②固定業戶到外縣（市）銷售貨物或者提供應稅勞務的，應當向其機構所在地主管稅務機關申請開具外出經營活動稅收管理證明，向其機構所在地主管稅務機關申報納稅。未開具證明的，應當向銷售地或者勞務發生地主管稅務機關申報納稅；未向銷售地或者勞務發生地主管稅務機關申報納稅的，由其機構所在地主管稅務機關補徵稅款。

③固定業戶（指增值稅一般納稅人）臨時到外省、市銷售貨物的，必須向經營地稅務機關出示《外出經營活動稅收管理證明》回原地納稅，需要向購貨方開具專用發票的，也回原地補開。

(2) 非固定業戶增值稅納稅地點：非固定業戶銷售貨物或者提供應稅勞務和服務，應當向銷售地或者勞務和服務發生地主管稅務機關申報納稅。未向銷售地或者勞務和服務發生地主管稅務機關申報納稅的，由其機構所在地或居住地主管稅務機關補徵稅款。

(3) 其他個人提供建築服務，銷售或者租賃不動產，轉讓自然資源使用權，應向建築服務發生地、不動產所在地、自然資源所在地主管稅務機關申報納稅。

(4) 納稅人跨縣（市）提供建築服務，在建築服務發生地預繳稅款後，向機構所在地主管稅務機關申報納稅。

(5) 納稅人銷售不動產，在不動產所在地預繳稅款後，向機構所在地主管稅務機關申報納稅。

(6) 納稅人租賃不動產，在不動產所在地預繳稅款後，向機構所在地主管稅務機關申報納稅。

(7) 進口貨物增值稅納稅地點：

進口貨物，應當由進口人或其代理人向報關地海關申報納稅。

扣繳義務人應當向其機構所在地或者居住地的主管稅務機關申報繳納其扣繳的稅款。

四、徵收管理機關

國內增值稅由國家稅務局負責徵收。營業稅改徵的增值稅，由國家稅務局負責徵收。納稅人銷售不動產和其他個人出租不動產的增值稅，國家稅務局暫委託地方稅務局代為徵收。進口環節增值稅由海關代徵。

第十一節 增值稅專用發票的使用和管理

一、增值稅專用發票的構成與限額管理

(一) 增值稅專用發票（下稱專用發票）的聯次

專用發票由基本聯次或者基本聯次附加其他聯次構成。基本聯次為三聯：發票聯、抵扣聯和記帳聯。發票聯，作為購買方核算採購成本和增值稅進項稅額的記帳憑證；抵扣聯，作為購買方報送主管稅務機關認證和留存備查的憑證；記帳聯，作為銷售方

核算銷售收入和增值稅銷項稅額的記帳憑證。其他聯次用途，由一般納稅人自行確定。

貨物運輸業增值稅專用發票分為三聯票和六聯票。第一聯：記帳聯，承運人記帳憑證；第二聯：抵扣聯，受票方扣稅憑證；第三聯：發票聯，受票方記帳憑證；第四聯至第六聯由發票使用單位自行安排使用。

(二) 專用發票的開票限額

增值稅專用發票（增值稅稅控系統）實行最高開票限額管理。最高開票限額，是指單份專用發票或貨運專用發票開具的銷售額合計數不得達到的上限額度。

最高開票限額由一般納稅人申請，區縣稅務機關依法審批。一般納稅人申請最高開票限額時，需填報《增值稅專用發票最高開票限額申請單》。主管稅務機關受理納稅人申請以後，根據需要進行實地查驗。實地查驗的範圍和方法由各省國稅機關確定。

二、專用發票的領購

採用扣稅辦法計算徵收增值稅的一般納稅人以及採用簡易辦法或選擇採用簡易辦法計算徵收增值稅的一般納稅人，可以領購並自行開具增值稅專用發票。

一般納稅人憑發票領購簿、IC 卡和經辦人身分證明領購專用發票。一般納稅人有下列情形之一的，不得領購開具專用發票：

（1）會計核算不健全，不能向稅務機關準確提供增值稅銷項稅額、進項稅額、應納稅額數據及其他有關增值稅稅務資料的。其他有關增值稅稅務資料的內容，由省、自治區、直轄市和計劃單列市國家稅務局確定。

（2）有《稅收徵管法》規定的稅收違法行為，拒不接受稅務機關處理的。

（3）有下列行為之一，經稅務機關責令限期改正而仍未改正的：

①虛開增值稅專用發票；
②私自印製專用發票；
③向稅務機關以外的單位和個人買取專用發票；
④借用他人專用發票；
⑤未按規定開具專用發票；
⑥未按規定保管專用發票和專用設備；
⑦未按規定申請辦理防偽稅控系統變更發行；
⑧未按規定接受稅務機關檢查。

有上述情形的，如已領購專用發票，主管稅務機關應暫扣其結存的專用發票和 IC 卡。

（4）銷售的貨物全部屬於免稅項目。

三、專用發票的開具

(一) 專用發票開具範圍

一般納稅人銷售貨物或者提供應稅勞務，應向購買方開具專用發票。

一般納稅人有下列銷售情形，不得開具專用發票：

(1) 商業企業一般納稅人零售的菸、酒、食品、服裝、鞋帽（不包括勞保專用部分）、化妝品等消費品不得開具專用發票。

(2) 銷售免稅貨物或提供免徵增值稅的應稅勞務和服務不得開具專用發票，法律、法規及國家稅務總局另有規定的除外。

(3) 銷售報關出口的貨物、在境外銷售應稅服務。

(4) 將貨物用於集體福利或個人消費。

(5) 向小規模納稅人銷售應稅項目，可以不開具增值稅專用發票。

(6) 向消費者個人銷售服務、無形資產或者不動產。

(7) 適用免徵增值稅規定的應稅行為。

(二) 專用發票開具要求

(1) 項目齊全，與實際交易相符；

(2) 字跡清楚，不得壓線、錯格；

(3) 發票聯和抵扣聯加蓋發票專用章；

(4) 按照增值稅納稅義務的發生時間開具。

對不符合上述要求的專用發票，購買方有權拒收。

一般納稅人銷售貨物或者提供應稅勞務可匯總開具專用發票。匯總開具專用發票的，同時使用防偽稅控系統開具「銷售貨物或者提供應稅勞務清單」，並加蓋發票專用章。

(三) 開具專用發票后發生退貨或開票有誤的處理

增值稅一般納稅人開具增值稅專用發票（以下簡稱專用發票）后，發生銷貨退回、銷售折讓以及開票有誤等情況需要開具紅字專用發票的，視不同情況分別按以下辦法處理：

(1) 因專用發票抵扣聯、發票聯均無法認證的，由購買方填報「開具紅字增值稅專用發票申請單」並在申請單上填寫具體原因以及對應藍字專用發票的信息，主管稅務機關審核后出具「開具紅字增值稅專用發票通知單」。購買方不作進項稅額轉出處理。

(2) 購買方所購貨物不屬於增值稅扣稅項目範圍，取得的專用發票未經認證的，由購買方填報申請單，並在申請單上填寫具體原因以及對應藍字專用發票的信息，主管稅務機關審核后出具通知單。購買方不作進項稅額轉出處理。

(3) 因開票有誤購買方拒收專用發票的，銷售方須在專用發票認證期限內向主管稅務機關填報申請單，並在申請單上填寫具體原因以及對應藍字專用發票的信息，同時提供由購買方出具的寫明拒收理由、具體錯誤項目以及正確內容的書面材料，主管稅務機關審核確認后出具通知單。銷售方憑通知單開具紅字專用發票。

(4) 因開票有誤等原因尚未將專用發票交付購買方的，銷售方須在開具有誤專用發票的次月內向主管稅務機關填報申請單，並在申請單上填寫具體原因以及對應藍字專用發票的信息，同時提供由銷售方出具的寫明具體理由、錯誤具體項目以及正確內容的書面材料，主管稅務機關審核確認后出具通知單。銷售方憑通知單開具紅字專用

發票。

（5）發生銷貨退回或銷售折讓的，除按照通知的規定進行處理外，銷售方還應在開具紅字專用發票后將該筆業務的相應記帳憑證複印件報送主管稅務機關備案。

稅務機關為小規模納稅人代開專用發票需要開具紅字專用發票的，比照一般納稅人開具紅字專用發票的處理辦法。通知單第二聯交代開票稅務機關。

提供貨物運輸服務，開具貨運專票后，如發生應稅服務中止、折讓、開票有誤以及發票抵扣聯、發票聯均無法認證等情形，且不符合發票作廢條件，需要開具紅字貨運專票的，實際受票方或承運人可向主管稅務機關填報「開具紅字貨物運輸業增值稅專用發票申請單」經主管稅務機關核對並出具「開具紅字貨物運輸業增值稅專用發票通知單」（以下簡稱「通知單」）。實際受票方應暫依「通知單」所列增值稅稅額從當期進項稅額中轉出，未抵扣增值稅進項稅額的可列入當期進項稅額，待取得承運人開具的紅字貨運專票后，與留存的「通知單」一併作為記帳憑證。認證結果為「無法認證」「納稅人識別號認證不符」「發票代碼、號碼認證不符」以及所購服務不屬於增值稅扣稅項目範圍的，不列入進項稅額，不作進項稅額轉出。承運人可憑「通知單」在貨運專票稅控系統中以銷項負數開具紅字貨運專票。「通知單」暫不通過系統開具，但其他事項按照現行紅字專用發票有關規定執行。

四、專用發票不得抵扣進項稅額的規定

（1）有下列情形之一的，不得作為增值稅進項稅額的抵扣憑證經認證；有下列情形之一的，不得作為增值稅進項稅額的抵扣憑證，稅務機關退還原件，購買方可要求銷售方重新開具專用發票。

①無法認證。無法認證，是指專用發票所列密文或者明文不能辨認，無法產生認證結果。

②納稅人識別號認證不符。納稅人識別號認證不符，是指專用發票所列購買方納稅人識別號有誤。

③專用發票代碼、號碼認證不符。專用發票代碼、號碼認證不符，是指專用發票所列密文解譯后與明文的代碼或者號碼不一致。

（2）經認證，有下列情形之一的，暫不得作為增值稅進項稅額的抵扣憑證，稅務機關扣留原件，查明原因，分別情況進行處理。

①重複認證。重複認證，是指已經認證相符的同一張專用發票再次認證。

②密文有誤。密文有誤，是指專用發票所列密文無法解譯。

③認證不符。認證不符，是指納稅人識別號有誤，或者專用發票所列密文解譯后與明文不一致。本項所稱認證不符不含（1）的第 2 項、第 3 項所列情形。

④列為失控專用發票。列為失控專用發票，是指認證時的專用發票已被登記為失控專用發票。

（3）對丟失已開具專用發票的發票聯和抵扣聯的處理：

①一般納稅人丟失已開具專用發票的發票聯和抵扣聯，如果丟失前已認證相符的，購買方憑銷售方提供的相應專用發票記帳聯複印件及銷售方所在地主管稅務機關出具

的「丟失發票已報稅證明單」，經購買方主管稅務機關審核同意后，可作為增值稅進項的抵扣憑證。

如果丟失前未認證的，購買方憑銷售方提供的相應專用發票記帳聯複印件到主管稅務機關進行認證，認證相符的憑該專用發票記帳聯複印件及銷售方所在地主管稅務機關出具的「丟失增值稅專用發票已報稅證明單」，可作為增值稅進項稅額的抵扣憑證。

②一般納稅人丟失已開具專用發票的抵扣聯，如果丟失前已認證相符的，可使用專用發票發票聯複印件留存備查。如果丟失前未認證的，可使用專用發票發票聯到主管稅務機關認證，專用發票發票聯複印件留存備查。

③一般納稅人丟失已開具專用發票的發票聯，可將專用發票抵扣聯作為記帳憑證，專用發票抵扣聯複印件留存備查。

④丟失貨運專票的處理，按照專用發票的有關規定執行，承運方主管稅務機關出具「丟失貨物運輸業增值稅專用發票已報稅證明單」。

(4) 專用發票抵扣聯無法認證的處理：專用發票抵扣聯無法認證的，可使用專用發票發票聯到主管稅務機關認證。專用發票發票聯複印件留存備查。

五、使用專用發票的若幹具體規定

(一) 虛開專用發票

1. 虛開專用發票概述

虛開增值稅專用發票是指有為他人虛開、為自己虛開、讓他人為自己虛開、介紹他人虛開增值稅專用發票行為之一的。虛開專用發票具體包括如下行為：

(1) 沒有貨物購銷或者沒有提供或接受應稅勞務而為他人、為自己、讓他人為自己、介紹他人開具專用發票；

(2) 有貨物購銷或者提供或接受了應稅勞務但為他人、為自己、讓他人為自己、介紹他人開具數量或者金額不實的專用發票；

(3) 進行了實際經營活動，但讓他人為自己代開專用發票。

2. 虛開專用發票的處理

虛開發票的行為都是嚴重的違法行為，既涉及專用發票開具方或銷售方，也涉及專用發票接受方或購進方。

納稅人虛開增值稅專用發票，未就其虛開金額申報並繳納增值稅的，應按照其虛開金額補繳增值稅；已就其虛開金額申報並繳納增值稅的，不再按照其虛開金額補繳增值稅。

稅務機關對納稅人虛開增值稅專用發票的行為，應按《稅收徵管法》及《發票管理辦法》的有關規定給予處罰。

納稅人取得虛開的增值稅專用發票，不得作為增值稅合法有效的扣稅憑證抵扣其進項稅額。

受票方利用他人虛開的專用發票，向稅務機關申報抵扣稅款進行偷稅的，應當依

照《稅收徵管法》及有關法規追繳稅款，並處以偷稅數額 5 倍以下的罰款；進項稅額大於銷項稅額的，還應當調減其留抵的進項稅額。利用虛開的專用發票進行騙取出口退稅的，應當依法追繳稅款，並處以騙稅數額 5 倍以下的罰款。

在貨物交易中，購貨方從銷售方取得第三方開具的專用發票，或者從銷貨地以外的地區取得專用發票，向稅務機關申報抵扣稅款或者申請出口退稅的，應當按偷稅、騙取出口退稅處理，依照《稅收徵管法》及有關法規追繳稅款，處以偷稅、騙稅數額 5 倍以下的罰款。

納稅人取得虛開專用發票未申報抵扣稅款，或者未申請出口退稅的，應當依照《發票管理辦法》及有關法規，按所取得專用發票的份數，分別處以 1 萬元以下的罰款；但知道或者應當知道取得的是虛開的專用發票，或者讓他人為自己提供虛開的專用發票的，應當從重處罰。

虛開專用發票或者利用虛開專用發票進行偷稅、騙稅，構成犯罪的，稅務機關依法進行追繳稅款等行政處理，並移送司法機關按全國人民代表大會常務委員會發布的《關於懲治虛開、偽造和非法出售增值稅專用發票犯罪的決定》和《刑法》的有關規定追究其刑事責任。

(二) 善意取得虛開的專用發票

1. 善意取得虛開專用發票特徵

購貨方善意取得虛開專用發票，應同時具備如下特徵：購貨方與銷售方存在真實的交易，銷售方使用的是其所在省（自治區、直轄市和計劃單列市）的專用發票，專用發票註明的銷售方名稱、印章、貨物數量、金額及稅額等全部內容與實際相符，且沒有證據表明購貨方知道銷售方提供的專用發票是以非法手段獲得的。

2. 善意取得虛開專用發票的處理

善意取得虛開專用發票，對購貨方應做如下處理：

(1) 不以偷稅或者騙取出口退稅論處；

(2) 取得的虛開專用發票應按有關法規不予抵扣進項稅款或者不予出口退稅；已經抵扣的進項稅款或者取得的出口退稅，應依法追繳；

(3) 如能重新取得合法、有效的專用發票，准許其抵扣進項稅款；如不能重新取得合法、有效的專用發票，不準其抵扣進項稅款或追繳其已抵扣的進項稅款；

(4) 因善意取得虛開專用發票被依法追繳其已抵扣稅款的，不再加收滯納金。

3. 不屬善意取得虛開專用發票及其處理

有下列情形之一的，無論購貨方（受票方）與銷售方是否進行了實際的交易，專用發票所註明的數量、金額與實際交易是否相符，均不屬於善意取得虛開專用發票：

(1) 購貨方取得的專用發票所註明的銷售方名稱、印章與其進行實際交易的銷售方不符的，即「購貨方從銷售方取得第三方開具的專用發票」；

(2) 購貨方取得的專用發票為銷售方所在省（自治區、直轄市和計劃單列市）以外地區的，即「從銷貨地以外的地區取得專用發票」；

(3) 其他有證據表明購貨方明知取得的專用發票系銷售方以非法手段獲得的，即

「受票方利用他人虛開的專用發票，向稅務機關申報抵扣稅款進行偷稅」。

對於購貨方不屬善意取得虛開專用發票的，應按前述取得虛開專用發票有關情況做出相應處理。

(三) 失控專用發票

在稅務機關按非正常戶登記失控專用發票后，增值稅一般納稅人又向稅務機關申請防偽稅控報稅的，可通過防偽稅控報稅子系統的逾期報稅功能受理報稅。購買方主管稅務機關對認證時發現的失控發票，屬於銷售方已申報納稅的，可由銷售方主管稅務機關出具書面證明並通過協查系統回覆購買方主管稅務機關后，作為購買方抵扣增值稅進項稅額的憑證。

本章練習題

一、單項選擇題

1. 根據增值稅有關規定，下列各項中，不屬於增值稅徵收範圍的是（　　）。
   A. 進口機器設備
   B. 提供服裝加工服務
   C. 提供農機修理服務
   D. 單位聘用的員工為本單位提供加工、修理勞務

2. 下列行為中屬於視同銷售貨物，應徵收增值稅的是（　　）。
   A. 某商店為服裝廠代銷兒童服裝
   B. 某批發部門將外購的部分飲料用於職工福利
   C. 某企業將外購的水泥用於免稅項目
   D. 某企業將外購的洗衣粉用於個人消費

3. 下列行為中，涉及的進項稅額不得從銷項稅額中抵扣的是（　　）。
   A. 將外購的貨物用於本單位集體福利
   B. 將外購的貨物分配給股東和投資者
   C. 將外購的貨物無償贈送給其他個人
   D. 將外購的貨物作為投資提供給其他單位。

4. 根據「營改增」的有關規定，下列選項中適用6%的增值稅稅率的是（　　）。
   A. 銷售不動產　　　　　　　　B. 不動產租賃業務
   C. 增值電信服務　　　　　　　D. 交通運輸服務

5. 根據增值稅有關規定，下列選項中適用17%的增值稅稅率的是（　　）。
   A. 農用汽車　　　　　　　　　B. 牡丹籽油
   C. 蔬菜清洗機　　　　　　　　D. 動物屍體降解處理機

6. 某商店為增值稅小規模納稅人，2016年7月取得含稅銷售額5,800元，當月進貨3,000元。2016年7月該商店應納增值稅（　　）。

A. 168.93 元　　　　　　　　B. 223.08 元
C. 406.84 元　　　　　　　　D. 842.74 元

7. 某啤酒廠為增值稅一般納稅人，2010 年 8 月銷售啤酒取得銷售額 800 萬元，已開具增值稅專用發票，收取包裝物押金 23.4 萬元，本月逾期未退還包裝物押金 58.5 萬元。2010 年 8 月該啤酒廠增值稅銷項稅額為（　　）萬元。

A. 116.24　　　　　　　　B. 136.00
C. 144.50　　　　　　　　D. 145.95

8. 某生產企業（增值稅一般納稅人）2016 年 7 月銷售化工產品取得含稅銷售額 793.26 萬元，為銷售貨物出借包裝物收取押金 15.21 萬元，約定 3 個月內返還；當月沒收逾期未退還包裝物押金 1.3 萬元。該企業 2016 年 7 月上述業務計稅銷售額為（　　）萬元。

A. 679.11　　　　　　　　B. 691
C. 692.11　　　　　　　　D. 794.56

9. 下列關於增值稅一般納稅人在資產重組過程中，將全部資產、負債和勞動力一併轉讓給其他增值稅一般納稅人，並按規定程序辦理註銷稅務登記的，其在辦理註銷登記前尚未抵扣的進項稅的處理，說法正確的是（　　）。

A. 可以結轉至新納稅人處繼續抵扣
B. 退還給原納稅人尚未抵扣的進項稅
C. 不得抵扣也不退還尚未抵扣的進項稅
D. 由原納稅人抵扣未抵扣的進項稅

10. 某商場為增值稅一般納稅人，與空調生產廠家達成協議，按照空調銷售額的 15% 收取返還收入。2016 年 8 月商場銷售空調取得含稅收入 20,000 元。下列說法中正確的是（　　）。

A. 商場收取的返還收入應當計算銷項稅額 2,905.98 元
B. 商場收取的返還收入應當衝減當期增值稅進項稅額 435.9 元
C. 商場收取的返還收入應當衝減當期增值稅進項稅額 510 元
D. 商場收取的返還收入應當計算銷項稅額 3,341.88 元

二、多項選擇題

1. 按對外購固定資產價款處理方式的不同進行劃分，增值稅的類型有（　　）。

A. 生產型增值稅　　　　　　B. 收入型增值稅
C. 消費型增值稅　　　　　　D. 累積型增值稅
E. 分配型增值稅

2. 下列各項中，屬於增值稅視同銷售貨物行為的是（　　）。

A. 將外購的貨物用於個人消費
B. 將外購的貨物用於集體福利
C. 將外購貨物作為投資，提供給其他單位或個體工商
D. 將外購貨物分配給股東或投資者

E. 將外購的貨物無償贈送給其他單位或者個人

3. 根據「營改增」的有關規定，下列情形中不屬於在境內銷售服務或者無形資產的有（　　）。

A. 境外單位向境內單位銷售完全在境外發生的服務
B. 境外單位向境內單位銷售完全在境外使用的無形資產
C. 境外單位向境內單位出租完全在境外使用的有形動產
D. 境內單位向境外單位銷售完全在境外發生的服務
E. 境內單位向境外單位銷售完全在境外使用的無形資產

4. 商業企業一般納稅人零售的下列貨物中，不得開具增值稅專用發票的是（　　）。

A. 菸　　　　　　　　　　B. 食品
C. 化妝品　　　　　　　　D. 勞保專用的鞋帽
E. 服裝

5. 在增值稅專用發票認證時，不得作為增值稅進項稅額抵扣憑證、稅務機關退還原件的情形有（　　）。

A. 無法認證　　　　　　　B. 納稅人識別號認證不符
C. 專用發票代碼、號碼認證不符　　D. 密文有誤
E. 列為失控專用發票

三、計算題

A 電子設備生產企業（本題下稱 A 企業）與 B 商貿公司（本題下稱 B 公司）均為增值稅一般納稅人，2016 年 9 月份有關經營業務如下：

（1）A 企業從 B 公司購進生產用原材料和零部件，取得 B 公司開具的增值稅專用發票，註明貨款 180 萬元、增值稅 30.6 萬元。

（2）B 公司從 A 企業購電腦 600 臺，每臺不含稅單價 0.45 萬元，取得 A 企業開具的增值稅專用發票，註明貨款 270 萬元、增值稅 45.9 萬元。B 公司以銷貨款抵頂應付 A 企業的貨款和稅款后，實付購貨款 90 萬元、增值稅 15.3 萬元。

（3）A 企業為 B 公司製作大型電子顯示屏，開具了普通發票，取得含稅銷售額 9.36 萬元、調試費收入 2.34 萬元。製作過程中委託 C 公司進行專業加工，支付加工費 2 萬元、增值稅 0.34 萬元，取得 C 公司增值稅專用發票。

（4）B 公司從農民手中購進免稅農產品，收購憑證上註明支付收購貨款 30 萬元，支付公司（一般納稅人）的運輸費 3 萬元，取得增值稅專用發票。入庫后，將收購的農產品的 40% 作為職工福利消費，60% 零售給消費者並取得含稅收入 35.03 萬元。

（5）B 公司銷售電腦和其他物品取得含稅銷售額 298.35 萬元，均開具普通發票。

要求：

（1）計算 A 企業 2016 年 9 月份應繳納的增值稅。
（2）計算 B 公司 2016 年 9 月份應繳納的增值稅。
（本月取得的相關票據均在本月認證並抵扣）

2. 某商業企業（增值稅一般納稅人）2016 年 2 月發生如下業務：

(1) 取得日用品不含稅的收入400萬元，採取以舊換新方式銷售冰箱100臺，新冰箱的零售價格為1.17萬元/臺，舊冰箱的含稅作價為0.2萬元/臺，收取的含稅差價款為0.97萬元/臺。

(2) 採取預收貨款方式銷售電腦一批，當月取得預收款150萬元，合同約定電腦於12月15日發出；將閒置辦公室設備出租，租期為兩個月，每月不含稅租金15萬元，當月預收2個月租金。

(3) 購入一批貨物，取得的增值稅專用發票上註明價款150萬元，增值稅稅額25.5萬元；委託甲運輸單位（增值稅一般納稅人）運輸貨物，取得的增值稅專用發票上註明運費5萬元；接受乙稅務師事務所（增值稅一般納稅人）的稅務諮詢服務，取得的增值稅專用發票上註明金額20萬元。

(4) 月末進行盤點時發現，當月因管理不善造成上月從某增值稅一般納稅人企業購入的服裝被盜，該批服裝（已抵扣進項稅）帳面價值為24萬元，其中運費成本為4萬元。

要求：根據以上資料，回答以下問題：
(1) 該企業業務(1)應確認的增值稅銷項稅額是多少？
(2) 該企業業務(2)應確認的增值稅銷項稅額是多少？
(3) 該企業當月準予抵扣的進項稅額是多少？
(4) 該企業當月應繳納的增值稅是多少？

3. 某生產企業為增值稅一般納稅人，適用增值稅稅率17%，2016年8月發生的有關業務如下：

(1) 銷售甲產品給某商場，開具增值稅專用發票取得含稅收入93.6萬元；另外，取得銷售甲產品的送貨運費收入5.85萬元（含稅價，與銷售貨物不能分開核算）。

(2) 銷售乙產品，開具增值稅專用發票註明銷售額25萬元。

(3) 將試製的一批應稅新產品用於本企業基建工程，成本價為30萬元，國家稅務總局規定的成本利潤率為10%，該新產品無同類產品市場銷售價格。

(4) 銷售2012年10月份購進的作為固定資產使用過的進口摩托車3輛（未抵扣進項稅額），開具增值稅專用發票上面註明每輛取得銷售額0.5萬元，該摩托車原值每輛0.8萬元。

(5) 購進貨物取得增值稅專用發票，註明支付的貨款為60萬元；另外支付購貨的運輸費用6萬元，取得運輸公司開具的貨物運輸業增值稅專用發票。

(6) 向農業生產者購進免稅農產品一批，支付收購價格40萬元，支付給運輸單位運費6萬元，取得相關合法票據。本月下旬將購進的農產品的30%用於本企業職工福利。

以上相關票據均符合稅法規定。請按下列順序計算企業8月份應繳納的增值稅：
(1) 計算銷售甲產品的銷項稅額；
(2) 計算銷售乙產品的銷項稅額；
(3) 計算自用新產品的銷項稅額；
(4) 計算銷售使用過的摩托車應納稅額；

（5）計算外購貨物應抵扣的進項稅額；

（6）計算外購免稅農產品應抵扣的進項稅額；

（7）計算該企業 8 月份合計應繳納的增值稅額。

四、思考題

1. 增值稅納稅人的分類標準和依據是如何規定的？
2. 如何理解增值稅一般納稅人應納增值稅的計稅原理？
3. 增值稅一般納稅人的計稅銷售額的特殊規定有哪些？
4. 納稅人發生的平銷返利業務如何進行增值稅業務處理？
5. 如何確定是否應扣減發生期進項稅額？如何準確計算應扣減的進項稅額？

第三章 消費稅

教學目標：

1. 瞭解消費稅的特點。
2. 熟悉消費稅徵收管理。
3. 掌握消費稅徵稅範圍及應納稅額的計算。

重難點：

1. 委託加工環節組成計稅價格的確定。
2. 已納稅額的扣除計算。

第一節 消費稅概述

一、消費稅的概念

根據《中華人民共和國消費稅暫行條例》（以下簡稱《消費稅暫行條例》）的規定，消費稅是對中國境內從事生產、委託加工和進口應稅消費品的單位和個人，就其銷售額或銷售數量、在特定環節徵收的一種稅。簡單地說，消費稅就是對特定的消費品和消費行為徵收的一種稅。

二、消費稅的特點

一般來說，消費稅的徵稅對象主要是與居民消費相關的最終消費品和消費行為。與其他稅種比較，消費稅具有以下幾個特點：

1. 徵稅對象具有選擇性

中國現行消費稅也稱為特別消費稅，共設置 15 個稅目，有的稅目進一步劃分為若干子目，徵稅對象清晰明了，未列舉的消費品和消費行為則不徵收消費稅。

2. 徵稅環節具有單一性

消費稅實行單一環節徵收（主要在生產、委託加工或進口環節），這樣可以集中徵收，減少納稅人的數量，降低稅收成本，防範稅收流失，同時也避免了重複徵稅。

3. 徵收方法具有靈活性

消費稅在徵收方法上，既可以依據消費品的數量，從量定額徵收；也可以依據消費品的價格，從價定率徵收；還可以結合從價定率與從量定額徵收。在實際操作中，

根據不同應稅消費品和消費行為的具體情況，可以靈活選取，制定徵收方法。

4. 稅收調節具有特殊性

消費稅的調節具有特殊性，表現在兩個方面：一是不同的徵稅項目稅負差異較大，對需要限制或控制消費的消費品規定較高的稅率，體現特殊的調節目的；二是消費稅往往同有關稅種配合實行加重或雙重調節，通常採取增值稅與消費稅雙重調節的辦法，對某些需要特殊調節的消費品或消費行為在徵收增值稅的同時，再徵收一道消費稅，形成一種特殊的對消費品雙層次調節的稅收調節體系。

5. 消費稅具有轉嫁性

凡列入消費稅徵稅範圍的消費品，一般都是高價高稅產品。因此，消費稅無論採取價內稅形式還是價外稅形式，也無論在哪個環節徵收，消費品中所含的消費稅稅款最終都要轉嫁到消費者身上，由消費者負擔。

第二節 消費稅納稅義務人與徵稅範圍

一、消費稅納稅義務人

根據《消費稅暫行條例》的規定，消費稅的納稅人是指在中華人民共和國境內生產、委託加工和進口應稅消費品的單位和個人。自 2009 年 1 月 1 日起，增加了國務院確定的銷售應稅消費品的其他單位和個人。

「單位」是指國有企業、集體企業、私有企業、股份制企業、外商投資企業和外國企業、其他企業和行政單位、事業單位、軍事單位、社會團體及其他單位。

「個人」是指個體工商戶及其他個人。

「中華人民共和國境內」是指生產、委託加工和進口應稅消費品的起運地或所在地在境內。

二、徵稅範圍

目前，消費稅的徵稅範圍包括四個方面。

(一) 生產應稅消費品

生產應稅消費品銷售是消費稅徵收的主要環節，在生產銷售環節徵稅以後，貨物在流通環節無論再轉銷多少次，不用再繳納消費稅。生產應稅消費品除了直接對外銷售應徵收消費稅外，納稅人將生產的應稅消費品換取生產資料、消費資料、投資入股、償還債務，以及用於繼續生產應稅消費品以外的其他方面都應繳納消費稅。

(二) 委託加工應稅消費品

委託加工應稅消費品是指委託方提供原料和主要材料，受託方只收取加工費和代墊部分輔助材料加工的應稅消費品由受託方提供原材料或其他情形的，一律不能視同加工應稅消費品。委託加工的應稅消費品收回後，再繼續用於生產應稅消費品銷售且

符合現行政策規定的，其加工環節繳納的消費稅款可以扣除。

(三) 進口應稅消費品

單位和個人進口貨物屬於消費稅徵稅範圍的，在進口環節要繳納消費稅。為了減少徵稅成本，進口環節繳納的消費稅由海關代徵。

(四) 零售應稅消費品

經國務院批准，自1995年1月1日起，金銀首飾消費稅由生產銷售環節徵收改為零售環節徵收。改在零售環節徵收消費稅的金銀首飾僅限於金基、銀基合金首飾以及金、銀和金基、銀基合金的鑲嵌首飾，進口環節暫不徵收，零售環節適用稅率為5%，在納稅人銷售金銀首飾、鑽石及鑽石飾品時徵收。其計稅依據是不含增值稅的銷售額。

對既銷售金銀首飾，又銷售非金銀首飾的生產、經營單位，應將兩類商品劃分清楚，分別核算銷售額。凡劃分不清楚或不能分別核算的，在生產環節銷售的，一律從高適用稅率徵收消費稅；在零售環節銷售的，一律按金銀首飾徵收消費稅。金銀首飾與其他產品組成成套消費品銷售的，應按銷售額全額徵收消費稅。

金銀首飾連同包裝物銷售的，無論包裝是否單獨計價，也無論會計上如何核算，均應並入金銀首飾的銷售額，計徵消費稅。

帶料加工的金銀首飾，應按受託方銷售同類金銀首飾的銷售價格確定計稅依據徵收消費稅。沒有同類金銀首飾銷售價格的，按照組成計稅價格計算納稅。

納稅人採用以舊換新（含翻新改制）方式銷售的金銀首飾，應按實際收取的不含增值稅的全部價款確定計稅依據徵收消費稅。

第三節　消費稅稅目與稅率

一、稅目

中國現行消費稅稅目共有15個，具體如下：

(一) 菸

凡是以菸葉為原料加工生產的產品，不論使用何種輔料，均屬於本稅目的徵收範圍。包括卷菸（進口卷菸、自包卷菸、手工卷菸和未經國務院批准納入計劃的企業及個人生產的卷菸）、雪茄菸和菸絲。

在「菸」稅目下分「卷菸」等子目，「卷菸」又分「甲類卷菸」和「乙類卷菸」。其中，甲類卷菸是指每標準條（200支，下同）調撥價格在70元（不含增值稅）以上（含70元）的卷菸；乙類卷菸是指每標準條調撥價格在70元（不含增值稅）以下的卷菸。

自2009年5月1日起，在卷菸批發環節加徵一道從價稅，在中華人民共和國境內從事卷菸批發業務的單位和個人，批發銷售的所有牌號規格的卷菸，按其銷售額（不含增值稅）徵收5%的消費稅。自2009年5月1日起，在卷菸批發環節加徵一道從價

稅，在中華人民共和國境內從事卷菸批發業務的單位和個人，批發銷售的所有牌號規格的卷菸，按其銷售額（不含增值稅）徵收5%的消費稅。自2015年5月10日起，將卷菸批發環節從價稅稅率由5%提高至11%，並按0.005元／支加徵從量稅。納稅人應將卷菸銷售額與其他商品銷售額分開核算，未分開核算的，一併徵收消費稅。納稅人銷售給納稅人以外的單位和個人的卷菸於銷售時納稅。納稅人之間銷售的卷菸不繳納消費稅。卷菸批發企業的機構所在地，總機構與分支機構不在同一地區的，由總機構申報納稅。卷菸消費稅在生產和批發兩個環節徵收後，批發企業在計算納稅時不得扣除已含的生產環節的消費稅稅款。

(二) 酒及酒精

酒是酒精度在1度以上的各種酒類飲料。酒類包括糧食白酒、薯類白酒、黃酒、啤酒和其他酒。

(1) 糧食白酒是指以高粱、玉米、大米、糯米、大麥、小麥、青稞等各種糧食為原料，經過糖化、發酵後，採用蒸餾方法釀製的白酒。

(2) 薯類白酒是指以白薯（紅薯、地瓜）、木薯、馬鈴薯、芋頭、山藥等各種干鮮薯類為原料，經過糖化、發酵後，採用蒸餾方法釀製的白酒。用甜菜釀製的白酒，比照薯類白酒徵稅。

(3) 黃酒是指以糯米、粳米、秈米、大米、黃米、玉米、小麥、薯類等為原料，經加溫、糖化、發酵、壓榨釀製的酒。

(4) 啤酒是指以大麥或其他糧食為原料，加入啤酒花，經糖化、發酵、過濾釀製的含有二氧化碳的酒。啤酒每噸出廠價（含包裝物及包裝物押金）在3,000元（含3,000元，不含增值稅）以上的是甲類啤酒；每噸出廠價（含包裝物及包裝物押金）在3,000元（不含增值稅）以下的是乙類啤酒。

對飲食業、商業、娛樂業舉辦的啤酒屋（啤酒坊）利用啤酒生產設備生產的啤酒，應當徵收消費稅。

(5) 其他酒是指除糧食白酒、薯類白酒、黃酒、啤酒以外，酒度在1度以上的各種酒，包括糠麩白酒、其他原料白酒、土甜酒、複製酒、果木酒、汽酒、藥酒等。國稅函〔2008〕742號文件中規定，調味料酒不徵消費稅。

(三) 化妝品

本稅目徵收範圍包括各類美容、修飾類化妝品、高檔護膚類化妝品和成套化妝品。美容、修飾類化妝品是指香水、香水精、香粉、口紅、指甲油、胭脂、眉筆、唇筆、藍眼油、眼睫毛膏以及成套化妝品。

舞臺、戲劇、影視演員化妝用的上妝油、卸裝油、油彩，不屬於本稅目的徵收範圍。

高檔護膚類化妝品徵收範圍另行制定。

(四) 貴重首飾及珠寶玉石

凡以金銀、鉑金、寶石、珍珠、鑽石、翡翠、珊瑚、瑪瑙等稀有物質以及其他金

屬、人造寶石等製作的各種純金銀首飾及鑲嵌首飾和經採掘、打磨、加工的各種珠寶玉石，均要徵收消費稅。對出國人員免稅商店銷售的金銀首飾徵收消費稅。

(五) 鞭炮、焰火

此稅各種鞭炮、焰火，均要徵收消費稅。體育比賽中用的發令紙、鞭炮藥引線，不按本稅目徵收消費稅。

(六) 成品油

本稅目包括汽油、柴油、石腦油、溶劑油、航空煤油、潤滑油、燃料油 7 個子目。航空煤油暫緩徵收消費稅。

1. 汽油

汽油是指用原油或其他原料加工生產的辛烷值不小於 66 的可用作汽油發動機燃料的各種輕質油。取消車用含鉛汽油消費稅，汽油稅目不再劃分二級子目，統一按照無鉛汽油稅率徵收消費稅。以汽油、汽油組分調和生產的甲醇汽油、乙醇汽油也屬於本稅目徵收範圍。

2. 柴油

柴油是指用原油或其他原料加工生產的傾點或凝點在 -50 號至 30 號的可用作柴油發動機燃料的各種輕質油和以柴油組分為主、經調和精製可用作柴油發動機燃料的非標油。以柴油、柴油組分調和生產的生物柴油也屬於本稅目徵收範圍。

3. 石腦油

石腦油又叫化工輕油，是以原油或其他原料加工生產的用於化工原料的輕質油。

4. 溶劑油

溶劑油是用原油或其他原料加工生產的用於塗料、油漆、食用油、印刷油墨、皮革、農藥、橡膠、化妝品生產和機械清洗、膠粘行業的輕質油。

5. 航空煤油

航空煤油也叫噴氣燃料，是用原油或其他原料加工生產的用作噴氣發動機和噴氣推進系統燃料的各種輕質油。航空煤油的消費稅暫緩徵收。

6. 潤滑油

潤滑油是用原油或其他原料加工生產的用於內燃機、機械加工過程的潤滑產品。潤滑油分為礦物性潤滑油、植物性潤滑油、動物性潤滑油和化工原料合成潤滑油。

7. 燃料油

燃料油也稱重油、渣油，是用原油或其他原料加工生產，主要用於電廠發電、鍋爐用燃料、加熱爐燃料、冶金和其他工業爐燃料。

(七) 小汽車

汽車是指由動力驅動，具有 4 個或 4 個以上車輪的非軌道承載的車輛。

本稅目徵收範圍包括含駕駛員座位在內最多不超過 9 個座位（含）的，在設計和技術特性上用於載運乘客和貨物的各類乘用車，以及含駕駛員座位在內的座位數在 10~23 座（含 23 座）的，在設計和技術特性上用於載運乘客和貨物的各類中輕型商用

客車。

用排氣量小於 1.5 升（含）的乘用車底盤（車架）改裝、改制的車輛屬於乘用車徵收範圍。用排氣量大於 1.5 升的乘用車底盤（車架）或用中輕型商用客車底盤（車架）改裝、改制的車輛屬於中輕型商用客車徵收範圍。

對於購進乘用車或中輕型商用客車整車改裝生產的汽車，應按規定徵收消費稅。

含駕駛員人數（額定載客）為區間值的（如 8～10 人；17～26 人）小汽車，按其區間值下限人數確定徵收範圍。

車身長度大於 7 米（含），並且座位在 10～23 座（含）以下的商用客車，不屬於中輕型商用客車徵稅範圍，不徵收消費稅。

電動汽車不屬於本稅目徵收範圍。

沙灘車、雪地車、卡丁車、高爾夫車不屬於消費稅徵收範圍，不徵收消費稅。根據國稅函〔2008〕452 號文件的規定，企業購進貨車或廂式貨車改裝生產的商務車、衛星通信車等專用汽車不屬於消費稅徵稅範圍，不徵收消費稅。

(八) 摩托車

此稅目包括輕便摩托車和摩托車兩種。對最大設計車速不超過 50 千米/小時、發動機汽缸總工作容量不超過 50 毫升的三輪摩托車不徵收消費稅。汽缸容量 250 毫升（不含）以下的小排量摩托車不徵收消費稅。

(九) 高爾夫球及球具

高爾夫球及球具是指從事高爾夫球運動所需的各種專用裝備，包括高爾夫球、高爾夫球杆及高爾夫球包（袋）等。

本稅目徵收範圍包括高爾夫球、高爾夫球杆、高爾夫球包（袋）。高爾夫球杆的杆頭、杆身和握把屬於本稅目的徵收範圍。

(十) 高檔手錶

高檔手錶是指銷售價格（不含增值稅）每只在 10,000 元（含）以上的各類手錶。本稅目徵收範圍包括符合以上標準的各類手錶。

(十一) 木制一次性筷子

木制一次性筷子，又稱衛生筷子，是指以木材為原料，經過鋸段、浸泡、旋切、刨切、烘干、篩選、打磨、倒角、包裝等環節加工而成的各類一次性使用的筷子。

本稅目徵收範圍包括各種規格的木制一次性筷子。未經打磨、倒角的木制一次性筷子屬於本稅目徵稅範圍。

(十二) 遊艇

遊艇是指長度大於 8 米而小於 90 米，船體由玻璃鋼、鋼、鋁合金、塑料等多種材料製作，可以在水上移動的水上浮載體。按照動力劃分，遊艇分為無動力艇、帆艇和機動艇。

本稅目徵收範圍包括艇身長度大於 8 米（含）而小於 90 米（含），內置發動機，

可以在水上移動，一般為私人或團體購置，主要用於水上運動和休閒娛樂等非營利活動的各類機動艇。

（十三）實木地板

實木地板是指以木材為原料，經鋸割、干燥、刨光、截斷、開榫、塗漆等工序加工而成的塊狀或條狀的地面裝飾材料。實木地板按生產工藝不同，可分為獨板（塊）實木地板、實木指接地板、實木複合地板三類；按表面處理狀態不同，可分為未塗飾地板（白坯板、素板）和漆飾地板兩類。

本稅目徵收範圍包括各類規格的實木地板、實木指接地板、實木複合地板及用於裝飾牆壁、天棚的側端面為榫、槽的實木裝飾板。未經塗飾的素板屬於本稅目徵稅範圍。

（十四）電池

電池，是一種將化學能、光能等直接轉換為電能的裝置，一般由電極、電解質、容器、極端，通常還有隔離層組成的基本功能單元，以及用一個或多個基本功能單元裝配成的電池組。範圍包括：原電池、蓄電池、燃料電池、太陽能電池和其他電池。

自 2015 年 2 月 1 日起對電池（鉛蓄電池除外）徵收消費稅；對無汞原電池、金屬氫化物鎳蓄電池、鋰原電池、鋰離子蓄電池、太陽能電池、燃料電池、全釩液流電池免徵消費稅。2015 年 12 月 31 日前對鉛蓄電池緩徵消費稅；自 2016 年 1 月 1 日起，對鉛蓄電池按 4%稅率徵收消費稅。

（十五）塗料

塗料是指塗於物體表面，能形成具有保護、裝飾或特殊性能的固態塗膜的一類液體或固體材料之總稱。

二、稅率

消費稅採用比例稅率和定額稅率兩種形式，以適應不同應稅消費品的實際情況。

一般情況下，對一種消費品只選擇一種稅率形式，但為了更有效地保全消費稅稅基，對一些應稅消費品如卷菸、白酒，則採用了定額稅率和比例稅率雙重徵收形式。經整理匯總的消費稅稅目、稅率表如表 3-1 所示。

表 3-1　　　　　　　　　　消費稅稅目稅率（稅額）表

稅目	稅率
一、菸	
1. 卷菸	
（1）甲類卷菸［調撥價 70 元（不含增值稅）/條以上（含 70 元）］	56%加 0.003 元/支
（2）乙類卷菸［調撥價 70 元（不含增值稅）/條以下］	36%加 0.003 元/支
（3）商業批發	11%加 0.005 元/支

表3-1(續)

稅目	稅率
2. 雪茄菸	36%
3. 菸絲	30%
二、酒及酒精	
1. 白酒	20%加0.5元/500克
2. 黃酒	240元/噸
3. 啤酒	
(1) 甲類啤酒	250元/噸
(2) 乙類啤酒	220元/噸
3. 其他酒	10%
5. 酒精	5%
三、化妝品	30%
四、貴重首飾及珠寶玉石	
1. 金、銀、鉑金首飾和鑽石、鑽石飾品	5%
2. 其他貴重首飾和珠寶玉石	10%
五、鞭炮、焰火	15%
六、成品油	
1. 汽油	1.52元/升
2. 柴油	1.20元/升
3. 航空煤油	1.20元/升
4. 石腦油	1.52元/升
5. 溶劑油	1.52元/升
6. 潤滑油	1.52元/升
7. 燃料油	1.20元/升
七、摩托車	
1. 汽缸容量在250毫升以下	3%
2. 汽缸容量在250毫升（含）以上	10%
八、小汽車	
1. 乘用車	
(1) 汽缸容量（排氣量，下同）在1.0升（含）以下的	1%
(2) 汽缸容量在1.0升以上至1.5升（含）的	3%
(3) 汽缸容量在1.5升以上至2.0升（含）的	5%

表3-1(續)

稅目	稅率
(4) 汽缸容量在 2.0 升以上至 2.5 升（含）的	9%
(5) 汽缸容量在 2.5 升以上至 3.0 升（含）的	12%
(6) 汽缸容量在 3.0 升以上至 4.0 升（含）的	25%
(7) 汽缸容量在 4.0 升以上的	40%
2. 中輕型商用客車	5%
九、高爾夫球及球具	10%
十、高檔手錶	20%
十一、遊艇	10%
十二、木製一次性筷子	5%
十三、實木地板	5%
十四、電池	4%
十五、塗料	4%

消費稅採用列舉法按具體應稅消費品設置稅目稅率，徵稅界限清楚，一般不易發生錯用稅率的情況。但是，存在下列情況時，應按適用稅率中最高稅率徵稅：①納稅人兼營不同稅率的應稅消費品，即生產或銷售兩種稅率以上的應稅消費品時，應當分別核算不同稅率應稅消費品的銷售額或銷售數量，未分別核算的，按最高稅率徵稅；②納稅人將應稅消費品與非應稅消費品以及適用稅率不同的應稅消費品組成成套消費品銷售的，應根據組合產製品的銷售金額按應稅消費品中適用最高稅率的消費品稅率徵稅。

第四節　消費稅的計稅依據

按照現行消費稅法的基本規定，消費稅應納稅額的計算主要分為從價計徵、從量計徵和從價從量複合計徵三種方法。

一、實行從價計徵的計稅依據

實行從價定率辦法徵稅的應稅消費品，計稅依據為應稅消費品的銷售額。

(一) 銷售額的確定

應稅消費品的銷售額包括銷售應稅消費品從購買方收取的全部價款和價外費用。所謂「價外費用」是指：價外收取的基金、集資款、返還利潤、補貼、違約金（延期付款利息）和手續費、包裝費、儲備費、優質費、運輸裝卸費、品牌使用費、代收款項、代墊款項以及其他各種性質的價外收費。但下列款項不屬於價外費用：

1. 同時符合以下條件的代墊運輸費用：

（1）承運部門的運輸費用發票開具給購買方的；

（2）納稅人將該項發票轉交給購買方的。

2. 同時符合以下條件代為收取的政府性基金或者行政事業性收費：

（1）由國務院或者財政部批准設立的政府性基金，由國務院或者省級人民政府及其財政、價格主管部門批准設立的行政事業性收費；

（2）收取時開具省級以上財政部門印製的財政票據；

（3）所收款項全額上繳財政。

除此之外，其他價外費用，無論是否屬於納稅人的收入，均應並入銷售額計算納稅。

應稅消費品連同包裝物銷售的，無論包裝物是否單獨計價，也不論在會計上如何核算，均應並入應稅消費品的銷售額中徵收消費稅。如果包裝物不作價隨同產品銷售，而是收取押金，此項押金則不應並入應稅消費品銷售額中徵稅。但對逾期未收回的包裝物不再退還的和已收取一年以上的押金，應並入應稅消費品的銷售額，按照應稅消費品的適用稅率徵收消費稅。

對既作價隨同應稅消費品銷售，又另外收取的包裝物的押金，凡納稅人在規定的期限內不予退還的，均應並入應稅消費品的銷售額，按照應稅消費品的適用稅率徵收消費稅。

從1995年6月1日起，對酒類產品生產企業銷售酒類產品而收取的包裝物押金，無論押金是否返還及會計上如何核算，均應並入酒類產品銷售額中徵收消費稅。對銷售啤酒、黃酒所收取的押金，按一般押金的規定處理。根據財稅〔2006〕20號文件的規定，啤酒的包裝物押金不包括供重複使用的塑料週轉箱的押金。

另外，白酒生產企業向商業銷售單位收取的「品牌使用費」是隨著應稅白酒的銷售而向購貨方收取的，屬於應稅白酒銷售價款的組成部分，因此，不論企業採取何種方式以何種名義收取價款，均應並入白酒的銷售額中繳納消費稅。

對啤酒生產企業銷售的啤酒，不得以向其關聯企業的啤酒銷售公司銷售的價格作為確定消費稅稅額的標準，而應當以其關聯企業的啤酒銷售公司對外的銷售價格（含包裝物及包裝物押金）作為確定消費稅稅額的標準，並依此確定該啤酒消費稅單位稅額。

納稅人銷售的應稅消費品，以外匯結算銷售額的，其銷售額的人民幣折合率可以選擇結算的當天或者當月1日的國家外匯牌價（原則上為中間價），納稅人應在事先確定採取何種折合率，確定后一年內不得變更。

(二) 含增值稅銷售額的換算

由於消費稅和增值稅實行交叉徵收，消費稅實行價內稅，增值稅實行價外稅，這種情況決定了實行從價定率徵收的消費品，其消費稅稅基和增值稅稅基是一致的，即都是以含消費稅而不含增值稅的銷售額作為計稅基數。因此，在計算消費稅時，應將含稅的銷售額換算為不含增值稅的銷售額。其換算公式為：

應稅消費品的銷售額＝含增值稅的銷售額÷（1+增值稅稅率或徵收率）

在使用換算公式時，應根據納稅人的具體情況分別使用增值稅稅率或徵收率。如果消費稅的納稅人是增值稅一般納稅人，應適用17%的增值稅稅率；如果消費稅的納稅人是增值稅小規模納稅人，應適用3%的徵收率。

二、實行從量計徵的計稅依據

從量定額通常以每單位應稅消費品的重量、容積或數量為計稅依據，並按每單位應稅消費品規定固定稅額。

1. 從量定額銷售數量的確定

銷售數量是指應稅消費品的數量，具體為：

銷售應稅消費品的，為應稅消費品的銷售數量；

自產自用應稅消費品的，為應稅消費品的移送使用數量；

委託加工應稅消費品的，為納稅人收回的應稅消費品數量；

進口的應稅消費品，為海關核定的應稅消費品進口徵稅數量。

2. 計量單位的換算

為了規範不同產品的計量單位，《消費稅暫行條例實施細則》中具體規定了噸與升兩個計量單位的換算標準，如表3-2所示。

表3-2　　　　　　　　　　噸與升的換算標準

黃酒	1噸＝962升	石腦油	1噸＝1,385升
啤酒	1噸＝988升	溶劑油	1噸＝1,282升
汽油	1噸＝1,388升	潤滑油	1噸＝1,126升
柴油	1噸＝1,176升	燃料油	1噸＝1,015升
航空煤油	1噸＝1,246升		

三、實行從價從量計徵的計稅依據

現行消費稅的徵稅範圍中，只有卷菸、白酒採用複合計徵方法，其應納稅額＝應稅銷售數量×定額稅率+應稅銷售額×比例稅率。

生產銷售卷菸、白酒從量定額計稅依據為實際銷售數量。進口、委託加工、自產自用卷菸、白酒從量定額計稅依據分別為海關核定的進口徵稅數量、委託方收回數量、移送使用數量。

第五節　消費稅應納稅額的計算

一、生產銷售環節應納消費稅的計算

納稅人在生產銷售環節應繳納的消費稅，包括直接對外銷售應稅消費品應繳納的

消費稅和自產自用應稅消費品應繳納的消費稅。

(一) 直接對外銷售應納消費稅的計算

直接對外銷售應稅消費品涉及三種計算方法：

1. 從價定率計算

在從價定率計算方法下，其基本計算公式為：

應納稅額＝應稅消費品的銷售額×比例稅率

【例3-1】某高爾夫球杆生產企業為增值稅一般納稅人。2016年7月15日向某大型商場銷售高爾夫球杆一批，開具增值稅專用發票，取得不含增值稅銷售額300萬元，增值稅額51萬元；當月向某單位銷售高爾夫球杆一批，開具普通發票，取得含增值稅銷售額4.68萬元。計算該高爾夫球杆生產企業上述業務應繳納的消費稅額（高爾夫球杆適用消費稅稅率10%）。

【答案】

當月應稅銷售額＝300+4.68÷（1+17%）＝304（萬元）

應繳納的消費稅額＝304×10%＝30.4（萬元）

2. 從量定額計算

在從量定額計算方法下，其基本計算公式為：

應納稅額＝應稅消費品的銷售數量×定額稅率（單位稅額）

【例3-2】某啤酒廠2016年8月銷售甲類啤酒1,000噸，取得不含增值稅銷售額300萬元，增值稅稅款51萬元，另收取包裝物押金23.4萬元。計算8月該啤酒廠應納消費稅稅額（甲類啤酒消費稅定額稅率每噸250元，乙類啤酒消費稅定額稅率每噸220元）。

【答案】

應納消費稅＝1,000×250＝250,000（元）

3. 從價從量複合計算。

現行消費稅的徵稅範圍中，只有卷菸、白酒採用複合計算方法，其基本計算公式為：

應納稅額＝應稅消費品的銷售數量×定額稅率+應稅銷售額×比例稅率

【例3-3】某白酒生產企業為增值稅一般納稅人，2016年8月對外銷售白酒25噸，開具普通發票，取得含增值稅的銷售額234萬元。計算白酒企業8月應繳納的消費稅額（白酒適用比例稅率20%，定額稅率每500克0.5元）。

【答案】

應納稅額＝25×2,000×0.5÷10,000+234÷（1+17%）×20%＝42.5（萬元）

(二) 自產自用應納消費稅的計算

所謂自產自用，就是納稅人生產應稅消費品后，不是用於直接對外銷售，而是用於自己連續生產應稅消費品或者用於其他方面。

1. 用於連續生產應稅消費品

納稅人自產自用的應稅消費品，用於連續生產應稅消費品的，不納稅。所謂「納

稅人自產自用的應稅消費品，用於連續生產應稅消費品」，是指作為生產最終應稅消費品的直接材料並構成最終產品實體的應稅消費品。例如，卷菸廠生產出菸絲，菸絲已是應稅消費品，卷菸廠再用生產出的菸絲連續生產卷菸。這樣，用於連續生產卷菸的菸絲就不繳納消費稅，只對生產的卷菸徵收消費稅。當然，生產出的菸絲如果是直接銷售的，則菸絲還是要繳納消費稅的。稅法規定對自產自用的應稅消費品，用於連續生產應稅消費品的不徵稅，體現了不重複課稅且計稅簡便的原則。

2. 用於其他方面的應稅消費品

納稅人自產自用的應稅消費品，除用於連續生產應稅消費品外，凡用於其他方面的，於移送使用時納稅。「用於其他方面」是指納稅人用於生產非應稅消費品、在建工程、管理部門、非生產機構、提供勞務，以及用於饋贈、贊助、集資、廣告、樣品、職工福利、獎勵等方面。

所謂「用於生產非應稅消費品」，是指把自產的應稅消費品用於生產消費稅條例稅目稅率表所列15類產品以外的產品。例如，制藥廠將自產的應稅消費品醫用酒精連續生產制成外用藥水，該外用藥水就屬於非應稅消費品。

所謂「用於在建工程」，是指把自產的應稅消費品用於本單位的各項建設工程。例如，石化工廠把自己生產的柴油用於本廠基建工程的車輛、設備使用。

所謂「用於管理部門、非生產機構」，是指把自己生產的應稅消費品用於與本單位有隸屬關係的管理部門或非生產機構。例如，汽車製造廠把生產出的小汽車提供給上級主管部門使用。

所謂「用於饋贈、贊助、集資、廣告、樣品、職工福利、獎勵」，是指把自己生產的應稅消費品無償贈送給他人或以資金的形式投資於外單位某些事業或作為商品廣告、經銷樣品或以福利、獎勵的形式發給職工。例如，摩托車廠把自己生產的摩托車贈送或贊助給摩托車拉力賽賽手使用，兼作商品廣告；酒廠把生產的滋補藥酒以福利的形式發給職工等。

總之，企業自產的應稅消費品雖然沒有用於銷售或連續生產應稅消費品，但只要是用於稅法所規定的範圍的，都要視同銷售，依法繳納消費稅。

3. 組成計稅價格及稅額的計算

（1）有同類消費品的銷售價格的

按照納稅人生產的同類消費品的銷售價格計算納稅。同類消費品的銷售價格是指納稅人當月銷售的同類消費品的銷售價格，如果當月同類消費品各期銷售價格高低不同，應按銷售數量加權平均計算。但銷售的應稅消費品有下列情況之一的，不得列入加權平均計算：①銷售價格明顯偏低又無正當理由的；②無銷售價格的。

如果當月無銷售或者當月未完結，應按照同類消費品上月或者最近月份的銷售價格計算納稅。

（2）沒有同類消費品銷售價格的

按規定，如果納稅人自產自用的應稅消費品，在計算徵收時，沒有同類消費品的銷售價格，應按照組成計稅價格計算納稅。

實行從價定率辦法計算納稅的組成計稅價格計算公式：

組成計稅價格＝（成本＋利潤）÷（1－比例稅率）

或：組成計稅價格＝（成本＋成本×成本利潤率）÷（1－比例稅率）

應納稅款＝組成計稅價格×適用稅率

實行複合計稅部分計算納稅的組成計稅價格計算公式

組成計稅價格＝（成本＋利潤＋自產自用數量×定額稅率）÷（1－比例稅率）

應納稅款＝組成計稅價格×比例稅率＋自產自用數量×定額稅率

上述公式中的「成本」，是指應稅產品的生產成本；公式中的「利潤」是指根據應稅產品的全國平均成本率計算的利潤。應稅產品的全國平均成本利潤率由國家稅務總局確定（見表3-3）。

表3-3　　　　　　　　　　　平均成本利潤率表　　　　　　　　　　單位：%

貨物名稱	利潤率	貨物名稱	利潤率
1. 甲類卷菸	10	11. 貴重首飾及珠寶玉石	6
2. 乙類卷菸	5	12. 摩托車	6
3. 雪茄菸	5	13. 高爾夫球及球具	10
4. 菸絲	5	14. 高檔手錶	20
5. 糧食白酒	10	15. 遊艇	10
6. 薯類白酒	5	16. 木製一次性筷子	5
7. 其他酒	5	17. 實木地板	5
8. 酒精	5	18. 乘用車	8
9. 化妝品	5	19. 中輕型商用客車	5
10. 鞭炮、焰火	5		

【例3-4】某酒廠將自產的薯類白酒2噸發給職工作為福利，無同類白酒的銷售價格，其成本為4,000元/噸，成本利潤率為5%。計算該酒廠發放給職工的2噸白酒應繳納的消費稅（白酒的消費稅稅率為20%加0.5元/500克）。

【答案】

從量消費稅＝2×2,000×0.5＝2,000（元）

從價消費稅組成計稅價格＝〔4,000×（1＋5%）＋2,000〕÷（1－20%）＝7,750（元）

應納消費稅＝2,000＋7,750×20%＝3,550（元）

（3）特殊情形下應納稅額的計算

納稅人通過自設非獨立核算門市部銷售自產應稅消費品，應按門市部對外銷售額或者銷售數量自設消費稅。

納稅人用於換取生產資料、消費資料、投資入股和抵償債務等方面的應稅消費品，應當以納稅人同類應稅消費品的最高價格作為計稅依據計算消費稅。

納稅人兼營不同稅率的應稅消費品，應當分別核算不同稅率應稅消費品的銷售額、

銷售數量。未分別核算銷售額、銷售數量，或者將不同稅率應稅消費品組成成套消費品銷售的，稅率從高。

二、委託加工環節應稅消費品應納稅的計算

企業、單位或個人由於設備、技術、人力等方面的局限或其他方面的原因，常常要委託其他單位代為加工應稅消費品，然後，將加工好的應稅消費品收回，直接銷售或自己使用。這是生產應稅消費品的另一種形式，也需要納入徵收消費稅的範圍。例如，某企業將購來的菸絲提供給某菸廠加工成卷菸供自己消費使用，則加工成卷菸就需要繳納消費稅。按照規定，委託加工應稅消費品，由受託方向委託方交貨時代收代繳消費稅。

(一) 委託加工應稅消費品的界定

委託加工的應稅消費品是指由委託方提供原料和主要材料，受託方只收取加工費和代墊部分輔助材料加工的應稅消費品。對於由受託方提供原材料生產的應稅消費品，或者受託方先將原材料賣給委託方，然後再接受加工的應稅消費品，以及由受託方以委託方名義購進原材料生產的應稅消費品，不論納稅人在財務上是否作銷售處理，都不得作為委託加工應稅消費品，而應當按照銷售自製應稅消費品繳納消費稅。

(二) 代收代繳消費稅的規定

對於確實屬於委託方提供原料和主要材料，受託方只收取加工費和代墊部分輔助材料加工的應稅消費品，稅法規定，由受託方在向委託方交貨時代收代繳消費稅。這樣，受託方就是法定的代收代繳義務人。如果受託方對委託加工的應稅消費品沒有代收代繳或少收代繳消費稅，應按照《稅收徵收管理法》的規定承擔代收代繳的法律責任。因此，受託方必須嚴格履行代收代繳義務，正確計算和按時代繳稅款。為了加強對受託方代收代繳稅款的管理，委託個人（含個體工商戶）加工的應稅消費品，由委託方收回后繳納消費稅。

委託加工的應稅消費品受託方在交貨時已代收代繳消費稅，委託方將收回的應稅消費品以不高於受託方的計稅價格出售的，為直接出售，不再繳納消費稅；委託方以高於受託方的計稅價格出售的，不屬於直接出售，需按照規定申報繳納消費稅，在計稅時準予扣除受託方已代收代繳的消費稅。

對於受託方沒有按規定代收代繳稅款的，不能因此免除委託方補繳稅款的責任。在對委託方進行稅務檢查時，如果發現其委託加工應稅消費品的受託方沒有代收代繳稅款，則應按照《稅收徵收管理法》的規定對受託方處以應代收代繳稅款50%以上3倍以下的罰款；委託方要補繳稅款，對委託方補徵稅款的計稅依據是：如果在檢查時，收回的應稅消費品已經直接銷售的，按銷售額計稅；收回的應稅消費品尚未銷售或不能直接銷售的（如收回后用於連續生產等），按組成計稅價格計稅。組成計稅價格的計算公式與下列「(三)」的組成計稅價格的計算公式相同。

(三) 組成計稅價格及應納稅款的計算

委託加工的應稅消費品，按照受託方的同類消費品的銷售價格計算納稅，同類消

費品的銷售價格是指受託方（即代收代繳義務人）當月銷售的同類消費品的銷售價格。如果當月同類消費品各期銷售價格高低不同，應按銷售數量加權平均計算。但銷售的應稅消費品有下列情況之一的，不得列入加權平均計算：①銷售價格明顯偏低又無正當理由的；②無銷售價格的。

如果當月無銷售或者當月未完結，應按照同類消費品上月或最近月份的銷售價格計算納稅。沒有同類消費品銷售價格的，按照組成計稅價格計算納稅。組成計稅價格的計算公式為：

(1) 實行從價定率辦法計算納稅的組成計稅價格計算公式：

組成計稅價格＝（材料成本＋加工費）÷（1－比例稅率）

(2) 實行複合計稅辦法計算納稅的組成計稅價格計算公式：

組成計稅價格＝（材料成本＋加工費＋委託加工數量×定額稅率）÷（1－比例稅率）

上述公式中的「材料成本」是指委託方所提供加工材料的實際成本；公式中的「加工費」是指受託方加工應稅消費品向委託方收取的全部費用（包括代墊輔助材料的實際成本），但不包括隨加工費收取的銷項稅。

【例3-5】甲企業委託乙企業加工一批應稅消費品。甲企業為乙企業提供原材料等，實際成本為7,000元，支付乙企業加工費2,000元，其中包括乙企業代墊的輔助材料500元。已知適用消費稅稅率為10%，且實行從價定率辦法計徵。同時，該應稅消費品受託方無同類消費品銷售價格。試計算乙企業代扣代繳應稅消費品的消費稅稅款。

【答案】

組成計稅價格＝（7,000＋2,000）÷（1－10%）＝10,000（元）

代扣代繳消費稅稅款＝10,000×10%＝1,000（元）

三、進口環節應納消費稅的計算

進口的應稅消費品，於報關進口時繳納消費稅；進口的應稅消費品的消費稅由海關代徵；進口的應稅消費品由進口人或者其代理人向報關地海關申報納稅；納稅人進口應稅消費品，按照關稅徵收管理的相關規定，應當自海關填發海關進口消費稅專用繳款書之日起15日內繳納稅款。

納稅人進口應稅消費品，按照組成計稅價格和規定的稅率計算應納稅額。計算方法如下：

(1) 從價定率計徵應納稅額的計算：

組成計稅價格＝（關稅完稅價格＋關稅）÷（1－消費稅比例稅率）

應納稅額＝組成計稅價格×消費稅比例稅率

公式中的關稅完稅價格是指海關核定的關稅計稅價格

(2) 實行從量定額計徵應納稅額的計算：

應納稅額＝應稅消費品數量×消費稅定額稅

(3) 實行從價定率和從量定額複合計稅辦法應納稅額的計算：

組成計稅價格＝（關稅完稅價格＋關稅＋進口數量×消費稅定額稅率）÷（1－消費稅稅率）

應納稅額＝組成計稅價格×消費稅稅率＋應稅消費品進口數量×定額稅率

【例3-6】某商貿公司2016年8月從國外進口一批小汽車，支付給國外的買價1,000萬元，相關稅金30萬元，支付到達中國海關以前的裝卸費、運輸費20萬元，保險費8萬元（關稅稅率25%，消費稅稅率9%）。計算該批消費品進口環節應繳納的消費稅稅額。

【答案】
關稅完稅價格 = 1,000 + 30 + 20 + 8 = 1,058（萬元）
消費稅組成計稅價格 = 1,058 × (1 + 25%) ÷ (1 − 9%) = 1,453.3（萬元）
進口環節應納消費稅 = 1,453.3 × 9% = 130.8（萬元）

四、已納消費稅扣除的計算

為了避免重複徵稅，現行消費稅規定，將外購應稅消費品和委託加工收回的應稅消費品繼續生產應稅消費品銷售的，可以將外購應稅消費品和委託加工收回應稅消費品已繳納的消費稅予以扣除。

（一）外購應稅消費品已納稅款的扣除

1. 外購應稅消費品用於連續生產應稅消費品的

由於某些應稅消費品是用外購已繳納消費稅的應稅消費品連續生產出來的，在對這些連續生產出來的應稅消費品計算徵稅時，稅法規定應按當期生產領用數量計算準予扣除外購的應稅消費品已納的消費稅稅款。扣除範圍包括：

（1）外購已稅菸絲生產的卷菸；
（2）外購已稅化妝品生產的化妝品；
（3）外購已稅珠寶玉石生產的貴重首飾及珠寶玉石；
（4）外購已稅鞭炮、焰火生產的鞭炮、焰火；
（5）外購已稅杆頭、杆身和握把為原料生產的高爾夫球杆；
（6）外購已稅木制一次性筷子為原料生產的木制一次性筷子；
（7）外購已稅實木地板為原料生產的實木地板；
（8）外購已稅汽油、柴油、石腦油、燃料油、潤滑油用於連續生產應稅成品油；
（9）外購已稅摩托車連續生產應稅摩托車（如用外購兩輪摩托車改裝成三輪摩托車）。

單位和個人外購潤滑油大包裝經簡單加工成小包裝或外購潤滑油不經加工只貼商標的行為，視同應稅消費品的生產行為。單位和個人發生的以上行為應當申報繳納消費稅。準予扣除外購潤滑油已納消費稅。

注意：從商業企業購進應稅消費品連續生產應稅消費品，符合抵扣條件的，準予扣除外購應稅消費品已納消費稅稅款。

上述當期準予扣除外購應稅消費品已納消費稅稅款的計算公式為：

當期準予扣除的外購應稅消費品已納稅款 = 當期準予扣除的外購應稅消費品買價（或數量）× 外購應稅消費品適用稅率（或定額稅率）

當期準予扣除的外購應稅消費品買價（數量）= 期初庫存的外購應稅消費品的買

價（或數量）+當期購進的應稅消費品的買價（或數量）－期末庫存的外購應稅消費品的買價（或數量）

外購已稅消費品的買價是指購貨發票上註明的銷售額（不包括增值稅稅款）。

需要說明的是，納稅人用外購的已稅珠寶玉石生產的改在零售環節徵收消費稅的金銀首飾（鑲嵌首飾）、鑽石首飾，在計稅時，一律不得扣除外購珠寶玉石的已納稅款。

【例3-7】某卷菸生產企業某月初庫存外購應稅菸絲金額50萬元，當月又外購應稅菸絲金額500萬元（不含增值稅），月末庫存菸絲金額30萬元，其餘被當月生產卷菸領用。請計算卷菸廠當月准許扣除的外購菸絲已繳納的消費稅稅額（菸絲適用的消費稅稅率為30%）。

【答案】
當期准許扣除的外購菸絲買價＝50+500－30＝520（萬元）
當月准許扣除的外購菸絲已繳納的消費稅稅額＝520×30%＝156（萬元）

2. 外購應稅消費品後銷售的

對自己不生產應稅消費品，而只是購進後再銷售應稅消費品的工業企業，其銷售的化妝品、護膚護髮品、鞭炮、焰火和珠寶玉石，凡不能構成最終消費品直接進入消費品市場，而需進一步生產加工的（如需進一步）深加工、包裝、貼標、組合的珠寶玉石、化妝品、酒、鞭炮、焰火等，應當徵收消費稅，同時允許扣除上述外購應稅消費品的已納稅款。

(二) 委託加工收回的應稅消費品已納稅款的扣除

委託加工的應稅消費品因為已由受託方代收代繳消費稅，因此，委託方收回貨物後用於連續生產應稅消費品的，其已納稅款準予按照規定從連續生產的應稅消費品應納消費稅稅額中抵扣。按照國家稅務總局的規定，下列連續生產的應稅消費品準予從應納消費稅稅額中按當期生產領用數量計算扣除委託加工收回的應稅消費品已納消費稅稅款：

(1) 以委託加工收回的已稅菸絲為原料生產的卷菸；
(2) 以委託加工收回的已稅化妝品為原料生產的化妝品；
(3) 以委託加工收回的已稅珠寶玉石為原料生產的貴重首飾及珠寶玉石；
(4) 以委託加工收回的已稅鞭炮、焰火為原料生產的鞭炮、焰火；
(5) 以委託加工收回的已稅杆頭、杆身和握把為原料生產的高爾夫球杆；
(6) 以委託加工收回的已稅木制一次性筷子為原料生產的木制一次性筷子；
(7) 以委託加工收回的已稅實木地板為原料生產的實木地板；
(8) 以委託加工收回的已稅汽油、柴油、石腦油、燃料油、潤滑油用於連續生產應稅成品油的；
(9) 以委託加工收回的已稅摩托車連續生產應稅摩托車（如用外購兩輪摩托車改裝成三輪摩托車）。

上述當期準予扣除委託加工收回的應稅消費品已納消費稅稅款的計算公式是：

當期準予扣除的委託加工應稅消費品已納稅款＝期初庫存的委託加工應稅消費品已納稅款＋當期收回的委託加工應稅消費品已納稅款－期末庫存的委託加工應稅消費品已納稅款

需要說明的是：納稅人用委託加工收回的已稅珠寶玉石生產的改在零售環節徵收消費稅的金銀、鑽石首飾，在計稅時一律不得扣除委託加工收回的珠寶玉石已納的消費稅稅款。

五、消費稅出口退稅的規定

對納稅人出口應稅消費品，免徵消費稅；國務院另有規定的除外。

(一) 出口免稅並退稅

適用範圍：有出口經營權的外貿企業購進應稅消費品直接出口，以及外貿企業受其他外貿企業委託代理出口應稅消費品。需要注意的是，外貿企業只有受其他外貿企業委託代理出口應稅消費品才可辦理退稅，外貿企業受其他企業（主要是非生產性的商貿企業）委託代理出口應稅消費品是不予退（免）稅的。

(二) 出口免稅但不退稅

適用範圍：有出口經營權的生產性企業自營出口或生產企業委託外貿企業代理出口自產的應稅消費品，依據其實際出口數量免徵消費稅，不予辦理退還消費稅。免徵消費稅是指對生產性企業按其實際出口數量免徵生產環節的消費稅。不予辦理退還消費稅，因已免徵生產環節的消費稅，該應稅消費品出口時，已不含有消費稅，所以無須再辦理退還消費稅。

(三) 出口不免稅也不退稅

適用範圍：除生產企業、外貿企業外的其他企業，具體是指一般商貿企業，這類企業委託外貿企業代理出口應稅消費品一律不予退（免）稅。出口貨物的消費稅應退稅額的計稅依據，按購進出口貨物的消費稅專用繳款書和海關進口消費稅專用繳款書確定。

第六節　消費稅徵收管理

一、納稅義務發生時間

消費稅納稅義務發生時間分為以下幾種情況：

(1) 納稅人銷售的應稅消費品，其納稅義務發生的時間為：

①納稅人採取賒銷和分期收款結算方式的，其納稅義務的發生時間為書面合同約定的收款日期的當天，書面合同沒有約定收款日期或者無書面合同的，為發出應稅消費品的當天。

②納稅人採取預收貨款結算方式的，其納稅義務的發生時間為發出應稅消費品的

當天。

③納稅人採取托收承付和委託銀行收款方式的，其納稅義務的發生時間，為發出應稅消費品並辦妥托收手續的當天。

④納稅人採取其他結算方式的，其納稅義務的發生時間，為收訖銷售款或者取得索取銷售款憑據的當天。

（2）納稅人自產自用的應稅消費品，其納稅義務的發生時間，為移送使用的當天。

（3）納稅人委託加工的應稅消費品，其納稅義務的發生時間，為納稅人提貨的當天。

（4）納稅人進口的應稅消費品，其納稅義務的發生時間，為報關進口的當天。

二、納稅地點

消費稅具體納稅地點有：

（1）納稅人銷售的應稅消費品，以及自產自用的應稅消費品，除國務院財政、稅務主管部門另有規定外，應當向納稅人機構所在地或者居住地的主管稅務機關申報納稅。

（2）委託加工的應稅消費品，除受託方為個人外，由受託方向機構所在地或者居住地的主管稅務機關解繳消費稅稅款。

（3）進口的應稅消費品，由進口人或者其代理人向報關地海關申報納稅。

（4）納稅人到外縣（市）銷售或者委託外縣（市）代銷自產應稅消費品的，於應稅消費品銷售後，向機構所在地或者居住地主管稅務機關申報納稅。

納稅人的總機構與分支機構不在同一縣（市），但在同一省（自治區、直轄市）範圍內，經省（自治區、直轄市）財政廳（局）、國家稅務總局審批同意，可以由總機構匯總向總機構所在地的主管稅務機關申報繳納消費稅。

省（自治區、直轄市）財政廳（局）、國家稅務總局應將審批同意的結果，上報財政部、國家稅務總局備案。

（5）納稅人銷售的應稅消費品，如因質量等原因由購買者退回時，經所在地主管稅務機關審核批准後，可退還已徵收的消費稅稅款。但不能自行直接抵減應納稅款。

三、納稅期限

按照《消費稅暫行條例》的規定，消費稅的納稅期限分別為1日、3日、5日、10日、15日、1個月或者1個季度。納稅人的具體納稅期限，由主管稅務機關根據納稅人應納稅額的大小分別核定；不能按照固定期限納稅的，可以按次納稅。

納稅人以1個月或以1個季度為一期納稅的，自期滿之日起15日內申報納稅；以1日、5日、10日或者15日為一期納稅的，自期滿之日起5日內預繳稅款，於次月1日起至15日內申報納稅並結清上月應納稅款。

納稅人進口應稅消費品，應當自海關填發海關進口消費稅專用繳款書之日起15日內繳納稅款。

本章練習題

一、單項選擇題

1. 根據消費稅的有關規定，下列各項中，不屬於消費稅徵稅範圍的是（　　）。
   A. 機動車
   B. 購進乘用車整車改裝生產的汽車
   C. 汽缸容量在250毫升以下的摩托車
   D. 餐飲業、娛樂業舉辦啤酒屋利用啤酒生產設備生產的啤酒

2. 下列各項中，不屬於消費稅徵稅範圍的是（　　）。
   A. 高爾夫球車　　　　　　B. 高爾夫球
   C. 高爾夫球包（袋）　　　D. 高爾夫球杆、杆頭、杆身和握把

3. 根據消費稅的有關規定，下列各項中，不徵收消費稅的是（　　）。
   A. 自產應稅消費品用於集體福利
   B. 自產應稅消費品用於個人消費
   C. 自產應稅消費品用於連續生產應稅消費品
   D. 自產應稅消費品用於連續生產非應稅消費品

4. 下列應稅消費品中，實行複合計稅的是（　　）。
   A. 雪茄煙　　　　　　　　B. 啤酒
   C. 白酒　　　　　　　　　D. 小汽車

5. 下列各項中，屬於消費稅納稅義務人的是（　　）。
   A. 進口金銀首飾的外貿企業　　B. 受託加工煙絲的工業企業
   C. 生產護手霜銷售的工業企業　D. 將自產卷煙用於抵債的卷煙廠

6. 下列外購商品中已繳納的消費稅，可以從企業應納消費稅額中扣除的是（　　）。
   A. 購進已稅汽車輪胎生產的小汽車
   B. 購進已稅酒精為原料生產的勾兌白酒
   C. 購進已稅溶劑油為原料生產的溶劑油
   D. 購進已稅高爾夫球杆、握把為原料生產的高爾夫球杆

7. 下列關於高爾夫球及球具的消費稅處理中，正確的是（　　）。
   A. 外購已稅杆頭的消費稅可以按購進入庫數量在應納消費稅稅款中扣除
   B. 外購已稅杆頭的消費稅可以按生產領用數量在應納消費稅稅款中扣除
   C. 外購已稅杆頭的消費稅可以按出廠銷售數量在應納消費稅稅款中扣除
   D. 外購已稅杆身的消費稅不可以在應納消費稅稅款中扣除

8. 某工藝品廠外購已稅珠寶玉石用於加工各種飾品，允許從應徵消費稅中扣除外購已稅珠寶玉石已納消費稅的是（　　）。
   A. 外購已稅玉石用於鑲嵌純金戒指　　B. 外購已稅玉石用於鑲嵌純銀手鏈

C. 外購已稅珍珠用於加工珍珠項鏈　　D. 外購已稅鑽石鑲嵌鉑金首飾

9. 某酒廠2016年9月購進酒精（酒精所用原料為糧食），取得防偽稅控系統開具的增值稅專用發票，註明價款50萬元、增值稅8.5萬元，生產領用其中的70%用於生產A酒；本月銷售白酒20噸，取得不含稅銷售額40萬元，並收取包裝物押金4.68萬元。該酒廠2016年9月應納消費稅（　　）萬元。

  A. 8.25 　　　　　　　　　　　　B. 10
  C. 9.05 　　　　　　　　　　　　D. 10.80

10. 消費稅納稅人以1個季度為一個納稅期限的，其申報納稅的期限為期滿之日起（　　）內。

  A. 10日 　　　　　　　　　　　　B. 5日
  C. 15日 　　　　　　　　　　　　D. 30日

二、多項選擇題

1. 下列應稅消費品中，應當實行複合計稅的是（　　）。
  A. 白酒 　　　　　　　　　　　　B. 小汽車
  C. 高檔化妝品 　　　　　　　　　D. 卷菸
  E. 塗料

2. 下列各項中，應同時徵收增值稅和消費稅的是（　　）。
  A. 批發環節銷售的卷菸
  B. 零售環節銷售的金基合金首飾
  C. 生產環節銷售的普通護膚護髮品
  D. 進口環節取得外國政府捐贈的小汽車
  E. 生產銷售化妝品

3. 根據現行消費稅政策，下列業務中應繳納消費稅的有（　　）。
  A. 汽車廠贊助比賽用雪地車 　　　B. 酒廠以福利形式發放給職工白酒
  C. 化妝品廠無償發放香水試用 　　D. 金銀飾品商店銷售鉑金飾品
  E. 國內代理商銷售進口的遊艇

4. 下列各項中，符合應稅消費品銷售數量規定的有（　　）。
  A. 生產銷售應稅消費品的，為應稅消費品的銷售數量
  B. 自產自用應稅消費品的，為應稅消費品的生產數量
  C. 委託加工應稅消費品的，為納稅人收回的應稅消費品數量
  D. 進口應稅消費品的，為海關核定的應稅消費品進口徵稅數量
  E. 自產自用應稅消費品的，為應稅消費品移送使用的數量

5. 根據消費稅納稅義務發生時間的規定，以發出應稅消費品當天為納稅義務發生時間的有（　　）。
  A. 自產自用應稅消費品
  B. 分期收款方式銷售應稅消費品
  C. 採取賒銷結算方式銷售應稅消費品

D. 採取預收貨款方式銷售應稅消費品
E. 採取托收承付方式銷售應稅消費品

三、計算題

1. 某糧食白酒廠，因慶祝酒廠成立 30 周年，宴會上消費了 1,000 千克，無同類價格，每千克成本 2 元（白酒比例稅率為 20%，定額稅率 0.5 元/500 克）。

要求：計算酒廠應納的消費稅和增值稅。

2. 某首飾商城為增值稅一般納稅人，2016 年 8 月份發生了如下業務：

（1）採取以舊換新方式銷售玉石首飾，舊首飾作價 18 萬元，實際收取含稅金額 30 萬元；採取以舊換新方式銷售金銀首飾，新首飾零售價 60 萬元，實際收取含稅金額 48 萬元。

（2）零售鍍金項鏈和銀手鐲組成的配套禮盒，取得零售收入 81.9 萬元，其中鍍金項鏈收入 35.1 萬元，銀手鐲收入 46.8 萬元。

（3）外購一批鉑金首飾，取得的增值稅專用發票上註明價款 10 萬元、增值稅 1.7 萬元，商城將該批首飾作為福利發給職工（商城沒有同類鉑金的銷售價格，成本利潤率為 6%）。

（4）當月零售珍珠項鏈 800 條，取得零售收入 28.08 萬元；零售鑽石戒指 100 個，取得零售收入 140.4 萬元（其中含黃金鑽石戒指的包裝盒收入 10.4 萬元）；零售包金手鐲 300 個，取得零售收入 70.2 萬元。

已知：金銀首飾、鉑金首飾、鑽石及鑽石飾品的消費稅稅率為 5%；其他貴重首飾和珠寶玉石適用的消費稅稅率為 10%。

要求：

（1）計算該首飾商城以舊換新方式銷售玉石首飾應繳納的消費稅。
（2）計算該首飾商城銷售套裝禮盒應繳納的消費稅。
（3）計算該首飾商城將鉑金首飾用於職工福利應繳納的消費稅。
（4）計算該首飾商城 2016 年 8 月應繳納的消費稅合計金額。

四、思考題

1. 中國消費稅的特點有哪些？
2. 中國消費稅計稅依據和計徵辦法是如何規定的？
3. 委託加工應稅消費品應納稅款的計算應注意哪些問題？
4. 金銀首飾徵收消費稅的具體規定是什麼？

第四章　城市維護建設稅、教育費附加與菸葉稅

教學目標：

1. 熟悉城市維護建設稅、教育費附加與菸葉稅的稅收優惠。
2. 掌握城市維護建設稅、教育費附加與菸葉稅的計算。

重難點：

城市維護建設稅稅率的應用，城市維護建設稅、教育費附加的性質。

第一節　城市維護建設稅

城市維護建設稅是對從事工商經營，繳納增值稅、消費稅的單位和個人徵收的一種稅。城市維護建設稅的特點：①稅款專款專用。所徵稅款要求保證用於城市公用事業和公共設施的維護和建設。②屬於一種附加稅。城市維護建設稅以納稅人實際繳納的增值稅、消費稅稅額為計稅依據，隨增值稅、消費稅同時徵收，其本身沒有特定的課稅對象，其徵管方法也完全比照增值稅、消費稅的有關規定辦理。③根據納稅人所在城鎮的規模及其資金需要設計稅率。

一、納稅義務人

城市維護建設稅的納稅義務人，是指負有繳納增值稅、消費稅義務的單位和個人，包括國有企業、集體企業、私營企業、股份制企業、其他企業和行政單位、事業單位、軍事單位、社會團體、其他單位以及個體工商戶及其他個人。

城市維護建設稅的代扣代繳、代收代繳，一律比照增值稅、消費稅的有關規定辦理。增值稅、消費稅的代扣代繳、代收代繳義務人同時也是城市維護建設稅的代扣代繳、代收代繳義務人。

二、稅率

城市維護建設稅的稅率，是指納稅人應繳納的城市維護建設稅稅額與納稅人實際繳納的增值稅、消費稅稅額之間的比率。除特殊規定外，城市維護建設稅按納稅人所在地的不同，設置了三檔地區差別比例稅率。

（1）納稅人所在地為市區的，稅率為7%。

（2）納稅人所在地為縣城、鎮的，稅率為5%。《國家稅務總局關於撤縣建市城市維護建設稅適用稅率問題的批覆》（稅總函〔2015〕511號）規定，撤縣建市後，城市維護建設稅適用稅率為7%。

（3）納稅人所在地不在市區、縣城或者鎮的，稅率為1%；開採海洋石油資源的中外合作油（氣）田所在地在海上的，其城市維護建設稅適用1%的稅率。

城市維護建設稅的適用稅率，應當按納稅人所在地的規定稅率執行。但是，對下列兩種情況，可按繳納的增值稅、消費稅所在地的規定稅率就地繳納城市維護建設稅：

①由受託方代扣代繳、代收代繳增值稅、消費稅的單位和個人，其代扣代繳、代收代繳的城市維護建設稅按受託方所在地適用稅率執行；

②流動經營等無固定納稅地點的單位和個人，在經營地繳納增值稅、消費稅的，其城市維護建設稅的繳納按經營地適用稅率執行。

三、計稅依據

城市維護建設稅的計稅依據，是指納稅人實際繳納的增值稅、消費稅稅額。納稅人違反增值稅、消費稅有關稅法而加收的滯納金和罰款，是稅務機關對納稅人違法行為的經濟制裁，不作為城市維護建設稅的計稅依據，但納稅人在被查補增值稅、消費稅和被處以罰款時，應同時對其偷漏的城市維護建設稅進行補、徵收滯納金和罰款。

城市維護建設稅以增值稅、消費稅稅額為計稅依據並同時徵收，如果要免徵或者減徵增值稅、消費稅，也就要同時免徵或者減徵城市維護建設稅。但對出口產品退還增值稅、消費稅的，不退還已繳納的城市維護建設稅。

四、應納稅額的計算

城市維護建設稅納稅人的應納稅額大小是由納稅人實際繳納的增值稅、消費稅稅額決定的，其計算公式為：

應納稅額＝納稅人實際繳納的增值稅、消費稅稅額×適用稅率

【例4-1】某市區一家企業2016年8月實際繳納增值稅150,000元、繳納消費稅200,000元。計算該企業應納的城市維護建設稅稅額。

【答案】
應納城市維護建設稅＝（150,000+200,000）×7%＝24,500（元）

五、稅收優惠

城市維護建設稅原則上不單獨減免，但因城市維護建設稅具附加稅性質，當主稅發生減免時，城市維護建設稅相應發生稅收減免。城市維護建設稅的稅收減免具體有以下幾種情況：

（1）城市維護建設稅按減免后實際繳納的增值稅、消費稅稅額計徵，即隨增值稅、消費稅的減免而減免。

（2）對於因減免稅而需進行增值稅、消費稅退庫的，城市維護建設稅也可同時退庫。

（3）海關對進口產品代徵的增值稅、消費稅，不徵收城市維護建設稅。

（4）對增值稅、消費稅實行先徵後返、先徵後退、即徵即退辦法的，除另有規定外，對隨增值稅、消費稅附徵的城市維護建設稅和教育費附加，一律不退（返）還。

（5）為支持國家重大水利工程建設，對國家重大水利工程建設基金免徵城市維護建設稅。

六、納稅環節

城市維護建設稅的納稅環節，是指《城市維護建設稅暫行條例》規定的納稅人應當繳納城市維護建設稅的環節。城市維護建設稅的納稅環節，實際就是納稅人繳納「三稅」的環節。納稅人只要發生「三稅」的納稅義務，就要在同樣的環節、分別計算繳納城市維護建設稅。

七、納稅地點

城市維護建設稅以納稅人實際繳納的增值稅、消費稅稅額為計稅依據，分別與增值稅、消費稅同時繳納。所以，納稅人繳納增值稅、消費稅的地點，就是該納稅人繳納城市維護建設稅的地點。但是，屬於下列情況的，納稅地點為：

（1）代扣代繳、代收代繳「三稅」的單位和個人，同時也是城市維護建設稅的代扣代繳、代收代繳義務人，其城市維護建設稅的納稅地點在代扣代收地。

（2）跨省開採的油田，下屬生產單位與核算單位不在同一個省內的，其生產的原油在油井所在地繳納增值稅，其應納稅款由核算單位按照各油井的產量和規定稅率，計算匯撥各油井繳納。所以，各油井應納的城市維護建設稅，應由核算單位計算，隨同增值稅一併匯撥油井所在地，由油井在繳納增值稅的同時，一併繳納城市維護建設稅。

（3）對管道局輸油部分的收入，由取得收入的各管道局於所在地繳納增值稅。所以，其應納城市維護建設稅，也應由取得收入的各管道局於所在地繳納增值稅時一併繳納。

（4）對流動經營等無固定納稅地點的單位和個人，應隨同增值稅、消費稅在經營地按適用稅率繳納。

八、納稅期限

由於城市維護建設稅是由納稅人在繳納增值稅、消費稅時同時繳納的，所以其納稅期限分別與增值稅、消費稅的納稅期限一致。根據增值稅法和消費稅法的規定，增值稅、消費稅的納稅期限分別為1日、3日、5日、10日、15日或者1個月；增值稅、消費稅的納稅人的具體納稅期限，由主管稅務機關根據納稅人應納稅額的大小分別核定；不能按照固定期限納稅的，可以按次納稅。

第二節　教育費附加

一、教育費附加的概念

教育費附加是以單位和個人繳納的增值稅、消費稅稅額為計算依據徵收的一種附加費。教育費附加名義上是一種專項資金，但實質上具有稅的性質。為了調動各種社會力量辦教育的積極性，開闢多種渠道籌措教育經費，國務院於1986年4月28日頒布了《徵收教育費附加的暫行規定》，同年7月1日開始在全國範圍內徵收教育費附加。

二、教育費附加的徵收範圍及計稅依據

教育費附加對繳納增值稅、消費稅的單位和個人徵收，以其實際繳納的增值稅和消費稅稅額為計稅依據，分別與增值稅、消費稅同時繳納。自2010年12月1日起，對外商投資企業、外國企業及外籍個人開始徵收教育費附加。

三、教育費附加計徵比率

按照1994年2月7日《國務院關於教育費附加徵收問題的緊急通知》的規定，現行教育費附加徵收比率為3%。

四、教育費附加的計算

應納教育費附加＝（實際繳納的增值稅＋實際繳納的消費稅）×徵收比率

【例4-2】某市區一企業2016年8月實際繳納增值稅30萬元、消費稅25萬元。請計算該企業應繳納的教育費附加。

【答案】
應納教育費附加＝（30+25）×3%＝1.65（萬元）

五、教育費附加的減免規定

（1）對海關進口的產品徵收的增值稅、消費稅，不徵收教育費附加。
（2）對由於減免增值稅、消費稅而發生退稅的，可同時退還已徵收的教育費附加。但對出口產品退還增值稅、消費稅的、不退還已徵的教育費附加。
（3）對國家重大水利工程建設基金免徵教育費附加。

第三節　菸葉稅

菸葉稅是以納稅人收購菸葉的收購金額為計稅依據徵收的一種稅。2006年4月28日，國務院公布了《中華人民共和國菸葉稅暫行條例》，並自公布之日起施行。

一、納稅義務人、徵稅範圍與稅率

(一) 納稅義務人

在中華人民共和國境內收購菸葉的單位為菸葉稅的納稅人，應當依照《中華人民共和國菸葉稅暫行條例》（以下簡稱《暫行條例》）的規定繳納菸葉稅。

(二) 徵稅範圍

按照《暫行條例》的規定，菸葉稅的徵稅範圍是晾曬菸葉、烤菸葉。

(三) 稅率

菸葉稅實行比例稅率，稅率為20%。菸葉稅稅率的調整，由國務院決定。

二、應納稅額的計算

菸葉稅應納稅額按照《暫行條例》的規定，以納稅人收購菸葉的收購金額和規定的稅率計算。應納稅額的計算公式為：

應納稅額＝菸葉收購金額×稅率

收購金額包括納稅人支付給菸葉銷售者的菸葉收購價款和價外補貼。按照簡化手續、方便徵收的原則，對價外補貼統一暫按菸葉收購價款的10%計入收購金額徵稅。

收購金額＝收購價款×（1+10%）

【例4-3】某菸草公司系增值稅一般納稅人，10月收購菸葉100,000千克，菸葉收購價格10元/千克，總計1,000,000元，貨款已全部支付。請計算該菸草公司10月收購菸葉應繳納的菸葉稅。

【答案】

應繳納菸葉稅＝1,000,000×（1+10%）×20%＝220,000（元）

三、徵收管理

1. 納稅義務發生時間

菸葉稅的納稅義務發生時間為納稅人收購菸葉的當天。收購菸葉的當天是指納稅人向菸葉銷售者收購付訖收購菸葉款項或者開具收購菸葉憑據的當天。

2. 納稅地點

納稅人收購菸葉時，應當向菸葉收購地的主管稅務機關申報納稅。

3. 納稅期限

納稅人應當自納稅義務發生之日起30日內申報納稅。具體納稅期限由主管稅務機關核定。

本章練習題

一、單項選擇題

1. 下列關於城市維護建設稅的說法中，不正確的是（　　）。
   A. 城市維護建設稅稅款專款專用，用於保證城市的公用事業和公共設施的維護和建設
   B. 城市維護建設稅是一種附加稅，其本身沒有獨立的徵稅對象或稅基
   C. 城市維護建設稅根據納稅人所在城市的規模及其資金需要設計不同的比例稅率
   D. 城市維護建設稅實施差別比例稅率，分別適用7%、5%、3%、1%的稅率

2. 納稅人實際繳納的下列稅種中，屬於城市維護建設稅和教育費附加計稅依據的是（　　）。
   A. 增值稅　　　　　　　　B. 土地增值稅
   C. 關稅　　　　　　　　　D. 資源稅

3. 地處市區的某內資企業為增值稅一般納稅人，主要從事貨物的生產與銷售。2010年1月按規定繳納增值稅100萬元，同時補交上一年增值稅10萬元及相應的滯納金1.595萬元、罰款20萬元。該企業本月應繳納城市維護建設稅（　　）萬元。
   A. 5.50
   B. 7.00
   C. 7.70
   D. 9.17

4. 某縣城一個生產企業為增值稅一般納稅人，本期進口原材料一批，向海關繳納進口環節增值稅10萬元；本期在國內銷售甲產品繳納增值稅30萬元、消費稅50萬元，由於繳納消費稅時超過納稅期限10天，被罰滯納金1萬元；本期出口乙產品一批，按規定退回增值稅5萬元。該企業本期應繳納城市維護建設稅（　　）。
   A. 4.55萬元
   B. 4萬元
   C. 4.25萬元
   D. 5.6萬元

5. 根據菸葉稅稅法的有關規定，下列各項中，屬於菸葉稅納稅人的是（　　）。
   A. 銷售菸葉的單位
   B. 銷售菸葉的個人
   C. 收購菸葉的單位
   D. 收購菸葉的個人

6. 根據菸葉稅稅法的有關規定，下列說法中不正確的是（　　）。
   A. 菸葉稅的徵稅範圍是晾曬菸葉、烤菸葉
   B. 菸葉稅實行比例稅率，稅率為20%
   C. 菸葉稅納稅義務發生時間為納稅人收購菸葉的當天
   D. 菸葉稅由國家稅務局負責徵管

二、多項選擇題

1. 關於城市維護建設稅減免稅優惠政策的說法，正確的有（　　）。

A. 某企業出口服裝已退增值稅后，應退還城市維護建設稅
B. 某人下崗失業后從事個體餐飲服務，當年可免徵城市維護建設稅
C. 某企業享受增值稅先徵后返的稅收優惠政策，城市維護建設稅也先徵后返
D. 某企業進口辦公桌，海關徵收了增值稅，應同時徵收城市維護建設稅
E. 某市外商投資企業生產銷售貨物並繳納了增值稅，須繳納城市維護建設稅

2. 關於城市維護建設稅，下列說法中正確的有（　　）。
A. 納稅人直接繳納「兩稅」的，在繳納「兩稅」地繳納城市維護建設稅
B. 中國鐵路總公司應納城市維護建設稅的稅率統一確定為5%
C. 由受託方代收、代扣「兩稅」的，城市維護建設稅適用受託方所在地的稅率
D. 對增值稅實行「先徵后返」辦法的，城市維護建設稅一併返還
E. 縣政府設在城市市區，其在市區辦的企業的城市維護建設稅稅率為7%

3. 下列各項中，可以作為城市維護建設稅計稅依據的是（　　）。
A. 納稅人滯納增值稅而加收的滯納金
B. 納稅人享受減免稅后實際繳納的增值稅
C. 納稅人偷逃增值稅被處的罰款
D. 納稅人偷逃消費稅被查補的稅款
E. 納稅人進口繳納的增值稅

4. 根據菸葉稅的有關規定，下列各項中，屬於菸葉稅納稅地點的有（　　）。
A. 菸葉收購地的縣級地方稅務局
B. 納稅人機構所在地的縣級地方稅務局
C. 菸葉收購地的縣級地方稅務局所指定的稅務分局、所
D. 菸葉收購地的國家稅務局
E. 納稅人機構所在地的國家稅務局

三、思考題

1. 城市維護建設稅的徵稅範圍是如何確定的？
2. 如何理解城市維護建設稅與增值稅、消費稅同徵的規定？
3. 教育費附加計徵比率是如何規定的？
4. 如何理解菸葉稅的徵收管理？

第五章　關稅

教學目標：

1. 熟悉關稅的特點及其分類。
2. 熟悉關稅完稅價格的確定。
3. 掌握關稅的徵稅範圍以及應納稅額的計算。

重難點：

原產地的確定、關稅完稅價格的確定。

第一節　關稅概述

一、關稅的概念

關稅是由海關根據國家制定的有關法律，以進出關境的貨物和物品為徵稅對象而徵收的一種商品稅。對關稅概念的理解，應注意以下幾個方面：

（1）關稅是一種稅收形式。關稅與其他稅收的性質是一樣的，徵稅主體都是國家。不同的是其他稅收主要是由稅務機關徵收，而關稅是由海關徵收。

（2）關稅的徵稅對象是貨物和物品。關稅只對有形的貨品徵收，對無形的貨品不徵關稅。

關稅的徵稅範圍是進出關境的貨物和物品。一般情況下，一國的關境和國境是一致的，但當一個國家在境內設立自由貿易區或自由港時，國境大於關境；當幾個國家結成關稅同盟，組成統一的關境，實施統一的關稅法令和統一的對外稅則，只對來自或運往其他國家的貨物進出共同關境徵收關稅時，國境小於關境，如歐洲聯盟。

二、關稅的特點

關稅作為獨特的稅種，除了具有一般稅收的特點以外，還具有以下特點：

1. 徵收的對象是進出境的貨物和物品

關稅是對進出境的貨品徵稅，在境內和境外流通的貨物不進出關境的，不徵關稅。這裡所指的「境」，是指「關境」，即指海關法規可以全面實施的領域。貨物和物品只有在進出關境時，才能被徵收關稅。

2. 關稅是單一環節的價外稅

關稅的完稅價格中不包括關稅，即在徵收關稅時，以實際成交價格為計稅依據，關稅不包括在內。但海關代為徵收增值稅、消費稅時，其計稅依據包括關稅在內。

3. 有較強的涉外性

關稅只對進出境的貨物和物品徵收。因此，關稅稅則的制定、稅率的高低，直接影響到國際貿易的開展。隨著世界經濟一體化的發展，世界各國的經濟聯繫越來越密切，貿易關係不僅反應簡單經濟關係，而且成為一種政治關係。這樣，關稅政策、關稅措施也往往和經濟政策、外交政策緊密相關，具有涉外性。

三、關稅分類

(一) 按徵稅對象進行分類，關稅分為進口關稅、出口關稅和過境關稅

1. 進口關稅

進口關稅是海關對進口貨物和物品所徵收的關稅，它是關稅中最主要的一種徵稅形式。目前，許多國家已不徵收出口關稅和過境關稅，因此，經常提到的關稅，一般都指進口關稅。進口關稅是保護關稅政策的主要手段，在各國財政收入中占一定地位。

2. 出口關稅

出口關稅是海關對出口貨物和物品所徵收的關稅。徵收出口關稅不利於本國的生產和經濟發展，因為徵收出口關稅增加了出口貨物的成本，會提高本國產品在國外的售價，因此降低了同別國產品的市場競爭能力，不利於擴大出口。目前，各發達國家一般都取消了出口關稅。

3. 過境關稅

過境貨物是指由境外啓運，通過境內繼續運往境外的貨物。對過境貨物所徵的關稅叫做過境關稅。由於過境貨物在海關監管下進出境，不準流入本國市場，對本國生產沒有影響，因此，19 世紀后半期，各國相繼取消過境關稅，僅在外國貨物通過時徵收少量的簽證費、印花稅、統計費等。

(二) 按徵稅性質不同，關稅分為普通關稅、優惠關稅和差別關稅

1. 普通關稅

普通關稅又稱一般關稅，是對與本國沒有簽署貿易或經濟互惠等友好協定的國家原產的貨物徵收的非優惠性關稅。普通關稅與優惠關稅的稅率差別一般較大。

2. 優惠關稅

優惠關稅一般是互惠關稅，即優惠協定的雙方互相給對方優惠關稅待遇，但也有單向優惠關稅，即只對受惠國給予優惠待遇，而沒有反向優惠。優惠關稅一般有特定優惠關稅、普遍優惠關稅和最惠國待遇三種。

(1) 特定優惠關稅，又稱特惠稅，是指某一國家對另一國家或某些國家對另外一些國家的某些方面予以特定優惠關稅待遇，而他國不得享受的一種關稅制度。因此，稅率低於協定優惠關稅稅率。

(2) 普遍優惠制，簡稱普惠制，是指發達國家對從發展中國家或地區輸入的產品，

特別是製成品和半製成品普遍給予優惠關稅待遇的一種制度，因此普惠制還可稱為普稅制。

（3）最惠國待遇是國際貿易協定中的一項重要內容，它規定締約國雙方相互間現在和將來所給予任何第三國的優惠待遇，同樣適用於對方。

3. 差別關稅

一般意義上的差別關稅主要分為加重關稅、反補貼關稅、報復關稅、反傾銷關稅等。

（1）加重關稅。加重關稅是出於某種原因或為達到某種目的，而對某國貨物或某種貨物的輸入加重徵收的關稅，如間接輸入貨物加重稅等。

（2）反補貼關稅。反補貼關稅又稱抵消關稅，它是對接受任何津貼或補貼的外國進口貨物所附加徵收的一種關稅。

（3）反傾銷關稅。反傾銷關稅即對外國的傾銷商品，在徵收正常進口關稅的同時附加徵收的一種關稅，它是差別關稅的又一種重要形式。

（4）報復關稅。報復關稅是指他國政府以不公正、不平等、不友好的態度對待本國輸出的貨物時，為維護本國利益，報復該國對本國輸出貨物的不公正、不平等、不友好待遇，對該國輸入本國的貨物加重徵收的關稅。

（三）按保護形式和程度分類，關稅分為關稅壁壘和非關稅壁壘

1. 關稅壁壘

關稅壁壘是指一國政府以提高關稅的辦法限制外國商品進口的措施。關稅壁壘的目的是抵制外國商品進入本國市場，最大限度地削弱外國商品在本國市場上的競爭能力，保護本國商品競爭優勢，壟斷國內市場。高額關稅就像高牆一樣阻止或限制外國商品輸入，因此被稱為關稅壁壘。

2. 非關稅壁壘

非關稅壁壘是指除關稅以外的一切限制進口的措施，有直接非關稅壁壘和間接非關稅壁壘之分。直接非關稅壁壘是通過對本國產品和進口商品的差別待遇或迫使出口國限制商品出口等措施直接限制進口。其措施有政府採購、海關估價、進口許可制度、進口配額制、關稅配額制等。間接非關稅壁壘是指並不對商品進口進行直接限制，而是採取同樣能起到限制商品進口效果的各種措施。如外匯管制、進出口國家壟斷、複雜的海關手續、苛刻的衛生安全和技術標準等。

（四）按計稅標準分類，關稅分為從量關稅、從價關稅、複合關稅、滑動關稅

1. 從量關稅

按貨物的計量單位（重量、長度、面積、容積、數量等）作為徵稅標準，以每一計量單位應納的關稅金額作為稅率，稱為從量稅。

2. 從價關稅

以貨物的價格作為徵稅標準而徵收的稅稱為從價稅，從價稅的稅率表現為貨物價格的百分比。經海關審定作為計徵關稅依據的價格稱為完稅價格。以完稅價格乘以稅則中規定的稅率，就可得出應納的稅額。

3. 複合關稅

複合稅又稱混合稅。在稅則的同一稅目中，有從價和從量兩種稅率，徵稅時既採用從量又採用從價兩種稅率計徵稅款的，稱為複合稅。

4. 滑動關稅

滑動關稅又稱滑準關稅，是在稅則中預先按產品的價格高低分檔制定若干不同的稅率，然后根據進出口商品價格的變動而增減進出口稅率的一種關稅。商品價格上漲時採用較低稅率，商品價格下跌時則採用較高稅率，其目的是使該種商品的國內市場價格保持穩定，免受或少受國際市場價格波動的影響。

第二節 關稅的徵稅對象與納稅義務人

一、徵稅對象

關稅的徵稅對象是准許進出境的貨物和物品。貨物是指貿易性商品；物品指入境旅客隨身攜帶的行李物品、個人郵遞物品、各種運輸工具上的服務人員攜帶進口的自用物品、饋贈物品以及其他方式進境的個人物品。

二、納稅義務人

進口貨物的收貨人、出口貨物的發貨人、進出境物品的所有人，是關稅的納稅義務人。進出境物品的所有人包括該物品的所有人和推定為所有人的人。一般情況下，對於攜帶進境的物品，推定其攜帶人為所有人；對分離運輸的行李，推定相應的進出境旅客為所有人；對以郵遞方式進境的物品，推定其收件人為所有人；以郵遞或其他運輸方式出境的物品，推定其寄件人或托運人為所有人。

第三節 關稅稅率的適用

一、進口關稅稅率

在中國加入世界貿易組織（WTO）之後，經過調整，中國2013年進出口稅則稅目總數為8,238個。

最惠國稅率適用原產於與中國共同適用最惠國待遇條款的WTO成員的進口貨物，或原產於與中國簽訂有相互給予最惠國待遇條款的雙邊貿易協定的國家或地區進口的貨物，以及原產於中國境內的進口貨物。

協定稅率適用原產於中國參加的含有關稅優惠條款的區域性貿易協定的有關締約方的進口貨物。

特惠稅率適用原產於與中國簽訂有特殊優惠關稅協定的國家或地區的進口貨物。

普通稅率適用於原產於上述國家或地區以外的其他國家或地區的進口貨物，以及

原產地不明的進口貨物。按照普通稅率徵稅的進口貨物，經國務院關稅稅則委員會特別批准，可以適用最惠國稅率。適用最惠國稅率、協定稅率、特惠稅率的國家或者地區名單，由國務院關稅稅則委員會決定。

適用最惠國稅率的進口貨物有暫定稅率的，應當適用暫定稅率；適用協定稅率、特惠稅率的進口貨物有暫定稅率的，應當從低適用稅率；適用普通稅率的進口貨物，不適用暫定稅率。按照國家規定實行關稅配額管理的進口貨物，關稅配額內的，適用關稅配額稅率；關稅配額外的，按其適用稅率的規定執行。

任何國家或者地區違反與中華人民共和國簽訂或者共同參加的貿易協定及相關協定，對中華人民共和國在貿易方面採取禁止、限制、加徵關稅或者其他影響正常貿易的措施的，對原產於該國家或者地區的進口貨物可以徵收報復性關稅，適用報復性關稅稅率。

徵收報復性關稅的貨物、適用國別、稅率、期限和徵收辦法，由國務院關稅稅則委員會決定並公布。

二、出口關稅稅率

中國出口稅則為一欄稅率，即出口稅率。國家僅對少數資源性產品及易於競相殺價、盲目出口、需要規範出口秩序的半製成品徵收出口關稅。根據《2013年關稅實施方案》，對木漿等部分出口商品實施暫定稅率，對鰻魚苗等商品實行出口稅率。

三、稅率的運用

中國《關稅條例》規定，進出口貨物應當依照稅則規定的歸類原則歸入合適的稅號，並按照適用的稅率徵稅。其中：

（1）進出口貨物，應當按照納稅義務人申報進口或者出口之日實施的稅率徵稅。

（2）進出口貨物到達前，經海關核准先行申報的，應當按照裝載此貨物的運輸工具申報進境之日實施的稅率徵稅。

（3）進出口貨物的補稅和退稅，適用該進出口貨物原申報進口或者出口之日所實施的稅率。

四、關於原產地的規定

中國對產自不同國家或地區的進口貨物適用不同稅率。中國原產地規定採用了兩種國際上通用的原產地標準，即「全部產地生產標準」和「實質性加工標準」。

1. 全部產地生產標準

全部產地生產標準是指進口貨物完全在一個國家內生產或製造，生產或製造國就是該貨物的原產國。完全在一國內生產或製造的進口貨物包括：在該國（地區）出生並飼養的活的動物；在該國（地區）野外捕捉、捕撈、收集的動物；該國（地區）的活的動物獲得的未經加工的物品；在該國（地區）收穫的植物和植物產品；在該國（地區）採掘的礦物；在該國（地區）生產過程中產生的只能棄置或者回收用作材料的廢碎料；在該國（地區）收集的不能修復或者修理的物品，或者從該物品中回收的

零件或者材料；由合法懸掛該國旗幟的船舶從其領海以外海域獲得的海洋捕撈物和其他物品；從該國領海以外享有專有開採權的海床或者海床底土獲得的物品等。

2. 實質性加工標準

實質性加工標準是指經過兩個或兩個以上國家（地區）加工、製造的進口貨物，以最后一個對貨物進行經濟上可以視為實質性加工的國家作為有關貨物的原產國。該標準適用於確定有兩個或兩個以上國家（地區）參與生產的產品的原產國的標準。

對機器、儀器、器材或車輛所用零件、部件、配件、備件及工具，如果與主件同時進口且數量合理，其原產地按主件的原產地確定；分別進口的，則按各自的原產地確定。

第四節 關稅完稅價格與應納稅額的計算

一、關稅完稅價格

《海關法》規定，進出口貨物的完稅價格，由海關以該貨物的成交價格為基礎審查確定。成交價格不能確定時，完稅價格由海關依法估定。自中國加入世界貿易組織后，中國海關已全面實施《世界貿易組織估價協定》，遵循客觀、公平、統一的估價原則，並依據2014年2月1日起實施的《中華人民共和國海關審定進出口貨物完稅價格辦法》（以下簡稱《完稅價格辦法》），審定進出口貨物的完稅價格。

（一）一般進口貨物的完稅價格

1. 以成交價格為基礎的完稅價格

根據《海關法》的規定，進口貨物的完稅價格包括貨物的貨價、貨物運抵中國境內輸入地點起卸前的運輸及其相關費用、保險費。中國境內輸入地為入境海關地，包括內陸河、江口岸，一般為第一口岸。貨物的貨價以成交價格為基礎。進口貨物的成交價格是指買方為購買該貨物，並按《完稅價格辦法》有關規定調整后的實付或應付價格。

2. 對實付或應付價格進行調整的有關規定

「實付或應付價格」指買方為購買進口貨物直接或間接支付的總額，即作為賣方銷售進口貨物的條件，由買方向賣方或為履行賣方義務向第三方已經支付或將要支付的全部款項。

（1）下列費用或者價值未包括在進口貨物的實付或者應付價格中，應當計入完稅價格：

①由買方負擔的除購貨佣金以外的佣金和經紀費。「購貨佣金」指買方為購買進口貨物向自己的採購代理人支付的勞務費用。「經紀費」指買方為購買進口貨物向代表買賣雙方買賣利益的經紀人支付的勞務費用。

②由買方負擔的與該貨物視為一體的容器費用。

③由買方負擔的包裝材料和包裝勞務費用。

④與該貨物的生產和向中華人民共和國境內銷售有關的，由買方以免費或者以低於成本的方式提供並可以按適當比例分攤的料件、工具、模具、消耗材料及類似貨物的價款，以及在境外開發、設計等相關服務的費用。

⑤與該貨物有關並作為賣方向中國銷售該貨物的一項條件，應當由買方直接或間接支付的特許權使用費。「特許權使用費」指買方為獲得與進口貨物相關的、受著作權保護的作品、專利、商標、專有技術和其他權利的使用許可而支付的費用。但是在估定完稅價格時，進口貨物在境內的複製權費用不得計入該貨物的實付或應付價格之中。

⑥賣方直接或間接從買方對該貨物進口后轉售、處置或使用所得中獲得的收益。

上列所述的費用或價值應當由進口貨物的收貨人向海關提供客觀量化的數據資料。如果沒有客觀量化的數據資料，完稅價格由海關按《完稅價格辦法》規定的方法進行估定。

（2）下列費用，如能與該貨物實付或者應付價格區分，不得計入完稅價格：

①廠房、機械、設備等貨物進口后的基建、安裝、裝配、維修和技術服務的費用；

②貨物運抵境內輸入地點之後的運輸費用、保險費和其他相關費用；

③進口關稅及其他國內稅收；

④為在境內複製進口貨物而支付的費用；

⑤境內外技術培訓及境外考察費用。

3. 對買賣雙方之間有特殊關係的規定

買賣雙方之間有特殊關係的，經海關審定其特殊關係未對成交價格產生影響，或進口貨物的收貨人能夠證明其成交價格與同時或大約同時發生的下列任一價格相近，該成交價格海關應當接受：

（1）向境內無特殊關係的買方出售的相同或類似貨物的成交價格；

（2）按照使用倒扣價格有關規定所確定的相同或類似貨物的完稅價格；

（3）按照使用計算價格有關規定所確定的相同或類似貨物的完稅價格。

海關在使用上述價格做比較時，應當考慮商業水平和進口數量的不同，以及實付或者應付價格的調整規定所列各項目和交易中買賣雙方有無特殊關係所造成的費用差異。

4. 進口貨物海關估價方法

海關進行估價時，首先要盡可能先使用實際成交價格。但並不是所有進口貨物都有實際成交價格，例如，以寄售、租賃等方式出口到進口國的貨物，在進口時就難以確定其實際成交價格。對於進口貨物的成交價格不符合規定條件，或者成交價格不能確定，在客觀上無法採用貨物的實際成交價格時，海關經瞭解有關情況，並與納稅義務人進行價格磋商后，依次以下列價格估定該貨物的完稅價格：

（1）相同貨物的成交價格估價方法。它的規定是「與該貨物同時或者大約同時向中華人民共和國境內銷售的相同貨物的成交價格」。所謂相同貨物，主要指貨物的物理特性、質量及產品聲譽。採用這種比照價格時，相同貨物必須已經在被估價貨物進口同時或大約同時向進口國進口；若有好幾批相同貨物完全符合條件，應採用其中最低的價格。另外，相同貨物與被估貨物在商業水平、數量、運輸方式、運輸距離等貿易

上的差別也要做調整。

（2）類似貨物的成交價格估價方法。它的規定是「與該貨物同時或者大約同時向中華人民共和國境內銷售的類似貨物的成交價格」。類似貨物指與被估貨物在同一國生產製造，雖然不是在所有方面都相同，但具有相似特徵和相似組成材料，從而能起到同樣作用，而且在商業上可以互換的貨物。選擇相似貨物時，主要應考慮貨物的品質、信譽和現有商標。

（3）倒扣價格估價方法。它是指海關以進口貨物、相同或者類似進口貨物在境內的銷售價格為基礎，扣除境內發生的有關費用后，審查確定進口貨物完稅價格的估價方法。

（4）計算價格估價方法。採用這種方法，可以按照下列各項的總和計算價格：生產該貨物所使用的料件成本和加工費用，向中華人民共和國境內銷售同等級或者同種類貨物通常的利潤和一般費用，該貨物運抵境內輸入地點起卸前的運輸及其相關費用、保險費。

（5）合理估價方法。所謂合理方法，實際上是對海關估價的一項補救方法，也就是在使用上述任何一種估價方法都無法確定海關估價時，海關可以客觀量化的數據資料為基礎審查確定進口貨物的完稅價格。規定的原則有兩條：一是海關估價應當公平、合理、統一和中性；二是盡可能反應貿易實際。合理估價方法不允許使用的估價方法是：①在進口國生產的貨物的國內售價；②加入生產成本以外的費用；③貨物向第三國出口的價格；④最低限價；⑤武斷或虛構的海關估價；⑥可供選擇的價格中較高的價格。

上面所列的各種估價方法應依次使用，即當完稅價格按列在前面的估價方法無法確定時，才能使用后一種估價方法。但是應進口商的要求，第三種和第四種方法的使用次序可以顛倒。

(二) 出口貨物完稅價格

出口貨物的完稅價格由海關以該貨物的成交價格為基礎審查確定，並應當包括貨物運至中華人民共和國境內輸出地點裝載前的運輸及其相關費用、保險費。

1. 以成交價格為基礎的完稅價格

出口貨物的成交價格，是指該貨物出口銷售時，賣方為出口該貨物應當向買方直接收取和間接收取的價款總額。

下列稅收、費用不計入出口貨物的完稅價格：

（1）出口關稅；

（2）在貨物價款中單獨列明的貨物運至中華人民共和國境內輸出地點裝載后的運輸及其相關費用、保險費；

（3）在貨物價款中單獨列明由賣方承擔的佣金。

2. 出口貨物價格海關估價方法

出口貨物的成交價格不能確定的，海關經瞭解有關情況，並與納稅義務人進行價格磋商后，依次以下列價格審查確定該貨物的完稅價格：

（1）同時或者大約同時向同一國家或者地區出口的相同貨物的成交價格；

（2）同時或者大約同時向同一國家或者地區出口的類似貨物的成交價格；

（3）根據境內生產相同或者類似貨物的成本、利潤和一般費用（包括直接費用和間接費用）、境內發生的運輸及其相關費用、保險費計算所得的價格；

（4）按照合理方法估定的價格。

二、應納稅額的計算

（一）從價稅應納稅額的計算

關稅稅額＝應稅進（出）口貨物數量×單位完稅價格×稅率

（二）從量稅應納稅額的計算

關稅稅額＝應稅進（出）口貨物數量×單位貨物稅額

（三）複合稅應納稅額的計算

中國目前實行的複合稅都是先計徵從量稅，再計徵從價稅。

關稅稅額＝應稅進（出）口貨物數量×單位貨物稅額＋應稅進（出）口貨物數量×單位完稅價格×稅率

（四）滑準稅應納稅額的計算

關稅稅額＝應稅進（出）口貨物數量×單位完稅價格×滑準稅稅率

【例5-1】某企業於2016年2月進口一批化妝品。該批貨物在國外的買價120萬元，貨物運抵中國入關前發生的運輸費、保險費和其他費用分別為10萬元、6萬元、4萬元。貨物報關后，該企業按規定繳納了進口環節的增值稅和消費稅並取得了海關開具的繳款書。從海關將化妝品運往企業所在地取得增值稅專用發票，註明運輸費5萬元、增值稅進項稅額0.55萬元。該批化妝品當月在國內全部銷售，取得不含稅銷售額520萬元（假定化妝品進口關稅稅率20%、增值稅稅率17%、消費稅稅率30%）。

要求：計算該批化妝品進口環節應繳納的關稅、增值稅、消費稅和國內銷售環節應繳納的增值稅。

【答案】

（1）關稅的組成計稅價格＝120＋10＋6＋4＝140（萬元）

（2）應繳納進口關稅＝140×20%＝28（萬元）

（3）進口環節應納增值稅的組成計稅價格＝（140＋28）÷（1－30%）＝240（萬元）

（4）進口環節應繳納增值稅＝240×17%＝40.8（萬元）

（5）進口環節應繳納消費稅＝240×30%＝72（萬元）

（6）國內銷售環節應繳納增值稅＝520×17%－0.55－40.8＝47.05（萬元）

第五節 關稅的減免

關稅減免是對某些納稅人和徵稅對象給予鼓勵和照顧的一種特殊調節手段。正是有了這一手段，使關稅政策制定工作兼顧了普遍性和特殊性、原則性和靈活性。因此，關稅減免是貫徹國家關稅政策的一項重要措施。關稅減免分為法定減免稅、特定減免稅和臨時減免稅。根據《海關法》的規定，除法定減免稅外的其他減免稅均由國務院決定。減徵關稅在中國加入世界貿易組織之前以稅則規定稅率為基準，在中國加入世界貿易組織之后以最惠國稅率或者普通稅率為基準。

一、法定減免稅

法定減免稅是稅法中明確列出的減稅或免稅。符合稅法規定可予以減免稅的進出口貨物，納稅義務人無需提出申請，海關可按規定直接予以減免稅。海關對法定減免稅貨物一般不進行后續管理。

（1）下列進出口貨物，免徵關稅：

①關稅稅額在人民幣 50 元以下的一票貨物；

②無商業價值的廣告品和貨樣；

③外國政府、國際組織無償贈送的物資；

④在海關放行前損失的貨物；

⑤進出境運輸工具裝載的途中所必需的燃料、物料和飲食用品。

在海關放行前遭受損壞的貨物，可以根據海關認定的受損程度減徵關稅。

因品質或者規格原因，出口貨物自出口之日起 1 年內原狀復運進境的，不徵收進口關稅。

（2）下列進出口貨物，可以暫不繳納關稅：

經海關批准暫時進境或者暫時出境的下列貨物，在進境或者出境時納稅義務人向海關繳納相當於應納稅款的保證金或者提供其他擔保的，可以暫不繳納關稅，並應當自進境或者出境之日起 6 個月內復運出境或者復運進境；經納稅義務人申請，海關可以根據海關總署的規定延長復運出境或者復運進境的期限。

①在展覽會、交易會、會議及類似活動中展示或者使用的貨物；

②文化、體育交流活動中使用的表演、比賽用品；

③進行新聞報導或者攝制電影、電視節目使用的儀器、設備及用品；

④開展科研、教學、醫療活動使用的儀器、設備及用品；

⑤在第 1 項至第 4 項所列活動中使用的交通工具及特種車輛；

⑥貨樣；

⑦供安裝、調試、檢測設備時使用的儀器、工具；

⑧盛裝貨物的容器；

⑨其他用於非商業目的的貨物。

以上所列暫準進境貨物在規定的期限內未復運出境的，或者暫準出境貨物在規定的期限內未復運進境的，海關應當依法徵收關稅。

（3）有下列情形之一的，納稅義務人自繳納稅款之日起1年內，可以申請退還關稅，並應當以書面形式向海關說明理由，同時提供原繳款憑證及相關資料。

①已徵進口關稅的貨物，因品質或者規格原因，原狀退貨復運出境的；

②已徵出口關稅的貨物，因品質或者規格原因，原狀退貨復運進境，並已重新繳納因出口而退還的國內環節有關稅收的；

③已徵出口關稅的貨物，因故未裝運出口，申報退關的。

海關應當自受理退稅申請之日起30日內查實並通知納稅義務人辦理退還手續。納稅義務人應當自收到通知之日起3個月內辦理有關退稅手續。

按照其他有關法律、行政法規規定應當退還關稅的，海關應當按照有關法律、行政法規的規定退稅。

二、特定減免稅

特定減免稅也稱政策性減免稅。在法定減免稅之外，國家按照國際通行規則和中國實際情況制定發布的有關進出口貨物減免關稅的政策，稱為特定減免稅或政策性減免稅。特定減免稅貨物一般有地區、企業和用途的限制，海關需要進行后續管理，也需要進行減免稅統計。

（一）科教用品

為有利於中國科研、教育事業發展，國務院制定了《科學研究和教學用品免徵進口稅收暫行規定》，對科學研究機構和學校，不以營利為目的，在合理數量範圍內進口國內不能生產的科學研究和教學用品，直接用於科學研究或者教學的，免徵進口關稅和進口環節增值稅、消費稅。該規定對享受該優惠的科研機構和學校資格的類別以及可以免稅的物品都做了明確規定。

（二）殘疾人專用品

為支持殘疾人的康復工作，國務院制定了《殘疾人專用品免徵進口稅收暫行規定》，對規定的殘疾人個人專用品，免徵進口關稅和進口環節增值稅、消費稅；對康復機構、福利機構、假肢廠和榮譽軍人康復醫院進口國內不能生產的、該規定明確的殘疾人專用品，免徵進口關稅和進口環節增值稅。該規定對可以免稅的殘疾人專用品種類和品名都做了明確規定。

（三）扶貧、慈善性捐贈物資

為促進公益事業的健康發展，經國務院批准，財政部、國家稅務總局、海關總署發布了《扶貧、慈善性捐贈物資免徵進口稅收的暫行辦法》。對境外自然人、法人或者其他組織等境外捐贈人，無償向經國務院主管部門依法批准成立的，以人道救助和發展扶貧、慈善事業為宗旨的社會團體以及國務院有關部門和各省、自治區、直轄市人民政府捐贈的直接用於扶貧、慈善事業的物資，免徵進口關稅和進口環節增值稅。所

稱扶貧、慈善事業是指非營利的扶貧濟困、慈善救助等社會慈善和福利事業。該辦法對可以免稅的捐贈物資種類和品名都做了明確規定。

其他還有加工貿易產品、邊境貿易進口物資等的減免關稅規定。

三、臨時減免稅

臨時減免稅是指以上法定和特定減免稅以外的其他減免稅，即由國務院根據《海關法》對某個單位、某類商品、某個項目或某批進出口貨物的特殊情況，給予特別照顧、一案一批、專文下達的減免稅。

第六節　關稅的徵收管理

一、關稅繳納

進口貨物自運輸工具申報進境之日起 14 日內，出口貨物在貨物運抵海關監管區后裝貨的 24 小時以前，應由進出口貨物的納稅義務人向貨物進（出）境地海關申報，海關根據稅則歸類和完稅價格計算應繳納的關稅和進口環節代徵稅，並填發稅款繳款書。納稅義務人應當自海關填發稅款繳款書之日起 15 日內，向指定銀行繳納稅款。如關稅繳納期限的最後 1 日是週末或法定節假日，則關稅繳納期限順延至週末或法定節假日過后的第 1 個工作日。為方便納稅義務人，經申請且海關同意，進（出）口貨物的納稅義務人可以在設有海關的指運地（啟運地）辦理海關申報、納稅手續。

關稅納稅義務人因不可抗力或者在國家稅收政策調整的情形下，不能按期繳納稅款的，經海關批准，可以延期繳納稅款，但最長不得超過 6 個月。

二、關稅的強制執行

納稅義務人未在關稅繳納期限內繳納稅款，即構成關稅滯納。為保證海關徵收關稅決定的有效執行和國家財政收入的及時入庫，《海關法》賦予海關對滯納關稅的納稅義務人擁有強制執行的權力。強制措施主要有兩類：

（1）徵收關稅滯納金。滯納金自關稅繳納期限屆滿滯納之日起，至納稅義務人繳納關稅之日止，按滯納稅款萬分之五的比例按日徵收，週末或法定節假日不予扣除。具體計算公式為：

關稅滯納金金額＝滯納關稅稅額×滯納金徵收比率×滯納天數

（2）強制徵收。如納稅義務人自海關填發稅款繳款書之日起 3 個月仍未繳納稅款，經海關關長批准，海關可以採取強制扣繳、變價抵繳等強制措施。強制扣繳即海關從納稅義務人在開戶銀行或者其他金融機構的存款中直接扣繳稅款。變價抵繳即海關將應稅貨物依法變賣，以變賣所得抵繳稅款。

三、關稅退還

關稅退還是關稅納稅義務人按海關核定的稅額繳納關稅后，因某種原因的出現，

海關將實際徵收多於應當徵收的稅額退還給原納稅義務人的一種行政行為。根據《海關法》的規定，海關多徵的稅款，海關發現后應當立即退還。

按規定，有下列情形之一的，進出口貨物的納稅義務人可以自繳納稅款之日起1年內，以書面說明理由，並連同原納稅收據向海關申請退稅並加算銀行同期活期存款利息，逾期不予受理：

（1）因海關誤徵，多納稅款的。
（2）海關核准免驗進口的貨物，在完稅后，發現有短卸情形，經海關審查認可的。
（3）已徵出口關稅的貨物，因故未將其出口，申報退關，經海關查驗屬實的。

對已徵出口關稅的出口貨物和已徵進口關稅的進口貨物，因貨物品種或規格原因原狀復運進境或出境的，經海關查驗屬實的，也應退還已徵關稅。海關應當自受理退稅申請之日起30日內，做出書面答覆並通知退稅申請人。本規定強調的是，「因貨物品種或規格原因，原狀復運進境或出境的」。如果屬於其他原因且不能以原狀復運進境或出境，則不能退稅。

四、關稅補徵和追徵

補徵和追徵是海關在關稅納稅義務人按海關核定的稅額繳納關稅后，發現實際徵收稅額少於應當徵收的稅額時，責令納稅義務人補繳所差稅款的一種行政行為。根據少徵關稅的原因，將海關徵收原少徵關稅的行為分為補徵和追徵兩種。由於納稅人違反海關規定造成少徵關稅的，稱為追徵；非因納稅人違反海關規定造成少徵關稅的，稱為補徵。區分關稅追徵和補徵的目的是區別不同情況適用不同的徵收時效，超過時效規定的期限，海關就喪失了追補關稅的權力。根據《海關法》的規定，進出境貨物和物品放行后，海關發現少徵或者漏徵稅款，應當自繳納稅款或者貨物、物品放行之日起1年內，向納稅義務人補徵；因納稅義務人違反規定而造成少徵或者漏徵稅款，自納稅義務人應繳納稅款之日起3年以內可以追徵，並從繳納稅款之日起按日加收少徵或者漏徵稅款萬分之五的滯納金。

五、關稅納稅爭議

為保護納稅人合法權益，中國《海關法》和《進出口關稅條例》都規定了納稅義務人對海關確定的進出口貨物的徵稅、減稅、補稅或者退稅等有異議時，有提出申訴的權利。在納稅義務人同海關發生納稅爭議時，可以向海關申請復議，但同時應當在規定期限內按海關核定的稅額繳納關稅，逾期則構成滯納，海關有權按規定採取強制執行措施。

納稅爭議的內容一般為進出境貨物和物品的納稅義務人對海關在原產地認定、稅則歸類、稅率或匯率適用、完稅價格確定以及關稅減徵、免徵、追徵、補徵和退還等徵稅行為是否合法或適當，是否侵害了納稅義務人的合法權益，而對海關徵收關稅的行為表示異議。

納稅爭議的申訴程序：納稅義務人自海關填發稅款繳款書之日起30日內，向原徵稅海關的上一級海關書面申請復議。逾期申請復議的，海關不予受理。海關應當自收

到復議申請之日起 60 日內做出復議決定，並以復議決定書的形式正式答覆納稅義務人；納稅義務人對海關復議決定仍然不服的，可以自收到復議決定書之日起 15 日內，向人民法院提起訴訟。

本章練習題

一、單項選擇題

1. 下列各項中應計入出口關稅完稅價格的是（　　）。
   A. 貨物運至中國境內輸出地點裝載前的運費
   B. 貨物運至中國境內輸出地點裝載后的保險費
   C. 出口關稅
   D. 單獨列明的支付給境外單位的佣金

2. 以下關於關稅的表述中，不正確的是（　　）。
   A. 關稅是以進出關境的貨物和物品為徵稅對象而徵收的一種商品稅
   B. 關稅的徵稅對象包括有形和無形的貨品
   C. 關稅是一種稅收形式
   D. 一般情況下，一國的關境和國境是一致的

3. 根據關稅的有關規定，下列各項中不屬於關稅納稅義務人的是（　　）。
   A. 出口貨物的收貨人　　　　B. 攜帶進境物品的攜帶人
   C. 以郵遞方式進境物品的收件人　D. 以郵遞方式出境物品的寄件人

4. 根據關稅的有關規定，下列各項中，不屬於進口貨物的關稅完稅價格組成部分的是（　　）。
   A. 貨物的成交價
   B. 貨物運抵中國境內輸入地點起卸前的運輸費用
   C. 貨物運抵中國境內輸入地點起卸前的保險費及相關費用
   D. 貨物運抵中國境內輸入地點起卸后的保險費及運輸費用

5. 下列各項中，應計入出口貨物完稅價格的是（　　）。
   A. 出口關稅稅額
   B. 單獨列明的由買方支付給境外的佣金
   C. 貨物在中國境內輸出地點裝載后的運輸費用
   D. 貨物運至中國境內輸出地點裝載前的保險費

二、多項選擇題

1. 差別關稅實際上是保護主義政策的產物，是保護一國產業所採取的特別手段。差別關稅主要分為（　　）。
   A. 加重關稅　　　　　　　　B. 優惠關稅
   C. 反補貼關稅　　　　　　　D. 報復關稅

E. 反傾銷關稅

2. 下列各項中，應計入進口關稅完稅價格中的有（　　）。

   A. 貨物的貨價
   B. 貨物運抵中國境內輸入地點起卸前的運費、保險費
   C. 貨物運抵中國境內輸入地點起卸后的運費、保險費
   D. 購買佣金
   E. 經紀費

3. 進出境物品的所有人包括該物品的所有人和推定為所有人。下列關於所有人的說法中正確的有（　　）。

   A. 對攜帶進境的物品，推定其攜帶人為所有人
   B. 對分立運輸的行李，推定相應的進出境旅客為所有人
   C. 對以郵遞方式進境的物品，推定其收件人為所有人
   D. 對以郵遞方式出境的物品，推定其收件人為所有人
   E. 對以鐵路運輸方式出境的物品，推定其托運人為所有人

4. 中國原產地標準採用的是（　　）。

   A. 部分產地生產標準　　B. 全部產地生產標準
   C. 實質性加工標準　　　D. 書面約定加工標準
   E. 由海關確定加工標準

5. 下列進口貨物中，免徵進口關稅的有（　　）。

   A. 關稅稅額為人民幣30元的一票貨物
   B. 具有一定商業價值的貨樣
   C. 國際組織無償贈送的物質
   D. 外國企業無償贈送的物質
   E. 進出境運輸工具裝載的途中所必需的燃料、物料和飲食用品

三、計算題

1. 上海某進出口公司從美國進口應徵消費稅貨物一批，貨物以離岸價格成交，成交價折合人民幣1,410萬元（包括單獨計價並經海關審查屬實的向境外採購代理人支付的買方佣金10萬元，但不包括因使用該貨物而向境外支付的軟件費50萬元、向賣方支付的佣金15萬元），另支付貨物運抵中國上海港的運費、保險費等35萬元。假設該貨物適用的關稅稅率為20%、增值稅稅率為17%、消費稅率為10%。

   要求：請分別計算該公司應繳納的關稅、消費稅和增值稅。

2. 經有關部門批准，從境外進口小轎車30輛，每輛小轎車貨價15萬元，運抵中國海關前發生的運輸費用、保險費用無法確定，經海關查實其他運輸公司相同業務的運輸費用占貨價的比例為2%。向海關繳納了相關稅款，並取得了完稅憑證。計算小轎車在進口環節應繳納的關稅、消費稅和增值稅。假設該貨物適用的關稅稅率為60%、增值稅稅率為17%、消費稅稅率為8%、保險費率為3‰。

四、思考題

1. 關稅可以進行怎樣的分類？分類方法是什麼？
2. 如何確定關稅的完稅價格？
3. 如何理解原產地規則？
4. 不同形式下關稅應納稅額的計算是如何確定的？

第六章　資源稅

教學目標：

1. 熟悉資源稅的特點、資源稅的稅收優惠及徵收管理。
2. 掌握資源稅的徵稅範圍及其應納稅額的計算。

重難點：

資源稅計稅依據與應納稅額的計算。

第一節　資源稅概述

一、資源稅的概念

資源稅是對在中國境內開採應稅礦產品及生產鹽的單位和個人，就其應稅產品銷售額或銷售數量和自用數量為計稅依據而徵收的一種稅。目前中國開徵的資源稅是以部分自然資源為課稅對象的。

資源稅按其徵稅目的和意義不同，可以分為一般資源稅和級差資源稅。

(一) 一般資源稅

一般資源稅是指國家對國有資源，如土地、水流、礦藏、森林、草原、山嶺、荒地、灘塗等，根據需要，對使用其中某種自然資源的單位和個人取得的應稅資源的使用權而徵收的稅。一般資源稅體現了普遍徵收和有償開採的原則。

(二) 級差資源稅

級差資源稅是國家對開發利用自然資源的企業和個人，由於自然資源條件的差異導致的級差收入而課徵的一種稅。徵收級差資源稅將企業和個人因自然資源條件的差異而形成的過多收入收歸國家所有，使企業的利潤水平真實反應企業和個人主觀努力取得的成果，既有利於促進企業和個人的公平競爭，也有利於促進自然資源的合理利用。

二、資源稅的特點

(一) 徵稅對象較窄

中國現行資源稅的徵稅對象既不是全部的自然資源，也不是對所有具有商品屬性

的資源都徵稅。目前，中國的資源稅徵稅對象較窄，僅把部分級差收入差異較大、資源較為普遍且易於徵收管理的礦產品和鹽資源列為徵稅對象。

(二) 實行源泉課徵

不論納稅人是否獨立核算，資源稅均規定在採掘或生產地源泉控制徵收，這樣既照顧了採掘地的利益，又避免了稅款流失。

(三) 具有受益稅性質

從自然資源的所有權關係分析，如果應稅資源非國家所有，則國家單純憑藉政治權力對資源徵稅，屬於嚴格意義上的稅；反之，如果應稅資源屬於國家所有，對這類資源採取徵稅形式，那麼，資源稅具有資源有償分配性質。資源稅的徵收是國家政治權力和所有權的統一。它一方面體現了稅收強制性、固定性的特徵，另一方面又體現了對國有資源的有償佔用性。單位或個人開發經營國有自然資源，既應當為擁有開發權而付出一定的「代價」，又因享受國有自然資源而有義務支付一定的「費用」，所以說，中國資源稅具有受益稅的性質。

(四) 具有級差收入稅的特點

各種自然資源在客觀上都存在著好壞、貧富、儲存狀況、開採條件、選礦條件、地理位置等種種差異。由於這些客觀因素的影響，必然導致各資源開發者和使用者在資源豐瘠和收益多少上存在較大差距。一些占用和開發優質資源的企業和經營者，因資源條件的優越而可以獲得平均利潤以外的級差收入；而開發和占用劣質資源的企業和經營者，則不能獲得級差收入。中國資源稅通過對同一資源實行高低不同的差別稅率，可以直接調節因資源條件不同而產生的級差收入。可見，資源稅實際上是一種級差收入稅。

三、資源稅的作用

(一) 通過合理調節資源級差收入水平，促進企業之間的公平競爭

中國幅員遼闊，各地資源狀況參差不齊，資源開發條件方面也存在著較大差異。從事資源開發、利用的企業、單位和個人越來越多，經濟成分也越來越複雜。不同的開發主體因利用自然資源的開發條件不同，就必然形成多寡不同的級差收入。這樣，就使得資源開發主體的利潤水平難以真實地反應其生產經營成果，給人造成一種虛假現象，不利於各經營主體之間的平等競爭。只有通過資源稅的開徵，合理確定差別稅率，把因資源狀況和開發條件的差異所形成的級差收入用稅收的形式徵收上來，才能緩解企業收益分配上的矛盾，促進資源開發企業之間以及利用資源的企業之間在較為平等的基礎上開展競爭。

(二) 通過徵收資源稅，促進資源的合理開採、節約使用、有效配置

開徵資源稅之前，對資源的稅收管理不得力，使得資源的開發和利用處於一種無序狀態，降低了資源的開發和使用效益，助長了一些企業採富棄貧、採易棄難、採大

棄小、亂採濫挖等破壞和浪費國家資源的現象。開徵資源稅，可以根據資源和開發條件的優劣，確定不同的稅額，把資源的開採和利用同納稅人的切身利益結合起來，一方面有利於國家加強對自然資源的保護和管理，防止經營者亂採濫用資源，減少資源的損失和浪費；另一方面也有利於經營者出於對自身經濟利益方面的考慮，提高資源的開發利用率，最大限度地合理、有效、節約地開發和利用國家資源。

(三) 有利於配合其他稅種，發揮稅收槓桿的整體功能，並為國家增加一定的財政收入

第二步「利改稅」改革以後，資源稅雖然對調節納稅人的級差收入水平發揮了一定的作用，但不夠充分，不盡如人意。這除了因為徵收範圍較窄外，主要是因為從資源的開發到產品的生產、商品的流通，在稅制上未能形成一個完整的系列，產品稅、增值稅、資源稅、企業所得稅之間的關聯度較差。有鑒於此，國家對資源稅與產品稅、增值稅、企業所得稅進行了配套改革，建立了資源稅、增值稅與企業所得稅相輔相成的綜合調節機制，使稅收的調節作用有效地貫通於資源開發、產品生產和商品流通各個環節。這樣，一方面可以彌補增值稅普遍調節不足的缺陷；另一方面也為充分發揮企業所得稅的調節功能，正確處理國家、企業、個人之間的利益分配關係創造了必要的條件。近幾年來，對資源稅稅制進行了改革，擴大了徵收範圍，適度提高了稅率，使國家財政收入得到了一定幅度的增長。

第二節　資源稅的納稅義務人、稅目與稅率

一、納稅義務人

在中華人民共和國領域及管轄海域開採或者生產應稅產品的單位和個人，為資源稅的納稅人。

上述單位是指國有企業、集體企業、私有企業、股份制企業、其他企業和行政單位、事業單位、軍事單位、社會團體及其他單位。個人，是指個體工商戶及其他個人。

根據《關於調整原油、天然氣資源稅有關政策的通知》（財稅〔2014〕73 號）的規定，開採海洋或陸上油氣資源的中外合作油氣田，在 2011 年 11 月 1 日前已簽訂的合同繼續繳納礦區使用費，不繳納資源稅；自 2011 年 11 月 1 日起新簽訂的合同繳納資源稅，不再繳納礦區使用費。開採海洋油氣資源的自營油氣田，自 2011 年 11 月 1 日起繳納資源稅，不再繳納礦區使用費。

為加強對資源稅零散稅源的控管，節約徵納成本，保證稅款及時入庫，現行《資源稅暫行條例》規定，收購未稅礦產品的獨立礦山、聯合企業以及其他單位作為資源稅的扣繳義務人。扣繳義務人主要是對那些稅源小、零散、不定期開採、稅務機關難以控制，沒有繳稅的礦產品，在收購其礦產品時負有代扣代繳資源稅的法定義務。

獨立礦山、聯合企業及其他收購未稅礦產品的單位為扣繳義務人。其中，獨立礦山是指只有採礦或只有採礦和選礦並實行獨立核算、自負盈虧的單位。作為獨立礦山，其生產的原礦和精礦主要用於對外銷售。聯合企業是指採礦、選礦、冶煉（或加工）

連續生產的企業或采礦、冶煉（或加工）連續生產的企業，其採礦單位一般是該企業的二級或二級以下的核算單位。其他收購未稅礦產品的單位包括收購未稅礦產品的非礦山企業、單位和個體戶等。未稅礦產品是指資源稅納稅人在銷售其礦產品時不能向扣繳義務人提供資源稅管理證明的礦產品。「資源稅管理證明」是證明所銷售的礦產品已繳納資源稅或已向當地稅務機關辦理納稅申報的有效憑證。

二、稅目

資源稅的稅目反應徵收資源稅的具體範圍，是資源稅課徵對象的具體表現形式。資源稅稅目包括7大類，在7個稅目下面又設有若幹個子目。現行資源稅的稅目及子目主要是根據資源稅應稅產品和納稅人開採資源的行業特點設置的。

(1) 原油，是指開採的天然原油，不包括人造石油。

(2) 天然氣，是指專門開採或者與原油同時開採的天然氣。

(3) 煤炭，包括原煤和以未稅原煤加工的洗選煤。

(4) 其他非金屬礦原礦，是指上列產品和井礦鹽以外的非金屬礦原礦。包括寶石、金剛石、玉石、膨潤土、石墨、石英砂、螢石、重晶石、毒重石、蛭石、長石、氟石、滑石、白雲石、硅灰石、雲母、大理石、花崗石、石灰石、菱鎂礦、天然鹼、石膏、硅線石、工業用金剛石、石棉、疏鐵礦、自然硫、磷鐵礦等。

(5) 黑色金屬礦原礦，是指納稅人開採后自用、銷售的，用於直接入爐冶煉或作為主產先入選精礦、製造人工礦，再最終入爐冶煉的黑色金屬礦石原礦，包括鐵礦石和鉻礦石。

(6) 有色金屬礦原礦，包括銅礦石、鉛鋅礦石、錫土礦石、鶴礦石、錫礦石、鍵礦石等。

(7) 鹽，一是固體鹽，包括海鹽原鹽、湖鹽原鹽和井礦鹽；二是液體鹽（鹵水），是指氯化鈉含量達到一定濃度的溶液，是用於生產鹼和其他產品的原料。

納稅人在開採主礦產品的過程中伴採的其他應稅礦產品，凡未單獨規定適用稅額的，一律按主礦產品或視同主礦產品稅目徵收資源稅。

未列舉名稱的其他非金屬礦原礦和其他有色金屬礦原礦，由省、自治區、直轄市人民政府決定徵收或暫緩徵收資源稅，並報財政部和國家稅務總局備案。

三、稅率

資源稅採取從價定率或者從量定額的辦法計徵，因此，稅率形式有比例稅率和定額稅率兩種。原油、天然氣、煤炭、稀土、鎢、鉬資源採用比例稅率，其他應稅資源採用定額稅率。稅目、稅率（額）具體情況見表6-1。

表 6-1　　　　　　　　　資源稅稅目稅率（額）表

稅目			稅率（額）
一、原油			銷售額的 6%~10%
二、天然氣			銷售額的 6%~10%
三、煤炭			銷售額的 2%~10%
四、其他非金屬礦原礦	普通非金屬礦原礦		每噸或每立方米 0.5~20 元
	貴重非金屬礦原礦		每千克或每克拉 0.5~20 元
五、黑色金屬礦原礦			每噸 2~30 元
六、有色金屬礦原礦	稀土礦	輕稀土	地區差別比例稅率
		中重稀土	銷售額的 27%
	鎢礦		銷售額的 6.5%
	鉬礦		銷售額的 11%
	其他有色金屬礦原礦		每噸 0.4~30 元
七、鹽	固體鹽		每噸 10~60 元
	液體鹽		每噸 2~10 元

　　輕稀土按地區執行不同的適用稅率，其中，內蒙古為 11.5%、四川為 9.5%、山東為 7.5%。

　　資源稅具體適用的稅額、稅率是在表 6-1 中的幅度範圍內按等級來確定的，等級的劃分，按《資源稅實施細則》所附「幾個主要品種的礦山資源等級表」執行。

　　對於劃分資源等級的應稅產品，其「幾個主要品種的礦山資源等級表」中未列舉名稱的納稅人適用的稅率，由省、自治區、直轄市人民政府根據納稅人的資源狀況，參照「資源稅稅目稅率明細表」和「幾個主要品種的礦山資源等級表」中確定的鄰近礦山或者資源狀況、開採條件相近礦山的稅率標準，在浮動 30% 的幅度內核定，並報財政部和國家稅務總局備案。

　　納稅人開採或者生產不同稅目應稅產品的，應當分別核算不同稅目應稅產品的銷售額或者銷售數量；未分別核算或者不能準確提供不同稅目應稅產品的銷售額或者銷售數量的，從高適用稅率。

第三節　資源稅計稅依據與應納稅額的計算

一、計稅依據

(一) 從價定率徵收的計稅依據

　　實行從價定率徵收的以銷售額作為計稅依據。銷售額是指為納稅人銷售應稅產品

向購買方收取的全部價款和價外費用,但不包括收取的增值稅銷項稅額。

納稅人開採應稅礦產品由其關聯單位對外銷售的,按其關聯單位的銷售額徵收資源稅。納稅人既有對外銷售應稅產品,又有將應稅產品用於除連續生產應稅產品以外的其他方面的,則自用的這部分應稅產品按納稅人對外銷售應稅產品的平均價格計算銷售額徵收資源稅。

納稅人將其開採的應稅產品直接出口的,按其離岸價格(不含增值稅)計算銷售額徵收資源稅。

價外費用,包括價外向購買方收取的手續費、補貼、基金、集資費、返還利潤、獎勵費、違約金、滯納金、延期付款利息、賠償金、代收款項、代墊款項、包裝費、包裝物租金、儲備費、優質費、運輸裝卸費以及其他各種性質的價外收費。但下列項目不包括在內:

(1) 同時符合以下條件的代墊運輸費用:

①承運部門的運輸費用發票開具給購買方的;

②納稅人將該項發票轉交給購買方的。

(2) 同時符合以下條件代為收取的政府性基金或者行政事業性收費:

①由國務院或者財政部批准設立的政府性基金,由國務院或者省級人民政府及其財政、價格主管部門批准設立的行政事業性收費;

②收取時開具省級以上財政部門印製的財政票據的;

③所收款項全額上繳財政的。

另外,納稅人以人民幣以外的貨幣結算銷售額的,應當折合成人民幣計算。其銷售額的人民幣折合率可以選擇銷售額發生的當天或者當月 1 日的人民幣匯率中間價。納稅人應在事先確定採用何種折合率計算方法,確定后 1 年內不得變更。

(二) 從量定額徵收的計稅依據

實行從量定額徵收的以銷售數量為計稅依據。銷售數量的具體規定為:

(1) 銷售數量,包括納稅人開採或者生產應稅產品的實際銷售數量和視同銷售的自用量。

(2) 納稅人不能準確提供應稅產品銷售數量的,以應稅產品的產量或者主管稅務機關確定的折算比換算成的數量為計徵資源稅的銷售數量。

(3) 納稅人在資源稅納稅申報時,除財政部、國家稅務總局另有規定外,應當將其應稅和減免稅項目分別計算和報送。

(4) 對於連續加工前無法正確計算原煤移送使用量的煤炭,可按加工產品的綜合回收率,將加工產品實際銷量和自用量折算成原煤數量,以此作為課稅數量。

(5) 金屬和非金屬礦產品原礦,因無法準確掌握納稅人移送使用原礦數量的,可將其精礦按選礦比折算成原礦數量,以此作為課稅數量。其計算公式為:

選礦比=精礦數量÷耗用原礦數量

(6) 納稅人以自產的液體鹽加工固體鹽,按固體鹽稅額徵稅,以加工的固體鹽數量為課稅數量。納稅人以外購的液體鹽加工成固體鹽,某加工固體鹽所耗用液體鹽的

已納稅額準予抵扣。

二、應納稅額的計算

資源稅的應納稅額，按照從價定率或者從量定額的辦法，分別以應稅產品的銷售額乘以納稅人具體適用的比例稅率或者以應稅產品的銷售數量乘以納稅人具體適用的定額稅率計算。

（一）從價定率徵收資源稅的應納稅額的計算

從價定率徵收資源稅的，以應稅產品的銷售額乘以適用比例稅率計算應納稅額。其計算公式為：

應納稅額＝銷售額×適用稅率

【例6-1】某油田2016年8月銷售原油3,000噸，開具增值稅專用發票取得銷售額2,000萬元、增值稅額340萬元，按《資源稅稅目稅率表》的規定，其適用的稅率為5％。請計算該油田8月應繳納的資源稅。

【答案】
應納稅額＝2,000×5％＝100（萬元）

（二）從量定額徵收資源稅的應納稅額的計算

從量定額徵收資源稅的，以應稅產品的銷售數量乘以適用的定額稅率計算應納稅額。其計算公式為：

應納稅額＝課稅數量×單位稅額

【例6-2】某鹽場2016年生產液體鹽20萬噸，其中5萬噸直接對外銷售，15萬噸用於繼續加工成固體鹽10萬噸，並售出8萬噸，另用2萬噸加工成精製鹽1.8萬噸全部銷售。此外還外購液體鹽3萬噸全部加工成固體鹽2.5萬噸並銷售，計算該鹽場2016年應納的資源稅（固體鹽定額稅：12元/噸，液體鹽定額稅：3元/噸）。

【答案】
（1）自產液體鹽銷售應納資源稅＝5×3＝15（萬元）
（2）自產液體鹽加工成固體鹽銷售應納資源稅＝10×12＝120（萬元）
（3）外購液體鹽加工成固體鹽銷售應納資源稅＝2.5×12－3×3＝21（萬元）
（4）該鹽場2016年應納資源稅＝15+120+21＝156（萬元）

（三）應稅煤炭資源稅額的計算

自2014年12月1日起在全國範圍內實施煤炭資源稅從價計徵改革，煤炭應稅產品包括原煤和以未稅原煤加工的洗選煤

煤炭資源稅應納稅額按照原煤或者洗選煤計稅銷售額乘以適用稅率計算。其計算公式為：

應納稅額＝應稅煤炭的銷售額×適用稅率

（1）納稅人開採原煤直接對外銷售的，以原煤銷售額作為應稅煤炭銷售額計算繳納資源稅。即：

原煤應納稅額＝原煤銷售額×適用稅率

（2）納稅人將其開採的原煤，自用於連續生產洗選煤的，在原煤移送使用環節不繳納資源稅；自用於其他方面的，視同銷售原煤，計算繳納資源稅。

（3）納稅人將其開採的原煤加工為洗選煤銷售的，以洗選煤銷售額乘以折算率作為應稅煤炭銷售額計算繳納資源稅。即：

洗選煤應納稅額＝洗選煤銷售額×折算率×適用稅率

折算率可通過洗選煤銷售額扣除洗選環節成本、利潤計算，也可通過洗選煤市場價格與其所用同類原煤市場價格的差額及綜合回收率計算。折算率由省、自治區、直轄市財稅部門或其授權地市級財稅部門確定。

（4）洗選煤銷售額包括洗選副產品的銷售額，不包括洗選煤從洗選煤廠到車站、碼頭的運輸費用。

（5）納稅人將其開採的原煤加工為洗選煤自用的，視同銷售原煤，計算繳納資源稅。

（四）稀土、鎢、鉬應納資源稅額的計算

自2015年5月1日起稀土、鎢、鉬由從量定額計徵改為從價定率計徵，其應稅產品包括原礦和以自採原礦加工的精礦。其應納稅額的計算公式為：

應納稅額＝精礦銷售額（不含增值稅）×適用稅率

第四節　稅收優惠及徵收管理

一、減稅、免稅項目

資源稅貫徹普遍徵收、級差調節的原則思想，因此規定的減免稅項目比較少。

（1）開採原油過程中用於加熱、修井的原油，免稅。

（2）納稅人開採或者生產應稅產品過程中，因意外事故或者自然災害等原因遭受重大損失的，由省、自治區、直轄市人民政府酌情決定減稅或者免稅。

（3）鐵礦石資源稅減按40%徵收。

（4）尾礦再利用的，不再徵收資源稅。

（5）從2007年1月1日起，對地面抽採煤層氣暫不徵收資源稅。煤層氣是指賦存於煤層及其圍岩中與煤炭資源伴生的非常規天然氣，也稱煤礦瓦斯。

（6）自2010年6月1日起，納稅人在新疆開採的原油、天然氣，自用於連續生產原油、天然氣的，不繳納資源稅；自用於其他方面的，視同銷售，依照本規定計算繳納資源稅。

納稅人的減稅、免稅項目，應單獨核算銷售額或者銷售數量；未單獨核算或者不能準確提供銷售額或者銷售數量的，不予減稅或者免稅。

二、出口應稅產品不退（免）資源稅的規定

資源稅規定僅對在中國境內開採或生產應稅產品的單位和個人徵收，進口的礦產品和鹽不徵收資源稅。由於對進口應稅產品不徵收資源稅，相應地，對出口應稅產品也不免徵或退還已納資源稅。

三、納稅義務發生時間

（1）納稅人銷售應稅產品，其納稅義務發生時間為：

①納稅人採取分期收款結算方式的，其納稅義務發生時間為銷售合同規定的收款日期的當天。

②納稅人採取預收貨款結算方式的，其納稅義務發生時間為發出應稅產品的當天。

③納稅人採取其他結算方式的，其納稅義務發生時間為收訖銷售款或者取得索取銷售款憑據的當天。

（2）納稅人自產自用應稅產品的納稅義務發生時間為移送使用應稅產品的當天。

（3）扣繳義務人代扣代繳稅款的納稅義務發生時間為支付首筆貨款或首次開具支付貨款憑據的當天。

四、納稅期限

資源稅的納稅期限由主管稅務機關根據納稅人應納稅額的多少，分別核定為1日、3日、5日、10日、15日或1個月。一般情況是應納稅數額越大，納稅期限越短；反之則越長。

對資源稅的報稅期限規定為以1個月為一期納稅的，自期滿之日起10日內申報納稅；1日、3日、5日、10日或15日為一期納稅的，自期滿之日起5日內預繳稅款，於次月1日起10日內申報納稅並結清上月稅款。

五、納稅地點

納稅人應納的資源稅，應當向應稅產品的開採或者生產所在地主管稅務機關繳納。

納稅人在本省、自治區、直轄市範圍內開採或者生產應稅產品，其納稅地點需要調整的，由省、自治區、直轄市稅務機關決定。

納稅人跨省開採資源稅應稅產品，其下屬生產單位與核算單位不在同一省、自治區、直轄市的，對其開採或者生產的應稅產品，一律在開採地或者生產地納稅，其應納稅款由獨立核算的單位按照每個開採地或者生產地的銷售量及適用稅率計算劃撥；實行從價計徵的應稅產品，其應納稅款一律由獨立核算的單位按照每個開採地或者生產地的銷售數量、單位銷售價格及適用稅率計算劃撥。

扣繳義務人代扣代繳的資源稅，應當向收購地主管稅務機關繳納。

海洋原油、天然氣資源稅向國家稅務總局海洋石油稅務管理機構繳納。

本章練習題

一、單項選擇題

1. 下列各項中，屬於資源稅徵稅範圍的是（　　）。
   A. 煤礦瓦斯　　　　　　　　B. 自來水
   C. 井礦鹽　　　　　　　　　D. 人造石油

2. 下列各項中，不屬於資源稅納稅人的是（　　）。
   A. 開採石灰石的個體經營者　　B. 開採原煤的國有企業
   C. 開採天然原油的外商投資企業　D. 進口鐵礦石的私營企業

3. 下列關於資源稅計稅依據的說法中，不正確的是（　　）。
   A. 納稅人自產天然氣用於福利，以自用數量為計稅依據
   B. 納稅人對外銷售原煤，以銷售額為計稅依據
   C. 納稅人自產自用鐵礦石加工精礦石后銷售，以實際移送使用數量為計稅依據
   D. 納稅人開採黑色金屬礦原礦並銷售，以銷售數量為計稅依據

4. 某銅礦山12月銷售銅礦原礦6萬噸，移送入選並銷售精礦0.5萬噸，選礦比為40%，適用稅額為10元/噸，則該礦山當月應當繳納的資源稅為（　　）。
   A. 60萬元　　　　　　　　　B. 65萬元
   C. 43.5萬元　　　　　　　　D. 72.5萬元

5. 甲地某錳礦石獨立礦山2016年到乙地收購未稅錳礦石，在丙地銷售。以下關於收購該錳礦石資源稅適用稅額的說法中，正確的是（　　）。
   A. 由稅務機關核定　　　　　B. 適用甲地的稅額
   C. 適用乙地的稅額　　　　　D. 適用丙地的稅額

6. 扣繳義務人代扣代繳的資源稅，應當向（　　）主管稅務機關繳納。
   A. 收購地　　　　　　　　　B. 開採地
   C. 生產地　　　　　　　　　D. 銷售地

二、多項選擇題

1. 下列各項中屬於資源稅應稅產品的是（　　）。
   A. 天然原油　　　　　　　　B. 以精礦形式選出的副產品
   C. 伴採礦　　　　　　　　　D. 商店銷售的食鹽
   E. 商業企業銷售的選礦

2. 下列各項中屬於資源稅徵稅範圍的是（　　）。
   A. 天然原木，不包括加工的板材
   B. 天然原油，不包括人造石油
   C. 固體鹽，包括井礦鹽

D. 鐵礦石原礦，包括伴生的釩鈦磁鐵石
E. 天然氣，包括煤礦生產的天然氣

3. 下列各項中屬於資源稅納稅人的有（　　）。
A. 進口鹽的外貿企業
B. 開採原煤的私營企業
C. 境內生產鹽的外商投資企業
D. 境外開採有色金屬礦產品的企業
E. 銷售蜂窩煤的商業企業

4. 扣繳義務人代扣代繳資源稅款的，其納稅義務發生時間為（　　）。
A. 收到應稅產品的當天
B. 付清尾款的當天
C. 支付首筆貨款的當天
D. 合同約定付款日期的當天
E. 首次開具支付貨款票據的當天

5. 關於資源稅應納稅額計算中資源稅課稅數量的確定，下列說法中正確的是（　　）。
A. 以液體鹽加工成固體鹽，應以加工成固體鹽的數量為課稅數量
B. 以液體鹽加工成固體鹽，應以移送使用的液體鹽的數量為課稅數量
C. 開採各種應稅產品直接對外銷售的，均以實際銷售數量為課稅數量
D. 開採各種應稅產品直接對外銷售的，均以實際開採數量為課稅數量
E. 開採各種應稅產品自用的，均以自用數量為課稅數量

三、計算題

1. 某聯合企業為增值稅一般納稅人，2016年7月生產經營情況如下：

（1）專門開採天然氣45,000千立方米，開採原煤450萬噸，採煤過程中生產天然氣2,800千立方米。

（2）銷售原煤280萬噸，取得不含稅的銷售額148,400萬元。

（3）以原煤直接加工洗煤120萬噸，全部對外銷售，取得不含稅銷售額72,000萬元。

（5）銷售天然氣37,000千立方米（含採煤過程中生產的2,000千立方米），取得不含稅的銷售額7,400萬元。

（6）購入採煤用原材料和低值易耗品，取得增值稅專用發票，註明支付貨款7,000萬元，增值稅稅額1,190萬元，原材料和低值易耗品均已驗收入庫。

（7）購進採煤機械設備10臺，取得增值稅專用發票，註明每臺支付貨款25萬元、增值稅4.25萬元，全部投入使用。

已知：資源稅稅率，原煤為5%，天然氣為6%；洗選煤的折算比率為70%。

根據以上資料，請計算：

（1）該企業業務（3）和業務（4）應納的資源稅；

（2）計算企業當月銷售天然氣應納資源稅；

（3）計算企業當月應納資源稅合計數；

（4）計算企業當月應繳納的增值稅。

2. 某鹽場 2015 年生產液體鹽 20 萬噸，其中 5 萬噸直接對外銷售，15 萬噸用於繼續加工成固體鹽 10 萬噸，並售出 8 萬噸，另用 2 萬噸加工成精製鹽 1.8 萬噸全部銷售。此外還外購液體鹽 3 萬噸全部加工成固體鹽 2.5 萬噸並銷售。計算該鹽場 2015 年應納的資源稅（固體鹽定額稅：12 元/噸，液體鹽定額稅：3 元/噸）。

四、思考題

1. 如何理解資源稅的特點？
2. 資源稅規定的扣繳義務人是如何確定的？
3. 資源稅從價計徵的範圍是什麼？
4. 如何掌握資源稅的計稅方法？

第七章　土地增值稅

教學目標：

1. 熟悉土地增值稅的稅收優惠及徵收管理辦法。
2. 掌握土地增值稅的徵稅範圍以及應納稅額的計算。

重難點：

土地增值稅超額累進稅率的運用、土地增值稅扣除項目的確定。

第一節　土地增值稅概述

一、土地增值稅的概念

土地增值稅是對有償轉讓國有土地使用權及地上建築物和其他附著物產權並取得增值性收入的單位和個人所徵收的一種稅。

土地屬於不動產，對土地課稅是一種古老的稅收形式，也是各國普遍徵收的一種財產稅。有些國家和地區將土地單列出來徵稅，如土地稅、地價稅、農地稅、未開發土地稅、荒地稅、城市土地稅、土地登記稅、土地轉讓稅、土地增值稅、土地租金稅、土地發展稅，等等。有些國家和地區鑒於土地與地面上的房屋、建築物及其他附著物密不可分，對土地、房屋及其他附著物一起徵稅，統稱為房地產稅、不動產稅、財產稅等。

對土地徵稅，依據徵稅的稅基不同，大致可以分為兩大類：一類是財產性質的土地稅，它以土地的數量或價值為稅基，或實行從量計稅，或採取從價計稅，前者如中國歷史上曾開徵的田賦和地畝稅，后者如地價稅等。這類土地稅的歷史十分悠久，屬於原始的直接稅或財產稅。另一類是收益性質的土地稅，其實質是對土地收益或地租徵稅。

二、土地增值稅的特點

（一）以轉讓房地產取得的增值額為徵稅對象

中國的土地增值稅屬於「土地轉移增值稅」的類型，將土地、房屋的轉讓收入合併徵收。作為徵稅對象的增值額，是納稅人轉讓房地產的收入減除稅法規定準予扣除項目金額后的餘額。

(二) 徵稅面比較廣

凡在中國境內轉讓房地產並取得增值收入的單位和個人，除稅法規定免稅的外，均應依照稅法規定繳納土地增值稅。換言之，凡發生應稅行為的單位和個人，不論其經濟性質，也不分內、外資企業或中、外籍人員，無論專營或兼營房地產業務，均有繳納土地增值稅的義務。

(三) 採用扣除法和評估法計算增值額

土地增值稅在計算方法上考慮中國實際情況，以納稅人轉讓房地產取得的收入，減除法定扣除項目金額后的餘額作為計稅依據。對舊房及建築物的轉讓，以及對納稅人轉讓房地產申報不實、成交價格偏低的，採用評估價格法確定增值額，計徵土地增值稅。

(四) 實行超率累進稅率

土地增值稅的稅率是以轉讓房地產的增值率高低為依據，按照累進原則設計的，實行分級計徵。增值率高的，適用的稅率高、多納稅；增值率低的，適用的稅率低、少納稅。

(五) 實行按次徵收，納稅時間、繳納方法根據房地產轉讓情況而定

土地增值稅發生在房地產轉讓環節，實行按次徵收，每發生一次轉讓行為，就應根據每次取得的增值額徵一次稅。其納稅時間和繳納方法根據房地產轉讓情況而定。

三、土地增值稅的作用

(一) 有利於國家加強對房地產開發、交易行為的宏觀調控

由於中國有關土地管理的各項制度滯后，不健全、不配套，以及行政管理上的偏差，在房地產業發展中出現了一些問題。主要體現為房地產開發過熱，炒買炒賣房地產的投機之風一度盛行，房地產價格上漲過猛，投入房地產的資金規模過大，國家土地資源浪費嚴重，國有土地資源收益流失過多，衝擊和危害了國民經濟的健康、協調發展，而且也造成了社會分配不公。為此，中國決定借鑑世界上一些國家和地區的有益做法，開徵土地增值稅，利用稅收槓桿對房地產業的開發、經營和房地產市場進行適當調控，以保護房地產業和房地產市場的健康發展，控制房地產的投機行為，促進土地資源的合理利用，調節部分單位和個人通過房地產交易取得的過高收入。

(二) 抑制土地炒買炒賣，保障國家的土地權益

在中國，有些地區出於招商引資或急於求成搞建設的考慮，盲目進行土地開發，競相壓低國有土地批租價格，給炒買炒賣者留下可乘之機，致使國家土地增值收益流失嚴重，極大地損害了國家利益。通過對土地增值性收益徵稅，可以在一定程度上堵塞漏洞，減少國家土地資源及增值性收益的流失，遏制土地投機行為，保護房地產開發者的合法權益，維護國家的整體利益。

(三) 規範國家參與土地增值收益的分配方式，增加財政收入

目前，中國涉及房地產交易市場的稅，主要有增值稅、企業所得稅、個人所得稅、契稅等。這些稅種對轉讓房地產收益只具有一般的調節作用，對房地產轉讓增值所獲得的過高收入起不到特殊的調節作用。對土地增值收益徵稅，可以為增加國家財政收入開闢新的財源。

分稅制財政體制規定，土地增值稅屬於地方財政收入。在土地增值稅開徵前，有些地區已通過徵收土地增值費的辦法，對土地增值收益進行分配，但辦法不統一，收費標準也不規範，相差懸殊。因此，有必要由國家以法律、法規的形式，用強制性的稅收方式，規範土地增值性收益的分配製度。

第二節　土地增值稅徵稅範圍、納稅人和稅率

一、徵稅範圍

(一) 基本徵稅範圍

土地增值稅是對轉讓國有土地使用權及其地上建築物和附著物的行為徵稅，不包括國有土地使用權出讓所取得的收入。

國有土地使用權出讓，是指國家以土地所有者的身分將土地使用權在一定年限內讓與土地使用者，並由土地使用者向國家支付土地使用權出讓金的行為，屬於土地買賣的一級市場。土地使用權出讓的出讓方是國家，國家憑藉土地的所有權向土地使用者收取土地的租金。出讓的目的是實行國有土地的有償使用制度，合理開發、利用、經營土地，因此，土地使用權的出讓不屬於土地增值稅的徵稅範圍。

國有土地使用權的轉讓是指土地使用者通過出讓等形式取得土地使用權后，將土地使用權再轉讓的行為，包括出售、交換和贈予，它屬於土地買賣的二級市場土地使用權轉讓，其地上的建築物、其他附著物的所有權隨之轉讓。土地使用權的轉讓，屬於土地增值稅的徵稅範圍。

土地增值稅的徵稅範圍不包括未轉讓土地使用權、房產產權的行為，是否發生轉讓行為主要以房地產權屬（指土地使用權和房產產權）的變更為標準。凡土地使用權、房產產權未轉讓的（如房地產的出租），不徵收土地增值稅。

土地增值稅的基本範圍包括：

1. 轉讓國有土地使用權

國有土地是指按國家法律規定屬於國家所有的土地。出售國有土地使用權是指土地使用者通過出讓方式，向政府繳納了土地出讓金，有償受讓土地使用權后，僅對土地進行通水、通電、通路和平整地面等土地開發，不進行房產開發，即所謂「將生地變熟地」，然後直接將空地出售出去。

2. 地上的建築物及其附著物連同國有土地使用權一併轉讓

地上的建築物是指建於土地上的一切建築物，包括地上地下的各種附屬設施。附著物是指附著於土地上的不能移動或一經移動即遭損壞的物品。納稅人取得國有土地使用權后進行房屋開發建造然后出售的，這種情況即是一般所說的房地產開發。雖然這種行為通常被稱做賣房，但按照國家有關房地產法律和法規的規定，賣房的同時，土地使用權也隨之發生轉讓。由於這種情況既發生了產權的轉讓又取得了收入，所以應納入土地增值稅的徵稅範圍。

3. 存量房地產的買賣

存量房地產是指已經建成並已投入使用的房地產，其房屋所有人將房屋產權和土地使用權一併轉讓給其他單位和個人。這種行為按照國家有關的房地產法律和法規，應當到有關部門辦理房產產權和土地使用權的轉移變更手續；原土地使用權屬於無償劃撥的，還應到土地管理部門補交土地出讓金。

4. 土地增值稅只對有償轉讓的房地產徵稅，對以繼承、贈予等方式無償轉讓的房地產，不予徵稅

（1）房地產的繼承

房地產的繼承是指房產的原產權所有人、依照法律規定取得土地使用權的土地使用人死亡以後，由其繼承人依法承受死者房產產權和土地使用權的民事法律行為。這種行為雖然發生了房地產的權屬變更，但房產產權、土地使用權的原所有人（即被繼承人）並沒有因為權屬變更而取得任何收入。因此，這種房地產的繼承不屬於土地增值稅的徵稅範圍。

（2）房地產的贈予

房地產的贈予是指房產所有人、土地使用權所有人將自己所擁有的房地產無償地交給其他單位與個人的行為。房地產的贈予雖發生了房地產的權屬變更，但房產所有人、土地使用權的所有人並沒有因為權屬的轉讓而取得任何收入。因此，房地產的贈予不屬於土地增值稅的徵稅範圍。但是，不徵收土地增值稅的房地產贈予行為只包括以下兩種情況：

①房產所有人、土地使用權所有人將房屋產權、土地使用權贈予直系親屬或承擔直接贍養義務人的行為。

②房產所有人、土地使用權所有人通過中國境內非營利的社會團體、國家機關將房屋產權、土地使用權贈予教育、民政和其他社會福利、公益事業的行為。其中，社會團體是指中國青少年發展基金會、希望工程基金會、宋慶齡基金會、減災委員會、中國紅十字會、中國殘疾人聯合會、全國老年基金會、老區促進會，以及經民政部門批准成立的其他非營利的公益性組織。

（二）徵稅範圍的若干具體規定

1. 合作建房

對於一方出地、一方出資金，雙方合作建房，建成后分房自用的，暫免徵收土地增值稅。但是，建成后轉讓的，屬於徵收土地增值稅的範圍。

2. 交換房地產

交換房地產行為既發生了房產產權、土地使用權的轉移，交換雙方又取得了實物形態的收入，按照規定屬於徵收土地增值稅的範圍。但對個人之間互換自有居住用房地產的，經當地稅務機關核實，可以免徵土地增值稅。

3. 房地產抵押

在抵押期間不徵收土地增值稅。待抵押期滿后，視該房地產是否轉移產權來確定是否徵收土地增值稅。以房地產抵債而發生房地產產權轉讓的，屬於徵收土地增值稅的範圍。

4. 房地產出租

房地產出租，出租人取得了收入，但沒有發生房地產產權的轉讓，不屬於徵收土地增值稅的範圍。

5. 房地產評估增值

房地產評估增值，沒有發生房地產權屬的轉讓，不屬於徵收土地增值稅的範圍。

6. 國家收回國有土地使用權、徵用地上建築物及附著物

國家收回或徵用，雖然發生了權屬的變更，原房地產所有人也取得了收入，但按照《土地增值稅暫行條例》的有關規定，可以免徵土地增值稅。

7. 房地產的代建房行為

對於房地產開發公司而言，雖然取得了收入，但沒有發生房地產權屬的轉移，其收入屬於勞務收入性質，故不屬於土地增值稅的徵稅範圍。

8. 土地使用者轉讓、抵押或置換土地行為

土地使用者轉讓、抵押或置換土地，無論其是否取得了該土地的使用權屬證書，無論其在轉讓、抵押或置換土地過程中是否與對方當事人辦理了土地使用權屬證書變更登記手續，只要土地使用者享有佔有、使用、收益或處分該土地的權利，且有合同等證據表明其實質轉讓、抵押或置換了土地並取得了相應的經濟利益，土地使用者及其對方當事人應當依照稅法規定繳納土地增值稅等相關稅收。

(三) 企業改制重組土地增值稅政策

為貫徹落實《國務院關於進一步優化企業兼併重組市場環境的意見》（國發〔2014〕14號），企業在改制重組過程中涉及的土地增值稅政策如下：

(1) 按照《公司法》的規定，非公司制企業整體改建為有限責任公司或者股份有限公司，有限責任公司（股份有限公司）整體改建為股份有限公司（有限責任公司）。改建前的企業將國有土地、房屋權屬轉移、變更到改建后的企業，暫不徵土地增值稅。

上述所稱整體改建是指不改變原企業的投資主體，並承繼原企業權利、義務的行為。

(2) 按照法律規定或者合同約定，兩個或兩個以上企業合併為一個企業，且原企業投資主體存續的，原企業將國有土地、房屋權屬轉移、變更到合併后的企業，暫不徵土地增值稅。

(3) 按照法律規定或者合同約定，企業分設為兩個或兩個以上與原企業投資主體

相同的企業，原企業將國有土地、房屋權屬轉移、變更到分立后的企業，暫不徵土地增值稅。

（4）單位、個人在改制重組時以國有土地、房屋進行投資，其將國有土地、房屋權屬轉移、變更到被投資的企業，暫不徵土地增值稅。

（5）上述改制重組有關土地增值稅政策不適用於房地產開發企業。

（6）企業改制重組后再轉讓國有土地使用權並申報繳納土地增值稅時，應以改制前取得該宗國有土地使用權所支付的地價款和按國家統一規定繳納的有關費用，作為該企業「取得土地使用權所支付的金額」扣除。企業在重組改制過程中經省級以上（含省級）國土管理部門批准，國家以國有土地使用權作價出資入股的，再轉讓該宗國有土地使用權並申報繳納土地增值稅時，應以該宗土地作價入股時省級以上（含省級）國土管理部門批准的評估價格，作為該企業「取得土地使用權所支付的金額」扣除。辦理納稅申報時，企業應提供該宗土地作價入股時省級以上（含省級）國土管理部門的批准文件和批准的評估價格，不能提供批准文件和批准的評估價格的，不得扣除。

（7）企業按上述規定享受相關土地增值稅優惠政策的，應及時向主管稅務機關提交相關房產、國有土地權證、價值證明等書面材料。

（8）上述規定執行期限為2015年1月1日至2017年12月31日。《財政部　國家稅務總局關於土地增值稅一些具體問題規定的通知》（財稅字〔1995〕48號）第一條、第三條，《財政部　國家稅務總局關於土地增值稅若幹問題的通知》（財稅〔2006〕21號）第五條同時廢止。

二、納稅義務人

《土地增值稅暫行條例》規定，土地增值稅的納稅人是轉讓國有土地使用權及地上建築物及其附著物產權，並取得收入的單位和個人。包括機關、團體、部隊、企業事業單位、個體工商業戶及國內其他單位和個人，還包括外商投資企業、外國企業及外國機構、華僑、港澳臺同胞及外國公民等。

三、稅率

土地增值稅實行四級超率累進稅率：
（1）增值額未超過扣除項目金額50%的部分，稅率為30%。
（2）增值額超過扣除項目金額50%、未超過扣除項目金額100%的部分，稅率為40%。
（3）增值額超過扣除項目金額100%、未超過扣除項目金額200%的部分，稅率為50%。
（4）增值額超過扣除項目金額200%的部分，稅率為60%。

上述四級超率累進稅率，每級「增值額未超過扣除項目金額」的比例，均包括本比例數。超率累進稅率見表7-1。

表 7-1　　　　　　　　土地增值稅四級超率累進稅率表　　　　　　　單位:%

級數	增值額與扣除項目淨額的比率	稅率	速算扣除數系數
1	不超過 50% 的部分	30	0
2	超過 50%~100% 的部分	40	5
3	超過 100%~200% 的部分	50	15
4	超過 200% 的部分	60	35

第三節　轉讓房地產增值額的確定

　　轉讓房地產應當繳納土地增值稅，其計稅依據是轉讓房地產所取得的增值額。轉讓房地產的增值額，是轉讓房地產的收入減除稅法規定的扣除項目金額后的餘額。土地增值額的大小，取決於轉讓房地產的收入額和扣除項目金額兩個因素。對這兩個因素的內涵、範圍和確定方法等，稅法都做了較為明確的規定。

一、收入額的確定

　　納稅人轉讓房地產所取得的收入，是指轉讓房地產所取得的各種收入，包括貨幣收入、實物收入和其他收入在內的全部價款及有關的經濟利益。

（1）對取得的實物收入，要按收入時的市場價格折算成貨幣收入；

（2）對取得的無形資產收入，要進行專門的評估，在確定其價值后折算成貨幣收入。

（3）取得的收入為外國貨幣的，應當以取得收入當天或當月 1 日國家公布的市場匯價折合成人民幣，據以計算土地增值稅稅額。當月以分期收款方式取得的外幣收入，也應按實際收款日或收款當月 1 日國家公布的市場匯價折合成人民幣。

（4）對於縣級及縣級以上人民政府要求房地產開發企業在售房時代收的各項費用，如果代收費用是計入房價中向購買方一併收取的，可作為轉讓房地產所取得的收入計稅；如果代收費用未計入房價中，而是在房價之外單獨收取的，可以不作為轉讓房地產的收入。

　　對於代收費用作為轉讓收入計稅的，在計算扣除項目金額時，可予以扣除，但不允許作為加計 20% 扣除的基數；對於代收費用未作為轉讓房地產的收入計稅的，在計算增值額時不允許扣除代收費用。

二、扣除項目及其金額

　　計算土地增值稅應納稅額，並不是直接對轉讓房地產所取得的收入徵稅，而是要對收入額減除國家規定的各項扣除項目金額后的餘額計算徵稅（這個餘額就是納稅人在轉讓房地產中獲取的增值額）。因此，要計算增值額，首先必須確定扣除項目。稅法

準予納稅人從轉讓收入額中減除的扣除項目包括如下幾項：

(一) 取得土地使用權所支付的金額

取得土地使用權所支付的金額包括兩方面的內容：

(1) 納稅人為取得土地使用權所支付的地價款。如果是以協議、招標、拍賣等出讓方式取得土地使用權的，地價款為納稅人所支付的土地出讓金；如果是以行政劃撥方式取得土地使用權的，地價款為按照國家有關規定補交的土地出讓金；如果是以轉讓方式取得土地使用權的，地價款為向原土地使用權人實際支付的地價款。

(2) 納稅人在取得土地使用權時按國家統一規定繳納的有關費用。它是指納稅人在取得土地使用權過程中為辦理有關手續，按國家統一規定繳納的有關登記、過戶手續費。

(二) 開發土地和新建房及配套設施成本（簡稱房地產開發成本）

房地產開發成本是指納稅人房地產開發項目實際發生的成本，包括土地的徵用及拆遷補償費、前期工程費、建築安裝工程費、基礎設施費、公共配套設施費、開發間接費用等。

(1) 土地徵用及拆遷補償費，包括土地徵用費、耕地占用稅、勞動方安置費及有關地上、地下附著物拆遷補償的淨支出、安置動遷用房支出等。

(2) 前期工程費，包括規劃、設計、項目可行性研究和水文、地質、勘察、測繪、「三通一平」等支出。

(3) 建築安裝工程費，指以出包方式支付給承包單位的建築安裝工程費，以及以自營方式發生的建築安裝工程費。

(4) 基礎設施費，包括開發小區內道路、供水、供電、供氣、排污、排洪、通信、照明、環衛、綠化等工程發生的支出。

(5) 公共配套設施費，包括不能有償轉讓的開發小區內公共配套設施發生的支出。

(6) 開發間接費用，指直接組織、管理開發項目發生的費用，包括工資、職工福利費、折舊費、修理費、辦公費、水電費、勞動保護費、週轉房攤銷等。

(三) 開發土地和新建房及配套設施的費用（簡稱房地產開發費用）

房地產開發費用是指與房地產開發項目有關的銷售費用、管理費用和財務費用。根據現行財務會計制度的規定，這三項費用作為期間費用，直接計入當期損益，不按成本核算對象進行分攤。故作為土地增值稅扣除項目的房地產開發費用，不按納稅人房地產開發項目實際發生的費用進行扣除，而按《實施細則》的標準進行扣除

《實施細則》規定，財務費用中的利息支出，凡能夠按轉讓房地產項目計算分攤並提供金融機構證明的，允許據實扣除，但最高不能超過按商業銀行同類同期貸款利率計算的金額。其他房地產開發費用，按《實施細則》第七條（一）、（二）項規定（即取得土地使用權所支付的金額和房地產開發成本，下同）計算的金額之和的5%以內計算扣除。轉讓房地產項目計算分攤利息支出或不能提供金融機構證明的，房地產開發費用按《實施細則》第七條（一）、（二）項規定計算的金額之和的10%以內計算扣

除。計算扣除的具體比例，由各省、自治區、直轄市人民政府規定。

上述規定的具體含義是：

（1）納稅人能夠按轉讓房地產項目計算分攤利息支出，並能提供金融機構的貸款證明的，其允許扣除的房地產開發費用為：利息+（取得土地使用權所支付的金額+房地產開發成本）×5%以內（註：利息最高不能超過按商業銀行同類同期貸款利率計算的金額）。

（2）納稅人不能按轉讓房地產項目計算分攤利息支出或不能提供金融機構貸款證明的，其允許扣除的房地產開發費用為：（取得土地使用權所支付的金額+房地產開發成本）×10%以內。

全部使用自有資金，沒有利息支出的，按照以上方法扣除。上述具體適用的比例按省級人民政府此前規定的比例執行。

（3）房地產開發企業既向金融機構借款，又有其他借款的，其房地產開發費用計算扣除比例不能同時適用上述（1）、（2）項所述兩種辦法。

（4）土地增值稅清算時，已經計入房地產開發成本的利息支出，應調整至財務費用中計算扣除。

注意，財政部、國家稅務總局還對扣除項目金額中利息支出的計算問題作了兩點專門規定：一是利息的上浮幅度按國家的有關規定執行，超過上浮幅度的部分不允許扣除；二是對於超過貸款期限的利息部分和加罰的利息不允許扣除。

（四）與轉讓房產有關的稅金

它是指在轉讓房地產時繳納的印花稅、城市維護建設稅，教育費附加也可視同稅金扣除。

允許扣除的印花稅，是指在轉讓房地產時繳納的印花稅。房地產開發企業按照《施工、房地產開發企業財務制度》的有關規定，其繳納的印花稅列入管理費用、印花稅不再單獨扣除。房地產開發企業以外的其他納稅人在計算土地增值稅時，允許扣除在轉讓房地產環節繳納的印花稅。

對於個人購入房地產再轉讓的，其在購入環節繳納的契稅，由於已經包含在舊房及建築物的評估價格之中，因此，計徵土地增值稅時，不另作為與轉讓房地產有關的稅金扣除。

（五）其他扣除項目

財政部確定的一項重要扣除項目是，對從事房地產開發的納稅人允許按取得土地使用權時所支付的金額和房地產開發成本之和，加計20%扣除。在此，應特別指出的是：此條優惠只適用於從事房地產開發的納稅人，除此之外的其他納稅人不適用。這樣的規定，目的是為了抑制炒買炒賣房地產的投機行為，保護正常開發投資者的積極性。

（六）舊房及建築物的評估價格

納稅人轉讓舊房的，應按房屋及建築物的評估價格、取得土地使用權所支付的地

價款或出讓金、按國家統一規定繳納的有關費用和轉讓環節繳納的稅金作為扣除項目金額計徵土地增值稅。對取得土地使用權時未支付地價款或不能提供已支付的地價款憑據的，在計徵土地增值稅時不允許扣除。

舊房及建築物的評估價格是指在轉讓已使用的房屋及建築物時，由政府批准設立的房地產評估機構評定的重置成本價乘以成新度折扣率後的價格。評估價格須經當地稅務機關確認。重置成本價的含義是：對舊房及建築物，按轉讓時的建材價格及人工費用計算，建造同樣面積、同樣層次、同樣結構、同樣建設標準的新房及建築物所需花費的成本費用。成新度折扣率的含義是：按舊房的新舊程度作一定比例的折扣。例如，1幢房屋已使用近10年，建造時的造價為2,000萬元，按轉讓時的建材及人工費用計算，建同樣的新房需花費4,000萬元；假定該房有六成新，則該房的評估價格為：4,000×60%＝2,400（萬元）。

納稅人轉讓舊房及建築物，凡不能取得評估價格但能提供購房發票的，經當地稅務部門確認，根據《土地增值稅暫行條例》第六條第（一）、（三）項規定的扣除項目的金額（即取得土地使用權所支付的金額、新建房及配套設施的成本、費用，或者舊房及建築物的評估價格），可按發票所載金額並從購買年度起至轉讓年度止每年加計5%計算扣除。計算扣除項目時「每年」按購房發票所載日期起至售房發票開具之日止，每滿12個月計1年；超過1年，未滿12個月但超過6個月的，可以視同為1年。

對納稅人購房時繳納的契稅，凡能提供契稅完稅憑證的，準予作為「與轉讓房地產有關的稅金」予以扣除，但不作為加計5%的基數。

對於轉讓舊房及建築物，既沒有評估價格，又不能提供購房發票的，地方稅務機關可以根據《中華人民共和國稅收徵收管理法》第三十五條的規定，實行核定徵收。

第四節　土地增值稅應納稅額的計算

土地增值稅以轉讓房地產的增值額為稅基，依據超率累進稅率，計算應納稅額。計算的基本原理和方法是：首先以出售房地產的總收入減除扣除項目金額，求得增值額；再以增值額同扣除項目相比，其比值即為土地增值率；然後，根據土地增值率的高低確定適用稅率，用增值額和適用稅率相乘，求得應納稅額。

計算土地增值稅的簡便方法：

（1）增值額未超過扣除項目金額50%的：
土地增值稅稅額＝增值額×30%

（2）增值額超過扣除項目金額50%未超過100%的：
土地增值稅稅額＝增值額×40%－扣除項目金額×5%

（3）增值額超過扣除項目金額100%未超過200%的：
土地增值稅稅額＝增值額×50%－扣除項目金額×15%

（4）增值額超過扣除項目金額200%的：
土地增值稅稅額＝增值額×60%－扣除項目金額×35%

上述公式中的 5%、15%、35% 為速算扣除系數。

以下就轉讓房地產的不同情況，分別介紹應納稅額的計算方法。

一、轉讓土地使用權和出售新房及配套設施應納稅款的計算

計算應納土地增值稅，可根據上述計算原理分四步進行。

（一）計算增值額

增值額＝收入額－扣除項目金額

（二）計算增值率

增值率＝增值額÷扣除項目金額×100%

（三）確定適用稅率和速算扣除系數

依據計算的增值率，按稅率表確定稅率和速算扣除系數。

（四）計算應納稅額

應納稅額＝增值稅×適用稅率－扣除項目金額×速算扣除系數

【例 7-1】某房地產開發公司出售一幢寫字樓，收入總額為 10,000 萬元。開發該寫字樓有關支出為：支付地價款及各種費用 1,000 萬元；房地產開發成本 3,000 萬元；財務費用中的利息支出 500 萬元（可按轉讓項目計算分攤並提供金融機構證明），但其中有 50 萬元屬加罰的利息；轉讓環節繳納的有關稅費共計 555 萬元；該單位所在地政府規定的其他房地產開發費用計算扣除比例為 5%。試計算該房地產開發公司應納的土地增值稅。

【答案】

（1）取得土地使用權支付的地價款及有關費用為 1,000 萬元

（2）房地產開發成本為 3,000 萬元

（3）房地產開發費用＝500－50＋（1,000＋3,000）×5%＝650（萬元）

（4）允許扣除的稅費為 555 萬元

（5）從事房地產開發的納稅人加計扣除 20%

加計扣除額＝（1,000＋3,000）×20%＝800（萬元）

（6）允許扣除的項目金額合計＝1,000＋3,000＋650＋555＋800＝6,005（萬元）

（7）增值額＝10,000－6,005＝3,995（萬元）

（8）增值率＝3,995÷6,005×100%＝66.53%

（9）應納稅額＝3,995÷40%－6,005×5%＝1,297.75（萬元）

二、出售舊房應納稅額的計算

出售舊房及建築物，首先按評估價格及有關因素計算、確定扣除項目金額，再根據上述方法計算應納稅額。具體計算步驟是：

（1）計算評估價格：

評估價格＝重置成本價×成新度折扣率

(2) 匯集扣除項目金額。
(3) 計算增值率。
(4) 依據增值率確定適用稅率。
(5) 依據適用稅率計算應納稅額：

應納稅額＝增值額×適用稅率－扣除項目金額×速算扣除系數

【例7-2】某工業企業轉讓一幢20世紀80年代建造的廠房，當時造價100萬元，無償取得土地使用權。如果按現行市場價的材料、人工費計算，建造同樣的房子需600萬元，該房子為七成新，按500萬元出售，支付有關稅費共計27.5萬元。計算企業轉讓該舊房應繳納的土地增值稅額。

【答案】

(1) 評估價格＝600×70%＝420（萬元）
(2) 允許扣除的稅金27.5萬元
(3) 扣除項目金額合計＝420＋27.5＝447.5（萬元）
(4) 增值額＝500－447.5＝52.5（萬元）
(5) 增值率＝52.5÷447.5×100%＝11.73%
(6) 應納稅額＝52.5×30%－447.5×0＝15.75（萬元）

第五節　稅收優惠及徵收管理

一、土地增值稅稅收優惠

(1) 建造普通標準住宅出售，其增值額未超過扣除項目金額之和20%的，予以免稅。超過20%的，應就其全部增值額按規定計稅。

所謂「普通標準住宅」，是指按所在地一般民用住宅標準建造的居住用住宅。高級公寓、別墅、小洋樓、度假村，以及超面積、超標準豪華裝修的住宅，均不屬於普通標準住宅。普通標準住宅與其他住宅的具體界限，2005年5月31日前由省級人民政府規定。

2005年6月1日起，普通標準住宅應同時滿足：住宅小區建築容積率在1.0以上，單套建築面積在120平方米以下，實際成交價格低於同級別土地上住房平均交易價格1.2倍以下。

各省、自治區、直轄市應根據實際情況，制定本地區享受優惠政策普通住房具體標準。

允許單套建築面積和價格標準適當浮動，但向上浮動的比例不得超過上述標準的20%。

對納稅人既建普通標準住宅，又搞其他房地產開發的，應分別核算增值額；不分別核算增值額或不能準確核算增值額的，其建造的普通標準住宅不適用該免稅規定。

(2) 因國家建設需要而被政府徵收、收回的房地產，免稅。

這類房地產是指因城市市政規劃、國家建設需要拆遷，而被政府徵收、收回的房地產。

由於上述原因，納稅人自行轉讓房地產的，亦給予免稅。

（3）自 2008 年 11 月 1 日起，個人轉讓房產一律免徵土地增值稅。

（4）對企事業單位、社會團體以及其他組織轉讓舊房作為公共租賃住房房源，且增值額未超過扣除項目金額20%的，免徵土地增值稅。

（5）對個人之間互換自有居住用房地產的，經當地稅務機關核實，可以免徵土地增值稅。

二、土地增值稅徵收管理

由於房地產開發與轉讓週期較長，造成土地增值稅徵管難度大，應加強土地增值稅的預徵管理辦法。預徵率的確定要科學、合理。對已經實行預徵辦法的地區，可根據不同類型房地產的實際情況，確定適當的預徵率。除保障性住房外，東部地區省份預徵率不得低於 2%，中部和東北地區省份不得低於 1.5%，西部地區省份不得低於 1%。

（一）納稅地點

土地增值稅的納稅人應向房地產所在地主管稅務機關辦理納稅申報，並在稅務機關核定的期限內繳納土地增值稅。「房地產所在地」，是指房地產的坐落地。納稅人轉讓的房地產坐落在兩個或兩個以上地區的，應按房地產所在地分別申報納稅。

在實際工作中，納稅地點的確定又可分為以下兩種情況：

（1）納稅人是法人的。當轉讓的房地產坐落地與其機構所在地或經營所在地一致時，則在辦理稅務登記的原管轄稅務機關申報納稅即可；如果轉讓的房地產坐落地與其機構所在地或經營所在地不一致時，則應在房地產坐落地的稅務機關申報納稅。

（2）納稅人是自然人的。當轉讓的房地產坐落地與其居住所在地一致時，則在住所所在地稅務機關申報納稅；當轉讓的房地產坐落地與其居住所在地不一致時，則在辦理過戶手續所在地的稅務機關申報納稅。

（二）納稅申報

土地增值稅的納稅人應在轉讓房地產合同簽訂后的 7 日內，到房地產所在地主管稅務機關辦理納稅申報，並向稅務機關提交房屋及建築物產權、土地使用權證書、土地轉讓、房產買賣合同，房地產評估報告及其他與轉讓房地產有關的資料。

納稅人因經常發生房地產轉讓而難以在每次轉讓后申報的，經稅務機關審核同意后，可以定期進行行納稅申報，具體期限由稅務機關根據相關規定確定。

納稅人因經常發生房地產轉讓而難以在每次轉讓后申報，是指房地產開發企業開發建造的房地產、因分次轉讓而頻繁發生納稅義務、難以在每次轉讓后申報納稅的情況，其土地增值稅可按月或按各省、自治區、直轄市和計劃單列市地方稅務局規定的期限申報繳納。納稅人選擇定期申報方式的，應向納稅所在地的地方稅務機關備案。定期申報方式確定后，一年之內不得變更。

本章練習題

一、單項選擇題

1. 下列各項中，不屬於土地增值稅納稅人的是（　　）。
   A. 與國有企業換房的外資企業　　B. 合作建房后出售房產的企業
   C. 轉讓國有土地使用權的企業　　D. 將辦公樓用於出租的企業

2. 下列各項中，應繳納土地增值稅的是（　　）。
   A. 房屋所有人將房屋產權贈予直系親屬
   B. 土地管理部門出讓國有土地使用權
   C. 房地產企業將自己開發的房地產無償贈送給關聯企業
   D. 某企業將一幢樓房的產權通過國家機關贈予一所希望小學作為教學樓

3. 2016年8月，位於市區的某公司銷售一座已經使用過的倉庫，簽訂合同並開具發票，取得銷售收入500萬元。由於企業不能確定該房屋的評估價格，但能提供購房發票，發票上的購房金額是300萬元，已經過稅務機關確認，準予抵扣的稅費為11.25萬元。購房發票上所載日期是2012年5月1日，公司應納土地增值稅（　　）萬元。
   A. 43.13　　　　　　　　　　　B. 38.63
   C. 51.13　　　　　　　　　　　D. 60.65

4. 某企業銷售一幢已經使用過的房產，確定銷售收入2,500萬元，廠房原價880萬元，已經折舊400萬元，經評估該樓重置成本3,500萬元，五成新，銷售時繳納相關稅費150萬元，該企業房產應納土地增值稅（　　）萬元。
   A. 121　　　　　　　　　　　　B. 130
   C. 145　　　　　　　　　　　　D. 180

5. 自然人轉讓的房地產坐落在與其居住地不在同一地的，土地增值稅的納稅地點是（　　）。
   A. 個人工作單位所在地　　　　B. 個人居住地
   C. 房地產坐落地　　　　　　　D. 個人戶籍所在地

6. 按照土地增值稅的有關規定，下列各項目中，房地產開發企業計算土地增值稅時，應單獨扣除的稅金是（　　）。
   A. 房地產開發企業轉讓房地產時繳納的城市維護建設稅和印花稅
   B. 房地產開發企業轉讓房地產時繳納的城市維護建設稅和教育費附加
   C. 房地產開發企業轉讓房地產時繳納的城市維護建設稅和個人所得稅
   D. 房地產開發企業轉讓房地產時繳納的城市維護建設稅、教育費附加和印花稅

二、多項選擇題

1. 下列房產轉移行為中，需要繳納土地增值稅的是（　　）。

A. 企業雙方交換房產
B. 稅務機關拍賣扣押的欠稅單位的房產
C. 某國有企業與一外國企業合作建房後出售
D. 合作建房後分房自用
E. 房主將房屋贈予承擔直接贍養義務人的行為

2. 下列各項中計徵土地增值稅時需要用評估價格來確定轉讓房地產收入、扣除項目金額的有（　　）。
A. 出售新房屋及建築物的
B. 出售舊房屋及建築物的
C. 虛報房地產成交價格的
D. 成交價格低於房地產評估價格又無正當理由的
E. 提供扣除項目金額不實的

3. 下列各項中，可以免徵土地增值稅的有（　　）。
A. 企業與企業之間的房地產交換
B. 私營企業的房地產評估增值
C. 無力償還借款，以房屋抵債
D. 雙方合作建房，建成後分房自用的
E. 因國家收回國有土地使用權而使房地產產權發生轉移的

4. 下列各項中，屬於土地增值稅中的房地產開發成本的有（　　）。
A. 土地出讓金　　　　　　B. 管理費用
C. 公共配套設施費　　　　D. 借款利息費用
E. 土地徵用及開發補償款

5. 轉讓舊房，計算其土地增值稅增值額時准予扣除的項目有（　　）。
A. 舊房的評估價格　　　　B. 支付評估機構的費用
C. 建造舊房的重置成本　　D. 轉讓環節繳納的稅費
E. 取得土地使用權所支付的地價款

6. 房地產開發公司支付的下列相關稅費中，可列入加計20%扣除範圍的有（　　）。
A. 取得土地使用權繳納的契稅　　B. 占用耕地繳納的耕地占用稅
C. 銷售過程中發生的銷售費用　　D. 開發小區內的道路建設費用
E. 支付建築人員的工資福利費

三、計算題

1. 某房地產開發公司銷售自己開發的房地產項目，假設轉讓取得的收入為15,000萬元。在扣除項目中，土地出讓金為3,000萬元，開發成本中的建築材料為3,000萬元，前期工程費用為1,000萬元，房地產開發費用中的利息支出為1,200萬元（不能按轉讓房地產項目計算分攤利息支出，也不能提供金融機構證明），房地產開發費用的計算扣除比例為10%。假設該企業為一般納稅人，所有費用均取得按照適用稅率計算

的增值稅專用發票，前期工程費用全部適用11%的增值稅稅率，以上價格均為含稅價格，暫不考慮印花稅，計算企業應繳納的土地增值稅（城市維護建設稅稅率為7%，教育費附加為3%，地方教育費附加為2%）。

2. 某市一家房地產開發公司，2009年3月份銷售10年前建造的舊辦公樓一幢，取得銷售收入1,200萬元；該辦公樓的原值為1,000萬元，已提取折舊400萬元。經評估機構評估，該辦公樓成新度為30%，目前建造同樣的辦公樓需要1,500萬元；轉讓辦公樓時向政府補繳出讓金80萬元，其他相關費用20萬元。

請根據上述資料：

（1）計算該房地產開發公司計算轉讓舊辦公樓地增值稅的增值額時，準予扣除項目的金額；

（2）計算該房地產開發公司轉讓舊辦公樓應繳納的土地增值稅。

四、思考題

1. 什麼是土地增值稅？
2. 土地增值稅徵稅範圍有哪些具體規定？
3. 計算增值額時有哪些扣除項目？
4. 土地增值稅有哪些計算方法？
5. 土地增值稅有哪些優惠政策？

第八章　城鎮土地使用稅和耕地占用稅

教學目標：

1. 熟悉城鎮土地使用稅和耕地占用稅的特點及其稅收優惠與徵收管理。
2. 掌握城鎮土地使用稅和耕地占用稅的徵稅範圍及應納稅額的計算。

重難點：

城鎮土地使用稅和耕地占用稅的計算。

第一節　城鎮土地使用稅

一、城鎮土地使用稅的概念、特點

(一) 城鎮土地使用稅的概念

城鎮土地使用稅是對在中國境內使用城鎮土地的單位和個人，依照其實際使用的土地面積從量定額徵收的一種稅。

現行城鎮土地使用稅的基本法律規範，是 2006 年 12 月 31 日國務院修改並頒布的《中華人民共和國城鎮土地使用稅暫行條例》，2013 年 12 月 4 日國務院第 32 次常務會議做了部分修改（2013 年 12 月 7 日起實施）（以下簡稱《城鎮土地使用稅暫行條例》）。

(二) 城鎮土地使用稅的特點

現行城鎮土地使用稅具有以下特點：

1. 對占用土地的行為徵稅

廣義上，土地是一種財產，對土地課稅在國外屬於財產稅。但是，根據中國憲法的規定，城鎮土地的所有權歸國家，單位和個人對占用的土地只有使用權而無所有權。因此，現行的城鎮土地使用稅實質上是對占用土地資源行為課稅，屬於準財產稅，而非嚴格意義上的財產稅。

2. 徵稅對象是土地

由於中國的土地歸國家所有，單位和個人只有占用權或使用權而無所有權，這樣，國家既可以憑藉財產權力對土地使用人獲取的收益進行分配，又可以憑藉政治權力對土地使用者進行徵稅。開徵城鎮土地使用稅，實質上是運用國家政治權力，將納稅人

獲取的本應屬於國家的土地收益集中到國家手中。

3. 徵稅範圍有所限定

現行城鎮土地使用稅徵稅範圍限定在城市、縣城、建制鎮、工礦區，上述範圍之外的土地不屬於城鎮土地使用稅的徵稅範圍。城鎮土地使用稅在籌集地方財政資金、調節土地使用和收益分配方面，發揮了積極作用。

4. 實行差別幅度稅額

開徵城鎮土地使用稅的主要目的之一，是調節土地的級差收入，而級差收入的產生主要取決於土地的位置。佔有位置優越土地的納稅人，可以節約運輸和流通費用，擴大銷售和經營規模，取得額外經濟收益。為了有利於體現國家政策，城鎮土地使用稅實行差別幅度稅額，不同城鎮適用不同稅額，對同一城鎮的不同地段，根據市政建設狀況和經濟繁榮程度也確定不等的負擔水平。

二、城鎮土地使用稅徵稅範圍、納稅義務人和適用稅率

(一) 徵稅範圍

城鎮土地使用稅的徵稅範圍，包括在城市、縣城、建制鎮和工礦區內的國家所有和集體所有的土地。

上述城市、縣城、建制鎮和工礦區分別按以下標準確認：

(1) 城市是指經國務院批准設立的市。

(2) 縣城是指縣人民政府所在地。

(3) 建制鎮是指經省、自治區、直轄市人民政府批准設立的建制鎮。

(4) 工礦區是指工商業比較發達，人口比較集中，符合國務院規定的建制鎮標準，但尚未設立建制鎮的大中型工礦企業所在地，工礦區須經省、自治區、直轄市人民政府批准。

上述城鎮土地使用稅的徵稅範圍中，城市的土地包括市區和郊區的土地，縣城的土地是指縣人民政府所在地的城鎮的土地，建制鎮的土地是指鎮人民政府所在地的土地。

建立在城市、縣城、建制鎮和工礦區以外的工礦企業不需要繳納城鎮土地使用稅。

(二) 納稅義務人

凡在城市、縣城、建制鎮、工礦區範圍內使用土地的單位和個人，為城鎮土地使用稅的納稅義務人。單位包括國有企業、集體企業、私營企業、股份制企業、外商投資企業、外國企業以及其他企業和事業單位、社會團體、國家機關、軍隊以及其他單位。個人包括個體工商戶及其他個人。由於在現實經濟生活中，使用土地的情況十分複雜，為確保將城鎮土地使用稅及時、足額地徵收入庫，稅法根據用地者的不同情況，對納稅人做了如下具體規定：

(1) 城鎮土地使用稅由擁有土地使用權的單位或個人繳納；

(2) 土地使用權未確定或權屬糾紛未解決的，由實際使用人納稅；

(3) 土地使用權共有的，由共有各方分別納稅；

（4）擁有土地使用權的單位和個人不在土地所在地的，其土地的實際使用人和代管人為納稅人；

（5）土地使用權共有的，共有各方都是納稅人，由共有各方分別納稅。

幾個人或幾個單位共同擁有一塊土地的使用權，這塊土地的城鎮土地使用稅的納稅人應是對這塊土地擁有使用權的每一個人或每一個單位。他們應以其實際使用的土地面積占總面積的比例，分別計算繳納土地使用稅。例如，某城市的甲企業與乙企業共同擁有一塊土地的使用權，這塊土地面積為3,000平方米，甲實際使用1/3，乙實際使用2/3，則甲應是其所占的1,000平方米（3,000×1/3）土地的城鎮土地使用稅的納稅人，乙是其所占的2,000平方米（3,000×2/3）土地的城鎮土地使用稅的納稅人。

(三) 適用稅率

城鎮土地使用稅採用定額稅率，即採用有幅度的差別稅額，按大、中、小城市和縣城、建制鎮、工礦區分別規定每平方米土地使用稅年應納稅額。每平方米土地年稅額規定如下：

（1）大城市1.5~30元；

（2）中等城市1.2~24元；

（3）小城市0.9~18元；

（4）縣城、建制鎮、工礦區0.6~12元。

上述大、中、小城市以登記在冊的非農業正式戶口人數為依據，其中，市區及郊區非農業人口在50萬以上的，稱為大城市；市區及郊區非農業人口在20萬~50萬的，稱為中等城市；市區及郊區非農業人口在20萬以下的稱為小城市。

經省、自治區、直轄市人民政府批准，經濟落後地區的城鎮土地使用稅適用稅額標準可以適當降低，但降低額不得超過規定的最低稅額的30%。經濟發達地區城鎮土地使用稅的適用稅額標準可以適當提高，但須報經財政部批准。

三、應納稅額的計算

(一) 計稅依據

城鎮土地使用稅以納稅人實際占用的土地面積（平方米）為計稅依據。

納稅人實際占用的土地面積，以房地產管理部門核發的土地使用證書與確認的土地面積為準；尚未核發土地使用證書的，應由納稅人據實申報土地面積，據以納稅，待核發土地使用證以后再作調整。

(二) 應納稅額的計算

城鎮土地使用稅的應納稅額依據納稅人實際占用的土地面積和適用單位稅額計算。其計算公式如下：

年應納稅額＝計稅土地面積（平方米）×適用稅額

土地使用權由幾方共有的，由共有各方按照各自實際使用的土地面積占總面積的比例，分別計算繳納土地使用稅。

【例8-1】某公司與政府機關共同使用一幢共有土地使用權的建築物。該建築物占用土地面積2,000平方米,建築面積10,000平方米（公司與政府的占用比例為3：1）,該公司所在城市城鎮土地使用稅單位稅額為每平方米5元。計算公司全年應繳納的城鎮土地使用稅。

【答案】
公司全年應繳納的城鎮土地使用稅＝2,000×3÷（3+1）×5＝7,500（元）

四、稅收優惠

(一) 法定免繳土地使用稅的優惠

（1）國家機關、人民團體、軍隊自用的土地。這部分土地是指這些單位本身的辦公用地和公務用地。如國家機關、人民團體的辦公樓用地，軍隊的訓練場用地等。

（2）由國家財政部門撥付事業經費的單位自用的土地。這部分土地是指這些單位本身的業務用地。如學校的教學樓、操場、食堂等占用的土地。

（3）宗教寺廟、公園、名勝古跡自用的土地。宗教寺廟自用的土地，是指舉行宗教儀式等的用地和寺廟內的宗教人員生活用地。公園、名勝古跡自用的土地，是指供公眾參觀遊覽的用地及其管理單位的辦公用地。以上單位的生產、經營用地和其他用地，不屬於免稅範圍，應按規定繳納土地使用稅，如公園、名勝古跡中附設的營業單位如影劇院、飲食部、茶社、照相館等使用的土地。

（4）市政街道、廣場、綠化地帶等公共用地。

（5）直接用於農、林、牧、漁業的生產用地。這部分土地是指直接從事於種植養殖、飼養的專業用地，不包括農副產品加工場地和生活辦公用地。

（6）經批准開山填海整治的土地和改造的廢棄土地，從使用的月份起免繳土地使用稅5~10年。具體免稅期限由各省、自治區、直轄市地方稅務局在《城鎮土地使用稅暫行條例》規定的期限內自行確定

（7）非營利性醫療機構、疾病控制機構和婦幼保健機構等衛生機構自用的土地，免徵城鎮土地使用稅。

（8）企業辦的學校、醫院、托兒所、幼兒園，其用地能與企業其他用地明確區分的，免徵城鎮土地使用稅。

（9）免稅單位無償使用納稅單位的土地（如公安、海關等單位使用鐵路、民航等單位的土地），免徵城鎮土地使用稅。納稅單位無償使用免稅單位的土地，納稅單位應照章繳納城鎮土地使用稅。納稅單位與免稅單位共同使用、共有使用權土地上的多層建築，對納稅單位可按其占用的建築面積占建築總面積的比例計徵城鎮土地使用稅。

（10）行使國家行政管理職能的中國人民銀行總行（含國家外匯管理局）所屬分支機構自用的土地，免徵城鎮土地使用稅。

（11）為了體現國家的產業政策，支持重點產業的發展，對石油、電力、煤炭等能源用地，民用港口、鐵路等交通用地和水利設施用地，三線調整企業、鹽業、採石場、郵電等一些特殊用地劃分了徵免稅界限和給予政策性減免稅照顧。具體規定如下：

①企業的鐵路專用線、公路等用地，在廠區以外、與社會公用地段未加隔離的，暫免徵收城鎮土地使用稅。

②企業廠區以外的公共綠化用地和向社會開放的公園用地，暫免徵收城鎮土地使用稅。

③鹽場的鹽灘、鹽礦的礦井用地，暫免徵收城鎮土地使用稅。

(二) 省、自治區、直轄市地方稅務局確定減免土地使用稅的優惠

(1) 個人所有的居住房屋及院落用地。
(2) 房產管理部門在房租調整改革前經租的居民住房用地。
(3) 免稅單位職工家屬的宿舍用地。
(4) 集體和個人辦的各類學校、醫院、托兒所、幼兒園用地。

五、徵收管理

(一) 納稅義務的發生時間

(1) 購置新建商品房，自房屋交付使用之次月起計徵城鎮土地使用稅。
(2) 購置存量房，自辦理房屋權屬轉移、變更登記手續，房地產權屬登記機關簽發房屋權屬證書之次月起計徵城鎮土地使用稅。
(3) 出租、出借房產，自交付出租、出借房產之次月起計徵城鎮土地使用稅。
(4) 以出讓或轉讓方式有償取得土地使用權的，應由受讓方從合同約定交付土地時間的次月起繳納城鎮土地使用稅；合同未約定交付土地時間的，由受讓方從合同簽訂的次月起繳納城鎮土地使用稅。
(5) 納稅人新徵用的耕地，自批准徵用之日起滿 1 年時開始繳納城鎮土地使用稅。
(6) 納稅人新徵用的非耕地，自批准徵用之次月起繳納城鎮土地使用稅。
(7) 通過招標、拍賣、掛牌方式取得的建設用地，不屬於新徵用耕地的，納稅人應按照《財政部　國家稅務總局關於房產稅城鎮土地使用稅有關政策的通知》（財稅〔2006〕186 號）第二條的規定，從合同約定交付土地時間的次月起繳納城鎮土地使用稅；合同未約定交付土地時間的，從合同簽訂的次月起繳納城鎮土地使用稅。

(二) 納稅期限

城鎮土地使用稅按年計算，分期繳納。繳納期限由省、自治區、直轄市人民政府確定。各省、自治區、直轄市稅務機關結合當地情況，一般分別確定按月、季、半年或 1 年等不同的期限繳納。

(三) 納稅申報

納稅人應依照當地稅務機關規定的期限，填寫「城鎮土地使用稅納稅申報表」，將其占用土地的權屬、位置、用途、面積和稅務機關規定的其他內容，據實向當地稅務機關辦理納稅申報登記，並提供有關的證明文件資料。納稅人新徵用的土地，必須於批准新徵用之日起 30 日內申報登記。納稅人如有住址變更、土地使用權屬轉換等情況，從轉移之日起，按規定期限辦理申報變更登記。

(四) 納稅地點

城鎮土地使用稅的納稅地點為土地所在地，由土地所在地的稅務機關負責徵收。納稅人使用的土地不屬於同一省（自治區、直轄市）管轄範圍內的，由納稅人分別向土地所在地的稅務機關申報繳納。在同一省（自治區、直轄市）管轄範圍內，納稅人跨地區使用的土地，由各省、自治區、直轄市稅務局確定納稅地點。

第二節　耕地占用稅

一、耕地占用稅的概念、特點

(一) 耕地占用稅的概念

耕地占用稅是對占用耕地建房或從事其他非農業建設的單位和個人，就其實際占用的耕地按面積徵收的一種稅，它屬於對特定土地資源占用課稅。

為了用經濟手段加強對耕地的管理，中國現行耕地占用稅的基本法律規範是2007年12月1日由國務院修訂頒布的、自2008年1月1日起實施的《中華人民共和國耕地占用稅暫行條例》（以下簡稱《耕地占用稅暫行條例》）和2008年2月26日由財政部、國家稅務總局公布的《中華人民共和國耕地占用稅暫行條例實施細則》。

(二) 耕地占用稅的特點

耕地占用稅作為一個出於特定目的、對特定的土地資源課徵的稅種，與其他稅種相比，具有比較鮮明的特點，主要表現在：

(1) 兼具資源稅與特定行為稅的性質。耕地占用稅對占用農用耕地建房或從事其他非農用建設的行為徵稅，以約束占用耕地的行為、促進土地資源的合理運用為目的，除具有資源占用稅的屬性外，還具有明顯的特定行為稅的特點。

(2) 採用地區差別稅率。耕地占用稅採用地區差別稅率，根據不同地區的具體情況，分別制定差別稅額，以適應中國地域遼闊、各地區之間耕地質量差別較大、人均佔有耕地面積相差懸殊的具體情況，具有因地制宜的特點。

(3) 在占用耕地環節一次性課徵。耕地占用稅在納稅人獲準占用耕地的環節徵收，因而，耕地占用稅具有一次性徵收的特點。

二、耕地占用稅的徵稅範圍、納稅義務人和適用稅率

(一) 徵稅範圍

耕地占用稅的徵稅範圍包括納稅人為建房或從事其他非農業建設而占用的國家所有和集體所有的耕地。

耕地指種植農業作物的土地，包括菜地、園地。其中，園地包括花圃、苗圃、茶園、果園、桑園和其他種植經濟林木的土地。

占用魚塘及其他農用土地建房或從事其他非農業建設，也視同占用耕地，必須依法徵收耕地占用稅。占用已開發從事種植、養殖的灘塗、草場、水面和林地等從事非農業建設，由省、自治區、直轄市本著有利於保護土地資源和生態平衡的原則，結合具體情況確定是否徵收耕地占用稅。

(二) 納稅義務人

耕地占用稅的納稅義務人，是占用耕地建房或從事非農業建設的單位和個人。

所稱單位，包括國有企業、集體企業、私營企業、股份制企業、外商投資企業、外國企業以及其他企業和事業單位、社會團體、國家機關、軍隊以及其他單位；所稱個人，包括個體工商戶以及其他個人。

(三) 適用稅率

由於中國不同地區之間人口和耕地資源的分佈極不均衡，有些地區人菸稠密，耕地資源相對匱乏；而有些地區則人菸稀少，耕地資源比較豐富。各地區之間的經濟發展水平也有很大差異。考慮到不同地區之間客觀條件的差別以及與此相關的稅收調節力度和納稅人負擔能力方面的差別，耕地占用稅在稅率設計上採用了地區差別定額稅率。稅率規定如下：

(1) 人均耕地不超過666.67平方米的地區（以縣級行政區域為單位，下同），每平方米為10~50元；

(2) 人均耕地超過666.67平方米但不超過1,333.34平方米的地區，每平方米為8~40元；

(3) 人均耕地超過1,333.34平方米但不超過2,000平方米的地區，每平方米為6~30元；

(4) 人均耕地超過2,000平方米以上的地區，每平方米為5~25元。

經濟特區、經濟技術開發區和經濟發達、人均耕地特別少的地區，適用稅額可以適當提高，但最多不得超過上述規定稅額的50%。各地平均稅額見表8-1。

表8-1　　　　　各省、自治區、直轄市耕地占用稅平均稅額表

地區	每平方米平均稅額（元）
上海	45
北京	40
天津	35
江蘇、浙江、福建、廣東	30
遼寧、湖北、湖南	25
河北、安徽、江西、河南、重慶、四川、山東	22.5
廣西、海南、貴州、雲南、陝西	20
山西、吉林、黑龍江	17.5
內蒙古、西藏、甘肅、青海、寧夏、新疆	12.5

三、應納稅額的計算

(一) 計稅依據

耕地占用稅以納稅人占用耕地的面積為計稅依據,以每平方米為計量單位。

(二) 應納稅額的計算

耕地占用稅以納稅人實際占用的耕地面積為計稅依據,以每平方米土地為計稅單位,按適用的定額稅率計稅。其計算公式為:

應納稅額=實際占用耕地面積(平方米)×適用定額稅率

【例8-2】假設某市一家企業新占用73,540平方米耕地用於工業建設,所占耕地適用的定額稅率為18元/平方米,計算該企業應納的耕地占用稅。

【答案】
應納稅額=73,540×18=1,323,720(元)

四、稅收優惠

(一) 免徵耕地占用稅

(1) 軍事設施占用耕地。

(2) 學校、幼兒園、養老院、醫院占用耕地。學校範圍,包括由國務院人力資源社會保障行政部門、省、自治區/直轄市人民政府或其人力資源社會保障行政部門批准成立的技工院校。

(3) 以下占用土地的行為不徵收耕地占用稅:

①農田水利占用耕地;

②建設直接為農業生產服務的生產設施占用林地、牧草地、農田水利用地、養殖水面以及漁業水域、灘涂等其他農用地的;

③農村居民經批准搬遷,原宅基地恢復耕種,凡新建住宅占用耕地不超過原宅基地面積的。

(二) 減徵耕地占用稅

(1) 鐵路線路、公路線路、飛機場跑道、停機坪、港口、航道占用耕地,減按每平方米2元的稅額徵收耕地占用稅。

根據實際需要,國務院財政、稅務主管部門商國務院有關部門並報國務院批准後,可以對前款規定的情形免徵或者減徵耕地占用稅。

(2) 農村居民占用耕地新建住宅,按照當地適用稅額減半徵收耕地占用稅。

農村烈士家屬、殘疾軍人、鰥寡孤獨以及革命老根據地、少數民族聚居區和邊遠貧困山區生活困難的農村居民,在規定用地標準以內新建住宅繳納耕地占用稅確有困難的,經所在地鄉(鎮)人民政府審核,報經縣級人民政府批准後,可以免徵或者減徵耕地占用稅。

免徵或者減徵耕地占用稅后，納稅人改變原占地用途，不再屬於免徵或者減徵耕地占用稅情形的，應當按照當地適用稅額補繳耕地占用稅。

耕地占用稅由地方稅務機關負責徵收。土地管理部門在通知單位或者個人辦理占用耕地手續時，應當同時通知耕地所在地同級地方稅務機關。獲準占用耕地的單位或者個人應當在收到土地管理部門的通知之日起 30 日內繳納耕地占用稅。土地管理部門憑耕地占用稅完稅憑證或者免稅憑證和其他有關文件發放建設用地批准書。

納稅人臨時占用耕地，應當依照本條例的規定繳納耕地占用稅。納稅人在批准臨時占用耕地的期限內恢復所占用耕地原狀的，全額退還已經繳納的耕地占用稅。

占用林地、牧草地、農田水利用地、養殖水面以及漁業水域、灘涂等其他農用地建房或者從事非農業建設的，比照本條例的規定徵收耕地占用稅。建設直接為農業生產服務的生產設施占用前款規定的農用地的，不徵收耕地占用稅。

五、徵收管理

耕地占用稅由地方稅務機關負責徵收。土地管理部門在通知單位或者個人辦理占用耕地手續時，應當同時通知耕地所在地同級地方稅務機關。

經批准占用耕地的，耕地占用稅納稅義務發生時間為納稅人收到土地管理部門辦理占用農用地手續通知的當天。

未經批准占用耕地的，耕地占用稅納稅義務發生時間為納稅人實際占用耕地的當天。

納稅人占用耕地或其他農用地，應當在耕地或其他農用地所在地申報納稅。

納稅人臨時占用耕地，應當依照規定繳納耕地占用稅。納稅人在批准臨時占用耕地的期限內恢復所占用耕地原狀的，全額退還已經繳納的耕地占用稅。

占用林地、牧草地、農田水利用地、養殖水面以及漁業水域、灘涂等其他農用地建房或者從事非農業建設的，比照《耕地占用稅暫行條例》的規定徵收耕地占用稅。建設直接為農業生產服務的生產設施占用前款規定的農用地的，不徵收耕地占用稅。

本章練習題

一、單項選擇題

1. 城鎮土地使用稅的計稅依據是（　　）。
   A. 實際占用的土地面積　　B. 居住面積
   C. 建築面積　　D. 使用面積
2. 下列各項中，應當徵收城鎮土地使用稅的是（　　）。
   A. 軍隊的訓練場用地　　B. 公園的茶社用地
   C. 公共租賃住房建設期間用地　　D. 宗教寺廟內的宗教人員生活用地
3. 下列各項中對城鎮土地使用稅納稅義務發生時間表述正確的是（　　）。
   A. 納稅人出租房產，自交付出租房產當月起計徵城鎮土地使用稅

B. 房地產開發企業自用本企業建造的商品房，自房屋使用的當月起計徵城鎮土地使用稅

C. 納稅人新徵用的耕地，自批准徵用之日起滿1年時開始繳納城鎮土地使用稅

D. 納稅人購置的新建商品房，自房屋交付使用的當月起繳納城鎮土地使用稅

4. 下列各項中，免徵耕地占用稅的是（　　）。
　　A. 飛機場占用耕地修建跑道　　　　B. 農村居民占用耕地建造新房
　　C. 養老院占用耕地　　　　　　　　D. 學校附設的小賣部占用的耕地

5. 下列選項中屬於耕地占用稅徵收範圍的是（　　）。
　　A. 占用菜地開發花圃　　　　　　　B. 占用林地從事非農業建設
　　C. 占用耕地開發經濟林　　　　　　D. 占用耕地開發茶園

二、多項選擇題

1. 下列選項中屬於城鎮土地使用稅徵收範圍的是（　　）。
　　A. 城市中屬於國有企業的土地
　　B. 農村中屬於私營企業所有的土地
　　C. 建制鎮中屬於外資企業所有的土地
　　D. 工礦區中屬於私營企業所有的土地
　　E. 城市郊區中屬於股份制企業所有的土地

2. 下列各項中，應當繳納城鎮土地使用稅的有（　　）。
　　A. 農村工廠用地
　　B. 市區農副產品加工場地
　　C. 納稅單位無償使用免稅單位的土地
　　D. 房地產開發企業建造的商品房用地
　　E. 企業新購置的尚未核發土地使用證的廠房用地

3. 下列說法中不符合城鎮土地使用稅稅率規定的有（　　）。
　　A. 有幅度差別的比例稅率
　　B. 有幅度差別的定額稅率
　　C. 全國統一定額
　　D. 由各地稅務機關確定所轄地區適用的稅額幅度
　　E. 經濟發達地區城鎮土地使用稅的適用稅額標準可以適當提高，但須報經財政部批准

4. 下列選項中屬於耕地占用稅徵稅範圍的有（　　）。
　　A. 在灘塗上從事農業種植
　　B. 占用苗圃用地建遊樂園
　　C. 在魚塘用地上建設廠房
　　D. 占用耕地建農產品加工廠
　　E. 占用菜地建房

5. 關於耕地占用稅，下列選項中表述正確的是（　　）。

A. 兼具資源稅與特定行為稅的性質
B. 採用地區差別稅率
C. 在占用耕地環節一次性課徵
D. 納稅人退還耕地，國家應當退還耕地占用稅
E. 耕地占用稅由地方稅務機關負責徵收

三、計算題

1. 某公司與政府機關共同使用一幢共有土地使用權的建築物。該建築物占用土地面積 2,000 平方米，建築面積 10,000 平方米（公司與政府的占用比例為 3∶1），該公司所在城市城鎮土地使用稅單位稅額為每平方米 5 元。計算公司全年應繳納的城鎮土地使用稅。

2. 某公司與政府共同使用一幢有土地使用權的建築物。該建築物占用土地面積 2,000 平方米，建築面積 10,000 平方米（公司與機關的占用比例為 4∶1），該公司所在地城鎮土地使用稅單位稅額為 5 元/平方米。該公司 2016 年新占用 10,000 平方米耕地用於工業建設，所占用耕地的定額稅率為 20 元/平方米。該公司 2016 年 8 月銷售原油 5,000 噸，開具增值稅專用發票取得銷售額 3,000 萬元，已知原油資源稅稅率為 5%。

請計算：
（1）該公司應納的城鎮土地使用稅。
（2）該公司 2016 年應納耕地占用稅。
（3）該公司 2016 年 8 月應納的資源稅。

四、思考題

1. 什麼是城鎮土地使用稅？
2. 城鎮土地使用稅徵稅範圍有哪些規定？
3. 城鎮土地使用稅有哪些優惠政策？
4. 什麼是耕地占用稅？
5. 耕地占用稅的徵稅範圍有哪些規定？
6. 耕地占用稅有哪些優惠政策？

第九章　房產稅、車船稅和契稅

教學目標：

1. 熟悉房產稅、車船稅和契稅的特點、納稅人、稅收優惠及徵收管理。
2. 掌握房產稅、車船稅和契稅的徵稅範圍及應納稅額的計算。

重難點：

房產稅、車船稅和契稅的計稅依據的確定以及應納稅額的計算。

第一節　房產稅

一、房產稅的概念、特點

（一）房產稅的概念

房產稅是以房屋為徵稅對象，以房屋的計稅餘值或租金收入為計稅依據，向房屋產權所有人徵收的一種財產稅。

現行房產稅的基本法律規範，是1986年9月15日由國務院修改並頒布的《中華人民共和國房產稅暫行條例》（以下簡稱《房產稅暫行條例》）。

（二）房產稅的特點

現行房產稅具有以下特點：

（1）房產稅屬於財產稅中的個別財產稅。按徵稅對象的範圍不同，財產稅可以分為一般財產稅與個別財產稅。一般財產稅也稱「綜合財產稅」，是對納稅人擁有的各類財產實行綜合課徵的稅收。個別財產稅也稱「單項財產稅」，是對納稅人擁有的土地、房屋、資本和其他財產分別課徵的稅收。房產稅屬於個別財產稅，其徵稅對象只是房屋。

（2）限於徵稅範圍內的經營性房屋。房產稅在城市、縣城、建制鎮和工礦區範圍內徵收，不涉及農村。農村的房屋，大部分是農民居住用房，為了不增加農民負擔，坐落在農村的房屋沒有納入徵稅範圍。另外，某些擁有房屋但自身沒有納稅能力的單位，如國家撥付行政經費、事業經費和國防經費的單位自用的房屋、居民個人居住用房屋，稅法也通過免稅的方式將這類房屋排除在徵稅範圍之外。

（3）區別房屋的經營使用方式規定不同的計稅依據。擁有房屋的單位和個人，既

可以將房屋用於經營自用和出典，又可以把房屋用於出租。房產稅根據納稅人經營形式的不同，對前一類房屋按房產計稅餘值徵收，對后一類房屋按租金收入計稅。

二、房產稅的徵稅範圍、納稅義務人和適用稅率

（一）徵稅範圍

房產稅以房產為徵稅對象。所謂房產，是指有屋面和圍護結構（有牆或兩邊有柱），能夠遮風避雨，可供人們在其中生產、學習、工作、娛樂、居住或儲藏物資的場所。房地產開發企業建造的商品房，在出售前，不徵收房產稅；但對出售前房地產開發企業已使用或出租、出借的商品房應按規定徵收房產稅。

房產稅的徵稅範圍為城市、縣城、建制鎮和工礦區。具體規定如下：

（1）城市是指國務院批准設立的市。

（2）縣城是指縣人民政府所在地。

（3）建制鎮是指經省、自治區、直轄市人民政府批准設立的建制鎮。

（4）工礦區是指工商業較發達、人口比較集中、符合國務院規定的建制鎮標準但尚未設立建制鎮的大中型工礦企業所在地。開徵房產稅的工礦區須經省、自治區、直轄市人民政府批准。

房產稅的徵稅範圍不包括農村，這主要是為了減輕農民的負擔。因為農村的房屋，除農副業生產用房外，大部分是農民居住用房。對農村房屋不納入房產稅徵稅範圍，有利於農業發展，繁榮農村經濟，促進社會穩定。

（二）納稅義務人

房產稅以在徵稅範圍內的房屋產權所有人為納稅人。其中：

（1）產權屬國家所有的，由經營管理單位納稅；產權屬集體和個人所有的，由集體單位和個人納稅。

（2）產權出典的，由承典人納稅。所謂產權出典，是指產權所有人將房屋、生產資料等的產權，在一定期限內典當給他人使用而取得資金的一種融資業務。這種業務大多發生於出典人急需用款，但又想保留產權回贖權的情況。承典人向出典人交付一定的典價之后，在質典期內即獲抵押物品的支配權，並可轉典。產權的典價一般要低於賣價。出典在規定期間內須歸還典價的本金和利息，方可贖回出典房屋的產權。由於在房屋出典期間，產權所有人已無權支配房屋，因此，稅法規定由對房屋具有支配權的承典人為納稅人。

（3）產權所有人、承典人不在房屋所在地的，由房產代管人或者使用人納稅。

（4）產權未確定及租典糾紛未解決的，亦由房產代管人或者使用人納稅。所謂租典糾紛，是指產權所有人在房產出典和租賃關係上，與承典人、租賃人發生各種爭議，特別是權利和義務的爭議懸而未決的。對租典糾紛尚未解決的房產，規定代管人或使用人為納稅人，主要目的在於加強徵收管理，保證房產稅及時入庫。

（5）無租使用其他房產的問題。納稅單位和個人無租使用房產管理部門、免稅單位及納稅單位的房產，應由使用人代為繳納房產稅。

(三) 適用稅率

房產稅採用比例稅率，其計稅依據分為兩種：依據房產計稅餘值計稅的，稅率為1.2%；依據房產租金收入計稅的，稅率為12%。從2001年1月1日起，對個人居住用房出租仍用於居住的，其應繳納的房產稅暫減按4%的稅率徵收；2008年3月1日起，對個人出租住房，不區分實際用途，均按4%的稅率徵收房產稅。對企事業單位、社會團體以及其他組織按市場價格向個人出租用於居住的住房，減按4%的稅率徵收房產稅。

三、應納稅款的計算

(一) 計稅依據

房產稅的計稅依據是房產的計稅價值或房產的租金收入。按照房產計稅價值徵稅的，稱為從價計徵；按照房產租金收入計徵的，稱為從租計徵。

1. 從價計徵

《房產稅暫行條例》規定，房產稅依照房產原值一次減除10%～30%后的餘值計算繳納。各地扣除比例由當地省、自治區、直轄市人民政府確定。房產原值是指納稅人按照會計制度規定，在會計核算帳簿「固定資產」科目中記載的房屋原價。因此，凡按會計制度規定在帳簿中記載有房屋原價的，應以房屋原價按規定減除一定比例后作為房產餘值計徵房產稅；沒有記載房屋原價的，按照上述原則，並參照同類房屋確定房產原值，按規定計徵房產稅。

2. 從租計徵

《房產稅暫行條例》規定，房產出租的，以房產租金收入為房產稅的計稅依據。所謂房產的租金收入，是房屋產權所有人出租房產使用權所得的報酬，包括貨幣收入和實物收入。

如果是以勞務或者其他形式為報酬抵付房租收入的，應根據當地同類房產的租金水平，確定一個標準租金額從租計徵。

對出租房產，租賃雙方簽訂的租賃合同約定有免收租金期限的，免收租金期間由產權所有人按照房產原值繳納房產稅。

出租的地下建築，按照出租地上房屋建築的有關規定計算徵收房產稅。

(二) 應納稅額的計算

房產稅的計稅依據有兩種，與之相適應的應納稅額計算也分為兩種：一是從價計徵的計算，二是從租計徵的計算。

1. 從價計徵的計算

從價計徵是按房產的原值減除一定比例后的餘值計徵，其計算公式為：

應納稅額＝應稅房產原值×（1−扣除比例）×1.2%

如前所述，房產原值是「固定資產」科目中記載的房屋原價；減除一定比例是省、自治區、直轄市人民政府規定的10%～30%的減除比例；計徵的適用稅率為1.2%。

【例9-1】一個工廠坐落在某城市的郊區內，其應繳納房產稅的廠房原值是500萬元，該廠在郊區外的農村還有一個倉庫，原值為40萬元，當地規定允許減除房產原值的30%，計算其全年應繳納的房產稅。

【答案】
應納房產稅＝500×（1-30%）×1.2%＝4.2（萬元）

2. 從租計徵的計算

從租計徵是按房產的租金收入計徵，其計算公式為：

應納稅額＝租金收入×12%（或4%）

【例9-2】某企業擁有房產一幢，原值為1,000萬元，2016年1~4月底該房產出租，月租金10萬元；從2016年5月1日起，該房產轉為企業自用，地方政府確定按照房產原值減除20%的餘值計稅。計算企業當年應繳納的房產稅。

【答案】
應納房產稅＝10×12%×4＋1,000×（1-20%）×1.2%×8÷12＝11.2（萬元）

【例9-3】某公司辦公大樓原值20,000萬元，2016年2月28日將其中部分閒置房出租，租期為2年。出租部分房產原值為5,000萬元，租金每年1,000萬元。當地政府規定房產原值減除比例為20%。計算公司2016年應納的房產稅。

【答案】
2016年1~2月從價計徵的房產稅＝20,000×（1-20%）×1.2%×2÷12＝32（萬元）
2016年3~12月從價計徵的房產稅＝15,000×（1-20%）×1.2%×10÷12＝120（萬元）
2016年3~12月從租計徵的房產稅＝1,000×12%×10÷12＝100（萬元）
公司2016年應納的房產稅＝32＋120＋100＝252（萬元）

四、稅收優惠

房產稅的稅收優惠是根據國家政策需要和納稅人的負擔能力制定的。由於房產稅屬地方稅，因此給予地方一定的減免權限，有利於地方因地制宜地處理問題。

目前房產稅稅收優惠政策主要有：

（1）國家機關、人民團體、軍隊自用的房產免徵房產稅。但上述免稅單位的出租房產以及非自身業務使用的生產、營業用房，不屬於免稅範圍。

上述「人民團體」，是指經國務院授權的政府部門批准設立或登記備案並由國家撥付行政事業費的各種社會團體。

上述「自用的房產」，是指這些單位本身的辦公用房和公務用房。

（2）由國家財政部門撥付事業經費的單位，如學校、醫療衛生單位、托兒所、幼兒園、敬老院、文化、體育、藝術這些實行全額或差額預算管理的事業單位所有的，本身業務範圍內使用的房產免徵房產稅。

（3）宗教寺廟、公園、名勝古跡自用的房產免徵房產稅。

公園、名勝古跡自用的房產，是指供公眾參觀遊覽的房屋及其管理單位的辦公用房。

宗教寺廟、公園、名勝古跡中附設的營業單位，如影劇院、飲食部、茶社、照相

館等所使用的房產及出租的房產，不屬於免稅範圍，應照章納稅。

（4）個人所有非營業用的房產免徵房產稅。

個人所有的非營業用房，主要是指居民住房，不分面積多少，一律免徵房產稅。

個人擁有的營業用房或者出租的房產，不屬於免稅房產，應照章納稅。

（5）經財政部批准免稅的其他房產，主要有：

①非營利性醫療機構、疾病控制機構和婦幼保健機構等衛生機構自用的房產，免徵房產稅。

②從2001年1月1日起，對按政府規定價格出租的公有住房和廉租住房，包括企業和自收自支事業單位向職工出租的單位自有住房，房管部門向居民出租的公有住房，落實私房政策中帶戶發還產權並以政府規定租金標準向居民出租的私有住房等，暫免徵收房產稅。

③經營公租房的租金收入，免徵房產稅。公共租賃住房經營管理單位應單獨核算公共租賃住房租金收入，未單獨核算的，不得享受免徵房產稅優惠政策。

五、徵收管理

（一）納稅義務的發生時間

（1）納稅人將原有房產用於生產經營的，從開始生產經營之次月起繳納房產稅。

（2）納稅人自行新建房屋用於生產經營的，從建成之次月起繳納房產稅。

（3）納稅人委託施工企業建設的房屋，從辦理驗收手續之次月起繳納房產稅。

（4）納稅人購置新建商品房的，自房屋交付使用之次月起繳納房產稅。

（5）納稅人購置存量房的，自辦理房屋權屬轉移、變更登記手續，房地產權屬登記機關簽發房屋權屬證書之次月起繳納房產稅。

（6）納稅人出租、出借房產，自交付出租、出借房產之次月起繳納房產稅。

（7）房地產開發企業自用、出租、出借本企業建造的商品房，自房屋使用或交付之次月起繳納房產稅。

（8）自2009年1月1日起，納稅人因房產的實物或權利狀態發生變化而依法終止房產稅納稅義務的，其應納稅款的計算應截止到房產的實物或權利狀態發生變化的當月末。

（二）納稅期限

房產稅實行按年計算、分期繳納的徵收方法，具體納稅期限由省、自治區、直轄市人民政府確定。

（三）納稅地點

房產稅在房產所在地繳納。房產不在同一地方的納稅人，應按房產的坐落地點分別向房產所在地的稅務機關納稅。

（四）納稅申報

房產稅的納稅申報，是房屋產權所有人或納稅人繳納房產稅必須履行的法定手續。

納稅義務人應根據稅法要求，將現有房屋的坐落地點、結構、面積、原值、出租收入等情況，據實向當地稅務機關辦理納稅申報，並按規定納稅。如果納稅人住址發生變更、產權發生轉移，以及出現新建、改建、擴建、拆除房屋等情況，而引起房產原值發生變化或者租金收入變化的，都要按規定及時向稅務機關辦理變更登記。

第二節　車船稅

一、車船稅的概念、特點

（一）車船稅的概念

車船稅是以車船為徵稅對象，向擁有車船的單位和個人徵收的一種稅。徵收車船稅有利於為地方政府籌集財政資金，有利於車船的管理和合理配置，也有利於調節財富差異。

現行車船稅的基本法律規範，是 2011 年 2 月 25 日由中華人民共和國第十一屆全國人民代表大會常務委員會第十九次會議通過的《中華人民共和國車船稅法》（以下簡稱《車船稅法》），自 2012 年 1 月 1 日起施行。

（二）車船稅的特點

（1）屬於財產稅中的個別財產稅。按徵稅對象的範圍不同，財產稅可以分為一般財產稅與個別財產稅。與房產稅相同，車船稅也屬於個別財產稅，其徵稅對象為車輛和船舶。

（2）根據稅目不同劃分稅額檔次。國務院財政、稅務主管部門根據實際情況，在「車船稅稅目稅額表」規定的稅目範圍和稅額幅度內，劃分子目，並明確車輛的子稅目稅額幅度和船舶的具體適用稅額。車輛的具體適用稅額由省、自治區、直轄市人民政府在規定的子目稅額幅度內確定。

二、車船稅徵稅範圍、納稅義務人、稅目和適用稅率

（一）徵稅範圍

車船稅的徵稅範圍是指在中華人民共和國境內屬於《車船稅法》所附「車船稅稅目稅額表」規定的車輛、船舶。車輛、船舶，是指：①依法應當在車船管理部門登記的機動車輛和船舶；②依法不需要在車船管理部門登記、在單位內部場所行駛或者作業的機動車輛和船舶。前款所稱車船管理部門，是指公安、交通運輸、農業、漁業、軍隊、武裝警察部隊等依法具有車船登記管理職能的部門；單位，是指依照中國法律、行政法規規定，在中國境內成立的行政機關、企業、事業單位、社會團體以及其他組織。

（二）納稅義務人

在中華人民共和國境內屬於《車船稅法》所附「車船稅稅目稅額表」規定的車

輛、船舶的所有人或者管理人，為車船稅的納稅人，應當依照《車船稅法》繳納車船稅。管理人是指對車船具有管理權或者使用權，而不具有所有權的單位和個人。

(三) 稅目和適用稅率

車船稅採用定額幅度稅率，即對徵稅的車船規定單位上下限稅額標準。稅額確定總的原則是：排氣量低的車輛的稅負輕於排氣量高的車輛；小噸位船舶的稅負輕於大船舶。由於車輛與船舶的行使情況不同，車船稅的稅額也有所不同。見表9-1。

表9-1　　　　　　　　　　　車船稅稅目稅額表

稅目		計稅單位	年基準稅額（元）	備註
乘用車[按發動機汽缸容量（排氣量）]	1.0升（含）以上	每輛	60~360	核定載客人數9人（含）以下
	1.0升以上至1.6升（含）的		300~540	
	1.6升以上至2.0升（含）的		360~660	
	2.0升以上至2.5升（含）的		660~1,200	
	2.5升以上至3.0升（含）的		1,200~2,400	
	3.0升以上至4.0升（含）的		2,400~3,600	
	4.0升以上的		3,600~5,400	
商用車	客車	每輛	480~1,440	核定載客人數9人以上，包括電車
	貨車	整裝質量每噸	16~120	包括半掛牽引車、三輪汽車和低速載貨汽車
掛車		整裝質量每噸	按照貨車稅額的50%計稅	
其他車	專用作業車	整裝質量每噸	16~120	不包括拖拉機
	輪式專用機械車		16~120	
摩托車		每輛	36~180	
船舶	機動船舶	淨噸位每噸	3~6	拖船、非機動駁船分別按照機動船舶稅額的50%
	遊艇	艇身長度每米	600~2,000	

(1) 機動船舶，具體適用稅額為：

①淨噸位小於或者等於200噸的，每噸3元；

②淨噸位201噸至2,000噸的，每噸4元；

③淨噸位2,001噸至10,000噸的，每噸5元；

④淨噸位10,001噸及以上的，每噸6元。

拖船按照發動機功率每1千瓦折合淨噸位0.67噸計算徵收車船稅。

（2）遊艇，具體適用稅額為：
①艇身長度不超過 10 米的遊艇，每米 600 元；
②艇身長度超過 10 米但不超過 18 米的遊艇，每米 900 元；
③艇身長度超過 18 米但不超過 30 米的遊艇，每米 1,300 元；
④艇身長度超過 30 米的遊艇，每米 2,000 元；
⑤輔助動力帆艇，每米 600 元。
遊艇艇身長度是指遊艇的總長。

三、應納稅額的計算

納稅人按照納稅地點所在的省、自治區、直轄市人民政府確定的具體適用稅額繳納車船稅。車船稅由地方稅務機關負責徵收。

（1）購置的新車船，購置當年的應納稅額自納稅義務發生的當月起按月計算。計算公式為：

應納稅額 =（年應納稅額÷12）×應納稅月份數

在一個納稅年度內，已完稅的車船被盜搶、報廢、滅失的，納稅人可以憑有關管理機關出具的證明和完稅證明，向納稅所在地的主管稅務機關申請退還自被盜搶、報廢、滅失月份起至該納稅年度終了期間的稅款。

（2）已辦理退稅的被盜搶車船，失而復得的，納稅人應當從公安機關出具相關證明的當月起計算繳納車船稅。

（3）在一個納稅年度內，納稅人在非車輛登記地由保險機構代收代繳機動車車船稅，且能夠提供合法有效完稅證明的，納稅人不再向車輛登記地的地方稅務機關繳納車輛車船稅。

（4）已繳納車船稅的車船在同一納稅年度內辦理轉讓過戶的，不另納稅，也不退稅。

【例9-1】某運輸公司擁有載貨汽車 15 輛（每輛貨車整備質量為 10 噸）；乘人大客車 20 輛、小客車 10 輛。計算該公司應納車船稅（註：載貨汽車每噸年稅額 90 元，乘人大客車每輛年稅額 1,200 元、小客車每輛年稅額 800 元）。

【答案】
（1）載貨汽車應納稅額 = 90×15×10 = 13,500（元）
（2）乘人大客車應納稅額 = 1,200×20 = 24,000（元）
（3）乘人小客車應納稅額 = 800×10 = 8,000（元）
全年應納車船稅額 = 13,500+24,000+8,000 = 45,500（元）

四、稅收優惠

(一) 法定減免

（1）捕撈、養殖漁船，是指在漁業船舶管理部門登記為捕撈船或者養殖船的船舶。
（2）軍隊、武裝警察部隊專用的車船，是指按照規定在軍隊、武裝警察部隊車船

管理部門登記，並領取軍隊、武警牌照的車船。

(3) 警用車船，是指公安機關、國家安全機關、監獄、勞動教養管理機關和人民法院、人民檢察院領取警用牌照的車輛和執行警務的專用船舶。

(4) 依照法律規定應當予以免稅的外國駐華使領館、國際組織駐華代表機構及其有關人員的車船。

(5) 對節約能源的車船減半徵收車船稅，對使用新能源的車船免徵車船稅；對受嚴重自然災害影響納稅困難以及有其他特殊原因確需減稅、免稅的，可以減徵或者免徵車船稅。

節約能源、使用新能源的車輛包括純電動汽車、燃料電池汽車和混合動力汽車。純電動汽車、燃料電池汽車和插電式混合動力汽車免徵車船稅，其他混合動力汽車按照同類車輛適用稅額減半徵稅。

(6) 省、自治區、直轄市人民政府根據當地實際情況，可以對公共交通車船，農村居民擁有並主要在農村地區使用的摩托車、三輪汽車和低速載貨汽車定期減徵或者免徵車船稅。

(二) 特定減免

(1) 經批准臨時入境的外國車船和香港特別行政區、澳門特別行政區、臺灣地區的車船，不徵收車船稅。

(2) 按照規定繳納船舶噸稅的機動船舶，自《車船稅法》實施之日起5年內免徵車船稅。

機場、港口內部行駛或作業的車船，自《車船稅法》實施之日起5年內免徵車船稅。

五、徵收管理

(一) 納稅義務的發生時間

車船稅納稅義務的發生時間為取得車船所有權或者管理權的當月。以購買車船的發票或其他證明文件所載日期的當月為準。對於在國內購買的機動車，購買日期以《機動車銷售統一發票》所載日期為準；對於進口機動車，購買日期以「海關關稅專用繳款書」所載日期為準；對於購買的船舶，以購買船舶的發票或者其他證明文件所載日期的當月為準。

(二) 納稅地點

車船稅的納稅地點為車船的登記地或者車船稅扣繳義務人所在地。依法不需要辦理登記的車船，車船稅的納稅地點為車船的所有人或者管理人所在地。

扣繳義務人代收代繳車船稅的，納稅地點為扣繳義務人所在地。

納稅人自行申報繳納車船稅的，納稅地點為車船登記地的主管稅務機關所在地。

依法不需要辦理登記的車輛，納稅地點為車船所有人或管理人主管稅務機關所在地。

(三) 納稅申報

車船稅按年申報、分月計算、一次性繳納。納稅年度為每年公曆 1 月 1 日至 12 月 31 日。車船稅按年申報繳納。具體申報納稅期限由省、自治區、直轄市人民政府規定。

第三節　契稅

一、契稅的概念、特點

(一) 契稅的概念

契稅是以所有權發生轉移的不動產為徵稅對象，向產權承受人徵收的一種財產稅。

現行契稅的基本法律規範是 1997 年 7 月 7 日由國務院頒布並於同年 10 月 1 日開始施行的《中華人民共和國契稅暫行條例》。

(二) 契稅的特點

契稅與其他稅種相比，具有如下特點：

1. 契稅屬於財產轉移稅

契稅以發生轉移的不動產即土地和房屋為徵稅對象，具有財產轉移課稅性質。土地、房屋產權未發生轉移的，不徵契稅。

2. 契稅由財產承受人繳納

一般稅種都確定銷售者為納稅人，即賣方納稅。契稅則屬於土地、房屋產權發生交易過程中的財產稅，由承受人納稅，即買方納稅。對買方徵稅的主要目的，在於承認不動產轉移生效、承受人納稅以後，便可擁有轉移過來的不動產產權或使用權，法律保護納稅人的合法權益。

二、契稅的徵稅範圍、納稅義務人和適用稅率

(一) 徵稅範圍

契稅是以在中華人民共和國境內轉移土地、房屋權屬為徵稅對象，向產權承受人徵收的一種財產稅。契稅的徵稅對象是境內轉移的土地、房屋權屬。具體包括以下五項內容：

1. 國有土地使用權出讓

國有土地使用權出讓是指國家以土地所有者的身分將土地使用權在一定年限內讓渡給土地使用者，並由土地使用者向國家支付土地使用權出讓金的行為。可以使用拍賣、招標、雙方協議的方式。

2. 土地使用權轉讓

土地使用權轉讓是指土地使用者將土地使用權再轉移的行為。可以使用出售、交換、贈予的方式。土地使用權轉讓，不包括農村集體土地承包。

3. 房屋買賣

（1）以房產抵債或實物交換房屋。經當地政府和有關部門批准，以房抵債和實物交換房屋，均視同房屋買賣，應由產權承受人按房屋現值繳納契稅。

比如，甲某因無力償還乙某債務，而以自有的房產折價抵償債務。經雙方同意，有關部門批准，乙某取得甲某的房屋產權，在辦理產權過戶手續時，按房產折價款繳納契稅。如以實物（金銀首飾等等價物品）交換房屋，應視同以貨幣購買房屋。

（2）以房產作為投資或作為股權轉讓。這種交易業務屬房屋產權轉移，應根據國家房地產管理的有關規定，辦理房屋產權交易和產權變更登記手續，視同房屋買賣，由產權承受方按投資房產價值或房產買價繳納契稅。

比如，甲某以自有房產投資於乙某企業。其房屋產權變為乙某企業所有，故產權所有人發生變化，因此，乙某企業在辦理產權登記手續后，按甲某入股房產現值（國有企事業房產須經國有資產管理部門評估核價）繳納契稅。如丙某以股份方式購買乙某企業房屋產權，丙某在辦理產權登記後，按取得房產買價繳納契稅。

以自有房產折股投入本人經營企業的，免納契稅。因為以自有的房地產投入本人獨資經營的企業，房屋產權所有人和土地使用權人未發生變化，無需辦理房產變更手續，也不辦理契稅手續。

（3）買房拆料或翻建新房，應照章徵收契稅。

比如，甲某購買乙某房產，不論其目的是取得該房產的建築材料或是翻建新房，均實際構成房屋買賣。甲某應首先辦理房屋產權變更手續，並按買價繳納契稅。

4. 房屋贈予

房屋的贈予是指房屋產權所有人將房屋無償轉讓給他人所有。其中，將自己的房屋轉交給他人的法人和自然人，稱為房屋贈予人；接受他人房屋的法人和自然人，稱為受贈人。房屋贈予的前提，必須是產權無糾紛，贈予人和受贈人雙方自願。

由於房屋是不動產，價值較大，故法律要求贈予房屋應有書面合同（契約），並到房地產管理機關或農村基層政權機關辦理登記過戶手續，才能生效。如果房屋贈予行為涉及涉外關係，還須公證處證明和外事部門認證，才能有效。房屋的受贈人要按規定繳納契稅。

以獲獎方式取得房屋產權的，其實質是接受贈予房產，應照章繳納契稅。

5. 房屋交換

房屋交換，是指房屋住戶、用戶、所有人為了生活或工作方便，相互之間交換房屋的使用權或所有權的行為。行為的主體有公民、房地產管理機關以及企事業單位、機關團體。交換的標的性質有公房（包括直管房和自管房）、私房；標的種類有住宅、店面及辦公用房等。行為的內容是：①房屋使用權交換。經房屋所有人同意，使用者可以通過變更租賃合同，辦理過戶手續，交換房屋使用權。交換房屋的價值相等的，不徵收契稅。②房屋所有權交換。交換雙方應訂立交換契約，辦理房屋產權變更手續和契稅手續。房屋產權相互交換，雙方交換價值相等，免納契稅，辦理免徵契稅手續。其價值不相等的，按超出部分由支付差價方繳納契稅。

(二) 納稅義務人

契稅的納稅義務人是境內承受轉移土地、房屋權屬的單位和個人。境內是指中華人民共和國實際稅收行政管轄範圍內。土地、房屋權屬是指土地使用權和房屋所有權。單位是指企業單位、事業單位、國家機關、軍事單位和社會團體以及其他組織。個人是指個體經營者及其他個人，包括中國公民和外籍人員。

(三) 適用稅率

契稅實行3%~5%的幅度稅率。實行幅度稅率是考慮到中國經濟發展的不平衡，各地經濟差別較大的實際情況。因此，各省、自治區、直轄市人民政府可以在3%~5%的幅度稅率規定範圍內按照本地區的實際情況定。

三、應稅稅額的計算

(一) 計稅依據

契稅的計稅依據為不動產的價格。由於土地、房屋權屬轉移方式不同，定價方法不同，因而具體計稅依據視不同情況而定。

(1) 國有土地使用權出讓、土地使用權出售、房屋買賣，以成交價格為計稅依據。成交價格是指土地、房屋權屬轉移合同確定的價格，包括承受者應交付的貨幣、實物、無形資產或者其他經濟利益。

(2) 土地使用權贈予、房屋贈予，由徵收機關參照土地使用權出售、房屋買賣的市場價格核定。

(3) 土地使用權交換、房屋交換，所交換的土地使用權、房屋的價格差額也就是價格相等時，免徵契稅；交換價格不等時，由多交付貨幣、實物、無形資產或者其他經濟利益的一方繳納契稅。

(4) 以劃撥方式取得土地使用權，經批准轉讓房地產時，由房地產轉讓者補交契稅。計稅依據為補交的土地使用權出讓費用或者土地收益。

為了避免偷、逃稅款，稅法規定，成交價格明顯低於市場價格並且無正當理由的，或者所交換土地使用權、房屋價格的差額明顯不合理並且無正當理由的，徵收機關可以參照市場價格核定計稅依據。

(5) 房屋附屬設施徵收契稅的依據：

①不涉及土地使用權和房屋所有權轉移變動的，不徵收契稅。

②採取分期付款方式購買房屋附屬設施土地使用權、房屋所有權的，應按合同規定的總價款計徵契稅。

③承受的房屋附屬設施權屬如為單獨計價的，按照當地確定的適用稅率徵收契稅；與房屋統一計價的，適用與房屋相同的契稅稅率。

(6) 個人無償贈予不動產行為（法定繼承人除外），應對受贈人全額徵收契稅。在繳納契稅時，納稅人須提交經稅務機關審核並簽字蓋章的「個人無償贈予不動產登記表」，稅務機關（或其他徵收機關）應在納稅人的契稅完稅憑證上加蓋「個人無償贈

予」印章，在「個人無償贈予不動產登記表」中簽字並將該表格留存。

(二) 應納稅額的計算

應納稅額的計算公式為：

應納稅額＝計稅依據×稅率

【例9-2】居民甲有兩套住房，將其中一套出售給居民乙，成交價為100,000元；將另一套住房與居民丙交換住房，並付給居民丙換房差價30,000元（假定：契稅稅率為4%）。

計算甲、乙、丙相關行為應繳納的契稅。

【答案】

甲應繳納契稅＝30,000×4%＝1,200（元）

乙應繳納契稅＝100,000×4%＝4,000（元）

丙不繳納契稅。

四、稅收優惠

(1) 國家機關、事業單位、社會團體、軍事單位承受土地、房屋用於辦公、教學、醫療、科研和軍事設施的，免徵契稅。

(2) 城鎮職工按規定第一次購買公有住房，免徵契稅。對個人購買普通住房，且該住房屬於家庭唯一住房的，減半徵收契稅。對個人購買90平方米及以下普通住房，且該住房屬於家庭唯一住房的，減按1%稅率徵收契稅。

(3) 因不可抗力滅失住房而重新購買住房的，酌情減免。不可抗力是指自然災害、戰爭等不能預見、不可避免並且不能克服的客觀情況。

(4) 土地、房屋被縣級以上人民政府徵用、占用後，重新承受土地、房屋權屬的，由省級人民政府確定是否減免。

(5) 承受荒山、荒溝、荒丘、荒灘土地使用權，並用於農、林、牧、漁業生產的，免徵契稅。

(6) 經外交部確認，依照中國有關法律規定以及中國締結或參加的雙邊和多邊條約或協定，應當予以免稅的外國駐華使館、領事館、聯合國駐華機構及其外交代表、領事官員和其他外交人員承受土地、房屋權屬，免徵契稅。

公租房經營單位購買住房作為公租房的，免徵契稅。

五、徵收管理

1. 納稅義務的發生時間

契稅的納稅義務發生時間是納稅人簽訂土地、房屋權屬轉移合同的當天，或者納稅人取得其他具有土地、房屋權屬轉移合同性質憑證的當天。

2. 納稅期限

納稅人應當自納稅義務發生之日起10日內，向土地、房屋所在地的契稅徵收機關辦理納稅申報，並在契稅徵收機關核定的期限內繳納稅款。

3. 納稅地點

契稅在土地、房屋所在地的徵收機關繳納。

4. 其他管理

納稅人辦理納稅事宜後，徵收機關應向納稅人開具契稅完稅憑證。納稅人持契稅完稅憑證和其他規定的文件材料，依法向土地管理部門、房產管理部門辦理有關土地、房屋的權屬變更登記手續。土地管理部門和房產管理部門應向契稅徵收機關提供有關資料，並協助契稅徵收機關依法徵收契稅。

國家稅務總局決定，各級徵收機關要在 2005 年 1 月 1 日後停止代徵委託，直接徵收契稅。另外，對已繳納契稅的購房單位和個人，在未辦理房屋權屬變更登記前退房的，退還已納契稅；在辦理房屋權屬變更登記之後退還的，不予退還已納契稅。

本章練習題

一、單項選擇題

1. 下列各項中，符合房產稅規定的是（　　）。
    A. 房屋出租的由承租人納稅
    B. 房屋產權出典的由出典人納稅
    C. 無租使用房產管理部門的房產由所有人代為繳納
    D. 房屋產權未確定的暫不繳納房產稅

2. 2014 年年末某國有企業辦公樓工程改造完成，辦公樓帳面原值 450 萬元，為改造辦公樓支付費用 120 萬元，加裝中央空調支付 75 萬元，該空調單獨作為固定資產入帳，當地一次性扣除費用比例是 20%，該企業 2015 年應納房產稅（　　）。
    A. 1.2 萬元　　　　　　　　B. 6.19 萬元
    C. 6 萬元　　　　　　　　　D. 72 萬元

3. 下列車船中，不屬於車船稅徵稅範圍的是（　　）。
    A. 機場內使用的車輛　　　　B. 小汽車
    C. 火車　　　　　　　　　　D. 拖船

4. 關於契稅說法正確的是（　　）。
    A. 契稅由房屋產權轉讓方繳納
    B. 農民個人購買房屋不徵契稅
    C. 因他人抵債而獲得的房屋不徵契稅
    D. 契稅的稅率由省級政府在規定幅度內確定

5. 關於契稅的計稅依據，下列說法中正確的是（　　）。
    A. 土地使用權出售的，以成交價計稅
    B. 土地使用權交換、房屋交換，為交換土地使用權、房屋的價格
    C. 以競價方式出讓土地使用權，以不包括各種補償費的競價成交價格為計稅依據

D. 以購公有住房經補繳土地出讓金成為完全產權的，以補繳的土地出讓金為計稅依據

二、多項選擇題

1. 關於房產稅的納稅義務發生時間，以下表述中正確的是（　　）。
   A. 納稅人將原有的房產用於生產經營，從經營之月起，繳納房產稅
   B. 納稅人將自建房屋用於生產經營，從建成之月起，繳納房產稅
   C. 納稅人委託施工企業建設的房屋，從辦理驗收之次月起，繳納房產稅
   D. 納稅人購置新建商品房，自房屋交付使用之次月起，繳納房產稅
   E. 納稅人購置存量房，自簽發房屋產權證書之次月起，繳納房產稅

2. 以下選項中屬於房產稅稅率的是（　　）。
   A. 1.2%　　　　　　　　　　B. 3%
   C. 4%　　　　　　　　　　　D. 12%
   E. 20%

3. 下列車船中應繳納車船稅的有（　　）。
   A. 插電式混合動力汽車　　　B. 事業單位班車
   C. 掛車　　　　　　　　　　D. 養殖漁船
   E. 檢察院領取警用牌照的車輛

4. 下列各項中，屬於契稅納稅人的有（　　）。
   A. 購買房屋的個體工商戶
   B. 轉讓土地使用權的農村居民
   C. 接受對方捐贈房屋的外商投資企業
   D. 出租房屋的國有企業
   E. 獲獎取得房屋產權的城鎮居民

5. 某公司購買寫字樓時，應繳納的稅金有（　　）。
   A. 土地增值稅　　　　　　　B. 契稅
   C. 營業稅　　　　　　　　　D. 印花稅
   E. 城市維護建設稅

三、計算題

1. 某公司辦公大樓原值20,000萬元，2015年2月28日將其中部分閒置房出租，租期為2年。出租部分房產原值為5,000萬元，租金每年1,000萬元。當地政府規定房產原值減除比例為20%。計算：公司2015年應納的房產稅。

2. 居民甲有兩套住房，將其中一套出售給居民乙，成交價格為30萬元；將另一套兩室住房與居民丙交換成兩處一室的住房，並支付給丙換房差價款5萬元；請計算甲、乙、丙各自應繳納的契稅（該地區契稅稅率為4%）。

四、思考題

1. 什麼是房產稅？房產稅的徵稅範圍有哪些規定？
2. 房產稅的納稅義務人、計稅依據和稅率有何規定？
3. 房產稅有哪些優惠政策？
4. 車船稅徵稅範圍有何規定？
5. 契稅徵稅範圍有哪些規定？
6. 契稅計稅依據有何規定？

第十章 印花稅和車輛購置稅

教學目標：

1. 熟悉印花稅、車輛購置稅的特點以及其納稅人、稅收優惠、徵收管理。
2. 掌握印花稅、車輛購置稅的徵稅範圍及應納稅額的計算。

重難點：

印花稅、車輛購置稅的計稅依據的確定以及應納稅額的計算。

第一節 印花稅

一、印花稅的概念、特點

（一）印花稅的概念

印花稅是對經濟活動和經濟交往中書立、領受、使用的應稅經濟憑證所徵收的一種稅。因納稅人主要通過在應稅憑證上粘貼印花稅票來完成納稅義務，故名印花稅。

現行印花稅基本法律規範，是1988年8月6日由國務院發布並於同年10月1日起實施的《中華人民共和國印花稅暫行條例》（下稱《印花稅暫行條例》）。

（二）印花稅的特點

1. 兼有憑證稅和行為稅性質

印花稅是對單位和個人書立、領受的應稅憑證徵收的一種稅，具有憑證稅性質。由於任何一種應稅經濟憑證反應的都是某種特定的經濟行為，對憑證徵稅，實質上是對經濟行為課稅。因此，印花稅具有行為稅性質。

2. 徵稅範圍廣泛

印花稅的徵稅對象包括了經濟活動和經濟交往中的各種應稅憑證。凡書立和領受這些憑證的單位和個人都要繳納印花稅，其徵稅範圍極其廣泛。隨著市場經濟的發展和經濟法制的逐步健全，依法書立經濟憑證的現象將會愈來愈普遍。因此，印花稅的徵收面將更加廣闊。

3. 稅率低、稅負輕

印花稅與其他稅種相比較，稅率要低得多，稅負較輕，具有廣集資金、積少成多的財政效應。

4. 由納稅人自行完成納稅義務

納稅人通過自行計算、購買並粘貼印花稅票的方法完成納稅義務，並在印花稅票和憑證的騎縫處自行蓋戳註銷或畫銷。而且，多貼印花稅票者，不得申請退稅或者抵用。這與其他稅種的繳納方法有較大區別。

二、印花稅徵稅範圍、納稅義務人和適用稅率

(一) 徵稅範圍

中國現行印花稅只對《印花稅暫行條例》中列舉的憑證徵收，沒有列舉的憑證不徵稅。列舉的憑證分為五類，即經濟合同、產權轉移書據、營業帳簿、權利、許可證照，經財政部門確認的其他憑證。

1. 經濟合同

合同是指當事人之間為實現一定目的，經協商一致，明確當事人各方權利、義務關係的協議。以經濟業務活動作為內容的合同，通常稱為經濟合同。經濟合同按照管理的要求，應依照《合同法》和其他有關合同法規訂立。經濟合同的依法訂立，是在經濟交往中為了確定、變更或終止當事人之間的權利和義務關係的合同法律行為，其書面形式即經濟合同書。中國印花稅只對依法訂立的經濟合同徵收。在「稅目稅率表」中列舉了10大類合同，它們是：

(1) 購銷合同。它包括供應、預購、採購、購銷結合及協作、調劑、補償、易貨等合同；還包括各出版單位與發行單位（不包括訂閱單位和個人）之間訂立的圖書、報刊、音像徵訂憑證。

對於工業、商業、物資、外貿等部門經銷和調撥商品、物資供應的調撥單（或其他名稱的單、卡、書、表等），應當區分其性質和用途，看其是作為部門內執行計劃使用的，還是代替合同使用的，以確定是否貼花。凡屬於明確雙方供需關係，據以供貨和結算，具有合同性質的憑證，應按規定繳納印花稅。

對納稅人以電子形式簽訂的各類應稅憑證按規定徵收印花稅。

(2) 加工承攬合同。它包括加工、定做、修繕、修理、印刷、廣告、測繪、測試等合同。

(3) 建設工程勘察設計合同。它包括勘察、設計合同的總包合同、分包合同和轉包合同。

(4) 建築安裝工程承包合同。它包括建築、安裝工程承包合同的總包合同、分包合同和轉包合同。

(5) 財產租賃合同。它包括租賃房屋、船舶、飛機、機動車輛、機械、器具、設備等合同；還包括企業、個人出租門店、櫃臺等所簽訂的合同，但不包括企業與主管部門簽訂的租賃承包合同。

(6) 貨物運輸合同。它包括民用航空運輸、鐵路運輸、海上運輸、內河運輸、公路運輸和聯運合同。

(7) 倉儲保管合同。它包括倉儲、保管合同或作為合同使用的倉單、棧單（或稱

入庫單)。對某些使用不規範的憑證不便計稅的,可就其結算單據作為計稅貼花的憑證。

(8) 借款合同。它包括銀行及其他金融組織和借款人(不包括銀行同業拆借)所簽訂的借款合同。

(9) 財產保險合同。它包括財產、責任、保證、信用等保險合同。

(10) 技術合同。它包括技術開發、轉讓、諮詢、服務等合同。其中:

技術轉讓合同包括專利申請轉讓、非專利技術轉讓所書立的合同,但不包括專利權轉讓、專利實施許可所書立的合同。后者適用於「產權轉移書據」合同。

技術諮詢合同是合同當事人就有關項目的分析、論證、評價、預測和調查訂立的技術合同,而一般的法律、會計、審計等方面的諮詢不屬於技術諮詢,其所立合同不貼印花。

技術服務合同的徵稅範圍包括技術服務合同、技術培訓合同和技術仲介合同。

2. 財產轉移書據

產權轉移即財產權利關係的變更行為,表現為產權主體發生變更。產權轉移書據是在產權的買賣、交換、繼承、贈予、分割等產權主體變更過程中,由產權出讓人與受讓人之間訂立的民事法律文書。

中國印花稅稅目中的產權轉移書據包括財產所有權、版權、商標專用權、專利權、專有技術使用權共5項產權的轉移書據。其中,財產所有權轉移書據,是指經政府管理機關登記註冊的不動產、動產的所有權轉移所書立的書據,包括股份制企業向社會公開發行的股票,因購買、繼承、贈予所書立的產權轉移書據。其他4項則屬於無形資產的產權轉移書據。

另外,土地使用權出讓合同、土地使用權轉讓合同、商品房銷售合同按照產權轉移書據徵收印花稅。

3. 營業帳簿

印花稅稅目中的營業帳簿歸屬於財務會計帳簿,是按照財務會計制度的要求設置的,反應生產經營活動的帳冊。按照營業帳簿反應的內容不同,在稅目中分為記載資金的帳簿(簡稱資金帳簿)和其他營業帳簿兩類,以便於分別採用按金額計稅和按件計稅兩種計稅方法。

(1) 資金帳簿是反應生產經營單位「實收資本」和「資本公積」金額增減變化的帳簿。

(2) 其他營業帳簿是反應除資金資產以外的其他生產經營活動內容的帳簿,即除資金帳簿以外的,歸屬於財務會計體系的生產經營用帳冊。

4. 權利、許可證照

權利、許可證照是政府授予單位、個人某種法定權利和準予從事特定經濟活動的各種證照的統稱。它包括政府部門發給的房屋產權證、工商營業執照、商標註冊證、專利證、土地使用證等。

5. 經財政部門確定徵稅的其他憑證

除了稅法列舉的以上五大類應稅經濟憑證之外,在確定經濟憑證的徵免稅範圍時,

需要注意以下三點：

（1）由於目前同一性質的憑證名稱各異，不夠統一，因此，各類憑證不論以何種形式或名稱書立，只要其性質屬於條例中列舉徵稅範圍內的憑證，均應照章納稅。

（2）應稅憑證均是指在中國境內具有法律效力、受中國法律保護的憑證。

（3）適用於中國境內，並在中國境內具備法律效力的應稅憑證，無論在中國境內或者境外書立，均應依照印花稅的規定貼花。

(二) 納稅義務人

凡在中國境內書立、領受、使用屬於徵稅範圍內所列憑證的單位和個人，都是印花稅的納稅義務人。它包括各類企業、事業、機關、團體、部隊，以及中外合資經營企業、合作經營企業、外資企業、外國公司企業和其他經濟組織及其在華機構等單位和個人。按照徵稅項目劃分的具體納稅人是：

（1）立合同人。書立各類經濟合同的，以立合同人為納稅人。所謂立合同人，是指合同的當事人。當事人在兩方或兩方以上的，各方均為納稅人。

（2）立帳簿人。建立營業帳簿的，以立帳簿人為納稅人。

（3）立據人。訂立各種財產轉移書據的，以立據人為納稅人。如立據人未貼印花或少貼印花，書據的持有人應負責補貼印花。所立書據以合同方式簽訂的，應由持有書據的各方分別按全額貼花。

（4）領受人。領取權利、許可證照的，以領受人為納稅人。

對於同一憑證，如果由兩方或者兩方以上當事人簽訂並各執一份，各方均為納稅人，應當由各方就所持憑證的各自金額貼花。所謂當事人，是指對憑證有直接權利與義務關係的單位和個人，不包括保人、證人、鑑定人。如果應稅憑證是由當事人的代理人代為書立的，則由代理人代為承擔納稅義務。

（5）使用人。它是指在國外書立或領受，在國內使用應稅憑證的單位和個人。

（6）各類電子應稅憑證的簽訂人。它是指以電子形式簽訂各類應稅憑證的單位和個人。

三、適用稅率

現行印花稅採用比例稅率和定額稅率兩種稅率。

1. 比例稅率

各類合同以及具有合同性質的憑證（含以電子形式簽訂的各類應稅憑證）、產權轉移書據、營業帳簿中記載資金的帳簿，適用比例稅率。

印花稅的比例稅率分為 4 個檔次，分別是 0.05‰、0.3‰、0.5‰、1‰。

（1）適用 0.05‰稅率的為「借款合同」。

（2）適用 0.3‰稅率的為「購銷合同」「建築安裝工程承包合同」「技術合同」。

（3）適用 0.5‰稅率的為「加工承攬合同」「建築工程勘察設計合同」「貨物運輸合同」「產權轉移書據」「營業帳簿」稅目中記載資金的帳簿。

（4）適用 1‰稅率的為「財產租賃合同」「倉儲保管合同」「財產保險合同」。

(5) 在上海證券交易所、深圳證券交易所、全國中小企業股份轉讓系統買賣、繼承、贈予優先股所書立的股權轉讓書據，均依書立時實際成交金額，由出讓方按1‰的稅率計算繳納證券（股票）交易印花稅。

2. 定額稅率

適用定額稅率的是權利、許可證照和營業帳簿中的其他帳簿，採取按件規定固定稅額，單位稅額均為每件5元。對其他營業帳簿、權利、許可證照，單位稅額均為每件5元。由於這類憑證沒有金額記載，規定按件定額徵稅，可以方便徵納，簡化手續。

在確定適用稅率時，如果一份合同載有一個或幾個經濟事項，可以同時適用一個或幾個稅率並分別計算貼花。但屬於同一筆金額或幾個經濟事項金額未分開的，應按其中的較高稅率計算納稅，而不是分別按多種稅率貼花。這樣規定主要是為了避免以低稅率憑證代替高稅率憑證納稅，從而逃避納稅義務。

四、應納稅額的計算

（一）計稅依據

(1) 購銷合同的計稅依據為合同記載的購銷金額。
(2) 加工承攬合同的計稅依據是加工或承攬收入的金額。
(3) 建設工程勘察設計合同的計稅依據為收取的費用。
(4) 建築安裝工程承包合同的計稅依據為承包金額。
(5) 財產租賃合同的計稅依據為租賃金額；經計算，稅額不足1元的，按1元貼花。
(6) 貨物運輸合同的計稅依據為取得的運輸費金額（即運費收入），不包括所運貨物的金額、裝卸費和保險費等。
(7) 倉儲保管合同的計稅依據為收取的倉儲保管費用。
(8) 借款合同的計稅依據為借款金額。
(9) 財產保險合同的計稅依據為支付（收取）的保險費，不包括所保財產的金額。
(10) 技術合同的計稅依據為合同所載的價款、報酬或使用費。為了鼓勵技術研究開發，對技術開發合同，只就合同所載的報酬金額計稅，研究開發經費不作為計稅依據。單對合同約定按研究開發經費一定比例作為報酬的，應按一定比例的報酬金額貼花。
(11) 產權轉移書據的計稅依據為所載金額。
(12) 營業帳簿稅目中記載資金的帳簿的計稅依據為「實收資本」與「資本公積」兩項的合計金額。其他帳簿的計稅依據為應稅憑證件數。
(13) 權利、許可證照的計稅依據為應稅憑證件數。

（二）應納稅額的計算

1. 按比例稅率計算應納稅額的方法

應納稅額＝計稅金額×適用稅率

2. 按定額稅率計算應納稅額的方法

應納稅額＝憑證數量×單位稅額

3. 計算印花稅應納稅額應當注意的問題

（1）按金額比例貼花的應稅憑證，未標明金額的，應按照憑證所載數量及市場價格計算金額，依適用稅率貼足印花。

（2）應稅憑證所載金額為外國貨幣的，按憑證書立當日國家外匯管理局公布的外匯牌價折合人民幣，計算應納稅額。

（3）同一憑證由兩方或者兩方以上當事人簽訂並各執一份的，應當由各方按所執的一份全額貼花。

（4）同一憑證因載有兩個或兩個以上經濟事項而適用不同稅率，分別載有金額的，應分別計算應納稅額，相加后按合計稅額貼花；未分別記載金額的，按稅率高的計稅貼花。

（5）已貼花的憑證，修改后所載金額增加的，其增加部分應當補貼印花稅票。

（6）按比例稅率計算納稅而應納稅額不足1角的，免納印花稅；應納稅額在1角以上的，其稅額尾數不滿5分的不計，滿5分的按1角計算貼花。對財產租賃合同的應納稅額超過1角但不足1元的，按1元貼花。

【例10-1】某企業2016年2月開業，領受房產權證、工商營業執照、土地使用證各一件；與其他企業訂立轉移專用技術使用權書據一件，所載金額為80萬元；訂立產品購銷合同兩件，所載金額為150萬元；訂立借款合同一份，所載金額為40萬元。此外，企業的營業帳簿中，「實收資本」科目載有資金600萬元，其他營業帳簿20本。2016年12月該企業「實收資本」所載資金增加為800萬元。

試計算該企業2016年2月份應納印花稅額和12月份應補繳的印花稅額。

【答案】

（1）企業領受權利、許可證照應納稅額：

應納稅額＝3×5＝15（元）

（2）企業訂立產權轉移書據應納稅額：

應納稅額＝800,000×0.5‰＝400（元）

（3）企業訂立購銷合同應納稅額：

應納稅額＝1,500,000×0.35‰＝450（元）

（4）企業訂立借款合同應納稅額：

應納稅額＝400,000×0.055‰＝20（元）

（5）企業營業帳簿中「實收資本」所載資金：

應納稅額＝6,000,000×0.5‰＝3,000（元）

（6）企業其他營業帳冊應納稅額：

應納稅額＝20×5＝100（元）

（7）2月份企業應納印花稅稅額：

應納稅額＝15＋400＋450＋20＋3,000＋100＝3,985（元）

（8）12月份資金帳簿應補繳稅額為：

應補納稅額＝（8,000,000－6,000,000）×0.5‰＝1,000（元）

五、稅收優惠

對印花稅的減免稅優惠主要有：
(1) 對已繳納印花稅憑證的副本或者抄本免徵印花稅。
(2) 對無息、貼息貸款合同免徵印花稅。
(3) 對農牧業保險合同免徵印花稅。
(4) 對與高校學生簽訂的高校學生公寓租賃合同免徵印花稅。
(5) 對公租房經營管理單位建造管理公租房涉及的印花稅予以免徵。
(6) 對房地產管理部門與個人簽訂的用於生活居住的租賃合同免徵印花稅。

六、徵收管理

(一) 納稅方法

根據稅額大小、貼花次數以及稅收徵收管理需要，印花稅分別採用以下三種納稅辦法：
(1) 自行貼花。一般適用於應稅憑證較少或者貼花次數較少的納稅人。
(2) 匯貼或匯繳辦法。一般適用於應納稅額較大或者貼花次數頻繁的納稅人。
(3) 委託代徵辦法。這主要通過稅務機關委託，由發放或者辦理應納稅憑證的單位代為徵收印花稅稅款。

(二) 納稅環節

印花稅應當在書立或領受時貼花，具體是指，在合同簽訂時、帳簿啟用時和證照領受時貼花。如果合同是在國外簽訂的，並且不便在國外貼花，應在將合同帶入境時辦理貼花納稅手續。

(三) 納稅地點

印花稅一般實行就地納稅。對於全國性商品物資訂貨會（包括展銷會、交易會等）上所簽訂合同應納的印花稅，由納稅人回其所在地後及時辦理貼花完稅手續；對地方主辦、不涉及省際關係的訂貨會、展銷會上所簽合同的印花稅，其納稅地點由各省、自治區、直轄市人民政府自行確定。

(四) 納稅申報

印花稅的納稅人應按照條例的有關規定及時辦理納稅申報，並如實填寫「印花稅納稅申報表」。

第二節　車輛購置稅

一、車輛購置稅的概念、特點

(一) 車輛購置稅的概念

車輛購置稅是以在中國境內購置規定的車輛為課稅對象、在特定的環節向車輛購置者徵收的一種稅。就其性質而言，屬於直接稅的範疇。

現行車輛購置稅的基本法律規範是於 2000 年 10 月 22 日由國務院令第 294 號頒布並於 2001 年 1 月 1 日起施行的《中華人民共和國車輛購置稅暫行條例》。

(二) 車輛購置稅的特點

車輛購置稅作為一種特殊稅，除具有稅收的共同特點外，還有其自身獨立的特點：

1. 徵稅對象窄，徵收環節單一

車輛購置稅以購置的特定車輛為徵稅對象，而不是針對所有車輛，徵稅範圍窄；車輛購置稅實行一次課徵，它不是在生產、經營和消費的每一個環節道道徵收，只是在消費領域的某一環節一次徵收，即車輛購置稅是在消費領域中的使用環節（即最終消費環節）徵收。

2. 稅率單一，徵收方法簡便

車輛購置稅只確定一個統一的比例稅率，按 10% 徵收，且稅率不隨徵稅對象數額變動，計徵簡便、稅負穩定，有利於依法治稅；車輛購置稅實行單一比例稅率，根據納稅人購置應稅車輛的計稅價格實行從價計徵，以價格為計稅標準，其徵收方法簡便易行。

3. 具有特定目的，專款專用

車輛購置稅為中央稅，由國家稅務總局徵收，它取之於車輛，用之於交通建設，其徵稅具有專門用途，不挪作他用，由中央財政根據國家建設投資計劃，統籌安排。這種特定目的的稅收，可以保證國家財政支出的需要，既有利於統籌、合理安排資金，又有利於保證特定事業和建設支出的需要。

二、車輛購置稅的徵稅範圍、納稅義務人和適用稅率

(一) 徵稅範圍

車輛購置稅以列舉的車輛作為徵稅對象，未列舉的車輛不納稅。其徵稅範圍包括汽車、摩托車、電車、掛車、農用運輸車。具體規定如下：

(1) 汽車：包括各類汽車。
(2) 摩托車。

①輕便摩托車：最高設計時速不大於 50 千米，發動機汽缸總排量不大於 50 毫升的兩個或三個車輪的機動車。

199

②兩輪摩托車：最高設計時速大於 50 千米，發動機汽缸總排量大於 50 毫升的兩個車輪的機動車。

③三輪摩托車：最高設計時速大於 50 千米，發動機汽缸總排量大於 50 毫升，空車質量不大於 400 千克的三個車輪的機動車。

(3) 電車。

①無軌電車：以電能為動力，由專用輸電電纜供電的輪式公共車輛。

②有軌電車：以電能為動力，在軌道上行駛的公共車輛。

(4) 掛車。

①全掛車：無動力設備，獨立承載，由牽引車輛牽引行駛的車輛。

②半掛車：無動力設備，與牽引車共同承載，由牽引車輛牽引行駛的車輛。

(5) 農用運輸車。

①三輪農用運輸車：柴油發動機，功率不大於 7.4 千瓦，載重量不大於 500 千克，最高設計時速不大於 40 千米的三個車輪的機動車。

②四輪農用運輸車：柴油發動機，功率不大於 28 千瓦，載重量不大於 1,500 千克，最高設計時速不大於 50 千米的四個車輪的機動車。

(二) 納稅義務人

車輛購置稅的納稅義務人是指在中國境內購置應稅車輛的單位和個人。其中購置是指購買使用行為、進口使用行為、受贈使用行為、自產自用行為、獲獎使用行為以及以拍賣、抵債、走私、罰沒等方式取得並使用的行為，這些行為都屬於車輛購置稅的應稅行為。

車輛購置稅的納稅人具體是指：

所稱單位，包括國有企業、集體企業、私營企業、股份制企業、外商投資企業、外國企業以及其他企業事業單位、社會團體、國家機關、部隊以及其他單位。

所稱個人，包括個體工商戶及其他個人，既包括中國公民又包括外國公民。

(三) 適用稅率

中國車輛購置稅實行統一比例稅率（指一個稅種只設計一個比例的稅率），稅率為 10%。

三、應納稅款的計算

(一) 計稅依據

車輛購置稅的計稅依據按照以下情形確定：

1. 購買自用應稅車輛計稅依據的確定

納稅人購買自用的應稅車輛的計稅依據為納稅人購買應稅車輛而支付給銷售者的全部價款和價外費用（不包括增值稅稅款）。換句話說，計稅依據是由銷貨方銷售應稅車輛向購買者收取的除增值稅稅款以外的全部價款和價外費用。

這裡的「購買自用的應稅車輛」，包括購買自用的國產應稅車輛和購買自用的進口

應稅車輛，如從國內汽車市場、汽車貿易公司購買自用的進口應稅車輛等。

「價外費用」是指銷售方價外向購買方收取的基金、集資費、返還利潤、補貼、違約金（延期付款利息）和手續費、包裝費、儲存費、優質費、運輸裝卸費、保管費、代收款項、代墊款項以及其他各種性質的價外收費。

由於納稅人購買自用的應稅車輛是按不含增值稅的計稅價格徵收車輛購置稅的，因此，當納稅人購車發票的價格未扣除增值稅稅款，或者因不得開具機動車輛銷售統一發票（或開具其他普通票據）而發生價款與增值稅稅款合併收取的，在確定車輛購置稅計稅依據時，應將其換算為不含增值稅的銷售價格。

2. 進口自用應稅車輛計稅依據的確定

納稅人進口自用的應稅車輛以組成計稅價格為計稅依據。計稅價格的計算公式為：

計稅價格＝關稅完稅價格＋關稅＋消費稅

這裡的「進口自用的應稅車輛」，是指納稅人直接從境外進口或委託代理進口自用的應稅車輛，即非貿易方式進口自用的應稅車輛。

上式中，「關稅完稅價格」是指海關核定的此類車型關稅計稅價格；「關稅」是指由海關課徵的進口車輛的關稅。其計算公式為：

應納關稅＝關稅完稅價格×關稅稅率

前式中，「消費稅」是指進口車輛應由海關代徵的消費稅。其計算公式為：

應納消費稅＝組成計稅價格×消費稅稅率

組成計稅價格＝（關稅完稅價格＋關稅）÷（1－消費稅稅率）

進口自用應稅車輛的計稅價格，應根據納稅人提供的、經海關審查確認的有關完稅證明資料確定。

3. 其他自用應稅車輛計稅依據的確定

按現行政策規定，納稅人自產、受贈、獲獎和以其他方式取得並自用的應稅車輛的計稅價格，按購置該型號車輛的價格確認不能取得購置價格的，由主管稅務機關參照國家稅務總局規定的相同類型應稅車輛的最低計稅價格核定。

4. 以最低計稅價格為計稅依據的確定

現行政策規定：納稅人購買自用或者進口自用應稅車輛，申報的計稅價格低於同類型應稅車輛的最低計稅價格，又無正當理由的，按照最低計稅價格徵收車輛購置稅。也就是說，納稅人購買和進口自用的應稅車輛，首先應分別按前述計稅價格、組成計稅價格計稅。申報的計稅價格偏低，又提不出正當理由的，應以最低計稅價格為計稅依據，按照核定的最低計稅價格徵稅。核定計稅價格＝車輛進價×（1＋成本利潤率），成本利潤率由省級國家稅務局確定。

最低計稅價格是指國家稅務總局依據車輛生產企業提供的車輛價格信息並參照市場平均交易價格核定的車輛購置稅計稅價格。

申報的計稅價格低於同類型應稅車輛的最低計稅價格，又無正當理由的，是指納稅人申報的車輛計稅價格低於出廠價格或進口自用車輛的計稅價格。

根據納稅人購置應稅車輛的不同情況，國家稅務總局對以下幾種特殊情形應稅車輛的最低計稅價格規定如下：

(1) 底盤（車架）發生更換的車輛，計稅依據為最新核發的同類型車輛最低計稅價格的70%。同類型車輛是指同國別、同排量、同車長、同噸位、配置近似的車輛。

(2) 免稅條件消失的車輛，自初次辦理納稅申報之日起，使用年限未滿10年的，計稅依據為最新核發的同類型車輛最低計稅價格按每滿1年扣減10%；使用10年（含）以上的，計稅價格為零。未滿1年的應稅車輛計稅價格為最新核發的同類型車輛最低計稅價格。

(3) 對於國家稅務總局未核定最低計稅價格的車輛，計稅價格為已核定的同類型車輛最低計稅價格。同類型車輛是指同國別、同排量、同車長、同噸位、配置近似等。

(4) 進口舊車、因不可抗力因素導致受損的車輛、庫存超過3年的車輛、行駛8萬千米以上的試驗車輛、國家稅務總局規定的其他車輛，凡納稅人能出具有效證明的，計稅依據為納稅人提供的統一發票或有效憑證註明的計稅價格。

5. 已使用未完稅車輛計稅依據的確定

(1) 對已使用未完稅車輛，主管稅務機關應按照《車輛購置稅暫行條例》第六條的規定確定計稅價格。

(2) 對於已使用未完稅的免稅車輛，免稅條件消失後，納稅人依照規定，重新辦理納稅申報時，其提供的「機動車行駛證」上標註的車輛登記日期視同初次辦理納稅申報日期。主管稅務機關據此確定車輛使用年限和計稅價格。

(3) 對於國家授權的執法部門沒收的走私車輛、被司法機關和行政執法部門依法沒收並拍賣的車輛，其庫存（或使用）年限超過3年或行駛裡程超過8萬千米以上的，主管稅務機關依據納稅人提供的統一發票或有效證明註明的價格確定計稅價格。

(二) 應納稅額的計算

車輛購置稅實行從價定率的方法計算應納稅額，其計算公式為：

應納稅額＝計稅依據×稅率

由於應稅車輛的來源、應稅行為的發生以及計稅依據組成的不同，因而車輛購置稅應納稅額的計算方法也有區別。

1. 購買自用應稅車輛應納稅額的計算

在應納稅額的計算當中，應注意以下費用的計稅規定：

(1) 購買者隨購買車輛支付的工具件和零配件價款應作為購車價款的一部分，並入計稅依據中徵收車輛購置稅。

(2) 支付的車輛裝飾費應作為價外費用並入計稅依據中計稅。

(3) 代收款項應區別徵稅。凡使用代收單位（受託方）票據收取的款項，應視作代收單位價外收費，購買者支付的價費款，應並入計稅依據中一併徵稅；凡使用委託方票據收取，受託方只履行代收義務和收取代收手續費的款項，應按其他稅收政策規定徵稅。

(4) 銷售單位開給購買者的各種發票金額中包含增值稅稅款，因此，計算車輛購置稅時，應換算為不含增值稅的計稅價格。

(5) 購買者支付的控購費，是政府部門的行政性收費，不屬於銷售者的價外費用

範圍，不應並入計稅價格計稅。

（6）銷售單位開展優質銷售活動所開票收取的有關費用，應屬於經營性收入。企業在代理過程中按規定支付給有關部門的費用，企業已作經營性支出列支核算，其收取的各項費用並在一張發票上難以劃分的，應作為價外收入計算徵稅。

【例10-2】宋某2016年12月份從某汽車有限公司購買一輛小汽車供自己使用，支付了含增值稅稅款在內的款項234,000元，另支付代收臨時牌照費550元、代收保險費1,000元，支付購買工具件和零配件價款3,000元、車輛裝飾費1,300元。所支付的款項均由該汽車有限公司開具機動車銷售統一發票和有關票據。請計算宋某應納車輛購置稅。

【答案】
計稅依據 =（234,000+550+1,000+3,000+1,300）×（1÷17%）= 205,000（元）
應納稅額 = 205,000×10% = 20,500（元）

2. 進口自用應稅車輛應納稅額的計算

納稅人進口自用的應稅車輛應納稅額的計算公式為：

應納稅額 =（關稅完稅價格+關稅+消費稅）×稅率

【例10-3】某外貿進出口公司2016年12月份，從國外進口10輛寶馬公司生產的某型號小轎車。該公司報關進口這批小轎車時，經報關地海關對有關報關資料審查，確定關稅完稅價格為每輛185,000元人民幣，海關按稅收政策規定每輛徵收了關稅203,500元，並按消費稅、增值稅有關規定分別代徵了每輛小轎車的進口消費稅11,655元和增值稅66,045元。由於聯繫業務需要，該公司將其中一輛小轎車留在本單位使用。根據以上資料，計算應納車輛購置稅。

【答案】
計稅依據 = 185,000+203,500+11,655 = 400,155（元）
應納稅額 = 400,155×10% = 40,015.5（元）

3. 其他自用應稅車輛應納稅額的計算

納稅人自產自用、受贈使用、獲獎使用和以其他方式取得並自用應稅車輛的，凡不能取得該型車輛購置價格，或者低於最低計稅價格的，以國家稅務總局核定的最低計稅價格作為計稅依據計算徵收車輛購置稅，其計算公式為：

應納稅額 = 最低計稅價格×適用稅率

【例10-4】某客車製造廠將自產的一輛某型號的客車，用於本廠使用，該廠在辦理車輛上牌落籍前出具該車的發票，註明金額65,000元，並按此金額向主管稅務機關申報納稅。經審核，國家稅務總局對該車同類型車輛核定的最低計稅價格為80,000元。計算該車應納車輛購置稅。

【答案】
應納稅額 = 80,000×10% = 8,000（元）

4. 特殊情形下自用應稅車輛應納稅額的計算

（1）減稅、免稅條件消失車輛應納稅額的計算

對減稅、免稅條件消失的車輛，納稅人應按現行規定，在辦理車輛過戶手續前或

者辦理變更車輛登記註冊手續前向稅務機關繳納車輛購置稅。其計算公式為：

應納稅額＝同類型新車最低計稅價格×［1－（已使用年限÷規定使用年限）］×100％×稅率

(2) 未按規定納稅車輛應補稅額的計算

納稅人未按規定納稅的，應按現行政策規定的計稅價格，區分情況分別確定徵稅。不能提供購車發票和有關購車證明資料的，檢查地稅務機關應按同類型應稅車輛的最低計稅價格徵稅；如果納稅人回落籍地後提供的購車發票金額與支付的價外費用之和高於核定的最低計稅價格的，落籍地主管稅務機關還應對其差額計算補稅。其計算公式為：

應納稅額＝最低計稅價格×稅率

四、稅收優惠

(一) 車輛購置稅減免稅規定

中國車輛購置稅實行法定減免，減免稅範圍的具體規定是：
(1) 外國駐華使館、領事館和國際組織駐華機構及其外交人員自用車輛免稅；
(2) 中國人民解放軍和中國人民武裝警察部隊列入軍隊武器裝備訂貨計劃的車輛免稅；
(3) 設有固定裝置的非運輸車輛免稅；
(4) 有國務院規定予以免稅或者減稅的其他情形的，按照規定免稅或減稅。
根據現行政策規定，上述其他情形的車輛，目前主要有以下幾種：
(1) 防汛部門和森林消防部門用於指揮、檢查、調度、報汛（警）、聯絡的設有固定裝置的指定型號的車輛。
(2) 回國服務的留學人員用現匯購買1輛自用國產小汽車。
(3) 長期來華定居專家進口1輛自用小汽車。
(4) 城市公交企業自2012年1月1日起至2015年12月31日止，購置的公共汽電車輛免徵車輛購置稅。
(5) 自2004年10月1日起，對農用三輪運輸車免徵車輛購置稅。

(二) 車輛購置稅的退稅

納稅人已經繳納車輛購置稅但在辦理車輛登記手續前需要辦理退還車輛購置稅的，由納稅人申請，徵收機構審查後辦理退還車輛購置稅手續。

五、徵收管理

根據自2015年2月1日起開始試行的「車輛購置稅徵收管理辦法」，車輛購置稅的徵收規定如下：

(一) 納稅申報

車輛購置稅實行一車一申報制度。納稅人在辦理納稅申報時應如實填寫「車輛購

置稅納稅申報表」，同時提供車主身分證明、車輛價格證明、車輛合格證明及稅務機關要求提供的其他資料的原件和複印件。主管稅務機關應對納稅申報資料進行審核，確定計稅依據，徵收稅款，核發完稅證明。徵稅車輛在完稅證明徵稅欄加蓋車購稅徵稅專用章，免稅車輛在完稅證明免稅欄加蓋車購稅徵稅專用章。完稅后，由稅務機關保存有關複印件，並對已經辦理納稅申報的車輛建立車輛購置稅徵收管理檔案。

(二) 納稅環節

車輛購置稅的徵稅環節為首要環節，即最終消費環節。具體而言，納稅人應當在向公安機關等車輛管理機構辦理車輛登記註冊手續前，繳納車輛購置稅。購買二手車時，購買者應當向原車主索要「車輛購置稅完稅證明」。購買已辦理車輛購置稅免稅手續的二手車，購買者應當到稅務機關重新辦理申報繳納或免稅手續。

(三) 納稅地點

納稅人購置應稅車輛，應當向車輛登記註冊地的主管稅務機關申報納稅；購置不需辦理車輛登記註冊手續的應稅車輛，應當向納稅人所在地主管稅務機關申報納稅。車輛登記註冊地是指車輛的上牌落籍地或落戶地。

(四) 納稅期限

納稅人購買自用的應稅車輛，自購買之日起 60 日內申報納稅；進口自用的應稅車輛，應當自進口之日起 60 日內申報納稅；自產、受贈、獲獎和以其他方式取得並自用的應稅車輛，應當自取得之日起 60 日內申報納稅。這裡的「購買之日」是指納稅人購車發票上註明的銷售日期；「進口之日」是指納稅人報關進口的當天。

本章練習題

一、單項選擇題

1. 下列選項中屬於印花稅納稅人的是 (　　)。
   A. 合同的擔保人　　　　　　B. 權利、許可證照的發放人
   C. 合同的鑒定人　　　　　　D. 以電子形式簽訂應稅憑證的當事人
2. 下列合同及證照中，應繳納印花稅的是 (　　)。
   A. 稅務登記證　　　　　　　B. 審計諮詢合同
   C. 貼息貸款合同　　　　　　D. 發電廠與電網訂立的購電合同
3. 甲企業受託為乙企業加工一批服裝，加工合同記載材料金額 60 萬元由乙企業提供，甲向乙收取加工費 20 萬元，收取代墊輔助材料金額 3 萬元，該項業務中甲企業應繳納的印花稅是 (　　)。
   A. 120 元　　　　　　　　　B. 115 元
   C. 110 元　　　　　　　　　D. 105 元
4. 根據《車輛購置稅暫行條例》的規定，下列人員中不屬於車輛購置稅納稅義務

人的是（　　）。

  A. 應稅車輛的饋贈人　 B. 應稅車輛的購買使用者

  C. 免稅車輛的受贈使用者　 D. 應稅車輛的進口使用者

5. 關於車輛購置稅，下列說法中正確的是（　　）。

  A. 車輛購置稅實行統一比例稅率

  B. 車輛購置稅的納稅義務人不包括外商投資企業

  C. 自產自用應稅車輛行為，不需要繳納車輛購置稅

  D. 購置新能源汽車減半徵收車輛購置稅

二、多項選擇題

1. 下列合同或憑證中，應繳納印花稅的有（　　）。

  A. 企業出租門店合同

  B. 專利證

  C. 軍事物資運輸憑證

  D. 已繳納印花稅的憑證副本

  E. 房地產管理部門與個人簽訂的用於生產經營的租房合同

2. 下列合同中，應按「產權轉移書據」稅目徵收印花稅的有（　　）。

  A. 專利申請權轉讓合同

  B. 商品房銷售合同

  C. 土地使用權出讓合同

  D. 土地使用權轉讓合同

  E. 專利實施許可合同

3. 單位或者個人購買下列車輛，按規定應繳納車輛購置稅的有（　　）。

  A. 輕便摩托車　 B. 無軌電車

  C. 三輪農用運輸車　 D. 四輪農用運輸車

  E. 全掛車

4. 納稅人已繳納車輛購置稅，在辦理車輛登記註冊手續前，可以申請退還車輛購置稅的有（　　）。

  A. 車輛被盜

  B. 因自然災害被毀的車輛

  C. 因設計缺陷召回的車輛

  D. 因質量原因退回的車輛

  E. 公安機關車輛管理機構不予辦理登記註冊手續的車輛

5. 車輛購置稅申報的計稅價格低於同類車輛的最低計稅價格又無正當理由的，是指納稅人申報的車輛計稅價格低於（　　）。

  A. 市場價格　 B. 出廠價格

  C. 平均價格　 D. 成本價格

  E. 進口自用車輛的計稅價格

三、計算題

1. 某企業 2015 年開業，當年發生以下有關事項：領受房產證、工商營業執照、土地使用證各 1 件；與其他企業簽訂轉移專用技術使用權書據 1 份，所載金額為 50 萬元；訂立產品購銷合同 1 份，所載金額為 100 萬元；訂立借款合同 1 份，所載金額為 200 萬元；企業記載資金的帳簿，「實收資本」「資本公積」為 400 萬元；其他營業帳簿 10 本。計算企業當年應繳納的印花稅稅額。

2. 李某 2016 年 8 月從某汽車 4S 店購買一輛小汽車自用，支付了含增值稅稅款在內的款項 117,000 元，另外支付了代收臨時牌照費 275 元、代收保險費 500 元，支付工具件和零配件價款 1,500 元，車輛裝飾費 650 元。所支付的款項均由 4S 店開具機動車銷售統一發票和有關票據。計算李某應繳納的車輛購置稅。

四、思考題

1. 印花稅的徵稅範圍有哪些規定？
2. 印花稅的計稅依據有哪些規定？
3. 印花稅有哪些優惠政策？
4. 車購稅最低計稅價格是如何確定的？
5. 車購稅的減免政策有哪些？

第十一章 企業所得稅

教學目標：

1. 熟悉企業所得稅徵收管理辦法。
2. 掌握企業所得稅的稅收優惠。
3. 掌握企業所得稅納稅人、稅率及應納稅額的計算。

重難點：

1. 企業所得稅納稅義務人、稅率及其判定。
2. 企業所得稅應納稅所得額的組成項目及其計算。
3. 企業所得稅應納稅額的計算。

第一節 企業所得稅概述

一、企業所得稅的概念

企業所得稅是對中國境內的企業和其他取得收入的組織的生產經營所得和其他所得徵收的所得稅。企業所得稅在不同國家有不同的稱謂，比如在日本稱為法人所得稅，在美國稱為公司所得稅，但其基本制度是一致的，都是針對具有法人性質的企業或者其他組織在一定期間的應稅所得徵收的稅。

二、中國企業所得稅的發展歷程

1980年9月10日，第五屆全國人民代表大會第三次會議通過了《中華人民共和國中外合資經營企業所得稅法》（以下簡稱《中外合資經營企業所得稅法》），開始對中外合資經營企業徵收企業所得稅。1981年12月13日，第五屆全國人民代表大會第四次會議通過了《中華人民共和國外國企業所得稅法》（以下簡稱《外國企業所得稅法》），開始對外國企業徵收企業所得稅。

1984年9月18日，國務院發布了《中華人民共和國國營企業所得稅條例（草案）》（以下簡稱《國營企業所得稅條例》），開始對國營企業徵收企業所得稅。1985年4月，國務院發布了《中華人民共和國集體企業所得稅暫行條例》（以下簡稱《集體企業所得稅暫行條例》），開始對集體企業徵收企業所得稅。1988年6月，國務院發布了《中華人民共和國私營企業所得稅暫行條例》（以下簡稱《私營企業所得稅暫行條

例》），開始對私營企業徵收企業所得稅。

1991 年 4 月 9 日，第七屆全國人民代表大會將《中華人民共和國中外合資經營企業所得稅法》與《中華人民共和國外國企業所得稅法》合併，制定了《中華人民共和國外商投資企業和外國企業所得稅法》，並於同年 7 月 1 日起施行。

1993 年 12 月 13 日，國務院將《中華人民共和國國營企業所得稅條例（草案）》《國營企業調節稅徵收辦法》《中華人民共和國集體企業所得稅暫行條例》和《中華人民共和國私營企業所得稅暫行條例》進行整合，制定了《中華人民共和國企業所得稅暫行條例》，自 1994 年 1 月 1 日起施行。

2007 年 3 月 16 日，第十屆全國人民代表大會第五次會議通過了《中華人民共和國企業所得稅法》，並於 2008 年 1 月 1 日開始實行，內外資企業從此實行統一的企業所得稅法。

三、中國企業所得稅的特點

(一) 通常以企業純所得為徵稅對象

企業所得稅以企業純所得為徵稅對象，這僅僅是一般原則上的做法。實際上，企業很多支出的扣除是有標準的，超過標準的支出是不能扣除的，另外還有一些所得是不徵稅或者免稅的。因此，企業所得稅的徵稅對象與企業純所得並不完全一致。

(二) 納稅人和實際負擔人通常是一致的

企業所得稅是直接稅，納稅人繳納的稅款一般不易轉嫁，而由納稅人自己負擔。在會計利潤總額的基礎上，扣除企業所得稅后的餘額為企業生產經營的淨利潤。

(三) 原則上以年度為計稅期限

企業所得稅原則上以一個納稅年度為計算應納稅額的期限，實行按年計算、分月或分季預繳、年終匯算清繳的徵稅辦法。

第二節　企業所得稅納稅人、徵稅對象和稅率

一、納稅義務人

企業所得稅的納稅義務人一般是指企業和其他取得收入的組織。《企業所得稅法》第一條規定，除個人獨資企業、合夥企業不適用企業所得稅法外，在中國境內，企業和其他取得收入的組織（以下統稱企業）為企業所得稅的納稅人，依照法律規定繳納企業所得稅。

在中國，根據登記在冊地和實際管理機構所在地標準，可以把企業所得稅的納稅人分為居民企業和非居民企業。

(一) 居民企業

居民企業是指依法在中國境內成立，或者依照外國（地區）法律成立但實際管理

機構在中國境內的企業。這裡的企業包括國有企業、集體企業、私營企業、聯營企業、股份制企業，外商投資企業、外國企業以及有生產、經營所得和其他所得的其他組織。其中，有生產、經營所得和其他所得的其他組織，是指經國家有關部門批准，依法註冊、登記的事業單位、社會團體等組織。由於中國的一些社會團體組織、事業單位在完成國家事業計劃的過程中，開展多種經營和有償服務活動，取得除財政部門各項撥款、財政部和國家物價部門批准的各項規費收入以外的經營收入，具有了經營的特點，應納入徵稅範圍。其中，實際管理機構，是指對企業的生產經營、人員、帳務、財產等實施實質性全面管理和控制的機構。

(二) 非居民企業

非居民企業是指依照外國（地區）法律成立且實際管理機構不在中國境內，但在中國境內設立機構、場所，或者在中國境內未設立機構、場所但有來源於中國境內所得的企業。

上述所稱機構、場所，是指在中國境內從事生產經營活動的機構、場所，包括：
(1) 管理機構、營業機構、辦事機構；
(2) 工廠、農場、開採自然資源的場所；
(3) 提供勞務的場所；
(4) 從事建築、安裝、裝配、修理、勘探等工程作業的場所；
(5) 其他從事生產經營活動的機構、場所。

非居民企業委託營業代理人在中國境內從事生產經營活動的，包括委託單位或者個人經常代其簽訂合同，或者儲存、交付貨物等，該營業代理人被視為非居民企業在中國境內設立的機構、場所。

二、徵稅對象

企業所得稅的徵稅對象是指企業取得的生產經營所得、其他所得和清算所得。

(一) 居民企業的徵稅對象

對於居民企業，應以其來源於中國境內、境外的所得作為徵稅對象。所稱所得，包括銷售貨物所得、提供勞務所得、轉讓財產所得、股息紅利等權益性投資所得、利息所得、租金所得、特許權使用費所得、接受捐贈所得和其他所得。

(二) 非居民企業的徵稅對象

對於非居民企業在中國境內設立機構、場所的，應當以其所設立的機構、場所取得的來源於中國境內的所得，以及發生在中國境外但與其所設機構、場所有實際聯繫的所得，繳納企業所得稅。非居民企業在中國境內未設立機構、場所，或者雖設立機構、場所，但取得的所得與其所設機構、場所沒有實際聯繫的，應當以其來源於中國境內的所得繳納企業所得稅。

上述所稱實際聯繫，是指非居民企業在中國境內設立的機構、場所擁有的據以取得所得的股權、債權，以及擁有、管理、控制據以取得所得的財產。

(三) 所得來源地的確定

依據《企業所得稅法》及其實施條例的規定，所得來源地的確定有如下方法：

(1) 銷售貨物所得，按照交易活動發生地確定。

(2) 提供勞務所得，按照勞務發生地確定。

(3) 轉讓財產所得。①不動產轉讓所得按照不動產所在地確定。②動產轉讓所得按照轉讓動產的企業或者機構、場所所在地確定。③權益性投資資產轉讓所得按照被投資企業所在地確定。

(4) 股息、紅利等權益性投資所得，按照分配所得的企業所在地確定。

(5) 利息所得、租金所得、特許權使用費所得，按照負擔、支付所得的企業或者機構、場所所在地確定，或者按照負擔、支付所得的個人的住所地確定。

(6) 其他所得，由國務院財政、稅務主管部門確定。

三、稅率

中國企業所得稅實行比例稅率。比例稅率簡便易行，透明度高，不會因徵稅而改變企業間收入分配比例，有利於促進效率的提高。現行規定是：

(1) 基本稅率為25%。適用於居民企業和在中國境內設有機構、場所且所得與機構、場所有關聯的非居民企業（認定為境內常設機構）。

(2) 低稅率為20%。適用於在中國境內未設立機構、場所，或者雖設立機構、場所但取得的所得與其所設機構、場所沒有實際聯繫的非居民企業。但對這類企業實際徵稅時適用10%的稅率。

第三節 應納稅所得額的計算

應納稅所得額是企業所得稅的計稅依據，按照《企業所得稅法》的規定，應納稅所得額為企業每一個納稅年度的收入總額，減除不徵稅收入、免稅收入、各項扣除以及允許彌補的以前年度虧損後的餘額。其基本公式為：

應納稅所得額＝收入總額－不徵稅收入－免稅收入－各項扣除－以前年度虧損

企業應納稅所得額的計算以權責發生制為原則，屬於當期的收入和費用，不論款項是否收付，均作為當期的收入和費用；不屬於當期的收入和費用，即使款項已經在當期收付，均不作為當期的收入和費用。

一、企業收入總額的確認

企業的收入總額包括以貨幣形式和非貨幣形式從各種來源取得的收入，具體有：銷售貨物收入，提供勞務收入，轉讓財產收入，股息、紅利等權益性投資收益，利息收入，租金收入，特許權使用費收入，接受捐贈收入，其他收入。

企業取得收入的貨幣形式，包括現金、存款、應收帳款、應收票據、準備持有至

到期的債券投資以及債務的豁免等；納稅人以非貨幣形式取得的收入，包括固定資產、生物資產、無形資產、股權投資、存貨、不準備持有至到期的債券投資、勞務以及有關權益等，這些非貨幣資產應當按照公允價值確定收入額。公允價值是指按照市場價格確定的價值。

(一) 銷售貨物收入的確認

銷售貨物收入是指企業銷售商品、產品、原材料、包裝物、低值易耗品以及其他存貨取得的收入。企業銷售收入的確認，必須遵守權責發生制原則和實質重於形式原則。

企業銷售商品同時滿足下列條件的，應確認收入的實現：

（1）商品銷售合同已經簽訂，企業已將商品所有權相關的主要風險和報酬轉移給購貨方；

（2）企業對已售出的商品既沒有保留通常與所有權相聯繫的繼續管理權，也沒有實施有效控制；

（3）收入的金額能夠可靠地計量；

（4）已發生或將發生的銷售方的成本能夠可靠地核算。

符合上款收入確認條件，採取下列商品銷售方式的，應按以下規定確認收入實現時間：

（1）銷售商品採用托收承付方式的，在辦妥托收手續時確認收入。

（2）銷售商品採取預收款方式的，在發出商品時確認收入。

（3）銷售商品需要安裝和檢驗的，在購買方接受商品以及安裝和檢驗完畢時確認收入。如果安裝程序比較簡單，可在發出商品時確認收入。

（4）銷售商品採用支付手續費方式委託代銷的，在收到代銷清單時確認收入。

採用售後回購方式銷售商品的，銷售的商品按售價確認收入，回購的商品作為購進商品處理。有證據表明不符合銷售收入確認條件的，如以銷售商品方式進行融資，收到的款項應確認為負債，回購價格大於原售價的，差額應在回購期間確認為利息費用。

【例 11-1】甲公司以 100 萬元的價格銷售一批商品給乙公司。合同約定，甲公司應當於 8 月 1 日交貨，乙公司應當於 9 月 30 日付款。甲公司按約定於 8 月 1 日交貨，乙公司因資金緊張，延遲到 10 月 10 日才實際付款。

【答案】

甲公司的收入應該為 9 月 30 日。

銷售商品以舊換新的，銷售商品應當按照銷售商品收入確認條件確認收入，回收的商品作為購進商品處理。

企業為促進商品銷售而在商品價格上給予的價格扣除屬於商業折扣，商品銷售涉及商業折扣的，應當按照扣除商業折扣后的金額確定銷售商品收入金額。

債權人為鼓勵債務人在規定的期限內付款而向債務人提供的債務扣除屬於現金折扣，銷售商品涉及現金折扣的，應當按扣除現金折扣前的金額確定銷售商品收入金額，

現金折扣在實際發生時作為財務費用扣除。

企業因售出商品的質量不合格等原因而在售價上給予的減讓屬於銷售折讓；企業因售出商品質量、品種不符合要求等原因而發生的退貨屬於銷售退回。企業已經確認銷售收入的售出商品發生銷售折讓和銷售退回，應當在發生當期衝減當期銷售商品收入。

企業以買一贈一等方式組合銷售本企業商品，不屬於捐贈，應將總的銷售額按各項商品的公允價值的比例來分攤確認各項的銷售收入。

【例11-2】某商場買一臺冰箱送一臺吸塵器，正常銷售價格分別是5,000元和1,000元（均為不含稅價格），成本分別為2,000元和400元。計算冰箱和吸塵器的收入。

【答案】
冰箱收入＝5,000×5,000／（5,000+1,000）＝4,167（元）；
吸塵器收入＝1,000×5,000／（5,000+1,000）＝833（元）。

(二) 提供勞務收入的確認

提供勞務收入，是指企業從事建築安裝、修理修配、交通運輸、倉儲租賃、金融保險、郵電通信、諮詢經紀、文化體育、科學研究、技術服務、教育培訓、餐飲住宿、仲介代理、衛生保健、社區服務、旅遊、娛樂、加工以及其他勞務服務活動取得的收入。

企業在各個納稅期末，提供勞務交易的結果能夠可靠估計的，應採用完工進度法（完工百分比）確認提供勞務收入。

提供勞務交易的結果能夠可靠估計，是指同時滿足下列條件：
(1) 收入的金額能夠可靠地計量；
(2) 交易的完工進度能夠可靠地確定；
(3) 交易中已發生和將發生的成本能夠可靠地核算。

企業提供勞務完工進度的確定，可選用下列方法：
(1) 已完成工作的測量；
(2) 已提供勞務占勞務總量的比例；
(3) 發生成本占總成本的比例。

企業應按照從接受勞務方已收或應收的合同或協議價款確定勞務收入總額，根據納稅期末提供勞務收入總額乘以完工進度扣除以前納稅年度累計已確認提供勞務收入後的金額，確認為當期勞務收入；同時，按照提供勞務估計總成本乘以完工進度扣除以前納稅期間累計已確認勞務成本后的金額，結轉為當期勞務成本。

下列提供勞務滿足收入確認條件的，應按規定確認收入：
(1) 安裝費。應根據安裝完工進度確認收入。安裝工作是商品銷售附帶條件的，安裝費在確認商品銷售實現時確認收入。
(2) 宣傳媒介的收費。應在相關的廣告或商業行為出現於公眾面前時確認收入。廣告的製作費，應根據製作廣告的完工進度確認收入。

（3）軟件費。為特定客戶開發軟件的收費，應根據開發的完工進度確認收入。

（4）服務費。包含在商品售價內可區分的服務費，在提供服務的期間分期確認收入。

（5）藝術表演、招待宴會和其他特殊活動的收費。在相關活動發生時確認收入。收費涉及幾項活動的，預收的款項應合理分配給每項活動，分別確認收入。

（6）會員費。申請入會或加入會員，只允許取得會籍，所有其他服務或商品都要另行收費的，在取得該會員費時確認收入。申請入會或加入會員后，會員在會員期內不再付費就可得到各種服務或商品，或者以低於非會員的價格銷售商品或提供服務的，該會員費應在整個受益期內分期確認收入。

（7）特許權費。屬於提供設備和其他有形資產的特許權費，在交付資產或轉移資產所有權時確認收入；屬於提供初始及后續服務的特許權費，在提供服務時確認收入。

（8）勞務費。長期為客戶提供重複的勞務所收取的勞務費，在相關勞務活動發生時確認收入。

（三）財產轉讓收入的確認

轉讓財產收入，是指企業轉讓固定資產、生物資產、無形資產、股權、債權等財產所取得的收入。

企業轉讓股權所得的收入，應於轉讓協議生效且完成股權變更手續時，確認收入的實現。

轉讓股權收入扣除為取得該股權所發生的成本后，為股權轉讓所得。企業在計算股權轉讓所得時，不得扣除被投資企業未分配利潤等股東留存收益中按該項股權所可能分配的金額。

【例11-3】甲公司於2015年3月1日投資1,000萬元於乙公司，取得乙公司1%的股權。2015年12月31日，甲公司將該1%股權以1,200萬元的價格轉讓給丙公司，乙公司截至2015年12月31日未分配的利潤為5,000萬元，甲公司股權轉讓應當確認多少所得？

【答案】

根據稅法的規定，甲公司取得股權的成本為1,000萬元，股權轉讓收入為1,200萬元，股權轉讓所得為：

1,200－1,000＝200（萬元）

該1%的股權中所包含的未分配利潤為：

5,000×1%＝50（萬元）

但在計算股權轉讓所得時，該50萬元不得扣除。

企業發生下列情形的處置資產，除將資產轉移至境外以外，由於資產所有權屬在形式和實質上均不發生改變，可作為內部處置資產，不視同銷售確認收入，相關資產的計稅基礎延續計算：

（1）將資產用於生產、製造、加工另一產品；

（2）改變資產形狀、結構或性能；

（3）改變資產用途（如自建商品房轉為自用或經營）；
（4）將資產在總機構及其分支機構之間轉移；
（5）上述兩種或兩種以上情形的混合；
（6）其他不改變資產所有權屬的用途。

企業將資產移送他人的下列情形，因資產所有權屬已發生改變而不屬於內部處置資產，應按規定視同銷售確定收入：
（1）用於市場推廣或銷售；
（2）用於交際應酬；
（3）用於職工獎勵或福利；
（4）用於股息分配；
（5）用於對外捐贈；
（6）其他改變資產所有權屬的用途。

企業發生上述情形時，屬於企業自制的資產，應按企業同類資產同期對外銷售價格確定銷售收入；屬於外購的資產，不以銷售為目的，具有替代職工福利等費用支出性質，且購買后在一個納稅年度內處置的，可按購入時的價格確定銷售收入。

（四）股息、紅利等權益性投資收益的確認

股息、紅利等權益性投資收益，是指企業因權益性投資從被投資方取得的收入。股息、紅利等權益性投資收益除國務院財政、稅務主管部門另有規定外，按照被投資方做出利潤分配決定的日期確認收入的實現。

被投資企業將股權（票）溢價所形成的資本公積轉為股本的，不作為投資方企業的股息、紅利收入，投資方企業也不得增加該項長期投資的計稅基礎。

【例11-4】A企業為上市公司股東，股權投資計稅成本為1,000萬元。2016年1月10日，該上市公司股東大會做出決定，將股票溢價發行形成的資本公積轉增股本，A企業轉增股本600萬元。2016年7月5日，A企業將該項股權減持轉讓，獲得收入2,000萬元。A企業1月10日獲得轉增股本時是否需要納稅？在7月5日應確認多少財產轉讓所得？

【答案】

A企業在1月10日獲得轉增股本600萬元時不需要納稅。

A企業在7月5日應確認財產轉讓所得為1,000（即2,000-1,000）萬元，而不是400（即2,000-1,000-600）萬元。

（五）利息收入的確認

利息收入，是指企業將資金提供給他人使用但不構成權益性投資，或者因他人占用本企業資金取得的收入包括存款利息、貸款利息、債券利息、欠款利息等收入。利息收入按照合同約定的債務人應付利息的日期確認收入的實現。

（六）租金收入的確認

租金收入，是指企業提供固定資產、包裝物或者其他有形資產的使用權所取得的

收入。

租金收入按照合同約定的承租人應付租金的日期確認收入的實現。其中，如果交易合同或協議中規定租賃期限跨年度，且租金提前一次性支付的，根據收入與費用配比原則，出租人可對上述已確認的收入，在租賃期內，分期均勻計入相關年度收入。

【例11-5】甲公司將一臺設備出租給乙公司，租賃合同規定租賃期限為1年，從2015年4月1日至2016年3月31日，租金12萬元，租金在2015年4月1日一次性支付。甲公司應當如何確認這筆租金收入？

【答案】

根據稅法規定的收入與費用配比原則，甲公司應當將12萬元租金收入分配到12個月，即在2015年確認9萬元租金收入，在2016年確認3萬元租金收入。

(七) 特許權使用費收入的確認

特許權使用費收入，是指企業提供專利權、非專利技術、商標權、著作權以及其他特許權的使用權取得的收入。

特許權使用費收入按照合同約定的特許權使用人應付特許權使用費的日期確認收入的實現。

(八) 接受捐贈收入的確認

接受捐贈收入，是指企業接受的來自其他企業、組織或者個人無償給予的貨幣性資產、非貨幣性資產。

接受捐贈收入按照實際收到捐贈資產的日期確認收入的實現。

(九) 其他收入的確認

其他收入，是指企業取得的除以上收入外的其他收入，包括企業資產溢餘收入、逾期未退包裝物押金收入、確實無法償付的應付款項、已作壞帳損失處理後又收回的應收款項、債務重組收入、補貼收入、違約金收入、匯兌收益等。

企業發生債務重組，應當在債務重組合同或協議生效時確認收入的實現。

(十) 特殊收入的確認

企業的下列生產經營業務可以分期確認收入的實現：

(1) 以分期收款方式銷售貨物的，按照合同約定的收款日期確認收入的實現。

(2) 企業受託加工製造大型機械設備、船舶、飛機，以及從事建築、安裝、裝配工程業務或者提供其他勞務等，持續時間超過12個月的，按照納稅年度內完工進度或者完成的工作量確認收入的實現。

(3) 採取產品分成方式取得收入的，按照企業分得產品的日期確認收入的實現，其收入額按照產品的公允價值確定。

(4) 企業發生非貨幣性資產交換，以及將貨物、財產、勞務用於捐贈、償債、贊助、集資、廣告、樣品、職工福利或者利潤分配等用途的，應當視同銷售貨物、轉讓財產或者提供勞務，但國務院財政、稅務主管部門另有規定的除外。

二、不徵稅收入和免稅收入

國家為了扶持和鼓勵某些特定的項目，採取對企業取得的某些收入不徵稅或免稅的特殊政策，以促進經濟的協調發展。

(一) 不徵稅收入

(1) 財政撥款，是指各級人民政府對納入預算管理的事業單位、社會團體等組織撥付的財政資金，但國務院和國務院財政、稅務主管部門另有規定的除外。

(2) 依法收取並納入財政管理的行政事業性收費、政府性基金。行政事業性收費，是指依照法律、法規等有關規定，按照規定程序批准，在實施社會公共管理以及在向公民、法人或者其他組織提供特定公共服務過程中，向特定對象收取並納入財政管理的費用。政府性基金，是指企業依照法律、行政法規等有關規定，代政府收取的具有專項用途的財政資金。

企業按照規定繳納的、由國務院或財政部批准設立的政府性基金以及由國務院和省、自治區、直轄市人民政府及其財政、價格主管部門批准設立的行政事業性收費，準予在計算應納稅所得額時扣除。企業繳納的不符合上述審批管理權限設立的基金、收費，不得在計算應納稅所得額時扣除。

企業收取的各種基金、收費，應計入企業當年收入總額。對企業依照法律、法規及國務院有關規定收取並上繳財政的政府性基金和行政事業性收費，準予作為不徵稅收入，於上繳財政的當年在計算應納稅所得額時從收入總額中減除；未上繳財政的部分，不得從收入總額中減除。

(3) 國務院規定的其他不徵稅收入，是指企業取得的、由國務院財政、稅務主管部門規定專項用途並經國務院批准的財政性資金。

財政性資金是指企業取得的來源於政府及其有關部門的財政補助、補貼、貸款貼息以及其他各類財政專項資金，包括增值稅即徵即退、先徵後退、先徵後返的各種稅收，但不包括企業按規定取得的出口退稅款。

企業取得的各類財政性資金，除屬於國家投資和資金使用後要求歸還本金的以外，均應計入企業當年收入總額。國家投資是指國家以投資者身分投入企業並按有關規定相應增加企業實收資本（股本）的直接投資。

對企業取得的由國務院財政、稅務主管部門規定專項用途並經國務院批准的財政性資金，準予作為不徵稅收入，在計算應納稅所得額時從收入總額中減除。

(二) 免稅收入

免稅收入，是指企業應納稅所得免予徵收企業所得稅的收入。按照《企業所得稅法》的規定，企業的免稅收入包括以下內容：

(1) 國債利息收入。為鼓勵企業積極購買國債，支援國家建設，稅法規定，企業因購買國債所得的利息收入，免徵企業所得稅。

(2) 符合條件的居民企業之間的股息、紅利等權益性投資收益，是指居民企業直接投資於其他居民企業所取得的投資收益。

(3) 在中國境內設立機構、場所的非居民企業從居民企業取得的與該機構、場所有實際聯繫的股息、紅利等權益性投資收益。

(4) 符合條件的非營利性組織的收入。

三、扣除項目的一般規定

(一) 允許扣除合理支出

1. 一般規定

企業實際發生的與取得收入有關的、合理的支出，包括船舶、費用、稅金、損失和其他支出，準予在計算應納稅所得額時扣除。有關支出，是指與取得收入直接相關的支出。合理支出，是指符合生產經營活動常規，應當計入當期損益或者有關資產成本的必要支出。

企業取得的各項免稅收入所對應的各項成本費用，除另有規定者外，可以在計算企業應納稅所得額時扣除。

2. 支出扣除的方法

企業發生的支出應當區分為收益性支出和資本性支出。收益性支出在發生的當期直接扣除；資本性支出應當分期扣除或者計入有關資產成本，不得在發生當期直接扣除。

企業的不徵稅收入用於支出所形成的費用或者資產，不得扣除或者計算對應的折舊、攤銷扣除。

除《企業所得稅法》及其條例另有規定外，企業實際發生的成本、費用、稅金、損失和其他支出，不得重複扣除。

3. 未取得憑證支出的扣除

企業當年度實際發生的相關成本、費用，由於各種原因未能及時取得該成本、費用的有效憑證，企業在預繳季度所得稅時，可暫按帳面發生金額進行核實；但在匯算清繳時，應補充該成本、費用的有效憑證。

(二) 稅前扣除項目的原則

1. 權責發生制原則

權責發生制原則是指企業費用應在發生的所屬期扣除，而不是在實際支付時確認扣除。

2. 配比原則

配比原則是指企業發生的費用應當與收入配比扣除。除特殊規定外，企業發生的費用不得提前或滯后申報扣除。

3. 相關性原則

相關性原則是指企業可扣除的費用從性質和根源上必須與所取得的應稅收入直接相關。與取得應稅收入無關的支出在稅前不得扣除，如企業發生的擔保支出。

4. 確定性原則

確定性原則是指企業可以扣除的費用，不論何時支付，其金額都必須是確定的。

5. 合理性原則

合理性原則即符合生產經營活動常規，應當計入當期損益或者有關資產成本的必要和正常的支出。

(三) 扣除項目的範圍

1. 成本

成本是指企業在生產經營活動中發生的銷售成本、銷貨成本、業務支出以及其他耗費，即企業銷售商品（產品、材料、下腳料、廢料、廢舊物資等）、提供勞務、轉讓固定資產、無形資產（包括技術轉讓）的成本。

2. 費用

費用是指企業每一個納稅年度為生產、經營商品和提供勞務等所發生的銷售（經營）費用、管理費用和財務費用。已經計入成本的有關費用除外。

銷售費用是指應由企業負擔的為銷售商品而發生的費用，包括廣告費、運輸費、裝卸費、包裝費、展覽費、保險費、銷售佣金（能直接認定的進口佣金調整商品進價成本）、代銷手續費、經營性租賃費及銷售部門發生的差旅費、工資、福利費等費用。

管理費用是指企業的行政管理部門為管理組織經營活動提供各項支援性服務而發生的費用。

財務費用是指企業籌集經營性資金而發生的費用，包括利息淨支出、匯兌淨損失、金融機構手續費以及其他非資本化支出。

3. 稅金

稅金是指企業發生的除企業所得稅和允許抵扣的增值稅以外的企業繳納的各項稅金及其附加，即企業按規定繳納的消費稅、城市維護建設稅、關稅、資源稅、土地增值稅、房產稅、車船稅、城鎮土地使用稅、印花稅、教育費附加等產品銷售稅金及附加。這些已納稅金準予稅前扣除。扣除的方式有兩種：一是在發生當期扣除；二是在發生當期計入相關資產的成本，在以後各期分攤扣除。

4. 損失

損失是指企業在生產經營活動中發生的固定資產和存貨的盤虧、損毀、報廢損失，轉讓財產損失、呆帳損失、壞帳損失、自然災害等不可抗力因素造成的損失以及其他損失。

企業發生的損失，減除責任人賠償和保險賠款后的餘額，依照國務院財政、稅務主管部門的規定扣除。企業已經作為損失處理的資產，在以後納稅年度又全部收回或者部分收回時，應當計入當期收入。

5. 其他支出

其他支出是指除成本、費用、稅金、損失外，企業在生產經營活動中發生的與生產經營活動有關的合理的支出。

(四) 扣除項目及其標準

在計算應納稅所得額時，下列項目可按照實際發生額或規定的標準扣除：

1. 工資、薪金支出

企業發生的合理的工資、薪金支出準予據實扣除。工資、薪金支出是企業每一納稅年度支付給本企業任職或與其有雇傭關係的員工的所有現金或非現金形式的勞動報酬，包括基本工資、獎金、津貼、補貼、年終加薪、加班工資，以及與任職或者是受雇有關的其他支出。

「合理的工資、薪金」，是指企業按照股東大會、董事會、薪酬委員會或相關管理機構制定的工資、薪金制度規定實際發放給員工的工資、薪金。稅務機關在對工資、薪金進行合理性確認時，可按以下原則掌握：

（1）企業制定了較為規範的員工工資、薪金制度。

（2）企業所制定的工資、薪金制度符合行業及地區水平。

（3）企業在一定時期發放的工資、薪金是相對固定的，工資、薪金的調整是有序進行的。

（4）企業對實際發放的工資、薪金，已依法履行了代扣代繳個人所得稅義務。

（5）有關工資、薪金的安排，不以減少或逃避稅款為目的。

屬於國有性質的企業，其工資、薪金，不得超過政府有關部門給予的限定數額。超過部分，不得計入企業工資、薪金總額，也不得在計算企業應納稅所得額時扣除。

企業因雇用季節工、臨時工、實習生、返聘離退休人員以及接受外部勞務派遣用工所實際發生的費用，應區分為工資、薪金支出和職工福利費支出，並按《企業所得稅法》規定在企業所得稅稅前扣除。其中屬於工資、薪金支出的，準予計入企業工資、薪金總額的基數，作為計算其他各項相關費用扣除的依據。

2. 職工福利費、工會經費、職工教育經費支出

企業發生的職工福利費、工會經費、職工教育經費按標準扣除，未超過標準的按實際數扣除，超過標準的只能按標準扣除，超出標準的部分不得扣除，也不得在以後年度結轉扣除。

（1）企業發生的職工福利費支出，不超過工資、薪金總額14%的部分準予扣除。

企業職工福利費是指企業為職工提供的除職工工資、獎金、津貼、納入工資總額管理的補貼、職工教育經費、社會保險費和補充養老保險費（年金）、補充醫療保險費及住房公積金以外的福利待遇支出，包括發放給職工或為職工支付的以下各項現金補貼和非貨幣性集體福利：

①為職工衛生保健、生活等發放或支付的各項現金補貼和非貨幣性福利，包括職工因公外地就醫費用、暫未實行醫療統籌企業職工醫療費用、職工供養直系親屬醫療補貼、職工療養費用、自辦職工食堂經費補貼或未辦職工食堂統一供應午餐支出、符合國家有關財務規定的供暖費補貼、防暑降溫費等；

②企業尚未分離的內設集體福利部門所發生的設備、設施和人員費用，包括職工食堂、職工浴室、理髮室、醫務所、托兒所、療養院、集體宿舍等集體福利部門設備、設施的折舊、維修保養費用以及集體福利部門工作人員的工資薪金、社會保險費、住房公積金、勞務費等人工費用；

③職工困難補助，或者企業統籌建立和管理的專門用於幫助、救濟困難職工的基

金支出；

④離退休人員統籌外費用，包括離休人員的醫療費及離退休人員其他統籌外費用。企業重組涉及的離退休人員統籌外費用，按照《財政部關於企業重組有關職工安置費用財務管理問題的通知》（財企〔2009〕117號）執行。國家另有規定的，從其規定。

⑤按規定發生的其他職工福利費，包括喪葬補助費、撫恤費、職工異地安家費、獨生子女費、探親假路費，以及符合企業職工福利費定義但沒有包括在上述各條款項目中的其他支出。

（2）企業撥繳的工會經費，不超過工資、薪金總額2%的部分準予扣除。

自2010年1月1日起，在委託稅務機關代收工會經費的地區，企業撥繳的工會經費，也可憑合法、有效的工會經費代收憑據依法在稅前扣除。

（3）企業發生的職工教育經費支出，不超過工資、薪金總額2.5%的部分準予扣除，超過部分準予結轉以後納稅年度扣除。

軟件生產企業發生的職工教育經費中的職工培訓費用，可以全額在企業所得稅前扣除。軟件生產企業應準確劃分職工教育經費中的職工培訓費支出，對於不能準確劃分的，以及準確劃分后職工教育經費中扣除職工培訓費用的餘額，一律按照工資、薪金總額2.5%的比例扣除。

3. 社會保險費支出

（1）企業依照國務院有關主管部門或者省級人民政府規定的範圍和標準為職工繳納的「五險一金」，即基本養老保險費、基本醫療保險費、失業保險費、工傷保險費、生育保險費等基本社會保險費和住房公積金，準予扣除。

（2）企業為在本企業任職或受雇的全體員工支付的補充養老保險費、補充醫療保險費，分別在不超過職工工資總額5%標準內的部分，準予扣除。超過部分，不得扣除。企業依照國家有關規定為特殊工種職工支付的人身安全保險費和符合國務院財政、稅務主管部門規定可以扣除的商業保險費準予扣除。

（3）企業參加財產保險，按照規定繳納的保險費，準予扣除。企業為投資者或者職工支付的商業保險費，不得扣除。

4. 利息費用支出

企業在生產、經營活動中所發生的利息費用，按下列規定扣除：

（1）非金融企業向金融企業借款的利息支出、金融企業的各項存款利息支出和同業拆借利息支出、企業經批准發行債券的利息支出可據實扣除。

（2）非金融企業向非金融企業借款的利息支出，不超過按照金融企業同期同類貸款利率計算的數額的部分可據實扣除，超過部分不許扣除。

其中，所謂金融機構，是指各類銀行、保險公司及經中國人民銀行批准從事金融業務的非銀行金融機構。其包括國家專業銀行、區域性銀行、股份制銀行、外資銀行、中外合資銀行以及其他綜合性銀行；還包括全國性保險企業、區域性保險企業、股份制保險企業、中外合資保險企業以及其他專業性保險企業；城市信用社、農村信用社、各類財務公司以及其他從事信託、投資、租賃等業務的專業和綜合性非銀行金融機構。非金融機構，是指除上述金融機構以外的所有企業、事業單位以及社會團體等企業或

組織。

金融企業的同期同類貸款利率情況說明中，應包括在簽訂該借款合同的當時，本省任何一家金融企業提供同期同類貸款利率情況。該金融企業應為經政府有關部門批准成立的可以從事貸款業務的企業，包括銀行、財務公司、信託公司等金融機構。同期同類貸款利率是指在貸款期限、貸款金額、貸款擔保以及企業信譽等條件基本相同的情況下，金融企業提供貸款的利率。既可以是金融企業公布的同期同類平均利率，也可以是金融企業對某些企業提供的實際貸款利率。

5. 借款費用支出

（1）企業在生產經營活動中發生的合理的不需要資本化的借款費用，準予扣除。

（2）企業為購置、建造固定資產、無形資產和經過12個月以上的建造才能達到預定可銷售狀態的存貨發生借款的，在有關資產購置、建造期間發生的合理的借款費用，應予以資本化，作為資本性支出計入有關資產的成本；有關資產交付使用後發生的借款利息，可在發生當期扣除。

（3）企業通過發行債券、取得貸款、吸收保戶儲金等方式融資而發生的合理的費用支出，符合資本化條件的，應計入相關資產成本；不符合資本化條件的，應作為財務費用，準予在企業所得稅前據實扣除。

6. 匯兌損失

企業在貨幣交易中以及納稅年度終了時，將人民幣以外的貨幣性資產、負債按照期末即期人民幣匯率中間價折算為人民幣時產生的匯兌損失，除已經計入有關資產成本以及與向所有者進行利潤分配相關的部分外，準予扣除。

7. 業務招待費支出

企業發生的與生產經營活動有關的業務招待費支出，按照發生額的60%扣除，但最高不得超過當年銷售（營業）收入的5‰。

對從事股權投資業務的企業（包括集團公司總部、創業投資企業等），其從被投資企業所分配的股息、紅利以及股權轉讓收入，可以按規定的比例計算業務招待費扣除限額。

企業在籌建期間發生的與籌辦活動有關的業務招待費支出，可按實際發生額的60%計入企業籌辦費，並按有關規定在稅前扣除。

8. 廣告費和業務宣傳費支出

企業發生的符合條件的廣告費和業務宣傳費支出，除國務院財政、稅務主管部門另有規定外，不超過當年銷售（營業）收入15%的部分，準予扣除；超過部分準予結轉以後納稅年度扣除。

企業在籌建期間發生的廣告費和業務宣傳費，可按實際發生額計入企業籌辦費，可按上述規定在稅前扣除。

企業申報扣除的廣告費支出應與贊助支出嚴格區分。企業申報扣除的廣告費支出，必須符合下列條件：廣告是通過工商部門批准的專門機構製作的；已實際支付費用，並已取得相應發票；通過一定的媒體傳播。

9. 環境保護專項資金支出

企業依照法律、行政法規有關規定提取的用於環境保護、生態恢復等方面的專項資金，準予扣除。上述專項資金提取后改變用途的，不得扣除。

10. 保險費支出

企業參加財產保險，按照規定繳納的保險費，準予扣除。

11. 租賃費用支出

企業根據生產經營活動的需要租入固定資產支付的租賃費，按照以下方法扣除：

（1）以經營租賃方式租入固定資產發生的租賃費支出，按照租賃期限均勻扣除。經營性租賃是指所有權不轉移的租賃。

（2）以融資租賃方式租入固定資產發生的租賃費支出，按照規定構成融資租入固定資產價值的部分應當提取折舊費用，分期扣除。

12. 勞動保護費支出

企業發生的合理的勞動保護支出，準予扣除。自 2011 年 7 月 1 日起，企業根據其工作性質和特點，由企業統一製作並要求員工工作時統一著裝所發生的工作服飾費用，根據《實施條例》第二十七條的規定，可以作為企業合理的支出在稅前扣除。

13. 公益性捐贈支出

公益性捐贈，是指企業通過公益性社會團體或者縣級以上人民政府及其部門，用於《中華人民共和國公益事業捐贈法》規定的公益事業的捐贈。

企業發生的公益性捐贈支出，不超過年度利潤總額 12% 的部分，準予扣除。年度利潤總額，是指企業依照國家會計制度的規定計算的年度會計利潤。

14. 總機構分攤的費用

非居民企業在中國境內設立的機構、場所，就其中國境外總機構發生的與該機構、場所生產經營有關的費用，能夠提供總機構出具的費用匯集範圍、定額、分配依據和方法等證明文件，並合理分攤的，準予扣除。

15. 資產損失

企業當期發生的固定資產和流動資產盤虧、損毀淨損失，由其提供清查盤存資料經向主管稅務機關備案后，準予扣除；企業因存貨盤虧、損毀、報廢等原因不得從銷項稅金中抵扣的進項稅金，應視同企業財產損失，準予與存貨損失一起在所得稅前按規定扣除。

16. 其他費用

其他費用指依照有關法律、行政法規和國家有關稅法規定準予扣除的其他項目。如會員費、合理的會議費、差旅費、違約金、訴訟費用等。

（五）不得在稅前扣除的項目

在計算應納稅所得額時，下列支出不得扣除：

（1）向投資者支付的股息、紅利等權益性投資收益款項。

（2）企業所得稅稅款。

（3）稅收滯納金，指納稅人違反稅收法規，被稅務機關處罰的滯納金。

(4) 罰金、罰款和被沒收財物的損失，指納稅人違反國家有關法律、法規規定，被有關部門處罰的罰款，以及被司法機關處罰的罰金和被沒收財物。

(5) 超過規定標準的捐贈支出。

(6) 贊助支出，指企業發生的與生產經營活動無關的各種非廣告性質支出。

(7) 未經核定的準備金支出，指不符合國務院財政、稅務主管部門規定的各項資產減值準備、風險準備等準備金支出。根據《企業所得稅法實施條例》第五十五條，除財政部和國家稅務總局核准計提的準備金可以稅前扣除外，其他行業、企業計提的各項資產減值準備、風險準備等均不得稅前扣除。

(8) 企業之間支付的管理費、企業內營業機構之間支付的租金和特許權使用費，以及非銀行企業內營業機構之間支付的利息，不得扣除。

(9) 與取得收入無關的其他支出。

四、虧損結轉

虧損，是指企業依照《企業所得稅法》及其暫行條例的規定，將每一納稅年度的收入總額減除不徵稅收入、免稅收入和各項扣除後小於零的數額。稅法規定，企業某一納稅年度發生的虧損可以用下一年度的所得彌補，下一年度的所得不足以彌補的，可以逐年延續彌補，但最長不得超過5年。而且，企業在匯總計算繳納企業所得稅時，其境外營業機構的虧損不得抵減境內營業機構的盈利。

企業籌辦期間不計算為虧損年度，企業自開始生產經營的年度，為開始計算企業損益的年度。企業從事生產經營之前進行籌辦活動期間發生的籌辦費用支出，不得計算為當期的虧損。企業可以在開始經營之日的當年一次性扣除，也可以按照新稅法有關長期待攤費用的處理規定處理。但一經選定處理方法，不得改變。

第四節 資產的稅務處理

一、固定資產的稅務處理

固定資產是指企業為生產產品、提供勞務、出租或者經營管理而持有的、使用時間超過12個月的非貨幣性資產，包括房屋、建築物、機器、機械、運輸工具以及其他與生產經營活動有關的設備、器具、工具等。

(一) 固定資產的計稅基礎

(1) 外購的固定資產，以購買價款和支付的相關稅費以及直接歸屬於使該資產達到預定用途而發生的其他支出為計稅基礎；

(2) 自行建造的固定資產，以竣工結算前發生的支出為計稅基礎；

(3) 融資租入的固定資產，以租賃合同約定的付款總額和承租人在簽訂租賃合同過程中發生的相關費用為計稅基礎，租賃合同未約定付款總額的，以該資產的公允價值和承租人在簽訂租賃合同過程中發生的相關費用為計稅基礎；

（4）盤盈的固定資產，以同類固定資產的重置完全價值為計稅基礎；

（5）通過捐贈、投資、非貨幣性資產交換、債務重組等方式取得的固定資產，以該資產的公允價值和支付的相關稅費為計稅基礎；

（6）改建的固定資產，除已足額提取折舊的固定資產和租入的固定資產以外的其他固定資產，以改建過程中發生的改建支出增加計稅基礎。

（二）固定資產折舊的範圍

在計算應納稅所得額時，企業按照規定計算的固定資產折舊，準予扣除。下列固定資產不得計算折舊扣除：

（1）房屋、建築物以外未投入使用的固定資產；

（2）以經營租賃方式租入的固定資產；

（3）以融資租賃方式租出的固定資產；

（4）已足額提取折舊仍繼續使用的固定資產；

（5）與經營活動無關的固定資產；

（6）單獨估價作為固定資產入帳的土地；

（7）其他不得計算折舊扣除的固定資產。

（三）固定資產折舊的計提方法

（1）企業應當自固定資產投入使用月份的次月起計算折舊；停止使用的固定資產，應當自停止使用月份的次月起停止計算折舊。

（2）企業應當根據固定資產的性質和使用情況，合理確定固定資產的預計淨殘值。固定資產的預計淨殘值一經確定，不得變更。

（3）固定資產按照直線法計算的折舊，準予扣除。

（4）企業對房屋、建築物固定資產在未足額提取折舊前進行改擴建的，如屬於推倒重置，該資產原值減除提取折舊後的淨值，應並入重置後的固定資產計稅成本，並在該固定資產投入使用後的次月起，按照稅法規定的折舊年限，一併計提折舊；如屬於提升功能、增加面積的，該固定資產的改擴建支出，並入該固定資產計稅基礎，並從改擴建完工投入使用後的次月起，重新按稅法規定的該固定資產折舊年限計提折舊。如該改擴建後的固定資產尚可使用的年限低於稅法規定的最低年限，可以按尚可使用的年限計提折舊。

（四）固定資產折舊的計提年限

除國務院財政、稅務主管部門另有規定外，固定資產計算折舊的最低年限如下：

（1）房屋、建築物，為20年；

（2）飛機、火車、輪船、機器、機械和其他生產設備，為10年；

（3）與生產經營活動有關的器具、工具、家具等，為5年；

（4）飛機、火車、輪船以外的運輸工具，為4年；

（5）電子設備，為3年。

從事開採石油、天然氣等礦產資源的企業，在開始商業性生產前發生的費用和有

關固定資產的折耗、折舊方法，由國務院財政、稅務主管部門另行規定。

(五) 固定資產折舊的企業所得稅處理

(1) 企業固定資產會計折舊年限如果短於稅法規定的最低折舊年限，其按會計折舊年限計提的折舊高於按稅法規定的最低折舊年限計提的折舊部分，應調增當期應納稅所得額；企業固定資產會計折舊年限已期滿且會計折舊已提足，但稅法規定的最低折舊年限尚未到期且稅收折舊尚未足額扣除，其未足額扣除的部分準予在剩餘的稅收折舊年限繼續按規定扣除。

(2) 企業固定資產會計折舊年限如果長於稅法規定的最低折舊年限，其折舊應按會計折舊年限計算扣除，稅法另有規定的除外。

(3) 企業按會計規定提取的固定資產減值準備，不得稅前扣除，其折舊仍按稅法確定的固定資產計稅基礎計算扣除。

(4) 企業按稅法規定實行加速折舊的，其按加速折舊辦法計算的折舊額可全額在稅前扣除。

(5) 石油天然氣開採企業在計提油氣資產折耗（折舊）時，由於會計與稅法規定的計算方法不同導致的折耗（折舊）差異，應按稅法的規定進行納稅調整。

二、生物資產的稅務處理

生物資產是指有生命的動物和植物。生物資產分為消耗性生物資產、生產性生物資產和公益性生物資產。消耗性生物資產，是指為出售而持有的，或在將來收穫為農產品的生物資產，包括生長中的大田作物、蔬菜、用材林以及存欄待售的牲畜等。生產性生物資產，是指為產出農產品、提供勞務或出租等目的而持有的生物資產，包括經濟林、薪炭林、產畜和役畜等。公益性生物資產，是指以防護、環境保護為主要目的的生物資產，包括防風固沙林、水土保持林和水源涵養林等。

(一) 生物資產的計稅基礎

生產性生物資產按照以下方法確定計稅基礎：

(1) 外購的生產性生物資產，以購買價款和支付的相關稅費為計稅基礎；

(2) 通過捐贈、投資、非貨幣性資產交換、債務重組等方式取得的生產性生物資產，以該資產的公允價值和支付的相關稅費為計稅基礎。

(二) 生物資產的折舊方法和折舊年限

生產性生物資產按照直線法計算的折舊，準予扣除。企業應當自生產性生物資產投入使用月份的次月起計算折舊；停止使用的生產性生物資產，應當自停止使用月份的次月起停止計算折舊。

企業應當根據生產性生物資產的性質和使用情況，合理確定生產性生物資產的預計淨殘值。生產性生物資產的預計淨殘值一經確定，不得變更。

生產性生物資產計算折舊的最低年限如下：

(1) 林木類生產性生物資產，為 10 年；

（2）畜類生產性生物資產，為 3 年。

三、無形資產的稅務處理

無形資產是指企業長期使用但沒有實物形態的資產，包括專利權、商標權、著作權、土地使用權、非專利技術、商譽等。

（一）無形資產的計稅基礎

無形資產按照以下方法確定計稅基礎：

（1）外購的無形資產，以購買價款和支付的相關稅費以及直接歸屬於使該資產達到預定用途而發生的其他支出為計稅基礎；

（2）自行開發的無形資產，以開發過程中該資產符合資本化條件後至達到預定用途前發生的支出為計稅基礎；

（3）通過捐贈、投資、非貨幣性資產交換、債務重組等方式取得的無形資產，以該資產的公允價值和支付的相關稅費為計稅基礎。

（二）無形資產攤銷的範圍

在計算應納稅所得額時，企業按照規定計算的無形資產攤銷費用，準予扣除。

下列無形資產不得計算攤銷費用扣除：

（1）自行開發的支出已在計算應納稅所得額時扣除的無形資產；
（2）自創商譽；
（3）與經營活動無關的無形資產；
（4）其他不得計算攤銷費用扣除的無形資產。

（三）無形資產的攤銷方法及年限

無形資產的攤銷，採取直線法計算。無形資產的攤銷年限不得低於 10 年。作為投資或者受讓的無形資產，有關法律規定或者合同約定了使用年限的，可以按照規定或者約定的使用年限分期攤銷。外購商譽的支出，在企業整體轉讓或者清算時，準予扣除。

四、長期待攤費用的稅務處理

長期待攤費用是指企業發生的應在一個年度以上或幾個年度進行攤銷的費用。在計算應納稅所得額時，企業發生的下列支出作為長期待攤費用，按照規定攤銷的，準予扣除：

（1）已足額提取折舊的固定資產的改建支出；
（2）租入固定資產的改建支出；
（3）固定資產的大修理支出；
（4）其他應當作為長期待攤費用的支出。

企業的固定資產修理支出可在發生當期直接扣除。企業的固定資產改良支出，如果有關固定資產尚未提足折舊，可增加固定資產價值；如有關固定資產已提足折舊，

可作為長期待攤費用，在規定的期間內平均攤銷。

固定資產的改建支出，是指改變房屋或者建築物結構、延長使用年限等發生的支出。已足額提取折舊的固定資產的改建支出，按照固定資產預計尚可使用年限分期攤銷；租入固定資產的改建支出，按照合同約定的剩餘租賃期限分期攤銷；改建的固定資產延長使用年限的，除已足額提取折舊的固定資產、租入固定資產的改建支出外，其他的固定資產改建支出，應當適當延長折舊年限

大修理支出，按照固定資產尚可使用年限分期攤銷。

稅法所指固定資產的大修理支出，是指同時符合下列條件的支出：

（1）修理支出達到取得固定資產時的計稅基礎的50%以上；

（2）修理後固定資產的使用年限延長2年以上。

其他應當作為長期待攤費用的支出，自支出發生月份的次月起，分期攤銷，攤銷年限不得低於3年。

五、存貨的稅務處理

存貨是指企業持有以備出售的產品或者商品、處在生產過程中的在產品、在生產或者提供勞務過程中耗用的材料和物料等。

（一）存貨的計稅基礎

存貨按照以下方法確定成本：

（1）通過支付現金方式取得的存貨，以購買價款和支付的相關稅費為成本；

（2）通過支付現金以外的方式取得的存貨，以該存貨的公允價值和支付的相關稅費為成本；

（3）生產性生物資產收穫的農產品，以產出或者採收過程中發生的材料費、人工費和分攤的間接費用等必要支出為成本。

（二）存貨的成本計算方法

企業使用或者銷售的存貨的成本計算方法，可以在先進先出法、加權平均法、個別計價法中選用一種。計價方法一經選定，不得隨意變更。

企業轉讓以上資產，在計算應納稅所得額時，資產的淨值允許扣除。其中，資產的淨值是指有關資產、財產的計稅基礎減除已經按照規定扣除的折舊、折耗、攤銷、準備金等后的餘額。

除國務院財政、稅務主管部門另有規定外，企業在重組過程中，應當在交易發生時確認有關資產的轉讓所得或者損失，相關資產應當按照交易價格重新確定計稅基礎。

六、投資資產的稅務處理

投資資產是指企業對外進行權益性投資和債權性投資而形成的資產。

（一）投資資產的成本

投資資產按以下方法確定投資成本：

（1）通過支付現金方式取得的投資資產，以購買價款為成本；

（2）通過支付現金以外的方式取得的投資資產，以該資產的公允價值和支付的相關稅費為成本。

（二）投資資產成本的扣除方法

企業對外投資期間，投資資產的成本在計算應納稅所得額時不得扣除，企業在轉讓或者處置投資資產時，投資資產的成本準予扣除。

（三）非貨幣性資產投資涉及的企業所得稅處理規定

（1）居民企業（以下簡稱企業）以非貨幣性資產對外投資確認的非貨幣性資產轉讓所得，可在不超過5年期限內，分期均勻計入相應年度的應納稅所得額，按規定計算繳納企業所得稅。

（2）企業以非貨幣性資產對外投資，應對非貨幣性資產進行評估並按評估後的公允價值扣除計稅基礎後的餘額，計算確認非貨幣性資產轉讓所得。

企業以非貨幣性資產對外投資，應於投資協議生效並辦理股權登記手續時，確認非貨幣性資產轉讓收入的實現。

（3）企業以非貨幣性資產對外投資而取得被投資企業的股權，應以非貨幣性資產的原計稅成本為計稅基礎，加上每年確認的非貨幣性資產轉讓所得，逐年進行調整。

被投資企業取得非貨幣性資產的計稅基礎，應按非貨幣性資產的公允價值確定。

（4）企業的對外投資5年內轉讓上述股權或投資收回的，應停止執行遞延納稅政策，並就遞延期內尚未確認的非貨幣性資產轉讓所得，在轉讓股權或投資收回當年的企業所得稅年度匯算清繳時，一次性計算繳納企業所得稅；企業在計算股權轉讓所得時，可按上述第3條第1款規定將股權的計稅基礎一次調整到位。

企業在對外投資5年內註銷的，應停止執行遞延納稅政策，並就遞延期內尚未確認的非貨幣性資產轉讓所得，在註銷當年的企業所得稅年度匯算清繳時，一次性計算繳納企業所得稅。

七、稅法規定與會計規定差異的處理

稅法規定與會計規定差異的處理是指在計算應納稅所得額時，企業財務、會計處理辦法與稅收法律、行政法規的規定不一致的，應當依照稅收法律、行政法規的規定計算。即企業在平時進行會計核算時，可以按會計制度的有關規定進行帳務處理，但在計算應納稅所得額和申報納稅時，對稅法規定和會計制度規定有差異的，要按稅法規定進行納稅調整。

（1）企業不能提供完整、準確的收入及成本、費用憑證，不能正確計算應納稅所得額的，由稅務機關核定其應納稅所得額。

（2）企業依法清算時，以其清算終了後的清算所得為應納稅所得額，按規定繳納企業所得稅。所謂清算所得，是指企業的全部資產可變現價值或者交易價格減除資產淨值、清算費用以及相關稅費等後的餘額。

投資方企業從被清算企業分得的剩餘資產，其中相當於從被清算企業累計未分配

利潤和累計盈餘公積中應當分得的部分，應當確認為股息所得；剩餘資產減除上述股息所得後的餘額，超過或者低於投資成本的部分，應當確認為投資資產轉讓所得或者損失。

（3）企業應納稅所得額是根據稅收法規計算出來的，它在數額上與依據財務會計制度計算的利潤總額往往不一致。因此，稅法規定：企業按照有關財務會計規定計算的利潤總額，要按照稅法的規定進行必要調整后，才能作為應納稅所得額計算繳納所得稅。

第五節　資產損失稅前扣除的所得稅處理

一、資產損失的含義

資產損失，是指企業在生產經營活動中實際發生的、與取得應稅收入有關的資產損失，包括現金損失，存款損失，壞帳損失，貸款損失，股權投資損失，固定資產和存貨的盤虧、損毀、報廢、被盜損失，自然災害等不可抗力因素造成的損失以及其他損失。

上述資產是指企業擁有或者控制的、用於經營管理活動且與取得應稅收入有關的資產，包括現金、銀行存款、應收及預付款項［包括應收票據、各類墊款（墊款、企業之間往來款項、無形資產）］等貨幣資產，存貨、固定資產、在建工程、生產性生物資產等非貨幣資產，以及債權性投資和股權（權益）性投資。

二、資產損失扣除政策規定

依據財稅〔2009〕57號文的規定，企業資產損失稅前扣除政策如下：

（1）企業清查出的現金短缺減除責任人賠償后的餘額，作為現金損失在計算應納稅所得額時扣除。

（2）企業將貨幣性資金存入法定具有吸收存款職能的機構，因該機構依法破產、清算，或者政府責令停業、關閉等原因，確實不能收回的部分，作為存款損失在計算應納稅所得額時扣除。

（3）企業除貸款類債權外的應收、預付帳款符合下列條件之一的，減除可收回金額后確認的無法收回的應收、預付款項，可以作為壞帳損失在計算應納稅所得額時扣除：

①債務人依法宣告破產、關閉、解散、被撤銷/或者被依法註銷、吊銷營業執照，其清算財產不足清償的。

②債務人死亡，或者依法被宣告失蹤、死亡，其財產或者遺產不足清償的。

③債務人逾期3年以上未清償，且有確鑿證據證明已無力清償債務的。

④與債務人達成債務重組協議或法院批准破產重整計劃后，無法追償的。

⑤因自然災害、戰爭等不可抗力導致無法收回的。

⑥國務院財政、稅務主管部門規定的其他條件。

（4）企業經採取所有可能的措施和實施必要的程序之後，符合下列條件之一的貸款類債務，可以作為貸款損失在計算應納稅所得額時扣除：

①借款人和擔保人依法宣告破產、關閉、解散、被撤銷，並終止法人資格，或者已完全停止經營活動，被依法註銷、吊銷營業執照，對借款人和擔保人進行追償後，未能收回的債權。

②借款人死亡，或者依法被宣告失蹤、死亡，依法對其財產或者遺產進行清償，並對擔保人進行追償後，未能收回的債權。

③借款人遭受重大自然災害或者意外事故，損失巨大且不能獲得保險補償，或者以保險賠償後，確實無力償還部分或者全部債務，對借款人財產進行清償和對擔保人進行追償後，未能收回的債權。

④借款人觸犯刑律，依法受到制裁，其財產不足歸還所借債務，又無其他債務承擔者，經追償後確實無法收回的債權。

⑤由於借款人和擔保人不能償還到期債務，企業訴諸法律，經法院對借款人和擔保人強制執行，借款人和擔保人均無財產可執行，法院裁定執行程序終結或終止（中止）后，仍無法收回的債權。

⑥由於借款人和擔保人不能償還到期債務，企業訴諸法律后，經法院調解或經債權人會議通過，與借款人和擔保人達成和解協議或重整協議，在借款人和擔保人履行完還款義務後，無法追償的剩餘債權。

⑦由於上述1~6項原因借款人不能償還到期債務，企業依法取得抵債資產，抵債金額小於貸款本息的差額，經追償后仍無法收回的債權。

⑧開立信用證、辦理承兌匯票、開具保函等發生墊款時，凡開證申請人和保證人由於上述1~7項原因，無法償還墊款，金融企業經追償后仍無法收回的墊款。

⑨銀行卡持卡人和擔保人由於上述1~7項原因，未能還清透支款項，金融企業經追償后仍無法收回的透支款項。

⑩助學貸款逾期后，在金融企業確定的有效追索期限內，依法處置助學貸款抵押物（質押物），並向擔保人追索連帶責任后，仍無法收回的貸款。

⑪經國務院專案批准核銷的貸款類債權。

⑫國務院財政、稅務主管部門規定的其他條件。

（5）企業的股權投資符合下列條件之一的，減除可收回金額后確認的無法收回的股權投資，可以作為股權投資損失在計算應納稅所得額時扣除：

①被投資方依法宣告破產、關閉、解散、被撤銷，或者被依法註銷、吊銷營業執照的。

②被投資方財務狀況嚴重惡化，累計發生巨額虧損，已連續停止經營3年以上，且無重新恢復經營改組計劃的。

③對被投資方不具有控制權，投資期限屆滿或者投資期限已超過10年，且被投資單位因連續3年經營虧損導致資不抵債的。

④被投資方財務狀況嚴重惡化，累計發生巨額虧損，已完成清算或清算期超過3

年以上的。

⑤國務院財政、稅務主管部門規定的其他條件。

(6) 對企業盤虧的固定資產或存貨，以該固定資產的帳面淨值或存貨的成本減除責任人賠償后的餘額，作為固定資產或存貨盤虧損失在計算應納稅所得額時扣除。

(7) 對企業損毀、報廢的固定資產或存貨，以該固定資產的帳面淨值或存貨的成本減除保險賠款和責任人賠償后的餘額，作為固定資產或存貨損毀、報廢損失，在計算應納稅所得額時扣除。

(8) 對企業被盜的固定資產或存貨，以該固定資產的帳面淨值或存貨的成本減除保險賠款和責任人賠償后的餘額，作為固定資產或存貨被盜損失，在計算應納稅所得額時扣除。

(9) 企業因存貨盤虧、損毀、報廢、被盜等原因不得從增值稅銷項稅額中抵扣的進項稅額，可以與存貨損失一起在計算應納稅所得額時扣除。

(10) 企業在計算應納稅所得額時已經扣除的資產損失，在以后納稅年度全部或者部分收回時，其收回部分應當作為收入計入收回當期的應納稅所得額。

(11) 企業境內、境外營業機構發生的資產損失應分開核算，對境外營業機構由於發生資產損失而產生的虧損，不得在計算境內應納稅所得額時扣除。

(12) 企業對其扣除的各項資產損失，應當提供能夠證明資產損失確屬已實際發生的合法證據，包括具有法律效力的外部證據、具有法定資質的仲介機構的經濟鑒證證明、具有法定資質的專業機構的技術鑒定證明等。

三、資產損失稅前扣除管理

根據國家稅務總局關於發布《企業資產損失所得稅稅前扣除管理辦法》公告 2011 年第 25 號的規定，自 2011 年 1 月 1 日起，企業資產損失稅前扣除管理的基本原則如下：

(1) 準予在企業所得稅稅前扣除的資產損失，是指企業在實際處置、轉讓上述資產過程中發生的合理損失（以下簡稱「實際資產損失」），以及企業雖未實際處置、轉讓上述資產，但符合財稅〔2009〕57 號文件和本辦法規定條件計算確認的損失（以下簡稱「法定資產損失」）

(2) 企業實際資產損失，應當在其實際發生且會計上已做損失處理的年度申報扣除；法定資產損失，應當在企業向主管稅務機關提供證據資料證明該項資產已符合法定資產損失確認條件，且會計上已做損失處理的年度申報扣除。

(3) 企業發生的資產損失，應按規定的程序和要求向主管稅務機關申報后方能在稅前扣除。未經申報的損失，不得在稅前扣除。

企業以前年度發生的資產損失未能在當年稅前扣除的，可以按照本辦法的規定，向稅務機關說明並進行專項申報扣除。其中，屬於實際資產損失的，準予追補至該項損失發生年度扣除，其追補確認期限一般不得超過五年。但因計劃經濟體制轉軌過程中遺留的資產損失、企業重組上市過程中因權屬不清出現爭議而未能及時扣除的資產損失、因承擔國家政策性任務而形成的資產損失以及政策定性不明確而形成的資產損

失等特殊原因形成的資產損失，其追補確認期限經國家稅務總局批准后可適當延長。屬於法定資產損失的，應在申報年度扣除。

企業因以前年度實際資產損失未在稅前扣除而多繳的企業所得稅稅款，可在追補確認年度企業所得稅應納稅款中予以抵扣，不足抵扣的可向以后年度遞延抵扣。

企業實際資產損失發生年度扣除追補確認的損失后出現虧損的，應先調整資產損失發生年度的虧損額，再按彌補虧損的原則計算以后年度多繳的企業所得稅稅款，並按前款辦法進行稅務處理。

稅法另外還對申報管理，資產損失的確認證據，貨幣資產損失、非貨幣資產損失、投資損失的確認等做出了規定。

第六節　企業重組的所得稅處理

一、企業重組的定義

企業重組，是指企業在日常經營活動以外發生的法律結構或經濟結構或經濟結構重大改變的交易，包括企業法律形式改變、債務重組、股權收購、資產收購、合併、分立等。

企業法律形式改變，是指企業註冊名稱、住所以及企業組織形式等的簡單改變。

債務重組，是指債務人發生財務困難的情況下，債權人按其與債務人達成的書面協議或者法院裁定書，就其債務人的債務做出處理的事項。

資產收購，是指一家企業（以下稱為「受讓企業」）購買另一家企業（以下稱為「轉讓企業」）實質經營性資產的交易。受讓企業支付對價的形式包括股權支付、非股權支付或兩者的組合。

合併，是指一家或多家企業（以下稱為「被合併企業」）將其全部資產和負債轉讓給另一家現存或新設企業（以下稱為「合併企業」），被合併企業股東換取合併企業的股權或非股權支付，實現兩個或兩個以上企業的依法合併。

分立，是指一家企業（以下稱為「被分立企業」）將部分或全部資產分離轉讓給現存或新設的企業（以下稱為「分立企業」），被分立企業股東換取分立企業的股權或非股權支付，實現企業的依法分立。

股權支付，是指企業重組中購買、換取資產的一方支付的對價中，以本企業或其控股企業的股權、股份作為支付形式。

非股權支付，是指以本企業的現金、銀行存款、應收款項、本企業或其控股企業股權和股份以外的有價證券、存貨、固定資產、其他資產以及承擔債務等作為支付的形式。

自 2008 年 1 月 1 日起，企業發生上述重組事項的，按下列二、三中的相關規定進行所得稅處理。

二、企業重組的一般性稅務處理方法

（1）企業由法人轉變為個人獨資企業、合夥企業等非法人組織，或將登記註冊地轉移至中華人民共和國境外（包括港澳臺地區），應視同企業進行清算、分配，股東重新投資成立新企業。企業的全部資產以及股東投資的計稅基礎均應以公允價值為基礎確定。

企業發生其他法律形式簡單改變的，可直接變更稅務登記，除另有規定外，有關企業所得稅納稅事項（包括虧損結轉、稅收優惠等權益和義務）由變更后企業承繼，但因住所發生變化而不符合稅收優惠條件的除外。

（2）企業債務重組、相關交易應按下列規定處理：

①以非貨幣資產清償債務，應當分解為轉讓相關非貨幣性資產、按非貨幣性資產公允價值清償債務兩項業務，確認相關資產的所得或損失。

②發生債權轉股權的，應當分解為債務清償和股權投資兩項業務，確認有關債務清償所得或損失。

③債務人應當按照支付的債務清償額低於債務計稅基礎的差額，確認債務重組所得；債權人應當按照收到的債務清償額低於債權計稅基礎的差額，確認債務重組損失。

④債務人的相關所得稅納稅事項原則上保持不變。

（3）企業股權收購、資產收購重組交易，相關交易應按以下規定處理：

①被收購方應確認股權、資產轉讓所得或損失。

②收購方取得股權或資產的計稅基礎應以公允價值為基礎確定。

③被收購企業的相關所得稅事項原則上保持不變。

（4）企業合併，當事各方應按下列規定處理：

①合併企業應按公允價值確定接受被合併企業各項資產和負債的計稅基礎。

②被合併企業及其股東都應按清算所得進行所得稅處理。

③被合併企業的虧損不得在合併企業結轉彌補。

（5）企業分立，當事各方應按下列規定處理：

①被分立企業對分立出去的資產應按公允價值確認資產轉讓所得或損失。

②分立企業應按公允價值確認接受資產的計稅基礎。

③被分立企業繼續存在時，其股東取得的對價應視同被分立企業分配進行處理。

④被分立企業不再繼續存在時，被分立企業及其股東都應按清算所得進行所得稅處理。

⑤企業分立相關企業的虧損不得相互結轉彌補。

三、企業重組的特殊性稅務處理方法

（1）適用特殊性稅務處理的條件。

企業重組同時符合下列條件的，適用特殊性稅務處理規定：

①具有合理的商業目的，且不以減少、免除或者推遲繳納稅款為主要目的。

②被收購、合併或分立部分的資產或股權比例符合下述（2）規定的比例。

③企業重組后的連續 12 個月內不改變資產重組原來的實質性經營活動。

④重組交易對價中涉及股權支付金額符合下述（2）規定的比例。

⑤企業重組中取得股權支付的原主要股東，在重組后連續 12 個月內，不得轉讓所取得的股權。

（2）企業重組符合上述特殊性稅務處理條件的，交易各方對其交易中的股權支付部分，可以按以下規定進行特殊性稅務處理：

①企業債務重組確認的應納稅所得額占該企業當年應納稅所得額 50% 以上，可以在 5 個納稅年度的期間內，均勻計入各年度的應納稅所得額。

企業發生債權轉股權業務對債務清償和股權投資兩項業務暫不確認有關債務清償所得或損失，股權投資的計稅基礎以原債權的計稅基礎確定。企業其他相關所得稅事項保持不變。

②股權收購，收購企業購買的股權不低於被收購企業全部股權的 50%，且收購企業在該股權收購發生時的股權支付金額不低於其交易支付總額的 85%，可以選擇按以下規定處理：

A. 被收購企業的股東取得收購企業股權的計稅基礎，以被收購股權的原有計稅基礎確定。

B. 收購企業取得被收購企業股權的計稅基礎，以被收購股權的原有計稅基礎確定。

C. 收購企業、被收購企業的原有各項資產和負債的計稅基礎和其他相關所得稅事項保持不變。

③資產收購，受讓企業收購的資產不低於轉讓企業全部資產的 50%，且受讓企業在該資產收購發生時的股權支付金額不低於其交易支付總額的 85%，可以選擇按以下規定處理：

A. 轉讓企業取得受讓企業股權的計稅基礎，以被轉讓資產的原有計稅基礎確定。

B. 受讓企業取得轉讓企業資產的計稅基礎，以被轉讓資產的原有計稅基礎確定。

④企業合併，企業股東在該企業合併發生時取得的股權支付金額不低於其交易支付總額的 85%，以及同一控制下且不需要支付對價的企業合併，可以選擇按以下規定處理：

A. 合併企業接受被合併企業資產和負債的計稅基礎，以被合併企業的原有計稅基礎確定。

B. 被合併企業合併前的相關所得稅事項由合併企業承繼。

C. 可由合併企業彌補的被合併企業虧損的限額 = 被合併企業淨資產公允價值 × 截至合併業務發生當年年末國家發行的最長期限的國債利率。

D. 被合併企業股東取得合併企業股權的計稅基礎，以其原持有的被合併企業股權的計稅基礎確定。

⑤企業分立，被分立企業所有股東按原持股比例取得分立企業的股權，分立企業和被分立企業均不改變原來的實質經營活動，且被分立企業股東在該企業分立發生時取得的股權支付金額不低於其交易支付總額的 85%，可以選擇按以下規定處理：

A. 分立企業接受被分立企業資產和負債的計稅基礎，以被分立企業的原有計稅基礎確定。

B. 被分立企業已分立出去資產相應的所得稅事項由分立企業承繼。

C. 被分立企業未超過法定彌補期限的虧損額可按分立資產占全部資產的比例進行分配，由分立企業繼續彌補。

D. 被分立企業的股東取得分立企業的股權（以下簡稱「新股」），如需部分或全部放棄原持有的被分立企業的股權（以下簡稱「舊股」），新股的計稅基礎應以放棄舊股的計稅基礎確定。如不需放棄舊股，則其取得新股的計稅基礎可從以下兩種方法中選擇確定：直接將新股的計稅基礎確定為零；或者以被分立企業分立出去的淨資產占被分立企業全部淨資產的比例先調減原持有的舊股的計稅基礎，再將調減的計稅基礎平均分配到新股上。

⑥重組交易各方按上述①~⑤項規定對交易中股權支付暫不確認有關資產的轉讓所得或損失的，其非股權支付仍應在交易當期確認相應的資產轉讓所得或損失，並調整相應資產的計稅基礎。

非股權支付對應的資產轉讓所得或損失＝（被轉讓資產的公允價值-被轉讓資產的計稅基礎）×（非股權支付金額÷被轉讓資產的公允價值）

【例11-6】甲公司共有股權10,000萬股，為了將來有更好的發展，將80%的股權讓乙公司收購，然後成為乙公司的子公司。假定收購日甲公司每股資產的計稅基礎為8元，每股資產的公允價值為10元。在收購對價中乙公司以股權形式支付72,000萬元，以銀行存款支付8,000萬元。要求確認甲公司取得非股權支付額對應的資產轉讓所得。

【答案】
甲公司取得非股權支付額對應的資產轉讓所得
＝（80,000-64,000）×（8,000÷80,000）
＝16,000×0.1
＝1,600（萬元）

(3) 企業發生涉及中國境內與境外之間（包括港澳臺地區）的股權和資產收購交易，除應符合上述（1）規定的條件外，還應同時符合下列條件，才可選擇適用特殊性稅務處理規定：

①非居民企業向其100%直接控股的另一非居民企業轉讓其擁有的居民企業股權，沒有因此造成以後該項股權轉讓所得預提稅負變化，且轉讓方非居民企業向主管稅務機關書面承諾在3年（含3年）內不轉讓其擁有受讓方非居民企業的股權；

②非居民企業向與其具有直接控股關係的居民企業轉讓其擁有的另一居民企業股權；

③居民企業以其擁有的資產或股權向其100%直接控股的非居民企業進行投資；

④財政部、國家稅務總局核准的其他情形。

上述第3條所指的居民企業以其擁有的資產或股權向其100%直接控股關係的居民企業進行投資，其資產或股權轉讓收益如選擇特殊性稅務處理，可以在10個納稅年度內均勻計入各年度應納稅所得額。

（4）企業吸收合併中，合併后的存續企業性質及適用稅收優惠的條件未發生改變的，可以繼續享受合併前該企業剩餘期限的稅收優惠，其優惠金額按存續企業合併前一年的應納稅所得額（虧損計為零）計算。

在企業存續分立中，分立后的存續企業性質及適用稅收優惠的條件未發生改變的，可以繼續享受分立前該企業剩餘期限的稅收優惠，其優惠金額按該企業分立前一年的應納稅所得額（虧損計為零）乘以分立后存續企業資產占分立前該企業全部資產的比例計算。

（5）企業在重組發生前后連續 12 個月內分步對其資產、股權進行交易，應根據實質重於形式原則將上述交易作為一項企業重組交易進行處理。

（6）企業發生符合上述規定的特殊性重組條件並選擇特殊性稅務處理的，當事各方應在該重組業務完成當年申報企業所得稅時，向主管稅務機關提交書面備案資料，證明其符合各類特殊性重組規定的條件。企業未按規定書面備案的，一律不得按特殊重組業務進行稅務處理。

第七節　稅收優惠

稅收優惠，是指國家對某一部分特定企業和課稅對象給予減輕或免除稅收負擔的一種措施。稅法規定的企業所得稅的稅收優惠方式包括免稅、減稅、加計扣除、加速折舊、減計收入、稅額抵免等。

一、免稅收入

（1）國債利息收入。為鼓勵企業積極購買國債，支援國家建設，稅法規定，企業因購買國債所得的利息收入，免徵企業所得稅。

（2）符合條件的居民企業之間的股息、紅利等權益性投資收益。是指居民企業直接投資於其他居民企業取得的投資收益。

（3）在中國境內設立機構、場所的非居民企業從居民企業取得的與該機構、場所有實際聯繫的股息、紅利等權益性投資收益。

（4）符合條件的非營利性組織的收入。

二、減免企業所得稅收入

(一) 企業從事下列項目的所得，免徵企業所得稅：

(1) 蔬菜、穀物、薯類、油料、豆類、棉花、麻類、糖料、水果、堅果的種植；
(2) 農作物新品種的選育；
(3) 中藥材的種植；
(4) 林木的培育和種植；
(5) 牲畜、家禽的飼養；

(6) 林產品的採集；

(7) 灌溉、農產品初加工、獸醫、農技推廣、農機作業和維修等農、林、牧、漁服務業項目；

(8) 遠洋捕撈。

(二) 企業從事下列項目的所得，減半徵收企業所得稅

(1) 花卉、茶以及其他飲料作物和香料作物的種植；

(2) 海水養殖、內陸養殖。

(三) 從事國家重點扶持的公共基礎設施項目投資經營的所得

企業從事國家重點扶持的公共基礎設施項目的投資經營的所得，自項目取得第一筆生產經營收入所屬納稅年度起，第 1 年至第 3 年免徵企業所得稅，第 4 年至第 6 年減半徵收企業所得稅。企業承包經營、承包建設和內部自建自用本條規定的項目，不得享受本條規定的企業所得稅優惠。

(四) 從事符合條件的環境保護、節能節水項目的所得

企業從事符合條件的環境保護、節能節水項目的所得，自項目取得第一筆生產經營收入所屬納稅年度起，第 1 年至第 3 年免徵企業所得稅，第 4 年至第 6 年減半徵收企業所得稅。

(五) 節能服務公司實施合同能源管理項目所得

對符合條件的節能服務公司實施合同能源管理項目所得，自項目取得第一筆生產經營收入所屬納稅年度起，第 1 年至第 3 年免徵企業所得稅，第 4 年至第 6 年按 25% 的法定稅率減半徵收企業所得稅。

(六) 符合條件的技術轉讓所得

稅法所稱符合條件的技術轉讓所得免徵、減徵企業所得稅，是指一個納稅年度內，居民企業轉讓技術所有權所得不超過 500 萬元的部分，免徵企業所得稅；超過 500 萬元的部分，減半徵收企業所得稅。

享受減免企業所得稅優惠的技術轉讓應符合以下條件：

(1) 享受優惠的技術轉讓主體是《企業所得稅法》規定的居民企業；

(2) 技術轉讓屬於財政部、國家稅務總局規定的範圍；

(3) 境內技術轉讓經省級以上科技部門認定；

(4) 向境外轉讓技術經省級以上商務部門認定；

(5) 國務院稅務主管部門規定的其他條件。

三、低稅率優惠

(一) 符合條件的小型微利企業，減按 20% 的稅率徵收企業所得稅

符合條件的小型微利企業，是指從事國家非限制和禁止行業，並符合下列條件的企業：

（1）工業企業，年度應納稅所得額不超過 30 萬元，從業人數不超過 100 人，資產總額不超過 3,000 萬元。

（2）其他企業，年度應納稅所得額不超過 30 萬元，從業人數不超過 80 人，資產總額不超過 1,000 萬元。

上述「從業人數」按企業全年平均從業人數計算，「資產總額」按企業年初和年末的資產總額平均計算。

小型微利企業是指企業的全部生產經營活動產生的所得均負有中國企業所得稅納稅義務的企業。僅就來源於中國所得負有中國納稅義務的非居民企業，不適用上述規定。

自 2015 年 1 月 1 日至 2017 年 12 月 31 日，對年應納稅所得額低於 20 萬元到 30 萬元（含 30 萬元）的小型微利企業，其所得減按 50%計入應納稅所得額，按 20%的稅率繳納企業所得稅。

(二) 高新技術企業

國家需要重點扶持的高新技術企業減按 15%的稅率徵收企業所得稅。

國家需要重點扶持的高新技術企業，是指擁有核心自主知識產權，並同時符合下列條件的企業：

（1）擁有核心自主知識產權，是指在中國境內（不含港、澳、臺地區）註冊的企業，近 3 年內通過自主研發、受讓、受贈、併購等方式，或通過 5 年以上的獨占許可方式，對其主要產品（服務）的核心技術擁有自主知識產權。

（2）產品（服務）屬於《國家重點支持的高新技術領域》規定的範圍。

（3）研究開發費用占銷售收入的比例不低於規定比例，是指企業為獲得科學技術（不包括人文、社會科學）新知識，創造性地運用科學技術新知識，或實質性改進技術、產品（服務）而持續進行了研究開發活動，且近 3 個會計年度的研究開發費用總額占銷售收入總額的比例符合如下要求：

①最近一年銷售收入小於 5,000 萬元的企業，比例不低於 6%；

②最近一年銷售收入在 5,000 萬元至 20,000 萬元的企業，比例不低於 4%；

③最近一年銷售收入在 20,000 萬元以上的企業，比例不低於 3%。

其中，企業在中國境內發生的研究開發費用總額占全部研究開發費用總額的比例不低於 60%。企業註冊成立時間不足 3 年的，按實際經營年限計算。

（4）高新技術產品（服務）收入占企業總收入的比例不低於規定比例，是指高新技術產品（服務）收入占企業當年總收入的 60%以上。

（5）科技人員占企業職工總數的比例不低於規定比例，是指具有大學專科以上學歷的科技人員占企業當年職工總數的 30%以上，其中研發人員占企業當年職工總數的 10%以上。

（6）高新技術企業認定管理辦法規定的其他條件。《國家重點支持的高新技術領域》和《高新技術企業認定管理辦法》由國務院科技、財政、稅務主管部門商國務院有關部門制定，報國務院批准後公布施行。

四、加計扣除

(一) 研發費用加計扣除

研究開發費是指企業為開發新技術、新產品、新工藝發生的研究開發費用，未形成無形資產計入當期損益的，在按照規定據實扣除的基礎上，按照研究開發費用的50%加計扣除；形成無形資產的，按照無形資產成本的150%攤銷。

(二) 殘疾人員工資加計扣除

企業安置殘疾人員所支付工資費用的加計扣除，是指企業安置殘疾人員的，在按照支付給殘疾職工工資據實扣除的基礎上，按照支付給殘疾職工工資的100%加計扣除。殘疾人員的範圍適用《中華人民共和國殘疾人保障法》的有關規定。企業安置國家鼓勵安置的其他就業人員所支付的工資的加計扣除辦法，由國務院另行規定。

依據《財政部 國家稅務總局關於安置殘疾人員就業有關企業所得稅優惠政策問題的通知》（財稅〔2009〕70號），對企業安置殘疾人員所支付工資費用的加計扣除規定如下：

企業享受安置殘疾職工工資100%加計扣除應同時具備如下條件：

(1) 依法與安置的每位殘疾人簽訂了1年以上（含1年）的勞動合同或服務協議，並且安置的每位殘疾人在企業實際上崗工作。

(2) 為安置的每位殘疾人按月足額繳納了企業所在區、縣人民政府根據國家政策規定的基本養老保險、基本醫療保險、失業保險和工傷保險等社會保險。

(3) 定期通過銀行等金融機構向安置的每位殘疾人實際支付了不低於企業所在區、縣適用的經省級人民政府批准的最低工資標準的工資。

(4) 具備安置殘疾人上崗工作的基本設施。

五、減計收入

企業自2008年1月1日起，以《資源綜合利用企業所得稅優惠目錄（2008年版）》規定的資源作為主要原材料，生產國家非限制和禁止並符合國家和行業相關標準的產品取得的收入，減按90%計入收入總額。

六、稅額抵免

企業購置並實際使用《環境保護專用設備企業所得稅優惠目錄》《節能節水專用設備企業所得稅優惠目錄》《安全生產專用設備企業所得稅優惠目錄》規定的環境保護、節能節水、安全生產等專用設備的，該專用設備的投資額的10%可以從企業當年的應納稅額中抵免；當年不足抵免的，可以在以後5個納稅年度結轉抵免。

享受上述企業所得稅優惠的企業，應當實際購置並自身實際投入使用前款規定的專用設備；企業購置上述專用設備在5年內轉讓、出租的，應當停止享受企業所得稅優惠，並補繳已經抵免的企業所得稅稅款。轉讓的受讓方可以按照該專用設備投資額的10%抵免當年企業所得稅應納稅額；當年應納稅額不足抵免的，可以在以後5個納

稅年度結轉抵免。

【例11-7】甲公司在2016年1月購置了一臺環境保護專用設備，該設備的投資額為800萬元。已知2016年甲公司的應納稅所得額為1,000萬元，該公司2016年應當繳納多少企業所得稅？

【答案】

甲公司購置環境保護專用設備可以享受稅額抵扣的稅收優惠。

2016年應納企業所得稅=1,000×25%-800×10%=170（萬元）

七、投資抵免

創業投資企業從事國家需要重點扶持和鼓勵的創業投資，可以按投資額的一定比例抵扣應納稅所得額。

抵扣應納稅所得額，是指創業投資企業採取股權投資方式投資於未上市的中小高新技術企業2年以上的，可以按照其投資額的70%在股權持有滿2年的當年抵扣該創業投資企業的應納稅所得額；當年不足抵扣的，可以在以後納稅年度結轉抵扣。

【例11-8】甲創投企業2015年1月1日向乙企業（未上市的中小高新技術企業）投資100萬元，股權持有到2016年12月31日。已知甲企業2016年度應納稅所得額為500萬元，甲企業2016年應當繳納多少企業所得稅？

【答案】

甲企業2016年度可抵扣應納稅所得額=100×70%=70（萬元）

甲企業2016年度應納企業所得稅=（500-70）×25%=107.5（萬元）

第八節 應納稅額的計算

一、居民企業應納稅額的計算

居民企業應繳納所得稅額等於應納稅所得額乘以適用稅率，其基本計算公式為：

應納稅額=應納稅所得額×適用稅率-減免稅額-抵免稅額

在實際過程中，應納稅所得額的計算一般有兩種方法。

（一）直接計算法

在直接計算法下，企業每一納稅年度的收入總額減除不徵稅收入、免稅收入、各項扣除以及允許彌補的以前年度虧損後的餘額為應納稅所得額。計算公式與前述相同，即：

應納稅所得額=收入總額-不徵稅收入-免稅收入-各項扣除金額-彌補虧損

（二）間接計算法

在間接計算法下，在會計利潤總額的基礎上加或減按照稅法規定調整的項目金額後，即為應納稅所得額。現行企業所得稅年度納稅申報表採取該方法。其計算公式為：

應納稅所得額＝會計利潤總額±納稅調整項目金額

納稅調整項目金額包括兩方面的內容：一是企業財務會計制度規定的項目範圍與稅收法規規定的項目範圍不一致而應予以調整的金額；二是企業財務會計制度規定的扣除標準與稅法規定的扣除標準不一致而應予以調整的金額。

【例 11-9】某企業為居民企業，2016 年發生經營業務如下：

(1) 取得產品銷售收入 4,000 萬元；

(2) 發生產品銷售成本 2,600 萬元；

(3) 發生銷售費用 770 萬元（其中廣告費 650 萬元）；管理費用 480 萬元（其中業務招待費 25 萬元，新技術開發費用 40 萬元）；財務費用 60 萬元；

(4) 銷售稅金 160 萬元（含增值稅 120 萬元）；

(5) 營業外收入 80 萬元，營業外支出 50 萬元（含通過公益性社會團體向貧困山區捐款 30 萬元，支付稅收滯納金 6 萬元）；

(6) 計入成本、費用中的實發工資總額 200 萬元、撥繳職工工會經費 5 萬元、發生職工福利費 31 萬元、發生職工教育經費 7 萬元。

要求：計算該企業 2016 年度實際應納的企業所得稅。

【答案】

(1) 會計利潤總額＝4,000+80-2,600-770-480-60-40-50＝80（萬元）

(2) 廣告費應調增所得額＝650-4,000×15%＝650-600＝50（萬元）

(3) 業務招待費應調增所得額＝25-25×60%＝25-15＝10（萬元）

4,000×5%＝20（萬元）＞25×60%＝15（萬元）

(4) 新技術開發費用應調減所得額＝40×50%＝20（萬元）

(5) 捐贈支出應調增所得額＝30-80×12%＝20.4（萬元）

(6) 工會經費應調增所得額＝5-200×2%＝1（萬元）

(7) 職工福利費應調增所得額＝31-200×14%＝3（萬元）

(8) 職工教育經費當年應調增所得額＝7-200×2.5%＝2（萬元）

(9) 應納稅所得額＝80+50+10-20+20.4+6+1+3+2＝152.4（萬元）

(10) 2016 年應繳企業所得稅＝152.4×25%＝38.1（萬元）

【例 11-10】某工業企業為居民企業，假定 2016 年發生經營業務如下：

全年取得產品銷售收入 5,600 萬元，發生產品銷售成本 4,000 萬元；其他業務收入 800 萬元，其他業務成本 660 萬元；取得購買國債的利息收入 40 萬元；繳納非增值稅銷售稅金及附加 300 萬元；發生的管理費用 760 萬元，其中新技術的研究開發費用 60 萬元、業務招待費用 70 萬元；發生財務費用 200 萬元；取得直接投資其他居民企業的權益性收益 30 萬元（已在投資方所在地按 15% 的稅率繳納了所得稅）；取得營業外收入 100 萬元，發生營業外支出 250 萬元（其中含公益捐贈 38 萬元）。

要求：計算該企業 2013 年應納的企業所得稅。

【答案】

(1) 會計利潤＝5,600+800+40+30+100-4,000-660-300-760-200-250＝400（萬元）

（2）國債利息收入免徵企業所得稅，應調減所得額 40 萬元。
（3）技術開發費調減所得額 = 60×50% = 30（萬元）
（4）按實際發生業務招待費的 60% 計算 = 70×60% = 42（萬元）
按銷售（營業）收入的 5‰ 計算 =（5,600+800）×5‰ = 32（萬元）
按照規定稅前扣除限額應為 32 萬元，實際應調增應納稅所得額 = 70-32 = 38（萬元）
（5）取得直接投資其他居民企業的權益性收益屬於免稅收入，應調減應納稅所得額 30 萬元。
（6）捐贈扣除標準 = 400×12% = 48（萬元）
實際捐贈額 38 萬元小於扣除標準 48 萬元，可按實捐數扣除，不作納稅調整。
（7）應納稅所得額 = 400-40-30+38-30 = 338（萬元）
（8）該企業 2016 年應繳納企業所得稅 = 338×25% = 84.5（萬元）

二、境外所得抵扣稅款的計算

企業取得的下列所得已在境外繳納的所得稅稅額，可以從其當期應納稅額中抵免，抵免限額為該項所得依照《企業所得稅法》規定計算的應納稅額；超過抵免限額的部分，可以在以後 5 個年度內，用每年度抵免限額抵免當年應抵稅額後的餘額進行抵補：
（1）居民企業來源於中國境外的應稅所得。
（2）非居民企業在中國境內設立機構、場所，取得發生在中國境外但與該機構、場所有實際聯繫的應稅所得。

居民企業從其直接或者間接控制的外國企業分得的來源於中國境外的股息、紅利等權益性投資收益，外國企業在境外實際繳納的所得稅稅額中屬於該項所得負擔的部分，可以作為該居民企業的可抵免境外所得稅稅額，在《企業所得稅法》規定的抵免限額內抵免。

上述所稱直接控制，是指居民企業直接持有外國企業 20% 以上股份。

上述所稱間接控制，是指居民企業以間接持股方式持有外國企業 20% 以上股份，具體認定辦法由國務院財政、稅務主管部門另行制定。

已在境外繳納的所得稅稅額，是指企業來源於中國境外的所得依照中國境外稅收法律以及相關規定應當繳納並已經實際繳納的企業所得稅性質的稅款。企業依照《企業所得稅法》的規定抵免企業所得稅稅額時，應當提供中國境外稅務機關出具的稅款所屬年度的有關納稅憑證。

抵免限額，是指企業來源於中國境外的所得，依照《企業所得稅法實施條例》的規定計算的應納稅額。除國務院財政、稅務主管部門另有規定外，該抵免限額應當分國（地區）不分項計算，其計算公式為：

抵免限額 = 中國境內、境外所得依照企業所得稅法和條例規定計算的應納稅總額 × 來源於某國（地區）的應納稅所得額 ÷ 中國境內、境外應納稅所得總額

前述 5 個年度，是指從企業取得的來源於中國境外的所得，已經在中國境外繳納的企業所得稅性質的稅額超過抵免限額的當年的次年起連續 5 個納稅年度。

【例11-11】假定某企業2016年度境內應納稅所得額為200萬元，適用25%的企業所得稅稅率。另外，該企業分別在A、B兩國設有分支機構（中國與A、B兩國已經締結避免雙重徵稅協定），在A國的分支機構的應納稅所得額為50萬元，A國稅率為20%；在B國的分支機構的應納稅所得額為30萬元，B國稅率為30%。假設該企業在A、B兩國的所得按中國稅法計算的應納稅所得額和按A、B兩國稅法計算的應納稅所得額一致，兩個分支機構在A、B兩國分別繳納了10萬元和9萬元的企業所得稅。

要求：計算該企業2016年度匯總時在中國應繳納的企業所得稅。

【答案】

（1）該企業按中國稅法計算的境內、境外所得的應納稅額：

應納稅額＝（200+50+30）×25％＝70（萬元）

（2）A、B兩國的扣除限額：

A國扣除限額＝70×［50÷（200+50+30）］＝12.5（萬元）

B國扣除限額＝70×［30÷（200+50+30）］＝7.5（萬元）

在A國繳納的所得稅為10萬元，低於扣除限額12.5萬元，可全額扣除。

在B國繳納的所得稅為9萬元，高於扣除限額7.5萬元，其超過扣除限額的部分1.5萬元當年不能扣除。

（3）匯總時在中國應繳納的所得稅＝70-10-7.5＝52.5（萬元）

三、居民納稅人核定徵收應納稅額的計算

(一) 核定徵收企業所得稅的範圍

（1）依照法律、行政法規的規定可以不設置帳簿的；

（2）依照法律、行政法規的規定應當設置但未設置帳簿的；

（3）擅自銷毀帳簿或者拒不提供納稅資料的；

（4）雖設置帳簿，但帳目混亂或者成本資料、收入憑證、費用憑證殘缺不全，難以查帳的；

（5）發生納稅義務，未按照規定的期限辦理納稅申報，經稅務機關責令限期申報，逾期仍不申報的；

（6）申報的計稅依據明顯偏低，又無正當理由的。

「特定納稅人」不適用核定徵收，包括以下企業：

（1）享受企業所得稅法及其實施條例和國務院規定的一項或幾項企業所得稅優惠政策的企業（不包括僅享受《企業所得稅法》第二十六條規定免稅收入優惠政策的企業）；

（2）匯總納稅企業；

（3）上市公司；

（4）銀行、信用社、小額貸款公司、保險公司、證券公司、期貨公司、信託投資公司、金融資產管理公司、融資租賃公司、擔保公司、財務公司、典當公司等金融企業；

（5）會計、審計、資產評估、稅務、房地產估價、土地估價、工程造價、律師、價格鑒證、公證機構、基層法律服務機構、專利代理、商標代理以及其他經濟鑒證類社會仲介機構；

（6）國家稅務總局規定的其他企業。

(二) 核定徵收的辦法

核定徵收的辦法具體分為定率（核定應納稅所得率）和定額（核定應納稅所得額）兩種辦法。

1. 具有下列情形之一的，核定其應納稅所得率

（1）能正確核算（查實）收入總額，但不能正確核算（查實）成本費用總額的；

（2）能正確核算（查實）成本費用總額，但不能正確核算（查實）收入總額的；

（3）通過合理方法，能計算和推定納稅人收入總額或成本費用總額的。

納稅人不屬於以上情形的，核定其應納稅所得額。

2. 稅務機關採用下列方法核定徵收企業所得稅

（1）參照當地同類行業或者類似行業中經營規模和收入水平相近的納稅人的稅負水平核定；

（2）按照應稅收入額或成本費用支出額定率核定；

（3）按照耗用的原材料、燃料、動力等推算或測算核定；

（4）按照其他合理方法核定。

採用前款所列一種方法不足以正確核定應納稅所得額或應納稅額的，可以同時採用兩種以上的方法核定。採用兩種以上方法測算的應納稅額不一致時，可按測算的應納稅額從高核定。

應納所得稅額＝應納稅所得額×適用稅率

應納稅所得額＝收入總額×應稅所得率

　　　　　　＝成本（費用）支出÷（1－應稅所得率）×應稅所得率

(三) 非居民企業應納稅額的計算

對於在中國境內未設立機構、場所，或者雖設立機構、場所但取得的所得與其所設機構、場所沒有實際聯繫的非居民企業的所得，按照下列方法計算應納稅所得額：

（1）股息、紅利等權益性投資收益和利息、租金、特許權使用費所得，以收入全額為應納稅所得額；

（2）轉讓財產所得，以收入全額減除財產淨值后的餘額為應納稅所得額；

（3）其他所得，參照前兩項規定的方法計算應納稅所得額。

第九節　徵收管理

一、納稅期限

企業所得稅按年計徵，分月或者分季預繳，年終匯算清繳，多退少補。

企業所得稅的納稅年度，自每年公曆1月1日起至12月31日止。企業在一個納稅年度的中間開業，或者由於合併、關閉等原因終止經營活動，使該納稅年度的實際經營期不足12個月的，應當以其實際經營期為一個納稅年度。企業清算時，應當以清算期間作為一個納稅年度。企業應當自清算結束之日起15日內，向主管稅務機關報送企業所得稅納稅申報表，並結清稅款。

正常情況下，企業自年度終了之日起5個月內，向稅務機關報送年度企業所得稅納稅申報表，並匯算繳清，結清應繳應退稅款。企業在年度中間終止經營活動的，應當自實際經營終止之日起60日內，向稅務機關辦理當期企業所得稅匯算清繳。

【例11-12】甲企業於2014年12月30日開業，2016年3月10日終止經營活動。3月11日開始清算，4月30日清算結束，辦理註銷登記。甲公司從開業到註銷一共經歷了幾個納稅年度？起止日期分別是哪一天？

【答案】

甲公司從開業到註銷一共經歷了四個納稅年度；

2014年12月30至2014年12月31日為一個納稅年度；

2015年1月1至2015年12月31日為一個納稅年度；

2016年1月1至2016年3月10日為一個納稅年度；

2016年3月11至2016年4月30日為一個納稅年度。

二、納稅地點

除稅收法律、行政法規另有規定外，居民企業以企業登記註冊地為納稅地點；但登記註冊地在境外的，以實際管理機構所在地為納稅地點。

居民企業在中國境內設立不具有法人資格的營業機構的，應當匯總計算並繳納企業所得稅。企業匯總計算並繳納企業所得稅時，應當統一核算應納稅所得額，具體辦法由國務院財政、稅務主管部門另行制定。

非居民企業在中國境內設立機構、場所的，應當就其所設機構、場所取得的來源於中國境內的所得，以及發生在中國境外但與其所設機構、場所有實際聯繫的所得，以機構、場所所在地為納稅地點。非居民企業在中國境內設立兩個或者兩個以上機構、場所的，經稅務機關審核批准，可以選擇由其主要機構、場所匯總繳納企業所得稅。非居民企業經批准匯總繳納企業所得稅后，需要增設、合併、遷移、關閉機構、場所或者停止機構、場所業務的，應當事先由負責匯總申報繳納企業所得稅的主要機構、場所向其所在地稅務機關報告；需要變更匯總繳納企業所得稅的主要機構、場所的，依照前款規定辦理。

非居民企業在中國境內未設立機構、場所，或者雖設立機構、場所但取得的所得與其所設機構、場所沒有實際聯繫的，以扣繳義務人所在地為納稅地點。

除國務院另有規定外，企業之間不得合併繳納企業所得稅。

三、納稅申報

按月或按季預繳的，應當自月份或者季度終了之日起15日內，向稅務機關報送預

繳企業所得稅納稅申報表，預繳稅款。

企業在報送企業所得稅納稅申報表時，應當按照規定附送財務會計報告和其他有關資料。企業應當在辦理註銷登記前，就其清算所得向稅務機關申報並依法繳納企業所得稅。依照《企業所得稅法》繳納的企業所得稅，以人民幣計算。所得以人民幣以外的貨幣計算的，應當折合成人民幣計算並繳納稅款。

企業在納稅年度內無論盈利或者虧損，都應當依照《企業所得稅法》第五十四條規定的期限，向稅務機關報送預繳企業所得稅納稅申報表、年度企業所得稅納稅申報表、財務會計報告和稅務機關規定應當報送的其他有關資料。

本章練習題

一、單項選擇題

1. 下列各項中，關於企業所得稅所得來源的確定表述正確的是（　　）。
   A. 權益性投資資產轉讓所得按照投資企業所在地確定
   B. 銷售貨物所得，按照交易活動發生地確定
   C. 提供勞務所得，按照所得支付地確定
   D. 轉讓不動產，按照轉讓不動產的企業或機構、場所所在地確定

2. 某美國企業（實際管理機構不在中國境內）在中國境內設立分支機構，2016年該機構在中國境內取得諮詢收入500萬元，在中國境內培訓技術人員，取得美方支付的培訓收入200萬元，在香港取得與該分支機構無實際聯繫的所得80萬元，2016年度該境內機構企業所得稅的應納稅收入總額為（　　）萬元。
   A. 500　　　　　　　　　　　　B. 580
   C. 700　　　　　　　　　　　　D. 780

3. 根據《企業所得稅法》的規定，下列各項中關於收入的確認不正確的是（　　）。
   A. 銷售商品採用托收承付方式，在辦妥托收手續時確認收入
   B. 銷售商品採用預收款方式的，在收到預收款時確認收入
   C. 銷售商品採用支付手續費方式委託代銷的，在收到代銷清單時確認收入
   D. 銷售商品需要安裝和檢驗的，安裝程序比較簡單，可在發出商品時確認收入

4. 2016年某居民企業實現商品銷售收入2,000萬元，發生現金折扣100萬元，接受捐贈收入100萬元，轉讓無形資產所有權收入20萬元。該企業當年實際發生業務招待費30萬元、廣告費240萬元、業務宣傳費80萬元。2016年度該企業可稅前扣除的業務招待費、廣告費、業務宣傳費合計（　　）萬元。
   A. 294.5　　　　　　　　　　　B. 310
   C. 325.5　　　　　　　　　　　D. 330

5. 下列各項收入中免徵企業所得稅的是（　　）。
   A. 轉讓國債取得的轉讓收入

B. 非營利組織免稅收入滋生的銀行存款利息
C. 國際金融組織向居民企業提供一般貸款的利息收入
D. 種植觀賞性作物並銷售取得的收入

6. 下列各項支出中，可以在企業所得稅前扣除的是（　　）。
   A. 企業之間支付的管理費用
   B. 非銀行企業內營業機構之間支付的利息
   C. 企業依據法律規定提取的環境保護專項資金
   D. 菸草企業支付的廣告費和菸草宣傳費

7. 根據《企業所得稅法》的規定，下列支出中不能作為長期待攤費用的是（　　）。
   A. 固定資產的大修理支出
   B. 租入固定資產的改建支出
   C. 外購房屋發生的裝修費用
   D. 已足額提取折舊的固定資產的改良支出

8. 2016年某居民企業主營業務收入5,000萬元、營業外收入80萬元，與收入配比的成本4,100萬元，全年發生管理費用、銷售費用和財務費用共計700萬元，營業外支出60萬元（其中符合規定的公益性捐贈支出50萬元），2015年度經核定結轉的虧損額30萬元。2016年度該企業應繳納企業所得稅（　　）萬元。
   A. 47.5　　　　　　　　　　B. 53.4
   C. 53.6　　　　　　　　　　D. 54.3

9. 下列各項中，在計算企業所得稅應納稅所得額時準予按規定扣除的是（　　）。
   A. 企業之間支付的管理費用
   B. 企業之間支付的利息費用
   C. 企業之間支付的股息紅利
   D. 企業內機構之間支付的租金

10. 根據新的《企業所得稅法》的規定，企業在年度中間終止經營活動的，向稅務機關辦理當期企業所得稅匯算清繳的期限是自實際經營活動終止之日起（　　）。
    A. 15日內　　　　　　　　B. 30日內
    C. 60日內　　　　　　　　D. 90日內

二、多項選擇題

1. 下列企業中適用《企業所得稅法》的有（　　）。
   A. 個人獨資企業　　　　　　B. 國有獨資企業
   C. 合夥企業　　　　　　　　D. 外商獨資企業
   E. 境外上市的中國企業

2. 根據《企業所得稅法》的規定，以下關於收入確認時間的說法，正確的有（　　）。
   A. 特許權使用費收入以實際取得收入的日期確認收入的實現
   B. 利息收入以合同約定的債務人應付利息的日期確認收入的實現

C. 接受捐贈收入按照實際收到捐贈資產的日期確認收入的實現
D. 作為商品銷售的附帶條件的安裝費收入在確認商品銷售收入時實現
E. 股息等權益性投資收益以投資方收到所得的日期確認收入的實現

3. 根據《企業所得稅法》的相關規定，下列情況中屬於內部處置資產的有（　　）。
   A. 將資產用於市場推廣
   B. 將資產用於對外贈送
   C. 將資產用於職工獎勵
   D. 將自建商品房轉為自用
   E. 將資產用於生產、製造、加工另一產品

4. 下列各項中，不得從應納稅所得額中扣除的有（　　）。
   A. 企業支付的違約金
   B. 企業之間支付的管理費
   C. 企業內營業機構之間支付的租金
   D. 非銀行企業內營業機構之間支付的利息
   E. 企業支付的訴訟費

5. 根據《企業所得稅法》的有關規定，下列項目中不得計算折舊或攤銷費用在稅前扣除的有（　　）。
   A. 租入固定資產的改良支出
   B. 單獨估價作為固定資產入帳的土地
   C. 自創商譽
   D. 固定資產大修理支出
   E. 未投入使用的廠房

6. 企業從事下列項目的所得，免徵企業所得稅的有（　　）。
   A. 企業受託從事蔬菜種植
   B. 企業委託個人飼養家禽
   C. 企業外購蔬菜分包后銷售
   D. 農機作業和維修
   E. 農產品粗加工

7. 下列資產轉移中屬於內部處置資產的有（　　）。
   A. 將資產用於生產、製造、加工另一產品
   B. 將資產用於職工獎勵或福利
   C. 改變資產形狀、結構或性能
   D. 將商品用於股息分配
   E. 將產品用於本廠辦公樓擴建

8. 企業繳納的下列稅款中，可以作為管理費用在企業所得稅稅前扣除的有（　　）。
   A. 契稅　　　　　　　　　　B. 房產稅
   C. 增值稅　　　　　　　　　D. 土地增值稅
   E. 印花稅

9. 企業處置資產的下列情形中，應視同銷售確定企業所得稅應稅收入的有（　　）。
   A. 將資產用於贈送
   B. 將資產用於分配
   C. 將資產用於生產另一產品
   D. 將資產從總機構轉移至境外分支機構
   E. 將資產用於本企業職工食堂

10. 企業從事下列項目所得，免徵企業所得稅的有（　　）。
    A. 糖料的種植
    B. 農作物新品種的選育
    C. 遠洋捕撈
    D. 內陸養殖
    E. 花卉、茶以及其他飲料作物和香料作物的種植

三、計算題

1. 某生產企業2016年生產經營情況如下：
(1) 產品銷售收入500萬元；
(2) 產品銷售成本300萬元；
(3) 產品銷售費用40萬元；
(4) 發生管理費用35萬元（其中業務招待費5萬元）；
(5) 當年出租固定資產收入40萬元；
(6) 購買國家公債取得利息收入10萬元；
(7) 準予稅前扣除的有關稅費30萬元；
(8) 經批准向企業職工集資100萬元，支付利息15萬元，同期銀行貸款利息率為10%；
(9) 通過縣級人民政府向受災地區捐款20萬元。
根據上述資料計算該企業2016年度應納的企業所得稅。

2. 某居民企業有職工600人。2016年會計總帳資料反應情況如下：
(1) 銷售收入5,000萬元，銷售成本4,000萬元，銷售稅金及附加60萬元。
(2) 營業費用180萬元（其中廣告宣傳費支出100萬元）、管理費用350萬元（其中業務招待費26萬元，研究新產品、新技術費用80萬元）、財務費用15萬元。
(3) 「投資收益」帳戶中有購買鐵路債券利息5萬元，從外地聯營企業分回利潤8.5萬元（聯營方適用企業所得稅稅率15%），營業外支出52萬元（其中因違反勞動法被有關部門罰款2萬元、向某單位贊助5萬元、通過公益性社會團體捐贈10萬元）。
(4) 本年工資、薪金支出650萬元，職工福利費支出97.5萬元，工會經費支出13萬元（全額上繳並取得相關收據），職工教育經費支出32.5萬元。
要求：計算企業2016年度應納企業所得稅。

四、思考題

1. 如何理解居民企業和非居民企業？
2. 如何理解稅法規定與會計規定差異的處理？
3. 如何理解核定徵收企業所得稅的範圍？
4. 企業所得稅有哪些優惠政策？

第十二章　個人所得稅

教學目標：

1. 理解個人所得稅的特點及其徵收管理辦法。
2. 熟悉個人所得稅的稅收優惠。
3. 掌握個人所得稅納稅人、徵稅範圍、稅率及應納稅額的計算。

重難點：

個人所得稅稅目及其判定、個人所得稅特殊項目的計稅方法。

第一節　個人所得稅概述

一、個人所得稅的概念與類型

(一)　個人所得稅的概念

個人所得稅是以個人（自然人）取得的各項應稅所得為徵稅對象所徵收的一種稅。現行個人所得稅的基本法律規範是 2011 年 6 月 30 日第十一屆全國人民代表大會常務委員會第二十一次會議修訂並於 2011 年 9 月 1 日起實施的《中華人民共和國個人所得稅法》，以及國務院令第 600 號公布並於 2011 年 9 月 1 日起實施的《個人所得稅法實施條例》。

(二)　個人所得稅的類型

個人所得稅可分為綜合所得稅制、分類所得稅制以及綜合與分類相結合的所得稅制。

1. 綜合所得稅制

綜合所得稅制是指對納稅人全年的各項所得加以匯總，在進行統一扣除后，就其餘額按統一稅率徵稅的一種個人所得稅制類型。

綜合所得稅制的優點是能夠充分考慮納稅人的綜合收入水平和家庭負擔能力等方面情況，能夠反應納稅人的綜合負擔能力，體現公平，從而發揮稅收的調節作用；缺點是徵管難度大，稅收成本高，而且不利於針對不同收入進行調節，不利於體現國家的有關社會、經濟政策。

2. 分類所得稅制

分類所得稅制是指將納稅人不同來源、性質各異的所得進行分類，分別扣除不同的費用，適用不同稅率徵稅的一種個人所得稅制類型。

分類所得稅制廣泛採用源泉課徵方法，優點是易於掌握特定的所得來源，徵管簡便、節省徵收費用；缺點是不能全面反應納稅人的綜合收入水平和經濟負擔。中國目前採用分類所得稅制。

3. 綜合與分類相結合的所得稅制

綜合與分類相結合的所得稅制是指對納稅人全年的大部分所得實行綜合徵收，僅對特定性質的所得實行分類徵收的一種個人所得稅制。

綜合與分類相結合的所得稅制融合了綜合所得稅制和分類所得稅制的優點。一方面，綜合個人的大部分所得，適用統一稅率綜合計稅，體現了稅收量能負擔的原則；另一方面，對特定性質的所得，制定專門稅率和徵收方法，可以兼顧稅收的公平和效率原則。中國將逐步建立綜合與分類相結合的所得稅制。

二、中國個人所得稅的特點

個人所得稅是世界各國普遍徵收的一個稅種，中國個人所得稅主要有以下特點：

（一）實行分類徵收

中國現行個人所得稅採用的是分類所得稅制，即將個人取得的各種所得劃分為11類，分別適用不同的費用減除規定、稅率和計稅方法。實行分類課徵制度，可以廣泛採用源泉扣繳辦法，加強源泉控管，簡化納稅手續，方便徵納雙方。同時，還可以對不同所得實行不同的徵稅方法，便於體現國家的政策。

（二）超額累進稅率與比例稅率並用

分類所得稅制一般採用比例稅率，綜合所得稅制通常採用超額累進稅率。比例稅率計算簡便，便於實行源泉扣繳；超額累進稅率可以合理調節收入分配，體現公平。中國現行個人所得稅根據各類個人所得的不同性質和特點，將這兩種形式的稅率綜合運用於個人所得稅制。其中，對工資、薪金所得，對個體工商戶的生產、經營所得，對企事業單位的承包經營、承租經營所得，採用超額累進稅率，實現量能負擔。對勞務報酬、稿酬等其他所得，采用比例稅率，實行等比負擔。

（三）費用扣除方式多樣

中國本著費用扣除從寬、從簡的原則，采用費用定額扣除和定率扣除兩種方法。對工資、薪金所得，適用的減除費用標準為每月3,500元；對勞務報酬等所得，每次收入不超過4,000元的減除800元，每次收入4,000元以上的減除20%的費用。按照這樣的標準減除費用，實際上等於對絕大多數的工資、薪金所得予以免稅或只徵很少的稅款，也使得提供一般勞務、取得中低勞務報酬所得的個人大多不用負擔個人所得稅。

（四）計算簡便

中國個人所得稅的費用扣除採取總額扣除法，免去了對個人實際生活費用支出逐

項計算的麻煩；各種所得項目實行分類計算，並且具有明確的費用扣除規定，費用扣除項目及方法易於掌握，計算比較簡單，符合稅制簡便原則。

(五) 採取源泉扣繳和個人申報兩種徵納方法

中國《個人所得稅法》規定，對納稅人的應納稅額分別採取由扣繳義務人源泉扣繳和納稅人自行申報兩種方法。對凡是可以在應稅所得的支付環節扣繳個人所得稅的，均由扣繳義務人履行代扣代繳義務；對於沒有扣繳義務人的，個人在兩處以上取得工資、薪金所得的，以及個人所得超過國務院規定數額（即年所得12萬元以上）的，由納稅人自行申報納稅。此外，對其他不便於扣繳稅款的，亦規定由納稅人自行申報納稅。

此外，中國目前個人所得稅是以個人作為納稅單位，不實行家庭（夫妻聯合）申報納稅。

第二節　個人所得稅納稅人和徵稅範圍

一、納稅義務人

個人所得稅的納稅義務人，包括中國公民、個體工商業戶、個人獨資企業、合夥企業投資者、在中國有所得的外籍人員（包括無國籍人員，下同）和香港、澳門、臺灣同胞。上述納稅義務人依據住所和居住時間兩個標準，區分為居民納稅人和非居民納稅人，分別承擔不同的納稅義務。

(一) 居民納稅義務人

居民納稅義務人負有無限納稅義務。其所取得的應納稅所得，無論是來源於中國境內還是來源於中國境外任何地方，都要在中國繳納個人所得稅。根據《個人所得稅法》的規定，居民是指在中國境內有住所，或者無住所而在中國境內居住滿1年的個人。

所謂在中國境內有住所的個人，是指因戶籍、家庭、經濟利益關係，而在中國境內習慣性居住的個人。這裡所說的習慣性居住，是判定納稅義務人屬於居民還是非居民的一個重要依據。它是指個人因學習、工作、探親等原因消除之後，沒有理由在其他地方繼續居留時，所要回到的地方，而不是指實際居住或在某一個特定時期內的居住地。一個納稅人因學習、工作、探親、旅遊等原因，原來在中國境外居住，但是在這些原因消除之後，如果必須回到中國境內居住的，則中國為該人的習慣性居住地。儘管該納稅義務人在一個納稅年度內甚至連續幾個納稅年度，都未在中國境內居住過1天，他仍然是中國居民納稅義務人，應就其來自全球的應納稅所得，向中國繳納個人所得稅。

所謂在境內居住滿1年，是指在一個納稅年度（即每年公曆1月1日起至12月31日止，下同）內，在中國境內居住滿365日。在計算居住天數時，對臨時離境應視同

在華居住、不扣減其在華居住天數。這裡所說的臨時離境,是指在一個納稅年度內,一次不超過30日或者多次累計不超過90日的離境。

中國現行稅法中關於「中國境內」的概念,是指中國大陸地區,目前還不包括中國香港、澳門和臺灣地區。

(二) 非居民納稅義務人

非居民納稅義務人,是指不符合居民納稅義務人判定標準(條件)的納稅義務人。非居民納稅義務人承擔有限納稅義務,即僅就其來源於中國境內的所得,向中國繳納個人所得稅。《個人所得稅法》規定,非居民納稅義務人是「在中國境內無住所又不居住或者無住所而在境內居住不滿1年的個人」。也就是說,非居民納稅義務人,是指習慣性居住地不在中國境內,而且不在中國居住,或者在一個納稅年度內,在中國境內居住不滿1年的個人。在現實生活中,習慣性居住地不在中國境內的個人,只有外籍人員、華僑或中國香港、澳門、臺灣同胞。因此,非居民納稅義務人,實際上只能是在一個納稅年度中,沒有在中國境內居住,或者在中國境內居住不滿1年的外籍人員、華僑或香港、澳門、臺灣同胞。

自2004年7月1日起,境內居住的天數和境內實際工作期間按以下規定計算:

(1) 判定納稅義務及計算在中國境內居住的天數。對在中國境內無住所的個人,需要計算確定其在中國境內居住天數,以便依照稅法和協定或安排的規定判定其在華負有何種納稅義務時,均應以該個人實際在華逗留天數計算。上述個人入境、離境、往返或多次往返境內外的當日,均按1天計算在華實際逗留天數。

(2) 對個人入境、離境當日及計算在中國境內實際工作期間的判定。對在中國境內、境外機構同時擔任職務或僅在境外機構任職的境內無住所個人,在按《國家稅務總局關於在中國境內無住所的個人計算繳納個人所得稅若干具體問題的通知》(國稅函發〔1995〕125號)第一條的規定計算其境內工作期間時,對其入境、離境、往返或多次往返境內外的當日,均按半天計算為在華實際工作天數。

二、徵稅範圍

目前,中國個人所得稅的徵稅範圍有11項。

(一) 工資、薪金所得

工資、薪金所得,是指個人因任職或者受雇而取得的工資、薪金、獎金、年終加薪、勞動分紅、津貼、補貼以及與任職或者受雇有關的其他所得。

一般來說,工資、薪金所得屬於非獨立個人勞動所得。所謂非獨立個人勞動,是指個人所從事的是由他人指定、安排並接受管理的勞動、工作,或服務於公司、工廠、行政、事業單位(私營企業主除外)。非獨立勞動者從上述單位取得的勞動報酬,以工資、薪金的形式體現。除工資、薪金以外,獎金、年終加薪、勞動分紅、津貼、補貼也被確定為工資、薪金範疇。其中,年終加薪、勞動分紅不分種類和取得情況,一律按工資、薪金所得課稅;津貼、補貼等則有例外。

根據中國目前個人收入的構成情況,規定對於一些不屬於工資、薪金性質的補貼、

津貼或者不屬於納稅人本人工資、薪金所得項目的收入，不予徵稅。這些項目包括：①獨生子女補貼；②執行公務員工資制度未納入基本工資總額的補貼、津貼差額和家屬成員的副食品補貼；③托兒補助費；④差旅費津貼、誤餐補助。其中，誤餐補助是指按照財政部門規定，個人因公在城區、郊區工作，不能在工作單位或返回就餐，根據實際誤餐頓數，按規定的標準領取的誤餐費。單位以誤餐補助名義發給職工的補助、津貼不包括在內。獎金是指所有具有工資性質的獎金，免稅獎金的範圍在稅法中另有規定。

退休人員再任職取得的收入，在減除按稅法規定的費用扣除標準后，按「工資、薪金所得」應稅項目繳納個人所得稅。

參照《國家稅務總局關於聯想集團改制員工取得的用於購買企業國有股權的勞動分紅徵收個人所得稅問題的批覆》（國稅函〔2001〕832號）的規定，公司職工取得的用於購買企業國有股權的勞動分紅，按「工資、薪金所得」項目計徵個人所得稅。

出租汽車經營單位對出租車駕駛員採取單車承包或承租方式營運，出租車駕駛員從事客貨營運取得的收入，按「工資、薪金所得」徵稅。

自2004年1月20日起，對商品營銷活動中，企業和單位對營銷業績突出的雇員以培訓班、研討會、工作考察等名義組織旅遊活動，通過免收差旅費、旅遊費對個人實行的營銷業績獎勵（包括實物、有價證券等），應根據所發生費用的全額並入營銷人員當期的工資、薪金所得，按照「工資、薪金所得」項目徵收個人所得稅，並由提供上述費用的企業和單位代扣代繳。

(二) 個體工商、個人獨資企業和合夥企業的生產、經營所得

個體工商、個人獨資企業和合夥企業的生產、經營所得是指：

(1) 個體工商戶從事工業、手工業、建築業、交通運輸業、商業、飲食業、服務業、修理業以及其他行業生產、經營取得的所得。

(2) 個人經政府有關部門批准，取得執照，從事辦學、醫療、諮詢以及其他有償服務活動取得的所得。

(3) 上述個體工商戶和個人取得的與生產、經營有關的各項應稅所得。

(4) 個人因從事彩票代銷業務而取得的所得，應按照「個體工商戶的生產、經營所得」項目計徵個人所得稅。

(5) 從事個體出租車營運的出租車駕駛員取得的收入，按「個體工商戶的生產、經營所得」項目繳納個人所得稅。

出租車屬個人所有，但掛靠出租汽車經營單位或企事業單位，駕駛員向掛靠單位繳納管理費的，或出租汽車經營單位將出租車所有權轉移給駕駛員的，出租車駕駛員從事客貨營運取得的收入，比照「個體工商戶的生產、經營所得」項目徵稅。

(6) 個體工商戶和從事生產、經營的個人，取得與生產、經營活動無關的其他各項應稅所得，應分別按照其他應稅項目的有關規定，計算徵收個人所得稅。如取得銀行存款的利息所得、對外投資取得的股息所得，應按「股息、利息、紅利」項目的規定單獨計徵個人所得稅。

（7）個人獨資企業、合夥企業的個人投資者以企業資金為本人、家庭成員及其相關人員支付與企業生產經營無關的消費性支出及購買汽車、住房等財產性支出，視為企業對個人投資者利潤分配，並入投資者個人的生產經營所得，依照「個體工商戶的生產、經營所得」項目計徵個人所得稅。

（8）其他個人從事個體工商業生產、經營取得的所得。

(三) 對企事業單位的承包經營、承租經營所得

對企事業單位的承包經營、承租經營所得，是指個人承包經營、承租經營以及轉包、轉租取得的所得，還包括個人按月或者按次取得的工資、薪金性質的所得。個人對企事業單位的承包經營、承租經營形式較多，分配方式也不盡相同，大體上可以分為兩類：

（1）個人對企事業單位承包、承租經營后，工商登記改變為個體工商戶的。這類承包、承租經營所得，實際上屬於個體工商戶的生產、經營所得，應按「個體工商戶的生產、經營所得」項目徵收個人所得稅，不再徵收企業所得稅。

（2）個人對企事業單位承包、承租經營后，工商登記仍為企業的，不論其分配方式如何，均應先按照企業所得稅的有關規定繳納企業所得稅，然后根據承包、承租經營者按合同（協議）規定取得的所得，依照《個人所得稅法》的有關規定繳納個人所得稅。具體為：

①承包、承租人對企業經營成果不擁有所有權，僅按合同（協議）規定取得一定所得的，應按「工資、薪金所得」項目徵收個人所得稅。

②承包、承租人按合同（協議）規定只向發包方、出租人繳納一定的費用，繳納承包、承租費后的企業的經營成果歸承包人、承租人所有的，其取得的所得，按「對企事業單位的承包經營、承租經營所得」項目徵收個人所得稅。

另外，外商投資企業採取發包、出租經營且經營人為個人的，對經營人從外商投資企業分享的收益或取得的所得，也按照個人對企事業單位的承包經營、承租經營所得徵收個人所得稅。

(四) 勞務報酬所得

勞務報酬所得，是指個人從事設計、裝潢、安裝、制圖、化驗、測試、醫療、法律、會計、諮詢、講學、新聞、廣播、翻譯、審稿、書畫、雕刻、影視、錄音、錄像、演出、表演、廣告、展覽、技術服務、介紹服務、經紀服務、代辦服務以及其他勞務報酬的所得。

上述各項所得一般屬於個人獨立從事自由職業取得的所得或屬於獨立個人勞動所得。是否存在雇傭與被雇傭關係，是判斷一種收入是屬於勞務報酬所得還是屬於工資、薪金所得的重要標準。勞務報酬所得是個人獨立從事某種技藝，獨立提供某種勞務而取得的所得；工資、薪金所得則是個人從事非獨立勞動，從所在單位領取的報酬。后者存在雇傭與被雇傭的關係，而前者則不存在這種關係。如果從事某項勞務活動取得的報酬是以工資、薪金形式體現的，如演員從劇團領取工資、教師從學校領取工資，就屬於工資、薪金所得項目，而不屬於勞務報酬所得範圍。如果從事某項勞務活動取

得的報酬不是來自聘用、雇傭或工作的單位,如演員自己「走穴」或與他人組合「走穴」演出取得的報酬,教師受聘為各類學習班、培訓班授課取得的課酬收入,就屬於勞務報酬所得的範圍。

在校學生因參與勤工儉學活動(包括參與學校組織的勤工儉學活動)而取得屬於《個人所得稅法》規定的應稅所得項目的所得,應依法繳納個人所得稅。

個人擔任董事職務所取得的董事費收入分兩種情形:個人擔任公司董事、監事,且不在公司任職、受雇的情形,屬於勞務報酬性質,按勞務報酬所得項目徵稅;個人在公司(包括關聯公司)任職、受雇,同時兼任董事、監事的,應將董事費、監事費與個人工資收入合併,統一按「工資、薪金所得」項目繳納個人所得稅。

自2004年1月20日起,對商品營銷活動中,企業和單位對營銷業績突出的非雇員以培訓班、研討會、工作考察等名義組織旅遊活動,通過免收差旅費、旅遊費對個人實行的營銷業績獎勵(包括實物、有價證券等),應根據所發生費用的全額作為該營銷人員當期的勞務收入,按照「勞務報酬所得」項目徵收個人所得稅,並由提供上述費用的企業和單位代扣代繳。

個人兼職取得的收入,應按照「勞務報酬所得」項目繳納個人所得稅。

(五) 稿酬所得

稿酬所得是指個人因其作品以圖書、報刊形式出版、發表而取得的所得。這裡所說的作品,包括文學作品、書畫作品、攝影作品以及其他作品。作者去世後,財產繼承人取得的遺作稿酬,亦應徵收個人所得稅。

根據《國家稅務總局關於個人所得稅若幹業務問題的批覆》(國稅函〔2002〕146號),對報紙、雜誌、出版等單位的職員在本單位的刊物上發表作品、出版圖書取得所得徵稅的問題明確如下:

(1)任職、受雇於報紙、雜誌等單位的記者、編輯等專業人員,因在本單位的報紙、雜誌上發表作品取得的所得,屬於因任職、受雇而取得的所得,應與其當月工資收入合併,按「工資、薪金所得」項目徵收個人所得稅。

除上述專業人員以外,其他人員在本單位的報紙、雜誌上發表作品取得的所得,應按「稿酬所得」項目徵收個人所得稅。

(2)出版社的專業作者撰寫、編寫或翻譯的作品,由本社以圖書形式出版而取得的稿費收入,應按「稿酬所得」項目計算繳納個人所得稅。

(六) 特許權使用費所得

特許權使用費所得,是指個人提供專利權、商標權、著作權、非專利技術以及其他特許權取得的所得。提供著作權的使用權取得的所得,不包括稿酬所得。

專利權是指由國家專利主管機關依法授予專利申請人在一定的時期內對某項發明創造享有的專有利用的權利。對於專利,許多國家只將提供他人使用取得的所得列入特許權使用費,而將轉讓專利權所得列為資本利得稅的徵稅對象。中國沒有開徵資本利得稅,故將個人提供和轉讓專利權取得的所得都列入特許權使用費所得,徵收個人所得稅。

商標權即商標註冊人享有的商標專用權。著作權即版權，是作者依法對文學、藝術和科學作品享有的專有權。個人提供或轉讓商標權、著作權、專有技術或技術秘密、技術訣竅取得的所得，應當依法繳納個人所得稅。

(七) 利息、股息、紅利所得

利息、股息、紅利所得，是指個人擁有債權、股權而取得的利息、股息、紅利所得。利息，是指個人擁有債權而取得的利息，包括存款利息、貸款利息、各種債券的利息。按稅法規定，個人取得的利息所得，除國債和國家發行的金融債券利息外，應當依法繳納個人所得稅。股息、紅利，是指個人擁有股權取得的股息、紅利。按照一定的比率對每股發給的息金叫股息；公司、企業應分配的利潤，按股份分配的叫紅利。股息、紅利所得，除另有規定外，都應當繳納個人所得稅。

除個人獨資企業、合夥企業以外的其他企業的個人投資者，以企業資金為本人、家庭成員及其相關人員支付與企業生產經營無關的消費性支出及購買汽車、住房等財產性支出，視為企業對個人投資者的紅利分配，依照「利息、股息、紅利所得」項目計徵個人所得稅。企業的上述支出不允許在所得稅前扣除。

納稅年度內，個人投資者從其投資企業（個人獨資企業、合夥企業除外）借款，該納稅年度終了後既不歸還又未用於企業生產經營的，其未歸還的借款可視為企業對個人投資者的紅利分配，依照「利息、股息、紅利所得」項目計徵個人所得稅。

(八) 財產租賃所得

財產租賃所得，是指個人出租建築物、土地使用權、機器設備、車船以及其他財產取得的所得。個人取得的財產轉租收入，屬於「財產租賃所得」的徵稅範圍，由財產轉租人繳納個人所得稅。

(九) 財產轉讓所得

財產轉讓所得，是指個人轉讓有價證券、股權、建築物、土地使用權、機器設備、車船以及其他財產取得的所得。

在現實生活中，個人進行的財產轉讓主要是個人財產所有權的轉讓。財產轉讓實際上是一種買賣行為，當事人雙方通過簽訂、履行財產轉讓合同，形成財產買賣的法律關係，使出讓財產的個人從對方取得價款（收入）或其他經濟利益。財產轉讓所得因其性質的特殊性，需要單獨列舉項目徵稅。對個人取得的各項財產轉讓所得，除股票轉讓所得外，都要徵收個人所得稅。具體規定為：

1. 股票轉讓所得

根據《個人所得稅法實施條例》的規定，對股票轉讓所得徵收個人所得稅的辦法，由財政部另行制定，報國務院批准施行。鑒於中國證券市場發育還不成熟、股份制還處於試點階段，對股票轉讓所得的計算、徵稅辦法和納稅期限的確認等都需要進行深入的調查研究，因此，經國務院批准，對股票轉讓所得暫不徵收個人所得稅。

2. 量化資產股份轉讓

集體所有制企業在改制為股份合作制企業時，對職工個人以股份形式取得的擁有

所有權的企業量化資產，暫緩徵收個人所得稅；待個人將股份轉讓時，就其轉讓收入額，減除個人取得該股份時實際支付的費用支出和合理轉讓費用後的餘額，按「財產轉讓所得」項目計徵個人所得稅。

(十) 偶然所得

偶然所得是指個人得獎、中獎、中彩以及其他偶然性質的所得。其中，得獎是指參加各種有獎競賽活動，取得名次獲得的獎金；中獎、中彩是指參加各種有獎活動，如有獎銷售、有獎儲蓄或購買彩票，經過規定程序，抽中、搖中號碼而取得的獎金。對個人購買社會福利有獎募捐獎券一次中獎收入不超過1萬元的，暫免徵收個人所得稅；超過1萬元的，按全額徵稅。

企業對累計消費達到一定額度的顧客，給予額外抽獎機會，個人的獲獎所得，按照「偶然所得」項目，全額適用20%的稅率，繳納個人所得稅。

(十一) 其他所得

除上述列舉的各項個人應稅所得外，其他確有必要徵稅的個人所得，由國務院財政部門確定。個人取得的所得，難以界定應納稅所得項目的，由主管稅務機關確定。

三、所得來源地的確定

下列所得，不論支付地點是否在中國境內，均為來源於中國境內的所得：
(1) 因任職、受雇、履約等而在中國境內提供勞務取得的所得。
(2) 將財產出租給承租人在中國境內使用而取得的所得。
(3) 轉讓中國境內的建築物、土地使用權等財產或者在中國境內轉讓其他財產取得的所得。
(4) 許可各種特許權在中國境內使用而取得的所得。
(5) 從中國境內的公司、企業以及其他經濟組織或者個人取得的利息、股息、紅利所得。

在中國境內無住所，但是居住一年以上五年以下的個人，其來源於中國境外的所得，經主管稅務機關批准，可以只就由中國境內公司、企業以及其他經濟組織或者個人支付的部分繳納個人所得稅；居住超過五年的個人，從第六年起，應當就其來源於中國境外的全部所得繳納個人所得稅。

在中國境內無住所，但是在一個納稅年度中在中國境內連續或者累計居住不超過90日的個人，其來源於中國境內的所得，由境外雇主支付並且不由該雇主在中國境內的機構、場所負擔的部分，免予繳納個人所得稅。

第三節　個人所得稅稅率與應納稅所得額的確定

一、個人所得稅適用稅率

個人所得稅區分不同個人所得項目，規定了超額累進稅率和比例稅率兩種形式。

(一) 工資、薪金所得適用稅率

工資、薪金所得，適用3%~45%的超額累進稅率（見表12-1）。

表 12-1　　　　　　　　工資、薪金所得個人所得稅稅率表

級數	全月含稅應納稅所得額	全月不含稅應納稅所得額	稅率（％）	速算扣除數（元）
1	不超過 1,500 元的部分	不超過 1,455 元的部分	3	0
2	超過 1,500~4,500 元的部分	超過 1,455~4,155 元的部分	10	105
3	超過 4,500~9,000 元的部分	超過 4,155~7,755 元的部分	20	555
4	超過 9,000~35,000 元的部分	超過 7,755~27,255 元的部分	25	1,005
5	超過 35,000~55,000 元的部分	超過 27,255~41,255 元的部分	30	2,755
6	超過 55,000~80,000 元的部分	超過 41,255~57,505 元的部分	35	5,505
7	超過 80,000 元的部分	超過 57,505 元的部分	45	13,505

註：本表所稱全月含稅應納稅所得額和全月不含稅應納稅所得額，均為按照稅法規定減除有關費用後的所得額。

(二) 個體工商戶的生產、經營所得，對企事業單位的承包經營、承租經營所得，個人獨資企業和合夥企業的生產經營所得適用稅率

個體工商戶的生產、經營所得，對企事業單位的承包經營、承租經營所得，個人獨資企業和合夥企業的生產經營所得，適用5%~35%的五級超額累進稅率（見表12-2）。

表 12-2　　　個體工商戶的生產、經營所得，對企事業單位的承包經營、
承租經營所得，個人獨資企業和合夥企業的生產經營所得適用稅率表

級數	全年含稅應納稅所得額	稅率（％）	速算扣除數（元）
1	不超過 15,000 元的部分	5	0
2	超過 15,000~30,000 元的部分	10	750
3	超過 30,000~60,000 元的部分	20	3,750
4	超過 60,000~100,000 元的部分	30	9,750
5	超過 100,000 元的部分	35	14,750

註：本表所稱全年含稅應納稅所得額，均為按照稅法規定減除有關費用後的所得額。

(三) 比例稅率（20%）

比例稅率適用於稿酬所得，勞務報酬所得，特許權使用費所得，財產租賃所得，財產轉讓所得，利息、股息、紅利所得，偶然所得和其他所得。對儲蓄存款利息，自2008年10月9日（含）起，暫免徵收儲蓄存款利息個人所得稅。

(四) 減徵和加成徵稅規定

1. 減徵規定

（1）對稿酬所得，規定在適用20%稅率徵稅時，按應納稅額減徵30%，即只徵收70%的稅額。主要是考慮作者寫作或製作一件作品往往需要投入較長的時間和較多的精力，有必要給予適當的稅收照顧，體現對稿酬這種知識性所得的特殊政策。

（2）為了配合國家住房制度改革，支持住房租賃市場的健康發展，從2008年3月1日起，對個人出租住房取得的所得暫減按10%的稅率徵收個人所得稅。

2. 加成徵稅規定

對勞務報酬所得一次收入畸高的，規定在適用20%稅率徵稅的基礎上，實行加成徵稅辦法。所謂「勞務報酬所得一次收入畸高的」，是指個人一次取得勞務報酬，其應納稅所得額超過20,000元。勞務報酬所得加成徵稅採取超額累進稅率的計算辦法，對應納稅所得額超過20,000元至50,000元的部分，依照稅法規定計算應納稅額後，再按照應納稅額加徵五成；對超過50,000元的部分，按應納稅額加徵十成，這等於對應納稅所得額超過20,000元和超過50,000元的部分分別適用30%和40%的稅率。因此，對勞務報酬所得實行加成徵稅辦法，實際上是一種特殊的、延伸的三級超額累進稅率（見表12-3）。

表12-3　　　　　　　　勞務報酬所得適用稅率表

級數	每次應納稅所得額	稅率（%）	速算扣除數（元）
1	不超過20,000元的部分	20	0
2	超過20,000～50,000元的部分	30	2,000
3	超過50,000元的部分	40	7,000

二、應納稅所得額的確定

由於個人所得稅的應稅項目不同，並且取得某項所得所需費用也不相同，因此，計算個人應納稅所得額，需按不同應稅項目分項計算。以某項應稅項目的收入額減去稅法規定的該項目費用減除標準後的餘額，為該應稅項應納稅所得額。

(一) 每次收入的確定

《個人所得稅法》對納稅義務人的徵稅方法有三種：一是按年計徵，如個體工商戶和承包、承租經營所得；二是按月計徵，如工資、薪金所得；三是按次計徵，如勞務報酬所得，稿酬所得，特許權使用費所得，利息、股息、紅利所得，財產租賃所得，偶然所得和其他所得這7項所得。在按次徵收情況下，由於扣除費用依據每次應納稅所得額的大小，分別規定了定額和定率兩種標準。因此，如何準確劃分「次」是十分重要的。對於勞務報酬所得等項目的「次」，《個人所得稅法實施條例》中做出了明確規定。具體是：

（1）勞務報酬所得，根據不同勞務項目的特點，分別規定為：

①只有一次性收入的，以取得該項收入為一次。
②屬於同一事項連續取得收入的，以1個月內取得的收入為一次。
（2）稿酬所得，以每次出版、發表取得的收入為一次。具體又可細分為：
①同一作品再版取得的所得，應視為另一次稿酬所得計徵個人所得稅。
②同一作品先在報刊上連載，然後再出版，或先出版，再在報刊上連載的，應視為兩次稿酬所得徵稅。即連載作為一次，出版作為另一次。
③同一作品在報刊上連載取得收入的，以連載完畢之后取得的所有收入合併為一次，計徵個人所得稅。
④同一作品在出版和發表時，以預付稿酬或分次支付稿酬等形式取得的稿酬收入，應合併計算為一次。
⑤同一作品出版、發表后，因添加印數而追加稿酬的，應與以前出版、發表時取得的稿酬合併計算為一次，計徵個人所得稅。
（3）特許權使用費所得，以某項使用權的一次轉讓所取得的收入為一次。對特許權使用費所得的「次」的界定，明確為每一項使用權的每次轉讓所取得的收入為一次。如果該次轉讓取得的收入是分筆支付的，則應將各筆收入相加為一次的收入，計徵個人所得稅。
（4）財產租賃所得，以1個月內取得的收入為一次。
（5）利息、股息、紅利所得，以支付利息、股息、紅利時取得的收入為一次。
（6）偶然所得，以每次收入為一次。
（7）其他所得，以每次收入為一次。

(二) 費用減除標準

（1）工資、薪金所得，以每月收入額減除費用3,500元后的餘額為應納稅所得額。
（2）個體工商戶的生產、經營所得，以每一納稅年度的收入總額，減除成本、費用以及損失后的餘額，為應納稅所得額。成本、費用，是指納稅義務人從事生產、經營所發生的各項直接支出和分配計入成本的間接費用以及銷售費用、管理費用、財務費用；所說的損失，是指納稅義務人在生產、經營過程中發生的各項營業外支出。

從事生產、經營的納稅義務人未提供完整、準確的納稅資料，不能正確計算應納稅所得額的，由主管稅務機關核定其應納稅所得額。

個人獨資企業的投資者以全部生產經營所得為應納稅所得額；合夥企業的投資者按照合夥企業的全部生產經營所得和合夥協議約定的分配比例，確定應納稅所得額，合夥協議沒有約定分配比例的，以全部生產經營所得和合夥人數量平均計算每個投資者的應納稅所得額。

對個體工商戶業主、個人獨資企業和合夥企業自然人投資者的生產經營所得依法計徵個人所得稅時，個體工商戶業主、個人獨資企業和合夥企業自然人投資者本人的費用扣除標準統一確定為42,000元/年（3,500元/月）。

（3）對企事業單位的承包經營、承租經營所得，以每一納稅年度的收入總額，減除必要的費用后的餘額，為應納稅所得額。每一納稅年度的收入總額，是指納稅義務

人按照承包經營、承租經營合同規定分得的經營利潤和工資、薪金性質的所得；所說的減除必要費用，是指按月減3,500元。

(4) 勞務報酬所得、稿酬所得、特許權使用費所得、財產租賃所得，每次收入不超過4,000元的，減除費用800元；4,000元以上的，減除20%的費用，其餘額為應納稅所得額。

(5) 財產轉讓所得，以轉讓財產的收入額減除財產原值和合理費用後的餘額，為應納稅所得額。財產原值，是指：

①有價證券，為買入價以及買入時按照規定繳納的有關費用。
②建築物，為建造費或者購進價格以及其他有關費用。
③土地使用權，為取得土地使用權所支付的金額、開發土地的費用以及其他有關費用。
④機器設備、車船，為購進價格、運輸費、安裝費以及其他有關費用。
⑤其他財產，參照以上方法確定。

納稅義務人未提供完整、準確的財產原值憑證，不能正確計算財產原值的，由主管稅務機關核定其財產原值。

合理費用，是指賣出財產時按照規定支付的有關費用。

(6) 利息、股息、紅利所得，偶然所得和其他所得，以每次收入額為應納稅所得額。

(三) 附加減除費用適用的範圍和標準

國務院在發布的《個人所得稅法實施條例》中，對附加減除費用適用的範圍和標準做了具體規定：

(1) 附加減除費用適用的範圍，包括：
①在中國境內的外商投資企業和外國企業中工作取得工資、薪金所得的外籍人員。
②應聘在中國境內的企事業單位、社會團體、國家機關中工作取得工資、薪金所得的外籍專家。
③在中國境內有住所而在中國境外任職或者受雇取得工資、薪金所得的個人。
④財政部確定的取得工資、薪金所得的其他人員。

(2) 附加減除費用標準。從2011年9月1日起，在每月減除3,500元費用的基礎上，再附加減除1,300元。

(3) 華僑和香港、澳門、臺灣同胞參照上述附加減除費用標準執行。

(四) 應納稅所得額的特殊規定

(1) 個人將其所得通過中國境內的社會團體、國家機關向教育和其他社會公益事業以及遭受嚴重自然災害地區、貧困地區捐贈，捐贈額未超過納稅義務人申報的應納稅所得額30%的部分，可以從其應納稅所得額中扣除。

(2) 個人將其所得用於以下捐贈等特殊項目可以全額扣除：
①紅十字會事業捐贈；
②福利性非營利性老年機構捐贈；

③農村義務教育、教育事業捐贈;
④公益性青少年活動場所捐贈;
⑤宋慶齡基金會等捐贈;
⑥中國醫藥衛生事業、教育、老齡事業發展基金和中華快車基金會捐贈。

(3) 個人的所得(不含偶然所得和經國務院財政部門確定徵稅的其他所得)用於資助非關聯的科研機構和高等學校研究開發新產品、新技術、新工藝所發生的研究開發經費,經主管稅務機關確定,可以全額在下月(工資、薪金所得)或下次(按次計徵的所得)或當年(按年計徵的所得)計徵個人所得稅時,從應納稅所得額中扣除。不足抵扣的,不得結轉抵扣。

第四節 應納稅額的計算

一、工資、薪金所得應納稅額的計算

(一) 應納稅所得額的確定

工資、薪金所得實行按月計徵的辦法。因此,工資、薪金所得以個人每月收入額固定減除 3,500 元費用后的餘額為應納稅所得額。其計算公式為:

應納稅所得額＝月工資、薪金收入－費用扣除標準(3,500 元)

(二) 減除費用的具體規定

對在中國境內無住所而在中國境內取得工資、薪金所得的納稅義務人和在中國境內有住所而在中國境外取得工資、薪金所得的納稅義務人,稅法根據其平均收入水平、生活水平以及匯率變化情況,從 2011 年 9 月 1 日起,在每月減除 3,500 元費用的基礎上,再附加減除 1,300 元,即普遍適用的費用減除標準加上附加減除費用標準共計 4,800元。

雇傭和派遣單位分別支付工資、薪金的費用扣除。在外商投資企業、外國企業和外國駐華機構工作的中方人員取得的工資、薪金收入,凡是由雇傭單位和派遣單位分別支付的,支付單位應扣繳應納的個人所得稅,以納稅人每月全部工資、薪金收入減除規定費用后的餘額為應納稅所得額。為了有利於徵管,採取由支付者一方減除費用的辦法,即只有雇傭單位在支付工資、薪金時,才可按稅法規定減除費用,計算扣繳稅款;派遣單位支付的工資、薪金不再減除費用,以支付全額直接確定適用稅率,計算扣繳個人所得稅

上述納稅義務人,應持兩處支付單位提供的原始明細工資、薪金單(書)和完稅憑證原件,選擇並固定到一地稅務機關申報每月工資、薪金收入,匯算清繳其工資、薪金收入的個人所得稅,多退少補。

雇傭單位將部分工資、薪金上繳派遣單位的費用扣除。對於外商投資企業、外國企業和外國駐華機構發放給中方工作人員的工資、薪金所得,應全額計稅。但對於可

以提供有效合同或有關憑證，能夠證明其工資、薪金所得的一部分按有關規定上繳派遣（介紹）單位的，可以扣除其實際上繳的部分，按其餘額計徵個人所得稅。

【例12-1】張某為外商投資企業雇傭的中方員工，2016年8月，該外商投資企業支付張某薪金7,200元，張某還收到其所在的派遣單位發給的工資1,900元。計算該外商投資企業、派遣單位應扣繳的個人所得稅以及張某應繳納的個人所得稅。

【答案】

(1) 外商投資企業應扣繳個人所得稅為：

扣繳稅額＝（7,200-3,500）×10%-105＝265（元）

(2) 派遣單位應扣繳個人所得稅為：

扣繳稅額＝1,900×10%-105＝85（元）

(3) 張某實際應繳納個人所得稅為：

應納稅額＝（7,200+1,900-3,500）×20%-555＝565（元）

因此，張某在到稅務機關申報時還應補繳個人所得稅215（元）（即565-265-85）。

境內、境外分別取得工資、薪金所得的費用扣除。納稅人在境內、境外同時取得工資、薪金所得的，首先應判斷其境內、境外取得的所得是否來源於一國的所得，如果因任職、受雇、履約等而在中國境內提供勞務取得所得，無論支付地點是否在中國境內，均為來源於中國境內的所得。納稅人能夠提供在境內、境外同時任職或者受雇及其工資、薪金標準的有效證明文件，可判定其所得是分別來自境內和境外的，應分別減除費用後計算納稅。如果納稅人不能提供上述證明文件，則應視為來源於一國所得。若其任職或者受雇單位在中國境內，應為來源於中國境內的所得；若其任職或受雇單位在中國境外，應為來源於中國境外的所得，依照有關規定計稅。

特定行業職工取得的工資、薪金所得的費用扣除。對採掘業、遠洋運輸業、遠洋捕撈業的職工取得的工資、薪金所得，可採取按年計算、分月預繳的方式計徵個人所得稅。年度終了後30日內，合計其全年工資、薪金所得，再按12個月平均並計算實際應納的稅款，多退少補。用公式表示為：

年應納所得稅額＝[（全年工資、薪金收入÷12-費用扣除標準）×稅率-速算扣除數]×12

考慮到遠洋運輸具有跨國流動的特性，因此，對遠洋運輸船員每月的工資、薪金收入在統一扣除3,500元費用標準的基礎上，準予再扣除稅法規定的附加減除費用標準。由於船員的伙食費統一用於集體用餐，不發給個人，故允許該項補貼不計入船員個人的應納稅工資、收入。

個人取得公務交通、通信補貼收入的扣除標準。個人因公務用車和通信制度改革而取得的公務用車、通信補貼收入，扣除一定標準的公務費用後，按照「工資、薪金所得」項目計徵個人所得稅。按月發放的，並入當月「工資、薪金所得」計徵個人所得稅；不按月發放的，分解到所屬月份並與該月份「工資、薪金所得」合併後計徵個人所得稅。因公務用車制度改革而以現金、報銷等形式向個人支付的收入，均應視為個人取得公務用車補貼收入，按照「工資、薪金所得」項目計徵個人所得稅。

公務費用的扣除標準，由省級地方稅務局根據納稅人公務交通、通信費用的實際發生情況調查測算，報經省級人民政府批准後確定，報國家稅務總局備案。

(三) 應納稅額的一般計算方法

1. 一般工資、薪金所得應納個人所得稅的計算

應納稅額＝應納稅所得額×適用稅率－速算扣除數

＝（每月應稅收入額－3,500元或4,800元）×適用稅率－速算扣除數

【例12-2】某經理為中國公民，2013年的下半年每月取得工資收入5,000元。計算該經理下半年應繳納的個人所得稅。

【答案】

（1）每月應納稅額＝（5,000－3,500）×3%－0＝45（元）

（2）下半年應納稅額＝45×6＝270（元）

假定該經理屬來華的外籍公民，其下半年應納稅額為：

[（5,000－4,800）×3%]×6＝36（元）

2. 雇主為其雇員負擔個人所得稅額的計算

將納稅人的不含稅收入換算為應納稅所得額即含稅收入，然後再計算應納稅額。具體分以下情況處理：

（1）雇主全額為雇員負擔稅款。應將雇員取得的不含稅收入換算成應納稅所得額後，計算單位或個人應當代扣代繳的稅款。其計算公式為：

①應納稅所得額＝（不含稅收入額－費用扣除標準－速算扣除數）÷（1－稅率）

②應納稅額＝應納稅所得額×適用稅率－速算扣除數

在上式中，公式①中的稅率，是指不含稅所得按不含稅級距對應的稅率（見表12-1）；公式②中的稅率，是指應納稅所得額按含稅級距對應的稅率（見表12-1）。

【例12-3】境內某公司代其雇員（中國居民）繳納個人所得稅。2016年9月支付給陳某的不含稅工資為6,000元人民幣。計算該公司為陳某代扣代繳的個人所得稅。

【答案】

由於陳某的工資收入為不含稅收入，應換算為含稅的應納稅所得額後，再計算應代扣代繳的個人所得稅。

應納稅所得額＝（6,000－3,500－105）÷（1－10%）＝2,661.11（元）

應代扣代繳的個人所得稅＝2,661.11×10%－105＝161.11（元）

（2）雇主為其雇員負擔部分稅款，又可分為定額負擔部分稅款和定率負擔部分稅款兩種情形。

第一種：雇主為其雇員定額負擔部分稅款的，應將雇員取得的工資、薪金所得換算成應納稅所得額後，計算單位應當代扣代繳的稅款。其計算公式為：

①應納稅所得額＝雇員取得的工資＋雇主代雇員負擔的稅款－費用扣除標準

②應納稅額＝應納稅所得額×適用稅率－速算扣除數

第二種：雇主為其雇員定率負擔部分稅款，是指雇主為雇員負擔一定比例的工資應納的稅款或負擔一定比例的實際應納稅款。

應納稅所得額＝（未含雇主負擔的稅款的收入額－費用扣除標準－速算扣除數×負擔比例）÷（1－稅率×負擔比例）

應納稅額＝應納稅所得額×適用稅率－速算扣除數

【例12-4】2016年某外商投資企業雇員（外國居民）月工資收入12,000元，雇主負擔其工資所得部分30%的稅款。計算該納稅人當月應納的個人所得稅。

【答案】

應納稅所得額＝（12,000－4,800－555×30%）÷（1－20%×30%）＝7,482.45（元）

應繳納個人所得稅＝7,482.45×20%－555＝941.49（元）

3. 對個人取得全年一次性獎金等計算徵收個人所得稅的方法

一次性獎金也包括年終加薪、實行年薪制和績效工資辦法的單位根據考核情況兌現的年薪和績效工資。

納稅人取得全年一次性獎金，單獨作為一個月工資、薪金所得計算納稅，由扣繳義務人發放時代扣代繳：

（1）先將雇員當月內取得的全年一次性獎金除以12個月，按其商數確定適用稅率和速算扣除數。

如果在發放年終一次性獎金的當月，雇員當月工資、薪金所得低於稅法規定的費用扣除額，應將全年一次性獎金減除「雇員當月工資、薪金所得與費用扣除額差額」后的餘額，按上述辦法確定全年一次性獎金的適用稅率和速算扣除數。

（2）將雇員個人當月內取得的全年一次性獎金，按上述第（1）項確定的適用稅率和速算扣除數計算徵稅，其計算公式如下：

①如果雇員當月工資、薪金所得高於（或等於）稅法規定的費用扣除額，其適用公式為：

應納稅額＝雇員當月取得全年一次性獎金×適用稅率－速算扣除數

②如果雇員當月工資、薪金所得低於稅法規定的費用扣除額，其適用公式為：

應納稅額＝（雇員當月取得全年一次性獎金－雇員當月工資、薪金所得與費用扣除額的差額）×適用稅率－速算扣除數

注意：在一個納稅年度內，對每一個納稅人，該計稅辦法只允許採用一次；雇員取得除全年一次性獎金以外的其他各種名目獎金，如半年獎、季度獎、加班獎、先進獎、考勤獎等，一律與當月工資、薪金收入合併，按稅法規定繳納個人所得稅。

【例12-5】假定中國公民李某2015年在中國境內1~12月每月的工資為3,000元，12月31日又一次性領取年終獎金18,500元。請計算李某取得該筆獎金應繳納的個人所得稅（速算扣除數見表12-1）。

【答案】

該筆獎金適用的稅率和速算扣除數為：

按12個月分攤后，每月的獎金＝[18,500－（3,500－3,000）]÷12＝1,500（元），根據工資、薪金所得七級超額累進稅率的規定，適用的稅率和速算扣除數分別為3%、0。

應繳納個人所得稅為：

應納稅額＝［18,500－（3,500－3,000）］×3%＝18,000×3%＝540（元）

4. 取得不含稅全年一次性獎金收入個人所得稅的計算方法

(1) 按照不含稅的全年一次性獎金收入除以 12 的商數，查找相應適用稅率 A 和速算扣除數 A；

(2) 含稅的全年一次性獎金收入＝（不含稅的全年一次性獎金收入－速算扣除數 A）÷（1－適用稅率 A）；

(3) 按含稅的全年一次性獎金收入除以 12 的商數，重新查找適用稅率 B 和速算扣除數 B；

(4) 應納稅額＝含稅的全年一次性獎金收入×適用稅率 B－速算扣除數 B；

(5) 如果納稅人取得不含稅全年一次性獎金收入的當月工資、薪金所得，低於稅法規定的費用扣除額，應先將不含稅全年一次性獎金減去當月工資、薪金所得低於稅法規定費用扣除額的差額部分後，再按照上述規定處理；

(6) 根據企業所得稅和個人所得稅的現行規定，企業所得稅的納稅人、個人獨資和合夥企業、個體工商戶為個人支付的個人所得稅款，不得在所得稅前扣除。

【例 12-6】中國公民王某 2015 年 1～12 月，每月工資均為 4,300 元，12 月 31 日取得不含稅全年一次性獎金 12,000 元。請計算王某取得的不含稅全年一次性獎金應繳納的個人所得稅。

【答案】

(1) 不含稅獎金適用的稅率和速算扣除數為：

按 12 個月分攤後，每月的獎金＝12,000÷12＝1,000（元），根據工資、薪金所得七級超額累進稅率的規定，適用的稅率和速算扣除數分別為 3%、0（速算扣除數見表 12-1）。

(2) 含稅的全年一次性獎金收入＝12,000÷（1－3%）＝12,371.13（元）

(3) 含稅獎金適用的稅率和速算扣除數為：

按 12 個月分攤後，每月的獎金＝12,371.13÷12＝1,030.93（元），根據工資、薪金所得七級超額累進稅率的規定，適用的稅率和速算扣除數仍然分別為 3%、0。

(4) 應繳納的個人所得稅＝12,371.13×3%＝371.13（元）

5. 雙薪的計稅方法

年終雙薪就是多發一個月的工資，就機關而言，相當於全年一次性獎金，應按全年一次性獎金政策規定計算個人所得稅；就企業而言，如果當月既有年終雙薪，又有全年一次性獎金，可合併按照全年一次性獎金政策規定計算個人所得稅，否則，應並入當月的工資按規定計算個人所得稅。

6. 不滿一個月的工資、薪金所得應納個人所得稅的計算

在中國境內無住所的個人，凡在中國境內居住不滿一個月，並僅就不滿一個月期間的工資、薪金所得申報納稅的，均應以全月工資、薪金所得為依據計算實際應納稅額。其計算公式為：

應納稅額＝（當月工資、薪金應納稅所得額×適用稅率－速算扣除數）×當月實際在中國境內的天數÷當月天數

如果屬於上述情況的個人取得的是日工資、薪金，應以日工資、薪金乘以當月天數換算成月工資、薪金后，再按上述公式計算應納稅額。

【例12-7】美國某公司派其雇員大田來中國某企業安裝、調試電器生產線，大田於2016年1月1日來華，工作時間為8個月，但其中8月份僅在中國居住20天。其工資由美方企業支付，月工資合人民幣40,000元。計算大田8月份在中國應繳納的個人所得稅。

【答案】

(1) 應納稅所得額＝40,000－3,500－1,300＝35,200（元）

(2) 應納稅額＝（3,520×30%－2,755）×20÷31＝5,035（元）

7. 對個人因解除勞動合同取得經濟補償金的計稅方法

(1) 企業依照國家有關法律規定宣告破產，企業職工從該破產企業取得的一次性安置費收入，免徵個人所得稅。

(2) 個人因與用人單位解除勞動關係而取得的一次性補償收入（包括用人單位發放的經濟補償金、生活補助費和其他補助費用），其收入在當地上年職工平均工資3倍數額以內的部分，免徵個人所得稅；超過3倍數額部分的一次性補償收入，可視為一次取得數月的工資、薪金收入，允許在一定期限內平均計算。具體方法為：以超過3倍數額部分的一次性補償收入，除以個人在本企業的工作年限數（超過12年的按12年計算），以其商數作為個人的月工資、薪金收入，按照稅法規定計算繳納個人所得稅。個人在解除勞動合同后又再次任職、受雇的，已納稅的一次性補償收入不再與再次任職、受雇的工資、薪金所得合併計算補繳個人所得稅。

(3) 個人領取一次性補償收入時按照國家和地方政府規定的比例實際繳納的住房公積金、醫療保險費、基本養老保險費、失業保險費，可以在計徵其一次性補償收入的個人所得稅時予以扣除。

【例12-8】李某2015年12月31日與成都某公司解除勞動合同。李某在企業工作年限為10年，領取經濟補償金120,000元，其所在地區上年職工平均工資為24,000元，計算李某應繳納的個人所得稅。

【答案】

應稅部分＝120,000－24,000×3＝48,000（元），折成月工資＝48,000÷10＝4,800（元）

應納個人所得稅＝（4,800－3,500）×3%×10＝390（元）

8. 2011年1月1日起個人提前退休取得一次性補貼收入的個人所得稅處理規定

(1) 機關、企事業單位對未達到法定退休年齡、正式辦理提前退休手續的個人，按照統一標準向提前退休工作人員支付一次性補貼，不屬於免稅的離退休工資收入，應按照「工資、薪金所得」項目徵收個人所得稅。

(2) 個人因辦理提前退休手續而取得的一次性補貼收入，應按照辦理提前退休手續至法定退休年齡之間所屬月份平均分攤計算個人所得稅。其計稅公式為：

應納稅額＝｛[（一次性補貼收入÷辦理提前退休手續至法定退休年齡的實際月份數）－費用扣除標準]×適用稅率－速算扣除數｝×提前辦理退休手續至法定退休年齡的

實際月份數

9. 對非居民個人不同納稅義務計算應納稅額的適用公式

（1）在中國境內無住所而在一個納稅年度中在中國境內連續或累計居住不超過90日或在稅收協定規定的期間在中國境內連續或累計居住不超過183日的個人，負有納稅義務的，其計算公式為：

應納稅額＝（當月境內外工資、薪金應納稅所得額×適用稅率－速算扣除數）×當月境內支付工資÷當月境內外支付工資總額×當月境內工作天數÷當月天數

【例12-9】美國人杰克在成都一家外企擔任部門經理，同時在美國公司擔任顧問，2015在華工作時間120天，2015年12月工資為80,000元，其中有30,000元為境內的外企公司支付，50,000元為境外的雇主支付，12月在華工作時間為15天。計算杰克12月應納的個人所得稅。

【答案】

應納稅額＝〔(80,000－4,800)×35%－5,505〕×(30,000÷80,000)×(15÷31)＝3,776.92（元）

（2）在中國境內無住所而在一個納稅年度中在中國境內連續或累計居住超過90日或在稅收協定規定的期間在中國境內連續或累計居住超過183日但不滿1年的個人，負有納稅義務的，其計算公式為：

應納稅額＝（當月境內外工資、薪金應納稅所得額×適用稅率－速算扣除數）×當月境內工作天數÷當月天數

【例12-10】接上例，杰克2015年在華工作時間為9個月，其他條件不變，計算杰克12月份應納個人所得稅。

【答案】

應納稅額＝〔(80,000－4,800)×35%－5,505〕×(15÷31)＝10,071.77（元）

（3）在中國境內無住所但在境內居住滿1年而不超過5年的個人，其在中國境內工作期間取得的由中國境內企業或個人雇主支付和由中國境外企業或個人雇主支付的工資、薪金，均應申報繳納個人所得稅；其在《個人所得稅法實施條例》第三條所說臨時離境工作期間的工資、薪金所得，僅就由中國境內企業或個人雇主支付的部分申報納稅。凡是該中國境內企業、機構屬於採取核定利潤方法計徵企業所得稅或沒有營業收入而不徵收企業所得稅的，在該中國境內企業、機構任職、受雇的個人取得的工資、薪金，不論是否在中國境內企業、機構會計帳簿中記載，均應視為由其任職的中國境內企業、機構支付。

上述個人，在一個月中既有在中國境內工作期間的工資、薪金所得，也有在臨時離境期間由境內企業或個人雇主支付的工資、薪金所得的，應合併計算當月應納稅款，並按稅法規定的期限申報繳納。在中國境內無住所但在境內居住滿1年而不超過5年的個人，負有納稅義務的，其計算公式為：

應納稅額＝（當月境內外工資、薪金應納稅所得額×適用稅率－速算扣除數）×(1－當月境外支付工資÷當月境內外支付工資總額×當月境外工作天數÷當月天數)

如果上款所述各類個人取得的是日工資、薪金或者是不滿一個月的工資、薪金，

仍應以日工資、薪金乘以當月天數換算成月工資、薪金后，按照上述公式計算其應納稅額。

【例12-11】約翰為英國公民，英國與中國簽訂有稅收協定。約翰2016年4月15日來北京工作，10月13日離開中國。在中國工作期間，境內機構每月支付工資30,000元，A國公司每月支付工資60,000元人民幣。計算2016年10月約翰應納個人所得稅。

【答案】

計稅依據：在中國境內無住所而在一個納稅年度中在中國境內連續或累計居住不超過90日或在稅收協定規定期間在中國境內連續或累計居住不超過183日。

應納稅額 =〔（30,000＋60,000－4,800）×45%－13,505〕×30,000÷（30,000＋60,000）×（12.5÷31）= 3,338.04（元）

二、個體工商戶、個人獨資企業和合夥企業的生產、經營所得的計稅方法

（一）個體工商戶個人所得稅計稅辦法

應納稅額＝應納稅所得額×適用稅率－速算扣除數

或 =（全年收入總額－成本、費用以及損失）×適用稅率－速算扣除數

注意：個體工商戶應納稅所得額的計算應當遵循權責發生制原則

1. 計稅基本規定

（1）個體工商戶的生產、經營所得，以每一納稅年度的收入總額，減除成本、費用、稅金、損失、其他支出以及允許彌補的以前年度虧損后的餘額，為應納稅所得額。

（2）個體工商戶從事生產經營以及與生產經營有關的活動（以下簡稱生產經營）取得的貨幣形式和非貨幣形式的各項收入，為收入總額。其包括：銷售貨物收入、提供勞務收入、工程價款收入、轉讓財產收入、利息收入、租金收入、接受捐贈收入、其他收入。

上述所稱其他收入包括個體工商戶資產溢餘收入、逾期一年以上的未退包裝物押金收入、確實無法償付的應付款項、已作壞帳損失處理后又收回的應收款項、債務重組收入、補貼收入、違約金收入、匯兌收益等。

（3）成本是指個體工商戶在生產經營活動中發生的銷售成本、銷貨成本、業務支出以及其他耗費。

（4）費用是指個體工商戶在生產經營活動中發生的銷售費用、管理費用和財務費用，已經計入成本的有關費用除外。

（5）稅金是指個體工商戶在生產經營活動中發生的除個人所得稅和允許抵扣的增值稅以外的各項稅金及其附加。

（6）損失是指個體工商戶在生產經營活動中發生的固定資產和存貨的盤虧、損毀、報廢損失、轉讓財產損失、壞帳損失、自然災害等不可抗力因素造成的損失以及其他損失。

個體工商戶發生的損失，減除責任人賠償和保險賠款后的餘額，參照財政部、國家稅務總局有關企業資產損失稅前扣除的規定扣除。

個體工商戶已經作為損失處理的資產，在以后納稅年度又全部收回或者部分收回時，應當計入收回當期的收入。

（7）其他支出是指除成本、費用、稅金、損失外，個體工商戶在生產經營活動中發生的與生產經營活動有關的、合理的支出。

（8）個體工商戶發生的支出應當區分收益性支出和資本性支出。收益性支出在發生當期直接扣除；資本性支出應當分期扣除或者計入有關資產成本，不得在發生當期直接扣除。

除稅收法律法規另有規定外，個體工商戶實際發生的成本、費用、稅金、損失和其他支出，不得重複扣除。

（9）個體工商戶下列支出不得扣除：
①個人所得稅稅款；
②稅收滯納金；
③罰金、罰款和被沒收財物的損失；
④不符合扣除規定的捐贈支出；
⑤贊助支出；
⑥用於個人和家庭的支出；
⑦與取得生產經營收入無關的其他支出；
⑧國家稅務總局規定不準扣除的支出。

（10）個體工商戶納稅年度發生的虧損，準予向以後年度結轉，用以後年度的生產經營所得彌補，但結轉年限最長不得超過5年。

（11）個體工商戶使用或者銷售存貨，按照規定計算的存貨成本，準予在計算應納稅所得額時扣除。

（12）個體工商戶轉讓資產，該項資產的淨值，準予在計算應納稅所得額時扣除。

2. 扣除項目及標準

（1）個體工商戶實際支付給從業人員的、合理的工資、薪金支出，準予扣除。

個體工商戶業主的費用扣除標準，確定為每年42,000元，個體工商戶業主的工資、薪金支出不得稅前扣除。

（2）個體工商戶按照國務院有關主管部門或者省級人民政府規定的範圍和標準為其業主和從業人員繳納的基本養老保險費、基本醫療保險費、失業保險費、生育保險費、工傷保險費和住房公積金，準予扣除。

（3）除個體工商戶依照國家有關規定為特殊工種從業人員支付的人身安全保險費和財政部、國家稅務總局規定可以扣除的其他商業保險費外，個體工商戶業主本人或者為從業人員支付的商業保險費，不得扣除。

（4）個體工商戶在生產經營活動中發生的合理的不需要資本化的借款費用，準予扣除。

（5）個體工商戶在生產經營活動中發生的下列利息支出，準予扣除：
①向金融企業借款的利息支出；
②向非金融企業和個人借款的利息支出，不超過按照金融企業同期同類貸款利率

計算的數額的部分。

(6) 個體工商戶向當地工會組織撥繳的工會經費、實際發生的職工福利費支出、職工教育經費支出分別在工資、薪金總額的2%、14%、2.5%的標準內據實扣除。

工資、薪金總額是指允許在當期稅前扣除的工資、薪金支出數額。

職工教育經費的實際發生數額超出規定比例當期不能扣除的數額，準予在以後納稅年度結轉扣除。

個體工商戶業主本人向當地工會組織繳納的工會經費、實際發生的職工福利費支出、職工教育經費支出，以當地（地級市）上年度社會平均工資的3倍為計算基數，在上述規定比例內據實扣除。

(7) 個體工商戶發生的與生產經營活動有關的業務招待費，按照實際發生額的60%扣除，但最高不得超過當年銷售（營業）收入的5‰。

業主自申請營業執照之日起至開始生產經營之日止所發生的業務招待費，按照實際發生額的60%計入個體工商戶的開辦費。

(8) 個體工商戶每一納稅年度發生的與其生產經營活動直接相關的廣告費和業務宣傳費不超過當年銷售（營業）收入15%的部分，可以據實扣除；超過部分，準予在以后納稅年度結轉扣除。

(9) 個體工商戶代其從業人員或者他人負擔的稅款，不得稅前扣除。

(10) 個體工商戶按照規定繳納的攤位費、行政性收費、協會會費等，按實際發生數額扣除。

(11) 個體工商戶根據生產經營活動的需要租入固定資產支付的租賃費，按照以下方法扣除：

①以經營租賃方式租入固定資產發生的租賃費支出，按照租賃期限均勻扣除；

②以融資租賃方式租入固定資產發生的租賃費支出，按照規定構成融資租入固定資產價值的部分應當提取折舊費用，分期扣除。

(12) 個體工商戶參加財產保險，按照規定繳納的保險費，準予扣除。

(13) 個體工商戶發生的合理的勞動保護支出，準予扣除。

(14) 個體工商戶自申請營業執照之日起至開始生產經營之日止所發生的符合規定的費用，除為取得固定資產、無形資產的支出，以及應計入資產價值的匯兌損益、利息支出外，作為開辦費，個體工商戶可以選擇在開始生產經營的當年一次性扣除，也可自生產經營月份起在不短於3年期限內攤銷扣除，但一經選定，不得改變。開始生產經營之日為個體工商戶取得第一筆銷售（營業）收入的日期。

(15) 個體工商戶通過公益性社會團體或者縣級以上人民政府及其部門，用於《中華人民共和國公益事業捐贈法》規定的公益事業的捐贈，捐贈額不超過其應納稅所得額30%的部分可以據實扣除。個體工商戶對受益人的直接捐贈不得扣除。

(16) 個體工商戶研究開發新產品、新技術、新工藝所發生的開發費用，以及研究開發新產品、新技術而購置單臺價值在10萬元以下的測試儀器和試驗性裝置的購置費準予直接扣除；單臺價值在10萬元以上（含10萬元）的測試儀器和試驗性裝置，按固定資產管理，不得在當期直接扣除。

【例 12-12】某小型運輸公司系個體工商戶，帳證健全，2015 年 12 月取得營業額 220,000 元，准許扣除的當月成本、費用及相關稅金共計 170,600 元。11 月累計應納稅所得額 68,400 元，1~11 月累計已預繳個人所得稅 10,200 元。計算該個體工商戶 2015 年度應補繳的個人所得稅。

【答案】

全年應納稅所得額＝220,000−170,600＋68,400−3,500×12＝75,800（元）

全年應繳納個人所得稅＝75,800×30%−9,750＝12,990（元）

應補繳的個人所得稅＝12,990−10,200＝2,790（元）

(二) 個人獨資企業和合夥企業應納個人所得稅的計算

對個人獨資企業和合夥企業生產經營所得，其個人所得稅應納稅額的計算有以下兩種方法：

第一種：查帳徵稅。

(1) 個人獨資企業和合夥企業投資者本人費用扣除標準統一確定為每年 42,000 元，即 3,500 元/月。投資者的工資不得在稅前扣除。

(2) 投資者及其家庭發生的生活費用不允許在稅前扣除。投資者及其家庭發生的生活費用與企業生產經營費用混合在一起，並且難以劃分的，全部視為投資者個人及其家庭發生的生活費用，不允許在稅前扣除。

(3) 企業生產經營和投資者及其家庭生活共用的固定資產，難以劃分的，由主管稅務機關根據企業的生產經營類型、規模等具體情況，核定準予在稅前扣除的折舊費用的數額或比例。

(4) 企業向其從業人員實際支付的合理的工資、薪金支出，允許在稅前據實扣除。

(5) 企業撥繳的工會經費、發生的職工福利費、職工教育經費支出分別在工資、薪金總額 2%、14%、2.5%的標準內據實扣除。

(6) 每一納稅年度發生的廣告費和業務宣傳費用不超過當年銷售（營業）收入 15%的部分，可據實扣除；超過部分，準予在以後納稅年度結轉扣除。

(7) 每一納稅年度發生的與其生產經營業務直接相關的業務招待費支出，按照發生額的 60%扣除，但最高不得超過當年銷售（營業）收入的 5‰。

(8) 企業計提的各種準備金不得扣除。

(9) 投資者興辦兩個或兩個以上企業，並且企業性質全部是獨資的，年度終了後，匯算清繳時，應納稅款的計算按以下方法進行：匯總其投資興辦的所有企業的經營所得作為應納稅所得額，以此確定適用稅率，計算出全年經營所得的應納稅額，再根據每個企業的經營所得占所有企業經營所得的比例，分別計算出每個企業的應納稅額和應補繳稅額。其計算公式如下：

(1) 應納稅所得額＝Σ各個企業的經營所得

(2) 應納稅額＝應納稅所得額×稅率−速算扣除數

(3) 本企業應納稅額＝應納稅額×本企業的經營所得÷Σ各個企業的經營所得

(4) 本企業應補繳的稅額＝本企業應納稅額−本企業預繳的稅額

【例12-13】 李某在市區投資辦了A、B兩家個人獨資企業，按當地稅務機關要求，李某選擇在A企業扣除投資人費用。2016年，其A、B兩家企業經營情況如下：

A企業為裝飾裝修企業，扣除李某每月工資5,000元之後，其帳面利潤為68,000元，該企業業務招待費超過稅法規定標準12,000元，沒有其他納稅調整項目；

B企業為諮詢服務企業，也給李某每月支付工資3,000元之後，其帳面利潤為32,000元，營業外支出中有一項非廣告性贊助支出8,000元，沒有其他納稅調整事項。

要求：計算A、B兩家企業應預繳稅額及年終匯算清繳的所得稅。

【答案】

(1) 投資經營A企業應預繳稅額計算如下：

應納稅所得額=68,000+5,000×12-4,200+12,000=98,000（元）

投資經營A企業應預繳個人所得稅=98,000×30%-9,750=19,650（元）

(2) 投資經營B企業應預繳稅額計算如下：

應納稅所得額=32,000+3,000×12+8,000+12,000=76,000（元）

投資經營B企業應預繳個人所得稅=76,000×30%-9,750=13,050（元）

(3) 年終匯算清繳的個人所得稅計算如下：

①匯總應納稅所得額=98,000+76,000=174,000（元）

②匯總應納稅額174,000×35%-14,750=46,150（元）

③A企業應納稅額=46,150×（98,000÷174,000）=25,992.53（元）

A企業應補個人所得稅=25,992.53-19,650=6,342.53（元）

④B企業應納稅額=46,150×（76,000÷174,000）=20,157.47（元）

B企業應補個人所得稅=20,157.47-13,050=7,107.47（元）

第二種：核定徵收。

核定徵收方式，包括定額徵收、核定應稅所得率徵收以及其他合理的徵收方式。

實行核定應稅所得率徵收方式的，應納所得稅額的計算公式如下：

應納所得稅額=應納稅所得額×適用稅率

應納稅所得額=收入總額×應稅所得率

或　　=成本費用支出額÷（1-應稅所得率）×應稅所得率

三、對企事業單位的承包經營、承租經營所得應納稅額的計算

對企事業單位的承包經營、承租經營所得，其個人所得稅應納稅額的計算公式為：

應納稅額=應納稅所得額×適用稅率-速算扣除數

或　　=（納稅年度收入總額-必要費用）×適用稅率-速算扣除數

這裡需要說明的是：

(1) 對企事業單位的承包經營、承租經營所得以每一納稅年度的收入總額，減除必要費用（每月3,500元）后的餘額為應納稅所得額。

在一個納稅年度中，承包經營或者承租經營期限不足1年的，以其實際經營期為納稅年度。

(2) 對企事業單位的承包經營、承租經營所得適用的速算扣除數，同個體工商戶

的生產、經營所得適用的速算扣除數。

【例12-14】2014年1月1日，某人與事業單位簽訂承包合同經營招待所，承包期為3年。2016年招待所實現承包經營利潤150,000元（未扣除承包人工資報酬），按合同規定承包人每年應從承包經營利潤中上繳承包費30,000元。計算該承包人2016年應納個人所得稅稅額。

【答案】

2016年應納稅所得額=承包經營利潤-上繳費用-每月必要費用扣減合計

=150,000-30,000-3,500×12=78,000（元）

該承包人2016年應繳納個人所得稅=78,000×30%-9,750=13,650（元）

四、勞務報酬所得應納稅額的計算

應納稅額=應納稅所得額×適用稅率-速算扣除數

上述公式中的應納稅所得額的確定是這樣的：

（1）每次收入不足4,000元的：

應納稅所得額=當次收入-800

（2）每次收入在4,000元以上的：

應納稅所得額=當次收入-當次收入×20%

注意：勞務報酬次的規定：只有一次性收入的，以取得該項收入為一次；屬於同一事項連續取得收入的，以1個月內取得的收入為一次。

上述公式中的適用稅率和速算扣除數，見表12-4。

表12-4　　　　　　　　　　勞務報酬所得適用稅率表

級數	每次應納稅所得額	稅率（%）	速算扣除數（元）
1	不超過20,000元的部分	20	0
2	超過20,000~50,000元的部分	30	2,000
3	超過50,000元的部分	40	7,000

【例12-15】歌星劉某一次取得表演收入40,000元。請計算其應納個人所得稅稅額。

【答案】

納稅所得額=40,000×（1-20%）=32,000（元）

應納稅額=32,000×30%-2,000=7,600（元）

五、稿酬所得應納稅額的計算

（1）每次收入不足4,000元的，應納稅額=（收入-800）×20%×（1-30%）

（2）每次收入4,000元以上的，應納稅額=收入×（1-20%）×20%×（1-30%）

稿酬所得，以每次出版、發表取得的收入為一次。具體又可細分為：

同一作品再版取得的所得，應視作另一次稿酬所得計徵個人所得稅；同一作品先

在報刊上連載，然後再出版，或先出版，再在報刊上連載的，應視為兩次稿酬所得徵稅，即連載作為一次，出版作為另一次；同一作品在報刊上連載取得收入的，以連載完畢後取得的所有收入合併為一次，計徵個人所得稅；同一作品在出版和發表時，以預付稿酬或分次支付稿酬等形式取得的稿酬收入，應合併計算為一次；同一作品出版、發表后，因添加印數而追加稿酬的，應與以前出版、發表時取得的稿酬合併計算為一次，計徵個人所得稅。

【例 12-16】工程師王某 2016 年 2 月因其編著的教材出版，獲得稿酬 9,000 元，2016 年 8 月因教材加印又得到稿酬 4,000 元。計算王某所得稿酬應繳納的個人所得稅。

【答案】

王某稿酬所得按規定應屬於一次收入，須合併計算應納稅額。

(1) 應納稅額＝（9,000+4,000）×（1-20%）×20%＝2,080（元）

(2) 實際繳納稅額＝2,080×（1-30%）＝1,456（元）

因其所得是先后取得，實際計稅時應分兩次繳納稅款：

(1) 第一次實際繳納稅額＝9,000×（1-20%）×20%×（1-30%）＝1,008（元）

(2) 第二次實際繳納稅額＝（9,000+4,000）×（1-20%）×20%×（1-30%）-1,008
＝448（元）

六、特許權使用費所得的計稅方法

(1) 每次收入不足 4,000 元的，應納稅額＝（收入-800）×20%

(2) 每次收入 4,000 元以上的，應納稅額＝收入×（1-20%）×20%

注意：對個人從事技術轉讓中所支付的仲介費，若能提供有效合法憑證，允許從其所得中扣除。

七、股息、利息、紅利所得的計稅方法

應納稅額＝應納稅所得額（每次收入額）×適用稅率（20%）

八、財產租賃所得應納稅額的計稅方法

1. 應納稅所得額的確定

財產租賃所得一般以個人每次取得的收入，定額或定率減除規定費用後的餘額為應納稅所得額。

每次收入不足 4,000 元的，應納稅所得額＝收入-800

每次收入在 4,000 元以上的，應納稅所得額＝收入×（1-20%）

財產租賃所得以 1 個月內取得的收入為一次。

個人出租財產取得的財產租賃收入，在計算繳納個人應納稅所得額時，應依次扣除以下費用：

(1) 財產租賃過程中繳納的稅費；稅費包括營業稅、城市維護建設稅、房產稅、教育費附加。

(2) 向出租方支付的租金（如轉租）。

（3）由納稅人負擔的該出租財產實際開支的修繕費用（每次800元為限，一次扣不完的，可無限期在以後期扣除）。

（4）稅法規定的費用扣除標準（800元或20%）。

所以，應納稅所得額的計算公式為：

（1）每次（月）收入不超過4,000元的：

應納稅所得額＝每次收入額－準予扣除項目－修繕費用（800元為限）－800元

（2）每次（月）收入超過4,000元的：

應納稅所得額＝［每次收入額－準予扣除項目－修繕費用（800元為限）］×（1－20%）

2. 應納稅額的計算

應納稅額＝應納稅所得額×適用稅率

注意：財產租賃適用稅率為20%的比例稅率。但對個人按市場價格出租的居民住房取得的所得，自2001年1月1日起暫減按10%的稅率徵收個人所得稅。

【例12-17】李先生2016年7月將境內一處門面房出租，租賃期限1年，月租金4,000元，當月發生修繕費1,200元（不考慮其他稅費）。計算2016年李先生取得的租賃所得應繳納個人所得稅。

【答案】

李先生應繳納個人所得稅＝（4,000-800-800）×20%＋（4,000-400-800）×20%＋（4,000-800）×20%×4＝3,600（元）

九、財產轉讓所得應納稅額的計稅方法

應納稅額＝（收入總額－財產原值－合理費用）×適用稅率（20%）

財產轉讓所得實行按次計徵的辦法。財產轉讓所得以個人每次轉讓財產取得的收入額減除財產原值和相關稅、費後的餘額為應納稅所得額。關於財產原值，在本章第三節已有說明。

【例12-18】某人本期購入債券1,000份，每份買入價10元，支付購進買入債券的稅費共計150元。本期內將買入的債券一次賣出600份，每份賣出價12元，支付賣出債券的稅費共計110元。計算該個人售出債券應繳納的個人所得稅。

【答案】

（1）一次賣出債券應扣除的買價及費用＝（10,000+150）÷1,000×600+110＝6,200（元）

（2）應繳納的個人所得稅＝（600×12-6,200）×20%＝200（元）

十、偶然所得和其他所得的計稅方法

偶然所得和其他所得以個人每次取得的收入額為應納稅所得額，不扣除任何費用。除有特殊規定外，每次收入額就是應納稅所得額，以每次取得該項收入為一次。

應納稅額＝每次收入×適用稅率（20%）

十一、特殊情況下個人所得稅的計稅方法

(一) 扣除捐贈的計稅方法

稅法規定，個人將其所得對教育事業和其他公益事業捐贈的部分，允許從應納稅所得額中扣除。一般捐贈額的扣除以不超過納稅人申報應納稅所得額的30%為限。其計算公式為：

捐贈扣除限額＝申報的應納稅所得額×30%

如果實際捐贈額小於捐贈扣除限額，實際捐贈額可以全部扣除；如果實際捐贈額大於捐贈扣除限額，只能按捐贈扣除限額扣除。

應納稅額＝（應納稅所得額－允許扣除的捐贈額）×適用稅率－速算扣除數

【例12-19】某歌星參加某單位舉辦的演唱會，取得出場費收入80,000元，將其中30,000元通過當地教育機構捐贈給某希望小學。計算該歌星取得的出場費收入應繳納的個人所得稅。

【答案】

(1) 未扣除捐贈的應納稅所得額＝80,000×（1-20%）＝64,000（元）

(2) 捐贈扣除限額＝64,000×30%＝19,200（元），由於實際捐贈額大於扣除限額，稅前只能按扣除限額扣除。

(3) 應繳納的個人所得稅＝（64,000-19,200）×30%-2,000＝11,440（元）

(二) 境外繳納稅額抵免的計稅方法

在中國境內有住所，或者雖無住所但在中國境內居住滿1年以上的個人，從中國境內和境外取得的所得，都應繳納個人所得稅。實際上，納稅人的境外所得一般均已繳納或負擔了有關國家的所得稅額。為了避免發生國家間對同一所得的重複徵稅，同時維護中國的稅收權益，稅法規定，納稅人從中國境外取得的所得，準予其在應納稅額中扣除已在境外實繳的個人所得稅稅款，但扣除額不得超過該納稅人境外所得依照稅法規定計算的應納稅額。具體規定及計稅方法如下：

1. 實繳境外稅款

實際已在境外繳納的稅額，是指納稅人從中國境外取得的所得，依照所得來源國或地區的法律應當繳納並且實際已經繳納的稅額。

2. 抵免限額

準予抵免（扣除）的實繳境外稅款最多不能超過境外所得按中國稅法計算的抵免限額（應納稅額或扣除限額）。中國個人所得稅的抵免限額採用分國限額法，即分別來自不同國家或地區和不同應稅項目，依照稅法規定的費用減除標準和適用稅率計算抵免限額。對於同一國家或地區的不同應稅項目，以其各項的抵免限額之和作為來自該國或該地區所得的抵免限額。其計算公式為：

來自某國或地區的抵免限額＝Σ（來自某國或地區的某一應稅項目的所得－費用減除標準）×適用稅率－速算扣除數

3. 允許抵免額

允許在納稅人應納中國個人所得稅稅額中扣除的稅額，即允許抵免額要分國確定，即在計算出的來自一國或地區所得的抵免限額與實繳該國或地區的稅款之間相比較，以數額較小者作為允許抵免額。

4. 超限額與不足限額結轉

在某一納稅年度，如發生實繳境外稅款超過抵免限額，即發生超限額時，超限額部分不允許在應納稅額中抵扣，但可以在以後納稅年度從仍來自該國家或地區的不足限額，即實繳境外稅款低於抵免限額的部分中補扣。這一做法稱為限額的結轉。下一年度結轉後仍有超限額的，可繼續結轉，但每年發生的超限額結轉期最長不得超過 5 年。

5. 應納稅額的計算

在計算出抵免限額和確定了允許抵免額之後，便可對納稅人的境外所得計算應納稅額。其計算公式為：

應納稅額＝∑（來自某國或地區的所得－費用減除標準）×適用稅率－速算扣除數－允許抵免額

【例 12-20】某美國籍來華人員已在中國境內居住 7 年。2016 年 10 月取得美國一家公司淨支付的薪金所得 20,800 元（折合成人民幣，下同），已被扣繳個人所得稅 1,200 元。同月還從加拿大取得淨股息所得 8,500 元，已被扣繳個人所得稅 1,500 元。經核查，境外完稅憑證無誤。計算其境外所得在中國境內應補繳的個人所得稅。

【答案】

該納稅人上述來源於兩國的所得應分國計算抵免限額。

（1）來自美國所得的抵免限額＝（20,800＋1,200－4,800）×25％－1,005＝3,295（元）

（2）來自加拿大所得的抵免限額＝（8,500＋1,500）×20％＝2,000（元）

（3）由於該納稅人在美國和加拿大已被扣繳的所得稅額均不超過各自計算的抵免限額，故來自美國和加拿大所得的允許抵免額分別為 1,200 元和 1,500 元，可全額抵扣，並需在中國補繳稅款。

（4）應補繳個人所得稅＝（3,295－1,200）＋（2,000－1,500）＝2,095＋500＝2,595（元）

(三) 兩人以上共同取得同一項目收入的計稅方法

兩個或兩個以上的個人共同取得同一項目收入的，如合作編著一本書、參加同一場演出等，應當對每個人取得的收入分別按照稅法規定減除費用後計算納稅，即實行「先分、後扣、再稅」的辦法。

【例 12-21】某高校 5 位教師共同編寫出版一本 50 萬字的教材，共取得稿酬收入 21,000 元。其中主編 1 人得主編費 1,000 元，其餘稿酬 5 人平分。計算各教師應繳納的個人所得稅。

【答案】

（1）扣除主編費后所得＝21,000－1,000＝20,000（元）

(2) 平均每人所得＝20,000÷5＝4,000（元）

(3) 主編應納個稅＝［（1,000＋4,000）×（1－20%）］×20%×（1－30%）＝560（元）

(4) 其餘4人每人應納個稅＝（4,000－800）×20%×（1－30%）＝448（元）

第五節　稅收優惠與徵收管理

一、稅收優惠

《個人所得稅法》及其實施條例以及財政部、國家稅務總局的若幹規定等，都對個人所得項目給予了減稅免稅的優惠，主要有：

(一) 免徵個人所得稅的優惠

(1) 省級人民政府、國務院部委和中國人民解放軍軍以上單位，以及外國組織頒發的科學、教育、技術、文化、衛生、體育、環境保護等方面的獎金。

(2) 國債和國家發行的金融債券利息。

(3) 按照國家統一規定發給的補貼、津貼。

(4) 福利費、撫恤金、救濟金。

(5) 保險賠款。

(6) 軍人的轉業費、復員費。

(7) 按照國家統一規定發給幹部、職工的安家費、退職費、退休工資、離休工資、離休生活補助費。

(8) 中國政府參加的國際公約以及簽訂的協議中規定免稅的所得。

(9) 對鄉、鎮（含鄉、鎮）以上人民政府或經縣（含縣）以上人民政府主管部門批准成立的有機構、有章程的見義勇為基金或者類似性質組織，獎勵見義勇為者的獎金或獎品，經主管稅務機關核准，免徵個人所得稅。

(10) 企業和個人按照省級以上人民政府規定的比例提取並繳付的住房公積金、醫療保險金、基本養老保險金、失業保險金，不計入個人當期的工資、薪金收入，免予徵收個人所得稅。超過規定的比例繳付的部分計徵個人所得稅。

個人領取原提存的住房公積金、醫療保險金、基本養老保險金時，免予徵收個人所得稅。

(11) 對個人取得的教育儲蓄存款利息所得以及國務院財政部門確定的其他專項儲蓄存款或者儲蓄性專項基金存款的利息所得，免徵個人所得稅。

(12) 儲蓄機構內從事代扣代繳工作的辦稅人員取得的扣繳利息稅手續費所得，免徵個人所得稅。

(13) 個人舉報、協查各種違法、犯罪行為而獲得的獎金，免徵個人所得稅。

(14) 個人辦理代扣代繳稅款手續，按規定取得的扣繳手續費，免徵個人所得稅。

(15) 個人轉讓自用達5年以上並且是唯一的家庭居住用房取得的所得，免徵個人

所得稅。

(16) 經國務院財政部門批准免稅的所得。

(二) 減徵個人所得稅的優惠

有下列情形之一的，經批准可以減徵個人所得稅：

(1) 殘疾、孤老人員和烈屬的所得；

(2) 因嚴重自然災害造成重大損失的；

(3) 其他經國務院財政部門批准減稅的。

上述減稅項目的減徵幅度和期限，由省、自治區、直轄市人民政府規定。

對殘疾人個人取得的勞動所得才適用減稅規定，具體所得項目為：工資薪金所得、個體工商戶的生產經營所得、對企事業單位的承包和承租經營所得、勞務報酬所得、稿酬所得和特許權使用費所得。

二、徵收管理

(一) 源泉扣繳

源泉扣繳納稅，是指按照稅法規定負有扣繳稅款義務的單位和個人，向個人支付應納稅所得時，應計算應納稅款，從其中扣除稅款並繳入國庫，同時向稅務機關報送扣繳個人所得稅報告表。

扣繳義務人在向個人支付應納稅所得（包括現金支付、匯撥支付、轉帳支付和以有價證券、實物以及其他形式支付）時，應代扣代繳個人所得稅。

扣繳義務人在向個人支付應納稅所得時，不論納稅人是否屬於本單位人員，均應代扣代繳其應納的個人所得稅稅款。扣繳義務人依法履行代扣代繳稅款義務，納稅人不得拒絕。

法律責任：對扣繳義務人處應扣未扣、應收未收稅款 50% 以上 3 倍以下的罰款；納稅人、扣繳義務人逃避、拒絕或者以其他方式阻撓稅務機關檢查的，由稅務機關責令改正，可以處 1 萬元以下的罰款；情節嚴重的，處 1 萬元以上 5 萬元以下的罰款。

(二) 自行申報納稅

(1) 凡有下列情形之一的，納稅人必須自行向稅務機關申報所得並繳納稅款：

①年所得 12 萬元以上的。

②在兩處或兩處以上取得工資、薪金所得。

③從中國境外取得所得的。

④取得應納稅所得，沒有扣繳義務人的，如個體工商戶從事生產、經營所得。

(2) 申報納稅地點：一般為收入來源地的稅務機關。但是，納稅人在兩處或兩處以上取得工資、薪金所得的，可選擇並固定在一地稅務機關申報納稅；從境外取得所得的，應向境內戶籍所在地或經常居住地稅務機關申報納稅。納稅人要求變更申報納稅地點的，須經原主管稅務機關備案。

(3) 申報納稅期限：除特殊情況外，納稅人應在取得應納稅所得的次月 15 日內向主管稅務機關申報所得並繳納稅款。

(4) 申報納稅方式：個人所得稅的申報納稅方式主要有 3 種，即由本人直接申報納稅、委託他人代為申報納稅、採用郵寄方式在規定的申報期內申報納稅。其中，採取郵寄申報納稅的，以寄出地的郵戳日期為實際申報日期。

本章練習題

一、單項選擇題

1. 下列各項中，不屬於個人所得稅中居民納稅人的是（　　）。
   A. 在中國境內無住所，但一個納稅年度中在中國境內居住滿 365 天的個人
   B. 在中國境內無住所，而在境內居住超過 90 天但不滿 1 年的個人
   C. 在中國境內有住所的個人
   D. 在中國境內無住所，並在境內居住滿 1 年不滿 5 年的個人

2. 瓊斯為外籍個人，在中國境內無住所，同時在中國境內、境外機構擔任職務，2016 年 3 月 6 日來華，12 月 20 日離開。期間瓊斯因工作原因，曾於 6 月 8 日離境，6 月 14 日返回。在計算個人所得稅時，瓊斯在中國境內實際工作天數為（　　）天。
   A. 282　　　　　　　　　　　　B. 283
   C. 284　　　　　　　　　　　　D. 285

3. 下列項目中，屬於勞務報酬所得的是（　　）。
   A. 發表論文取得的報酬
   B. 提供著作的版權取得的報酬
   C. 將國外的作品翻譯出版取得的報酬
   D. 高校教師受出版社委託進行審稿取得的報酬

4. 中國公民宋某是一家公司的營銷主管，2012 年 2 月份取得工資收入 4,000 元。當月參加公司組織的國外旅遊，免交旅遊費 15,000 元，另外還取得 3,000 元的福利卡一張。宋某 2 月份應繳納個人所得稅（　　）元。
   A. 1,975　　　　　　　　　　　B. 3,025
   C. 3,625　　　　　　　　　　　D. 3,775

5. 商業銀行超過國家利率支付給儲戶的攬儲獎金的個人所得稅，按（　　）所得納稅。
   A. 偶然　　　　　　　　　　　B. 其他
   C. 勞動報酬　　　　　　　　　D. 工資、薪金

6. 2016 年某作家出版一部長篇小說，1 月份取得預付稿酬 2 萬元，4 月份小說正式出版，取得稿酬 2 萬元，10 月份將該小說手稿公開拍賣獲得收入 10 萬元，同年該小說在一家晚報連載 100 次，每次稿酬 420 元。該作家應繳納個人所得稅（　　）元。
   A. 20,384　　　　　　　　　　B. 20,480
   C. 25,184　　　　　　　　　　D. 26,680

7. 張先生 2016 年 7 月將境內一處門面房出租，租賃期限 1 年，月租金 4,000 元，

當月發生修繕費1,200元（不考慮其他稅費）。2011年張先生取得的租賃所得應繳納個人所得稅（　　）元。

  A. 1,680   B. 3,600
  C. 3,648   D. 3,840

8. 某公民8月買進某公司債券20,000份，每份買價8元，共支付手續費800元，11月份賣出10,000份，每份賣價8.3元，共支付手續費415元，12月末債券到期，該公民取得債券利息收入2,700元。該公民應繳納個人所得稅（　　）元。

  A. 977   B. 940
  C. 697   D. 600

9. 中國公民王先生2016年3月退休，每月領取退休工資3,200元，9月份被一家公司聘用，月工資4,000元，王先生當月無其他應稅所得。2016年9月王先生應繳納個人所得稅是（　　）。

  A. 0元   B. 15元
  C. 165元   D. 295元

10. 中國公民李某2015年12月領取全年一次性獎金36,000元，當月另取得工資收入4,000元，李某當月應納個人所得稅是（　　）元。

  A. 5,640   B. 5,895
  C. 11,445   D. 14,270

二、多項選擇題

1. 下列各項中，應按「個體工商戶生產、經營所得」項目徵稅的有（　　）。
  A. 個人因從事彩票代銷業務而取得的所得
  B. 個人因專利權被侵害而獲得的經濟賠償所得
  C. 私營企業（非個人獨資企業、合夥企業）的個人投資者以企業資本金為本人購買的汽車
  D. 個人獨資企業的個人投資者以企業資金為本人購買的住房
  E. 出租汽車經營單位對出租車駕駛員採取單車承包或承租方式營運，出租車駕駛員從事客貨營運取得的所得

2. 個人所得稅納稅人對企事業單位的承包、承租經營所得包括（　　）。
  A. 個人承包、承租經營所得
  B. 投資的股息所得
  C. 個人按月取得的工薪性質的所得
  D. 儲蓄存款的利息所得
  E. 個人轉包、轉租取得的所得

3. 下列收入中，應按照稿酬所得項目繳納個人所得稅的有（　　）。
  A. 出版社專業作者翻譯作品後，由本社以圖書形式出版而取得的收入
  B. 某作家的文字作品手稿複印件公開拍賣取得的收入
  C. 報社記者在本單位的報刊上發表作品取得的收入

D. 出版社的專業作者編寫的作品，在本社以圖書形式出版而取得的收入

E. 專業攝影師出版的攝影專輯

4. 下列個人收入應按照「特許權使用費所得」項目繳納個人所得稅的有（　　）。

　　A. 個人取得的特許權經濟賠償收入

　　B. 作家公開拍賣自己的文字作品手稿複印件的收入

　　C. 電視劇編劇從任職的電視劇製作中心獲得的劇本使用費收入

　　D. 教師自行舉辦培訓班取得的收入

　　E. 出版社專業作者翻譯作品后，由本社以圖書形式出版而取得的收入

5. 下列利息收入中，應繳納個人所得稅的有（　　）。

　　A. 參加企業集資取得的利息

　　B. 國債利息

　　C. 國家發行的金融債券利息

　　D. 個人按規定繳付住房公積金而存入銀行帳戶取得的利息

　　E. 職工個人以股份形式取得的企業量化資產參與企業分配獲得的利息

6. 下列各項中，適用5%~35%的超額累進稅率計徵個人所得稅的有（　　）。

　　A. 個體工商戶的生產、經營所得

　　B. 個人獨資企業的生產、經營所得

　　C. 對企事業單位的承包經營所得

　　D. 合夥企業的生產、經營所得

　　E. 國有獨資企業的生產、經營所得

7. 根據《個人所得稅法》的有關規定，下列表述中正確的有（　　）。

　　A. 同一作品分次取得的稿酬應合併為一次納稅

　　B. 同一作品再版取得的稿酬，應按兩次所得納稅

　　C. 同一作品出版后，添加印數取得的稿酬應按兩次所得納稅

　　D. 同一作品在兩處同時出版、發表取得的稿酬所得合併為一次納稅

　　E. 同一作品先在報刊上連載，然后再出版取得的稿酬所得應合併為一次納稅

8. 個人通過非營利性的社會團體和政府部門，對下列機構捐贈，允許在個人所得稅前全額扣除的有（　　）。

　　A. 對紅十字會的捐贈　　　　B. 對公益性青少年活動場所的捐贈

　　C. 對貧困山區的捐贈　　　　D. 對農村義務教育的捐贈

　　E. 對宋慶齡基金會的捐贈

9. 根據《個人所得稅法》的有關規定，個體工商戶的下列支出，不得在稅前扣除的有（　　）。

　　A. 用於個人和家庭的支出　　B. 代其從業人員負擔的稅款

　　C. 被沒收貨物的損失　　　　D. 業務招待費支出

　　E. 直接對受益人的捐贈支出

10. 下列各項中，在計算個人所得稅時，可以定額減除800元或者定率減除20%費用的有（　　）。

A. 財產租賃所得　　　　　　B. 財產轉讓所得
C. 稿酬所得　　　　　　　　D. 特許權使用費所得
E. 勞務報酬所得

三、計算題

1. 張某於2016年1月1日個人投資設立中醫診所，依法登記取得《醫療機構執業許可證》。

（1）張某聘請退休老中醫王某擔任專家門診的坐診醫生，並依法簽訂勞動合同，出診時間為每週的周一至周五。王某每月取得退休金為5,000元，從中醫診所另可獲得8,000元/月的報酬。

（2）張某另聘本市在職醫生錢某，支付報酬3,000元/月。錢某出診時間為每週的周六、周日，每月從在職醫院獲得工資6,000元。

（3）2016年12月張某為改善居住環境，將家庭唯一住房出售，出售價格60萬元，發生相關稅費5萬元。該住房系2012年9月購買，購買價格為45萬元，購買時發生相關稅費2萬元。

（4）2016年全年張某取得中醫診所的生產經營所得33萬元（未扣除生計費用）

根據以上資料計算：

（1）王某每月應當繳納的個人所得稅；
（2）錢某每月應當繳納的個人所得稅；
（3）張某出售舊房應當繳納的個人所得稅；
（4）2016年張某取得診所生產、經營所得應當繳納的個人所得稅。

2. 鄭某（中國公民）系某單位職工，2013年12月份收入情況如下：

（1）在某公司舉行的有獎銷售活動中獲得獎金12,000元，領獎時發生交通費600元、食宿費400元（均由鄭某承擔）；在頒獎現場鄭某直接向某大學圖書館捐款3,000元；

（2）為某學校校歌譜曲，收入1,000元；

（3）出版一本專著，稿費6,000元；

（4）發生財產損失，保險公司賠償10,000元；

（5）取得當月工資7,000元和全年一次性獎金60,000元；

（6）出租用於居住的住房，每月取得出租住房的租金收入3,000元，繳納其他稅費200元；

（7）將一套居住了2年的普通住房出售，原值12萬元，售價30萬元，售房中發生費用1萬元。

請根據以上資料計算李某當月應繳的個人所得稅。

四、思考題

1. 什麼是個人所得稅？
2. 個人所得稅來源如何確認？
3. 徵收個人所得稅的所得包括哪些項目？

4. 個人所得稅適用的稅率有哪些規定？
5. 個人所得稅有哪些優惠政策？

第十三章　稅收徵收管理法

教學目標：

1. 瞭解稅收徵收管理法的立法原理。
2. 熟悉稅務登記制度的內容。
3. 熟悉稅款徵收和稅務檢查的形式與方法。
4. 熟悉稅收法律責任。

重難點：

稅務管理的內容、稅收法律責任。

第一節　稅收徵收管理法概述

一、稅收徵收管理法的立法目的

《中華人民共和國稅收徵收管理法》（以下簡稱《徵管法》）第一條規定：「為了加強稅收徵收管理，規範稅收徵收和繳納行為，保障國家稅收收入，保護納稅人的合法權益，促進經濟和社會發展，制定本法。」此條規定對《徵管法》的立法目的做了高度概括。

二、稅收徵收管理法的適用範圍

《徵管法》第二條規定：「凡依法由稅務機關徵收的各種稅收的徵收管理，均適用本法。」這就明確界定了《徵管法》的適用範圍。

中國稅收的徵收機關有稅務、海關、財政等部門，稅務機關徵收各種工商稅收，海關徵收關稅。《徵管法》只適用於由稅務機關徵收的各種稅收的徵收管理。

農稅徵收機關負責徵收的耕地占用稅、契稅的徵收管理，由國務院另行規定；海關徵收的關稅及代徵的增值稅、消費稅，適用其他法律、法規的規定。

值得注意的是，目前還有一部分費由稅務機關徵收，如教育費附加。這些費不適用《徵管法》，不能採取《徵管法》規定的措施，其具體管理辦法由各種費的條例和規章規定。

三、稅收徵收管理法的遵守主體

(一) 稅務行政主體——稅務機關

《徵管法》第五條規定:「國務院稅務主管部門主管全國稅收徵收管理工作。各地國家稅務局和地方稅務局應當按照國務院規定的稅收徵收管理範圍分別進行徵收管理。」《徵管法》的《實施細則》規定:「稅務機關是指各級稅務局、稅務分局、稅務所和省以下稅務局的稽查局。稽查局專司逃稅、逃避追繳欠稅、騙稅、抗稅案件的查處。國家稅務總局應明確劃分稅務局和稽查局的職責,避免職責交叉。」上述規定既明確了稅收徵收管理的行政主體(執法主體),也明確了《徵管法》的遵守主體。

(二) 稅務行政管理相對人——納稅人、扣繳義務人和其他有關單位

《徵管法》第四條規定:「法律、行政法規規定負有納稅義務的單位和個人為納稅人。法律、行政法規規定負有代扣代繳、代收代繳稅款義務的單位和個人為扣繳義務人。納稅人、扣繳義務人必須依照法律、行政法規的規定繳納稅款、代扣代繳、代收代繳稅款。」第六條第二款規定:「納稅人、扣繳義務人和其他有關單位應當按照國家有關規定如實向稅務機關提供與納稅和代扣代繳、代收代繳稅款有關的信息。」根據上述規定,納稅人、扣繳義務人和其他有關單位是稅務行政管理的相對人,是《徵管法》的遵守主體,必須按照《徵管法》的有關規定接受稅務管理,享受合法權益。

(三) 有關單位和部門

《徵管法》第五條規定:「地方各級人民政府應當依法加強本行政區域內稅收管理工作的領導和協調,支持稅務機關依法執行職務,依照法定稅率計算稅額,依法徵收稅款。有關部門和單位應當支持、協助稅務機關依法執行職務。」這說明包括地方各級人民政府在內的有關單位和部門同樣是《徵管法》的遵守主體,必須遵守《徵管法》的有關規定。

第二節 稅務管理

一、稅務登記管理

稅務登記是稅務機關對納稅人的生產、經營活動進行登記並據此對納稅人實施稅務管理的一種法定制度。稅務登記又稱納稅登記,它是稅務機關對納稅人實施稅收管理的首要環節和基礎工作,是徵納雙方法律關係成立的依據和證明,也是納稅人必須依法履行的義務。

中國稅務登記種類大體包括:開業稅務登記;變更、註銷稅務登記;停業、復業登記;外出經營報驗登記。見表13-1。

表 13-1　　　　　　　　　　稅務登記種類

稅務登記種類	納稅人情況	登記時間	受理的稅務機關
開業稅務登記	領取營業執照從事生產經營活動的納稅人	自領取營業執照之日起30日內	生產、經營地或者納稅義務發生地主管稅務機關
	其他納稅人	自納稅義務發生之日起30日內	所在地主管稅務機關
變更稅務登記	需在工商管理部門或者其他部門辦理變更	自工商管理部門或者其他部門辦理變更登記之日起30日內	原稅務登記機關
	不需在工商管理部門或者其他部門辦理變更	自發生變化之日起30日內	
註銷稅務登記	停業、破產、解散、撤銷以及依法應當終止履行納稅義務的	申請辦理註銷工商登記前，先申請辦理註銷稅務登記	原稅務登記機關
	因住所、生產經營場所變動涉及改變主管稅務登記機關的	在向工商行政管理部門申請辦理註銷登記前，向原稅務登記機關辦理註銷登記，並在30日內向遷達地稅務機關申報辦理開業稅務登記	原稅務登記機關和遷達地稅務機關
	按規定不需要在工商行政管理部門註銷登記	自有關機關批准或者宣告終止之日起15日內	原稅務登記機關
	被吊銷營業執照	自被吊銷營業執照之日起15日內	
停業、復業登記	實行定期定額徵收的納稅人，在營業執照核准的經營期限內需要停業的，應辦理停業登記。納稅人應當於恢復生產、經營之前，向主管稅務機關提出復業登記申請。		主管稅務機關
外出經營報驗登記	從事生產、經營活動的納稅人臨時外出經營	外出生產經營以前，辦理外出經營活動稅收管理證明，有效期一般為30日，最長不超過180日	生產、經營所在地稅務機關

二、帳簿、憑證管理

帳簿是納稅人、扣繳義務人連續地記錄其各種經濟業務的帳冊或簿籍。憑證是納稅人用來記錄經濟業務，明確經濟責任，並據以登記帳簿的書面證明。帳簿、憑證管理是繼稅務登記之後稅收徵管的又一重要環節，在稅收徵管中佔有十分重要的地位。

(一) 帳簿、憑證管理

1. 關於對帳簿、憑證設置的管理

帳簿是指總帳、明細帳、日記帳以及其他輔助性帳簿。總帳、日記帳應當採用訂本式。

從事生產、經營的納稅人應當自領取營業執照或者發生納稅義務之日起15日內設

置帳簿。

扣繳義務人應當自稅收法律、行政法規規定的扣繳義務發生之日起 10 日內，按照所代扣、代收的稅種，分別設置代扣代繳、代收代繳稅款帳簿。

生產、經營規模小又確無建帳能力的納稅人，可以聘請經批准從事會計代理記帳業務的專業機構或者經稅務機關認可的財會人員代為建帳和辦理帳務；聘請上述機構或者人員有實際困難的，經縣以上稅務機關批准，可以按照稅務機關的規定，建立收支憑證粘貼簿、進貨銷貨登記簿或者使用稅控裝置。

2. 對會計制度的管理

(1) 備案制度。根據《徵管法》第二十條和《實施細則》第二十四條的有關規定，凡從事生產、經營的納稅人必須將所採用的財務、會計制度和具體的財務、會計處理辦法，按稅務機關的規定，自領取營業執照之日起 15 日內，及時報主管稅務機關備案。

(2) 財會制度、辦法與稅收規定抵觸的處理辦法。根據《徵管法》第二十條的有關規定，當從事生產、經營的納稅人、扣繳義務人所使用的財務會計制度和具體的財務、會計處理辦法與國務院、財政部和國家稅務總局有關稅收方面的規定抵觸時，納稅人、扣繳義務人必須按照國務院制定的稅收法規的規定或者財政部、國家稅務總局制定的有關稅收的規定計繳稅款。

3. 關於帳簿、憑證的保管

會計帳簿的保管期限如下：總帳（包括日記總帳）15 年；明細帳 15 年；日記帳 15 年（其中，現金及銀行存款日記帳 25 年）；固定資產卡片在固定資產報廢清理后 5 年；輔助帳簿（備查簿）15 年。

除另有規定者外，根據《徵管法實施細則》第二十九條，帳簿、記帳憑證、報表、完稅憑證、發票、出口憑證以及其他有關涉稅資料應當保存 10 年。

(二) 發票管理

稅務機關是發票的主管機關，負責發票的印製、領購、開具、取得、保管、繳銷的管理和監督。

(1) 增值稅專用發票由國務院稅務主管部門指定的企業印製；其他發票，按照國務院稅務主管部門的規定，分別由省、自治區、直轄市國家稅務局、地方稅務局指定企業印製。未經規定的稅務機關指定，不得印製發票。

(2) 發票領購管理。依法辦理稅務登記的單位和個人，在領取稅務登記證后，向主管稅務機關申請領購發票。對無固定經營場地或者財務制度不健全的納稅人申請領購發票，主管稅務機關有權要求其提供擔保人。不能提供擔保人的，可以視其情況，要求其繳納保證金，並限期繳銷發票。對發票保證金應設專戶儲存，不得挪作他用。納稅人可以根據自己的需要申請領購普通發票。增值稅專用發票只限於增值稅一般納稅人領購使用。

(3) 發票開具、使用、取得的管理。單位、個人在購銷商品、提供或者接受經營服務以及從事其他經營活動中，應當按照規定開具、使用、取得發票。

（4）發票保管管理。根據發票管理的要求，發票保管分為稅務機關保管和用票單位、個人保管兩個層次，都必須建立嚴格的發票保管制度。包括專人保管制度、專庫保管制度、專帳登記制度、保管交接制度和定期盤點制度。

（5）發票繳銷管理。發票繳銷包括發票收繳和發票銷毀。發票收繳是指用票單位和個人按照規定向稅務機關上繳已經使用或者未使用的發票；發票銷毀是指由稅務機關統一將自己或者他人已使用或者未使用的發票進行銷毀。發票收繳與發票銷毀既有聯繫又有區別，發票銷毀首先必須收繳；但收繳的發票不一定都要銷毀，一般都要按照法律法規保存一定時期后才能銷毀。

(三) 稅控管理

稅控管理是稅收徵收管理的一個重要組成部分，也是近期提出來的一個嶄新的概念。它是指稅務機關利用稅控裝置對納稅人的生產經營情況進行監督和管理，以保障國家稅收收入，防止稅款流失，提高稅收徵管工作效率，降低徵收成本的各項活動的總稱。

不能按照規定安裝、使用稅控裝置，損毀或者擅自改動稅控裝置的，由稅務機關責令限期改正，可以處以 2,000 元以下的罰款；情節嚴重的，處 2,000 元以上 1 萬元以下的罰款。

三、納稅申報管理

(一) 納稅申報的基本規定

納稅申報是納稅人按照稅法規定的期限和內容，向稅務機關提交有關納稅事項書面報告的法律行為。納稅申報的基本規定見表 13-2。

表 13-2　　　　　　　　　　納稅申報的基本規定

基本要點	主要規定
辦理納稅申報的主體	負有納稅義務的單位和個人及扣繳義務人
納稅申報的內容	在各種納稅申報表和代扣代繳稅款報告中體現
納稅申報的方式	（1）直接申報；（2）郵寄申報；（3）數據電文方式申報
特殊納稅申報規定	（1）郵寄申報，應使用統一的納稅申報專用信封，並以郵政部門收據作為申報憑證，以郵戳日期作為實際申報日期。 （2）數據電文方式申報，其申報日期以稅務機關計算機網路系統收到該數據電文的時間為準。

(二) 延期申報管理

延期申報是指納稅人、扣繳義務人不能按照稅法規定的期限辦理納稅申報或扣繳稅款報告。

納稅人因有特殊情況，不能按期進行納稅申報的，經縣以上稅務機關核准，可以延期申報，但最長不得超過 3 個月。

要注意以下幾點:
(1) 延期申報屬於納稅申報範疇,核准機關為縣以上稅務機關;
(2) 延期申報不等於延期納稅;
(3) 在核准的延期內辦理正式申報,並與預繳數相比較辦理納稅結算。

第三節　稅款徵收與稅務檢查

一、稅款徵收

(一) 稅款徵收的方式

稅款徵收方式是指稅務機關根據各稅種的不同特點、徵納雙方的具體條件而確定的計算徵收稅款的方法和形式。稅款徵收的方式主要有:

1. 查帳徵收

查帳徵收是指稅務機關按照納稅人提供的帳表所反應的經營情況,依照適用稅率計算繳納稅款的方式。這種方式一般適用於財務會計制度較為健全、能夠認真履行納稅義務的納稅單位。

2. 查定徵收

查定徵收是指稅務機關根據納稅人的從業人員、生產設備、採用原材料等因素,對其產制的應稅產品查實核定產量、銷售額並據以徵收稅款的方式。這種方式一般適用於帳冊不夠健全,但是能夠控制原材料或進銷貨的納稅單位。

3. 查驗徵收

查驗徵收是指稅務機關對納稅人應稅商品,通過查驗數量,按市場一般銷售單價計算其銷售收入並據以徵稅的方式。這種方式一般適用於經營品種比較單一,經營地點、時間和商品來源不固定的納稅單位。

4. 定期定額徵收

定期定額徵收是指稅務機關通過典型調查,逐戶確定營業額和所得額並據以徵稅的方式。這種方式一般適用於無完整考核依據的小型納稅單位。

5. 委託代徵稅款

委託代徵稅款是指稅務機關委託代徵人以稅務機關的名義徵收稅款,並將稅款繳入國庫的方式。這種方式一般適用於小額、零散稅源的徵收。

6. 郵寄納稅

郵寄納稅是一種新的納稅方式。這種方式主要適用於那些有能力按期納稅,但採用其他方式納稅又不方便的納稅人。

7. 其他方式

如利用網路申報、用IC卡納稅等方式。

(二) 稅款徵收制度

1. 代扣代繳、代收代繳稅款制度

（1）對法律、行政法規沒有規定負有代扣、代收稅款義務的單位和個人，稅務機關不得要求其履行代扣、代收稅款義務。

（2）稅法規定的扣繳義務人必須依法履行代扣、代收稅款義務。如果不履行義務，就要承擔法律責任。除按徵管法及實施細則的規定給予處罰外，應當責成扣繳義務人限期將應扣未扣、應收未收的稅款補扣或補收。

（3）扣繳義務人依法履行代扣、代收稅款義務時納稅人不得拒絕。納稅人拒絕的，扣繳義務人應當在1日之內報告主管稅務機關處理。不及時向主管稅務機關報告的，扣繳義務人應承擔應扣未扣、應收未收稅款的責任。

（4）扣繳義務人代扣、代收稅款，只限於法律、行政法規規定的範圍，並依照法律、行政法規規定的徵收標準執行。對法律、法規沒有規定代扣、代收的，扣繳義務人不能超越範圍代扣、代收稅款，扣繳義務人也不得提高或降低標準代扣、代收稅款。

（5）稅務機關按照規定付給扣繳義務人代扣、代收手續費。代扣、代收稅款手續費只能由縣（市）以上稅務機關統一辦理退庫手續，不得在徵收稅款過程中坐支。

2. 延期繳納稅款制度

納稅人因有特殊困難，不能按期繳納稅款的，經省、自治區、直轄市國家稅務局、地方稅務局批准，可以延期繳納稅款，但最長不得超過3個月。

特殊困難的主要內容包括：一是因不可抗力，導致納稅人發生較大損失，正常生產經營活動受到較大影響的；二是當期貨幣資金在扣除應付職工工資、社會保險費后，不足以繳納稅款的。所謂「當期貨幣資金」，是指納稅人申請延期繳納稅款之日的資金餘額，其中不含國家法律和行政法規明確規定企業不可動用的資金；「應付職工工資」是指當期計提數。

3. 稅收滯納金徵收制度

納稅人未按照規定期限繳納稅款的，扣繳義務人未按照規定期限解繳稅款的，稅務機關除責令限期繳納外，從滯納稅款之日起，按日加收滯納稅款萬分之五的滯納金。

4. 稅收保全措施

稅收保全措施是指稅務機關對可能由於納稅人的行為或者某種客觀原因，致使以後稅款的徵收不能保證或難以保證的案件，採取限制納稅人處理或轉移商品、貨物或其他財產的措施。

《徵管法》第三十八條規定：稅務機關有根據認為從事生產、經營的納稅人有逃避納稅義務行為的，可以在規定的納稅期之前，責令其限期繳納稅款；在限期內發現納稅人有明顯的轉移、隱匿其應納稅的商品、貨物以及其他財產跡象的，稅務機關應責令其提供納稅擔保。如果納稅人不能提供納稅擔保，經縣以上稅務局（分局）局長批准，稅務機關可以採取下列稅收保全措施：

（1）書面通知納稅人開戶銀行或者其他金融機構凍結納稅人的金額相當於應納稅款的存款。

(2) 扣押、查封納稅人的價值相當於應納稅款的商品、貨物或者其他財產。其他財產包括納稅人的房地產、現金、有價證券等不動產和動產。

納稅人在上款規定的限期內繳納稅款的，稅務機關必須立即解除稅收保全措施；限期期滿仍未繳納稅款的，經縣以上稅務局（分局）局長批准，稅務機關可以書面通知納稅人開戶銀行或者其他金融機構，從其凍結的存款中扣繳稅款，或者依法拍賣或者變賣所扣押、查封的商品、貨物或者其他財產，以拍賣或者變賣所得抵繳稅款。

採取稅收保全措施不當，或者納稅人在期限內已繳納稅款，稅務機關未立即解除稅收保全措施，使納稅人的合法利益遭受損失的，稅務機關應當承擔賠償責任。

個人及其所扶養家屬維持生活所必需的住房和用品，不在稅收保全措施的範圍之內。個人所扶養家屬，是指與納稅人共同居住生活的配偶、直系親屬以及無生活來源並由納稅人扶養的其他親屬。生活所必需的住房和用品不包括機動車輛、金銀飾品、古玩字畫、豪華住宅或者一處以外的住房。稅務機關對單價 5,000 元以下的其他生活用品，不採取稅收保全措施。

稅收保全的終止有兩種情況：一是納稅人在規定的期限內繳納了應納稅款的，稅務機關必須立即解除稅收保全措施；二是納稅人超過規定的期限仍不繳納稅款的，經稅務局（分局）局長批准，終止保全措施，轉入強制執行措施，即書面通知納稅人開戶銀行或者其他金融機構從其凍結的存款中扣繳稅款，或者拍賣、變賣所扣押、查封的商品、貨物或其他財產，以拍賣或者變賣所得抵繳稅款。

5. 稅收強制執行措施

(1) 適用強制執行的期限及措施

稅收強制執行措施是指當事人不履行法律、行政法規規定的義務，有關國家機關採用法定的強制手段，強迫當事人履行義務的行為。

《徵管法》第四十條規定：從事生產、經營的納稅人、扣繳義務人未按照規定的期限繳納或者解繳稅款，納稅擔保人未按照規定的期限繳納所擔保的稅款，由稅務機關責令限期繳納，逾期仍未繳納的，經縣以上稅務局（分局）局長批准，稅務機關可以採取下列強制執行措施：

①書面通知其開戶銀行或者其他金融機構從其存款中扣繳稅款。

②扣押、查封、依法拍賣或者變賣其價值相當於應納稅款的商品、貨物或者其他財產，以拍賣或者變賣所得抵繳稅款。

稅務機關採取強制執行措施時，對上款所列納稅人、扣繳義務人、納稅擔保人未繳納的滯納金同時強制執行。個人及其所扶養家屬維持生活所必需的住房和用品，不在強制執行措施的範圍之內。

(2) 採取強制執行應注意的問題

①稅收強制執行的適用範圍。強制執行措施的適用範圍僅限於未按照規定期限繳納或者解繳稅款，經責令限期繳納，逾期仍未繳納的從事生產、經營的納稅人。需要強調的是：執行措施適用於扣繳義務人、納稅擔保人，採取稅收保全措施時則不適用。

②採取稅收強制執行措施的程序。

第一，稅款的強制徵收（扣繳稅款）。納稅人、扣繳義務人、納稅擔保人在規定的

期限內未繳納或者解繳稅款或者提供擔保的，經主管稅務機關責令限期繳納，逾期仍未繳納的，經縣以上稅務局（分局）局長批准，書面通知其開戶銀行或者其他金融機構，從其存款中扣繳稅款。

在扣繳稅款的同時，主管稅務機關應按照《徵管法》第六十八條的規定，可以對其處以不繳或者少繳稅款50%以上5倍以下的罰款。

第二、扣押、查封、拍賣或者變賣，以拍賣或者變賣所得抵繳稅款。按照《徵管法》第四十條的規定，扣押、查封、拍賣或者變賣等行為具有連續性，即扣押、查封后，不再給納稅人自動履行納稅義務的空間，稅務機關可以直接拍賣或者變賣其價值相當於應納稅款的商品、貨物或者其他財產，以拍賣或者變賣所得抵繳稅款。

③滯納金的強行劃撥。採取稅收強制執行措施時，對納稅人、扣繳義務人、納稅擔保人未繳納的滯納金必須同時強制執行。對納稅人已繳納稅款但拒不繳納滯納金的，稅務機關可以單獨對納稅人應繳未繳的滯納金採取強制執行措施。

二、稅務檢查

稅務檢查，又稱納稅檢查，是指稅務機關根據稅收法律、行政法規的規定，對納稅人、扣繳義務人履行納稅義務、扣繳義務及其他有關稅務事項進行審查、核實、監督活動的總稱。

（一）稅務檢查的形式和方法

1. 稅務檢查的形式

（1）重點檢查。重點檢查指對公民舉報、上級機關交辦或有關部門轉來的有逃稅行為或逃稅嫌疑的，納稅申報與實際生產經營情況有明顯不符的納稅人及有普遍逃稅行為的行業的檢查。

（2）分類計劃檢查。分類計劃檢查指根據納稅人歷來納稅情況、納稅人的納稅規模及稅務檢查間隔時間的長短等綜合因素，按事先確定的納稅人分類、計劃檢查時間及檢查頻率而進行的檢查。

（3）集中性檢查。集中性檢查指稅務機關在一定時間、一定範圍內，統一安排、統一組織的稅務檢查。這種檢查一般規模比較大，如以前年度的全國範圍內的稅收、財務大檢查就屬於這類檢查。

（4）臨時性檢查。臨時性檢查指由各級稅務機關根據不同的經濟形勢、偷逃稅趨勢、稅收任務完成情況等綜合因素，在正常的檢查計劃之外安排的檢查。如行業性解剖、典型調查性的檢查等。

（5）專項檢查。專項檢查指稅務機關根據稅收工作實際，對某一稅種或稅收徵收管理某一環節進行的檢查。比如增值稅一般納稅專項檢查、漏徵漏管戶專項檢查等。

2. 稅務檢查的方法

（1）全查法。全查法是對被查納稅人一定時期內所有會計憑證、帳簿、報表及各種存貨進行全面、系統檢查的一種方法。

（2）抽查法。抽查法是對被查納稅人一定時期內的會計憑證、帳簿、報表及各種

存貨，抽取一部分進行檢查的一種方法。

(3) 順查法。順查法與逆查法對稱，是對被查納稅人按照其會計核算的順序，依次檢查會計憑證、帳簿、報表，並將其相互核對的一種檢查方法。

(4) 逆查法。逆查法與順查法對稱，指逆會計核算的順序，依次檢查會計報表、帳簿及憑證，並將其相互核對的一種稽查方法。

(5) 現場檢查法。現場檢查法與調帳檢查法對稱，指稅務機關派人員到被查納稅人的機構辦公地點對其帳務資料進行檢查的一種方法。

(6) 調帳檢查法。調帳檢查法與現場檢查法對稱，指將被查納稅人的帳務資料調到稅務機關進行檢查的一種方法。

(7) 比較分析法。比較分析法是將被查納稅人檢查期有關財務指標的實際完成數進行縱向或橫向比較，分析其異常變化情況，從中發現納稅問題線索的一種方法。

(8) 控制計算法。控制計算法也稱邏輯推算法，指根據被查納稅人財務數據的相互關係，用可靠或科學測定的數據，驗證其檢查期帳面記錄或申報的資料是否正確的一種檢查方法。

(9) 審閱法。審閱法指對被查納稅人的會計帳簿、憑證等帳務資料，通過直觀地審查閱覽，發現其在納稅方面存在問題的一種檢查方法。

(10) 核對法。核對法指通過對被查納稅人的各種相關聯的會計憑證、帳簿、報表及實物進行相互核對，驗證其在納稅方面存在問題的一種檢查方法。

(11) 觀察法。觀察法指通過對被查納稅人的生產經營場所、倉庫、工地等現場實地觀察，看其生產經營及存貨等情況，以發現其納稅問題或驗證帳中可疑問題的一種檢查方法。

(12) 外調法。外調法指對被查納稅人有懷疑或已掌握一定線索的經濟事項，通過向與其有經濟聯繫的單位或個人進行調查，予以查證核實的一種方法。

(13) 盤存法。盤存法指通過對被查納稅人的貨幣資金、存貨及固定資產等實物進行盤點清查，核實其帳實是否相符，進而發現其納稅問題的一種檢查方法。

(14) 交叉稽核法。國家為加強增值稅專用發票管理，應用計算機將開出的增值稅專用發票抵扣聯與存根聯進行交叉稽核，以查出虛開及假開發票行為，避免國家稅款流失。目前這種方法通過「金稅工程」體現，對利用增值稅專用發票偷逃稅款行為起到了極大的遏製作用。

(二) 稅務檢查的職責

(1) 稅務機關有權進行下列稅務檢查：

①檢查納稅人的帳簿、記帳憑證、報表和有關資料，檢查扣繳義務人代扣代繳、代收代繳稅款帳簿、記帳憑證和有關資料。

因檢查需要時，經縣以上稅務局（分局）局長批准，可以將納稅人、扣繳義務人以前會計年度的帳簿、記帳憑證、報表和其他有關資料調回稅務機關檢查，但是稅務機關必須向納稅人、扣繳義務人開付清單，並在3個月內完整退還；有特殊情況的，經設區的市、自治州以上稅務局局長批准，稅務機關可以將納稅人、扣繳義務人當年

的帳簿、記帳憑證、報表和其他有關資料調回檢查，但是稅務機關必須在 30 日內退還。

②到納稅人的生產、經營場所和貨物存放地檢查納稅人應納稅的商品、貨物或者其他財產，檢查扣繳義務人與代扣代繳、代收代繳稅款有關的經營情況。

③責成納稅人、扣繳義務人提供與納稅或者代扣代繳、代收代繳稅款有關的文件、證明材料和有關資料。

④詢問納稅人、扣繳義務人與納稅或者代扣代繳、代收代繳稅款有關的問題和情況。

⑤到車站、碼頭、機場、郵政企業及其分支機構檢查納稅人托運、郵寄、應稅商品、貨物或者其他財產的有關單據憑證和資料。

⑥經縣以上稅務局（分局）局長批准，憑全國統一格式的檢查存款帳戶許可證明，查詢從事生產、經營的納稅人、扣繳義務人在銀行或者其他金融機構的存款帳戶。稅務機關在調查稅收違法案件時，經設區的市、自治州以上稅務局（分局）局長批准，可以查詢案件涉嫌人員的儲蓄存款。稅務機關查詢所獲得的資料，不得用於稅收以外的用途。

上述所稱的「經設區的市、自治州以上稅務局局長」包括地（市）一級（含直轄市下設區）的稅務局局長。

稅務機關查詢的內容，包括納稅人存款帳戶餘額和資金往來情況。查詢時應當指定專人負責，憑全國統一格式的檢查存款帳戶許可證明進行，並有責任為被檢查人保守秘密。

（2）稅務機關對納稅人以前納稅期的納稅情況依法進行稅務檢查時，發現納稅人有逃避納稅義務的行為，並有明顯的轉移、隱匿其應納稅的商品、貨物、其他財產或者應納稅收入的跡象的，可以按照批准權限採取稅收保全措施或者強制執行措施。這裡的批准權限是指縣級以上稅務局（分局）局長批准。

稅務機關採取稅收保全措施的期限一般不得超過 6 個月；重大案件需要延長的，應當報國家稅務總局批准。

（3）納稅人、扣繳義務人必須接受稅務機關依法進行的稅務檢查，如實反應情況，提供有關資料，不得拒絕、隱瞞。

（4）稅務機關依法進行稅務檢查時，有權向有關單位和個人調查納稅人、扣繳義務人和其他當事人與納稅或者代扣代繳、代收代繳稅款有關的情況，有關單位和個人有義務向稅務機關如實提供有關資料及證明材料。

（5）稅務機關調查稅務違法案件時，對與案件有關的情況和資料，可以記錄、錄音、錄像、照相和複製。

（6）稅務人員進行稅務檢查時，應當出示稅務檢查證和稅務檢查通知書；無稅務檢查證和稅務檢查通知書的，納稅人、扣繳義務人及其他當事人有權拒絕檢查。稅務機關對集貿市場及集中經營業戶進行檢查時，可以使用統一的稅務檢查通知書。

稅務機關對納稅人、扣繳義務人及其他當事人處以罰款或者沒收違法所得時，應當開付罰沒憑證；未開付罰沒憑證的，納稅人、扣繳義務人以及其他當事人有權拒絕

給付。

對採用電算化會計系統的納稅人，稅務機關有權對其會計電算化系統進行檢查，並可複製與納稅有關的電子數據作為證據。

稅務機關進入納稅人電算化系統進行檢查時，有責任保證納稅人會計電算化系統的安全性，並保守納稅人的商業秘密。

第四節　法律責任

一、違反稅務管理基本規定行為的處罰

（1）根據《徵管法》第六十條和《實施細則》第九十條的規定，納稅人有下列行為之一的，由稅務機關責令限期改正，可以處 2,000 元以下的罰款；情節嚴重的，處 2,000 元以上 1 萬元以下的罰款。

①未按照規定的期限申報辦理稅務登記、變更或者註銷登記的；

②未按照規定設置、保管帳簿或者保管記帳憑證和有關資料的；

③未按照規定將財務、會計制度或者財務、會計處理辦法和會計核算軟件報送稅務機關備查的；

④未按照規定將其全部銀行帳號向稅務機關報告的；

⑤未按照規定安裝、使用稅控裝置，或者損毀或擅自改動稅控裝置的；

⑥納稅人未按照規定辦理稅務登記證件驗證或者換證手續的。

（2）納稅人不辦理稅務登記的，由稅務機關責令限期改正；逾期不改正的，由工商行政管理機關吊銷其營業執照。

（3）納稅人通過提供虛假的證明資料等手段，騙取稅務登記證的，處 2,000 元以下的罰款；情節嚴重的，處 2,000 元以上 1 萬元以下的罰款。

（4）扣繳義務人未按規定辦理扣繳稅務登記的，稅務機關應當自發現之日起 3 日內責令其限期改正，並可處以 1,000 元以下的罰款。

二、扣繳義務人違反帳簿、憑證管理的處罰

《徵管法》第六十一條規定：「扣繳義務人未按照規定設置、保管代扣代繳、代收代繳稅款帳簿或者保管代扣代繳、代收代繳稅款記帳憑證及有關資料的，由稅務機關責令限期改正，可以處 2,000 元以下的罰款；情節嚴重的，處 2,000 元以上 5,000 元以下的罰款。」

三、納稅人、扣繳義務人未按規定進行納稅申報的法律責任

《徵管法》第六十二條規定：「納稅人未按照規定的期限辦理納稅申報和報送納稅資料的，或者扣繳義務人未按照規定的期限向稅務機關報送代扣代繳、代收代繳稅款報告表和有關資料的，由稅務機關責令限期改正，可以處 2,000 元以下的罰款；情節

嚴重的，可以處 2,000 元以上 10,000 元以下的罰款。」

四、對偷稅的認定及其法律責任

《徵管法》第六十三條規定：「納稅人偽造、變造、隱匿、擅自銷毀帳簿、記帳憑證，或者在帳簿上多列支出或者不列、少列收入，或者經稅務機關通知申報而拒不申報或者進行虛假的納稅申報，不繳或者少繳應納稅款的，是偷稅。對納稅人偷稅的，由稅務機關追繳其不繳或者少繳的稅款、滯納金，並處不繳或者少繳的稅款 50% 以上 5 倍以下的罰款；構成犯罪的，依法追究刑事責任。

扣繳義務人採取前款所列手段，不繳或者少繳已扣、已收稅款，由稅務機關追繳其不繳或者少繳的稅款、滯納金，並處不繳或者少繳的稅款 50% 以上 5 倍以下的罰款；構成犯罪的，依法追究刑事責任。」

《中華人民共和國刑法》（以下簡稱《刑法》）第二百零一條規定：「納稅人採取欺騙、隱瞞手段進行虛假納稅申報或者不申報，逃避繳納稅款數額較大並且占應納稅額 10% 以上的，處三年以下有期徒刑或者拘役，並處罰金；數額巨大並且占應納稅額 30% 以上的，處三年以上七年以下有期徒刑，並處罰金。

扣繳義務人採取前款所列手段，不繳或者少繳已扣、已收稅款，數額較大的，依照前款的規定處罰。

對多次實施前兩款行為，未經處理的，按照累計數額計算。

有第一款行為，經稅務機關依法下達追繳通知後，補繳應納稅款，繳納滯納金，已受行政處罰的，不予追究刑事責任；但是，五年內因逃避繳納稅款受過刑事處罰或者被稅務機關給予兩次以上行政處罰的除外。」

五、進行虛假申報或不進行申報行為的法律責任

《徵管法》第六十四條規定：「納稅人、扣繳義務人編造虛假計稅依據的，由稅務機關責令限期改正，並處 5 萬元以下的罰款。

納稅人不進行納稅申報，不繳或者少繳應納稅款的，由稅務機關追繳其不繳或者少繳的稅款、滯納金，並處不繳或者少繳稅款 50% 以上 5 倍以下的罰款。」

六、逃避追繳欠稅的法律責任

《徵管法》第六十五條規定：「納稅人欠繳應納稅款，採取轉移或者隱匿財產的手段，妨礙稅務機關追繳欠繳的稅款的，由稅務機關追繳欠繳的稅款、滯納金，並處欠繳稅款 50% 以上 5 倍以下的罰款；構成犯罪的，依法追究刑事責任。」

《刑法》第二百零三條規定：「納稅人欠繳應納稅款，採取轉移或者隱匿財產的手段，致使稅務機關無法追繳欠繳的稅款，數額在 1 萬元以上不滿 10 萬元的，處 3 年以下有期徒刑或者拘役，並處或者單處欠繳稅款 1 倍以上 5 倍以下罰金；數額在 10 萬元以上的，處 3 年以上 7 年以下有期徒刑，並處欠繳稅款 1 倍以上 5 倍以下罰金。」

七、騙取出口退稅的法律責任

《徵管法》第六十六條規定:「以假報出口或者其他欺騙手段,騙取國家出口退稅款的,由稅務機關追繳其騙取的退稅款,並處騙取稅款 1 倍以上 5 倍以下的罰款;構成犯罪的,依法追究刑事責任。」

對騙取國家出口退稅款的,稅務機關可以在規定期間內停止為其辦理出口退稅。

《刑法》第二百零四條規定:「以假報出口或者其他欺騙手段,騙取國家出口退稅款,數額較大的,處 5 年以下有期徒刑或者拘役,並處騙取稅款 1 倍以上 5 倍以下罰金;數額巨大或者有其他嚴重情節的,處 5 年以上 10 年以下有期徒刑,並處騙取稅款 1 倍以上 5 倍以下罰金;數額特別巨大或者有其他特別嚴重情節的,處 10 年以上有期徒刑或者無期徒刑,並處騙取稅款 1 倍以上 5 倍以下罰金或者沒收財產。」

八、抗稅的法律責任

《徵管法》第六十七條規定:「以暴力、威脅方法拒不繳納稅款的,是抗稅。除由稅務機關追繳其拒繳的稅款、滯納金外,依法追究刑事責任。情節輕微,未構成犯罪的,由稅務機關追繳其拒繳的稅款、滯納金,並處拒繳稅款 1 倍以上 5 倍以下的罰款。」

《刑法》第二百零二條規定:「以暴力、威脅方法拒不繳納稅款的,處 3 年以下有期徒刑或者拘役,並處拒繳稅款 1 倍以上 5 倍以下罰金;情節嚴重的,處 3 年以上 7 年以下有期徒刑,並處拒繳稅款 1 倍以上 5 倍以下罰金。」

九、在規定期限內不繳或者少繳稅款的法律責任

《徵管法》第六十八條規定:「納稅人、扣繳義務人在規定期限內不繳或者少繳應納或者應解繳的稅款,經稅務機關責令限期繳納,逾期仍未繳納的,稅務機關除依照本法第四十條規定採取強制執行措施追繳其不繳或者少繳的稅款外,可以處不繳或者少繳稅款 50% 以上 5 倍以下的罰款。」

十、扣繳義務人不履行扣繳義務的法律責任

《徵管法》第六十九條規定:「扣繳義務人應扣未扣、應收而不收稅款的,由稅務機關向納稅人追繳稅款,對扣繳義務人處應扣未扣、應收未收稅款 50% 以上 3 倍以下的罰款。」

十一、不配合稅務機關依法檢查的法律責任

《徵管法》第七十條規定:「納稅人、扣繳義務人逃避、拒絕或者以其他方式阻撓稅務機關檢查的,由稅務機關責令改正,可以處 1 萬元以下的罰款;情節嚴重的,處 1 萬元以上 5 萬元以下的罰款。」

逃避、拒絕或者以其他方式阻撓稅務機關檢查的情形:
(1) 提供虛假資料,不如實反應情況,或者拒絕提供有關資料的;

（2）拒絕或者阻止稅務機關記錄、錄音、錄像、照相和複製與案件有關的情況和資料的；

（3）在檢查期間，納稅人、扣繳義務人轉移、隱匿、銷毀有關資料的；

（4）有不依法接受稅務檢查的其他情形的。

稅務機關依照《徵管法》第五十四條第（五）項的規定，到車站、碼頭、機場、郵政企業及其分支機構檢查納稅人有關情況時，有關單位拒絕的，由稅務機關責令改正，可以處 1 萬元以下的罰款；情節嚴重的，處 1 萬元以上 5 萬元以下的罰款。

十二、非法印製發票的法律責任

《徵管法》第七十一條規定：「違反本法第二十二條規定、非法印製發票的，由稅務機關銷毀非法印製的發票，沒收非法所得和作案工具，並處 1 萬元以上 5 萬元以下的罰款；構成犯罪的，依法追究刑事責任。」

《刑法》第二百零六條規定：「偽造或者出售偽造的增值稅專用發票的，處 3 年以下有期徒刑、拘役或者管制，並處 2 萬元以上 20 萬元以下罰金；數額較大或者有其他嚴重情節的，處 3 年以上 10 年以下有期徒刑，並處 5 萬元以上 50 萬元以下罰金；數額巨大或者有其他特別嚴重情節的，處 10 年以上有期徒刑或者無期徒刑，並處 5 萬元以上 50 萬元以下罰金或者沒收財產。單位犯本條之罪的，對單位判處罰金，並對其直接負責的主管人員和其他直接責任人員，處 3 年以下有期徒刑、拘役或者管制；數額較大或者有其他嚴重情節的，處 3 年以上 10 年以下有期徒刑；數額巨大或者有其他特別嚴重情節的，處 10 年以上有期徒刑或者無期徒刑。」

《刑法》第二百零九條規定：「偽造、擅自製造或者出售偽造、擅自偽造的可以用於騙取出口退稅、抵扣稅款的其他發票的，處 3 年以下有期徒刑、拘役或者管制，並處 2 萬元以上 20 萬元以下罰金；數額較大的，處 3 年以上 7 年以下有期徒刑，並處 5 萬元以上 50 萬元以下罰金；數額特別巨大的，處 7 年以上有期徒刑，並處 5 萬元以上 50 萬元以下罰金或者沒收財產。偽造、擅自製造或者出售偽造、擅自偽造的前款規定以外的其他發票的，處 2 年以下有期徒刑、拘役或者管制，並處 1 萬元以上 5 萬元以下罰金；情節嚴重的，處 2 年以上 7 年以下有期徒刑，並處 5 萬元以上 50 萬元以下罰金。」

《徵管法》第九十一條規定：「非法印製、轉借、倒賣、變造或者偽造完稅憑證的，由稅務機關責令改正，處 2,000 元以上 1 萬元以下的罰款；情節嚴重的，處 1 萬元以上 5 萬元以下的罰款；構成犯罪的，依法追究刑事責任。」

十三、有稅收違法行為而拒不接受稅務機關處理的法律責任

《徵管法》第七十二條規定：「從事生產、經營的納稅人、扣繳義務人有本法規定的稅收違法行為，拒不接受稅務機關處理的，稅務機關可以收繳其發票或者停止向其發售發票。」

十四、銀行及其他金融機構拒絕配合稅務機關依法執行職務的法律責任

銀行和其他金融機構未依照《徵管法》的規定在從事生產、經營的納稅人的帳戶中登錄稅務登記證件號碼，或者未按規定在稅務登記證件中登錄從事生產、經營的納稅人的帳戶帳號的，由稅務機關責令其限期改正，處 2,000 元以上 2 萬元以下的罰款；情節嚴重的，處 2 萬元以上 5 萬元以下的罰款。

為納稅人、扣繳義務人非法提供銀行帳戶、發票、證明或者其他方便，導致未繳、少繳稅款或者騙取國家出口退稅款的，稅務機關除沒收其違法所得外，可以處未繳、少繳或者騙取的稅款 1 倍以下的罰款。

《徵管法》第七十三條規定：「納稅人、扣繳義務人的開戶銀行或者其他金融機構拒絕接受稅務機關依法檢查納稅人、扣繳義務人存款帳戶，或者拒絕執行稅務機關作出的凍結存款或者扣繳稅款的決定，或者在接到稅務機關的書面通知後幫助納稅人、扣繳義務人轉移存款，造成稅款流失的，由稅務機關處 10 萬元以上 50 萬元以下的罰款，對直接負責的主管人員和其他直接責任人員處 1,000 元以上 1 萬元以下的罰款。」

十五、擅自改變稅收徵收管理範圍的法律責任

《徵管法》第七十六條規定：「稅務機關違反規定擅自改變稅收徵收管理範圍和稅款入庫預算級次的，責令限期改正，對直接負責的主管人員和其他直接責任人員依法給予降級或者撤職的行政處分。」

十六、不移送的法律責任

《徵管法》第七十七條規定：「納稅人、扣繳義務人有本法規定的第六十三條、第六十五條、第六十六條、第六十七條、第七十一條規定的行為涉嫌犯罪的，稅務機關應當依法移送司法機關追究刑事責任。稅務人員徇私舞弊，對依法應當移送司法機關追究刑事責任的不移送，情節嚴重的，依法追究刑事責任。」

十七、稅務人員不依法行政的法律責任

《徵管法》第八十條規定：「稅務人員與納稅人、扣繳義務人勾結，唆使或者協助納稅人、扣繳義務人有本法第六十三條、第六十五條、第六十六條規定的行為，構成犯罪的，按照《刑法》關於共同犯罪的規定處罰；尚不構成犯罪的，依法給予行政處分。稅務人員私分扣押、查封的商品、貨物或者其他財產，情節嚴重，構成犯罪的，依法追究刑事責任；尚不構成犯罪的，依法給予行政處分。」

十八、瀆職行為的法律責任

《徵管法》第八十一條規定：「稅務人員利用職務上的便利，收受或者索取納稅人、扣繳義務人財物或者謀取其他不正當利益，構成犯罪的，依法追究刑事責任；尚不構成犯罪的，依法給予行政處分。」

《徵管法》第八十二條規定：「稅務人員徇私舞弊或者玩忽職守，不徵收或者少徵

應徵稅款，致使國家稅收遭受重大損失，構成犯罪的，依法追究刑事責任；尚不構成犯罪的，依法給予行政處分。稅務人員濫用職權，故意刁難納稅人、扣繳義務人的，調離稅收工作崗位，並依法給予行政處分。稅務人員對控告、檢舉稅收違法違紀行為的納稅人、扣繳義務人以及其他檢舉人進行打擊報復的，依法給予行政處分；構成犯罪的，依法追究刑事責任。」

《刑法》第四百零四條規定：「稅務機關的工作人員徇私舞弊，不徵或者少徵應徵稅款，致使國家稅收遭受重大損失的，處 5 年以下有期徒刑或者拘役；造成特別重大損失的，處 5 年以上有期徒刑。」

《刑法》第四百零五條規定：「稅務機關的工作人員違反法律、行政法規的規定，在辦理發售發票、抵扣稅款、出口退稅工作中，徇私舞弊，致使國家利益遭受重大損失的，處 5 年以下有期徒刑或者拘役；致使國家利益遭受特別重大損失的，處 5 年以上有期徒刑。」

十九、不按規定徵收稅款的法律責任

《徵管法》第八十三條規定：「違反法律、行政法規的規定提前徵收、延緩徵收或者攤派稅款的，由其上級機關或者行政監察機關責令改正，對直接負責的主管人員和其他直接責任人員依法給予行政處分。」

《徵管法》第八十四條規定：「違反法律、行政法規的規定，擅自做出稅收的開徵、停徵或者減稅、免稅、退稅、補稅以及其他同稅收法律、行政法規抵觸的決定的，除依照本法規定撤銷其擅自做出的決定外，補徵應徵未徵稅款，退還不應徵收而徵收的稅款，並由上級機關追究直接負責的主管人員和其他直接責任人員的行政責任；構成犯罪的，依法追究刑事責任。」

此外，《徵管法》第七十四條還對行政處罰的權限做出了規定，指出：「罰款額在 2,000 元以下的，可以由稅務所決定。」

二十、違反稅務代理的法律責任

稅務代理人違反稅收法律、行政法規，造成納稅人未繳或者少繳稅款的，除由納稅人繳納或者補繳應納稅款、滯納金外，對稅務代理人處納稅人未繳或者少繳稅款 50%以上 3 倍以下的罰款。

本章練習題

一、單項選擇題

1. 稅務機關對納稅人實施稅收管理的首要環節和基礎工作是（　　）。
   A. 發票管理　　　　　　　　B. 稅務登記
   C. 稅收徵管　　　　　　　　D. 稅務檢查
2. 現金及銀行存款日記帳保管期限為（　　）年。

A. 5 B. 10
C. 15 D. 25

3. 納稅人因有特殊情況，不能按期進行納稅申報的，經縣以上稅務機關核准，可以延期申報，但最長不得超過（　　）個月。

A. 3 B. 4
C. 5 D. 6

4. 納稅人、扣繳義務人編造虛假計稅依據的，由稅務機關責令限期改正，並處（　　）以下的罰款。

A. 5 萬元 B. 3 萬元
C. 10 萬元 D. 7 萬元

5. 根據《稅收徵管法》的有關規定，扣繳義務人不履行扣繳義務的法律責任是（　　）。

A. 處應扣未扣、應收未收稅款 50% 以上 5 倍以下的罰款
B. 處應扣未扣、應收未收稅款 50% 以上 3 倍以下的罰款
C. 處應扣未扣、應收未收稅款 100% 以上 3 倍以下的罰款
D. 處應扣未扣、應收未收稅款 100% 以上 5 倍以下的罰款

二、多項選擇題

1. 中國稅收徵管法的遵守主體應當是（　　）。

A. 稅務機關 B. 納稅人
C. 代扣代繳義務人 D. 地方各級人民政府
E. 代收代繳義務人

2. 下列選項中屬於中國稅款徵收方式的是（　　）。

A. 查帳徵收 B. 上門徵收
C. 定期定額徵收 D. 委託代徵稅款
E. 郵寄納稅

3. 下列選項中屬於稅收保全範圍之內的是（　　）。

A. 機動車輛 B. 金銀飾品
C. 古玩字畫 D. 豪華住宅
E. 單價 5,000 元以下的其他生活用品

4. 下列選項中屬於稅務機關檢查方法的是（　　）。

A. 重點檢查法 B. 核對法
C. 交叉稽核法 D. 抽查法
E. 專項檢查法

5. 下列選項中稅收保全應當終止的有（　　）。

A. 納稅人在規定的期限內繳納了應納稅款的
B. 納稅人提供納稅擔保的
C. 納稅人超過規定的期限仍不繳納稅款的，終止保全措施，轉入強制執行措

施的
　　D. 納稅人向稅務機關做出檢查的
　　E. 納稅人申請解散企業的

三、思考題

1. 稅款徵收方式有哪些？
2. 如何理解稅收保全與強制執行？
3. 如何理解稅務檢查的職責？
4. 非法印製發票的法律責任有哪些？

參考文獻

［1］中國註冊會計師協會. 稅法［M］. 北京：經濟科學出版社，2016.
［2］中國註冊稅務師協會. 稅法1［M］. 北京：中國稅務出版社，2016.
［3］中國註冊稅務師協會. 稅法2［M］. 北京：中國稅務出版社，2016.
［4］梁俊嬌. 中國稅制［M］. 北京：中國人民大學出版社，2014.
［5］王曉秋. 新編稅法［M］. 北京：中國商業出版社，2016.
［6］任鬱楠，時燕君. 稅法［M］. 成都：四川大學出版社，2016.

國家圖書館出版品預行編目(CIP)資料

中國稅法 / 龍敏 主編. -- 第一版.
-- 臺北市：崧燁文化，2018.08
　面；　公分
ISBN 978-957-681-431-0(平裝)
1.稅法
567.023　　　107012252

書　名：中國稅法
作　者：龍敏 主編
發行人：黃振庭
出版者：崧燁文化事業有限公司
發行者：崧燁文化事業有限公司
E-mail：sonbookservice@gmail.com
粉絲頁　　　　　　網　址：
地　址：台北市中正區重慶南路一段六十一號八樓 815 室
8F.-815, No.61, Sec. 1, Chongqing S. Rd., Zhongzheng Dist., Taipei City 100, Taiwan (R.O.C.)
電　話：(02)2370-3310　傳　真：(02) 2370-3210
總經銷：紅螞蟻圖書有限公司
地　址：台北市內湖區舊宗路二段 121 巷 19 號
電　話：02-2795-3656　　傳真：02-2795-4100　網址：
印　刷：京峯彩色印刷有限公司（京峰數位）

　　本書版權為西南財經大學出版社所有授權崧博出版事業股份有限公司獨家發行電子書繁體字版。若有其他相關權利需授權請與西南財經大學出版社聯繫，經本公司授權後方得行使相關權利。

定價：550 元
發行日期：2018 年 8 月第一版
◎ 本書以POD印製發行